Design-Patterns zur Unterstützung der Gestaltung von interaktiven, skalierbaren Benutzungsschnittstellen

von
Fredrik Gundelsweiler

Oldenbourg Verlag München

Fredrik Gundelsweiler studierte Information Engineering (B.Sc. und M.Sc.) an
der Universität Konstanz. Nach einem Auslandsaufenthalt in Singapur (Daimler IT
Management SEA) folgte mit der vorliegenden Arbeit die Promotion (Dr. rer. nat.)
an der Universität Konstanz am Lehrstuhl für Mensch-Computer Interaktion.
Aktuell arbeitet Fredrik Gundelsweiler an der HTW Chur als Dozent im konsekutiven
Bachelorstudiengang „Multimedia Production". Er leitet das Forschungsfeld „Interak-
tive Systeme" und setzt dabei seine thematischen Schwerpunkte auf Mensch-Computer
Interaktion, interaktive Visualisierungen und Software-Engineering.

Bibliografische Information der Deutschen Nationalbibliothek

Die Deutsche Nationalbibliothek verzeichnet diese Publikation in der Deutschen
Nationalbibliografie; detaillierte bibliografische Daten sind im Internet über
http://dnb.d-nb.de abrufbar.

© 2012 Oldenbourg Wissenschaftsverlag GmbH
Rosenheimer Straße 145, D-81671 München
Telefon: (089) 45051-0
www.oldenbourg-verlag.de

Lektorat: Dr. Gerhard Pappert
Herstellung: Constanze Müller
Einbandgestaltung: hauser lacour
Gesamtherstellung: Books on Demand GmbH, Norderstedt

Dieses Papier ist alterungsbeständig nach DIN/ISO 9706.

ISBN   978-3-486-71786-0
eISBN 978-3-486-71787-7

Design-Patterns zur Unterstützung bei der Gestaltung von interaktiven, skalierbaren Benutzungsschnittstellen

Dissertation zur Erlangung des akademischen Grades eines Doktors der Naturwissenschaften (Dr. rer. nat.)

vorgelegt von
Gundelsweiler Fredrik

an der

Universität
Konstanz

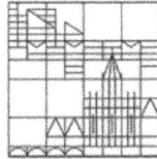

Mathematisch-Naturwissenschaftliche Sektion

Informatik und Informationswissenschaft

Tag der mündlichen Prüfung: 08.03.2012
1. Referent/Referentin: Prof. Dr. Harald Reiterer
2. Referent/Referentin: Prof. Dr. Rainer Kuhlen

Zusammenfassung

Die Gestaltung von User Interfaces (UIs) ist ein kreativer, mittlerweile von vielen Werkzeugen unterstützter, iterativer Prozess. Spezifikationen, Guidelines und Styleguides, wie sie aktuell in Unternehmen eingesetzt werden, genügen den Anforderungen der schnellen und flexiblen Entwicklung in vielerlei Hinsicht nicht mehr. Aktuelle Softwareanwendungen zeichnen sich durch einen hohen Komplexitätsgrad aus, was deren UI, Vernetzung und Datenanbindung sowie Visualisierung, Suche und Interaktionstechniken angeht. Speziell skalierbare Benutzungsschnittstellen (Zoomable User Interfaces) sollen laut Forschungsstudien die Gebrauchstauglichkeit verbessern. Deshalb wurde in der Human-Computer Interaction (HCI) die Idee der Patterns verfolgt, die ursprünglich von Christopher Alexander für die Architektur entwickelt wurde. Die Übertragung dieser Idee auf die Domäne der HCI führte zu unterschiedlichen Formaten und Ansätzen, Patterns in den Softwareentwicklungsprozess zu integrieren. Diese Ansätze sind sehr heterogen, beschränken sich beim Dokumentationsformat und der Wissensvermittlung aber auf textuelle Beschreibungen und Bilder. In dieser Arbeit wird ein Pattern-Dokumentationsformat entwickelt das aufzeigt, wie interaktive und multimediale Elemente eingesetzt werden können, um Patterns zu beschreiben. Der Einsatz von Patterns verspricht eine Optimierung des Entwicklungsprozesses hinsichtlich Qualität, Effektivität und Effizienz. Dabei dienen Patterns zur Unterstützung in den Phasen der Anforderungsermittlung, der Konzeption, des Designs und der Entwicklung. Im Interesse gebrauchstauglicher Produkte sollen positive Effekte, wie höhere Kreativität, Einsatz etablierter Lösungen, Verbesserung der Kommunikation und die Entstehung einer Wissensbasis zur Lösung wiederkehrender Designprobleme genutzt werden. Anhand von drei umfassenden Fallstudien zu Bildersuche, sozialen Netzen und elektronischem Produktdaten-Management werden die Kombination aktueller Visualisierungs-, Filter- und Interaktionstechniken untersucht. Im Rahmen der Fallstudien entstanden mehrere Anwendungen, aus denen neuartige Patterns zu Visualisierung und Interaktion abgeleitet werden. Die Fallstudie zur Bildersuche weist hier die meisten Innovationsaspekte und Möglichkeiten zur Extraktion von neuartigen Patterns auf. Dabei entstehen interaktive und multimediale Elemente, die in einem eigens entwickelten Pattern-Browser zur Dokumentation, Kommunikation und Anwendung präsentiert werden. Die qualitative Evaluation der Patterns mit UI-Designern führte zu dem Ergebnis, dass die Patterns verständlich sind, aber noch Optimierungspotenziale bestehen. Zum Abschluss der Arbeit wird das entwickelte Pattern-Format im Hinblick auf eine gemeinsame Pattern-Sprache für die HCI reflektiert. Der Ausblick beschreibt, wie die technische Weiterentwicklung zur Entstehung neuer Patterns führt. Diese können im neuen interaktiven und multimedialen Format dokumentiert werden, führen aber aktuell zu einer weiteren Diversifizierung der Pattern-Formate.

Abstract

The design of user interfaces (UIs) is a creative, iterative process supported by many tools. Specifications, guidelines, and styleguides as they are currently used in companies are not fulfilling the requirements of the more and more rapid and flexible software development. Current software applications show a high degree of complexity in terms of their UI, data connectivity, visualization, search and interaction techniques. The high degree of complexity arises from the combination of these areas and the growing expectations of end users. Especially scalable user interfaces (zoomable user interfaces) are said to improve the usability and user experience according to research studies. Therefore the idea of patterns, which was originally developed in architecture by Christopher Alexander, was transferred to the domain of human-computer interaction (HCI). This resulted in different formats and approaches to integrate patterns into the software development process. These approaches are very heterogeneous and the documentation format is limited on textual descriptions and images. In this work, a pattern documentation format is developed showing how interactive and multimedia elements can be used to describe patterns. The use of patterns promises to optimize the development process in terms of quality, effectiveness and efficiency. The patterns are used to support the phases of requirement analysis, conceptual planning, design and development. Interests in the design of usable products are positive effects such as increased creativity, use of established solutions that improve communications and the emergence of a knowledge base to solve recurring design problems. On the basis of three case studies (image search, social networks and electronic product data management) the combination of current visualization, filters and interaction techniques are examined. The case studies resulted in several applications that were developed and evaluated iteratively. Finally, several novel visualization and interaction patterns are derived from these applications. The case study on search images turned out to have the most innovative aspects and possibilities for the extraction of novel patterns. The patterns are then presented for documentation, communication and application in a specially designed interactive multimedia pattern browser. The qualitative evaluation of patterns with UI designers leads to the result that the patterns are applicable and usable, but there is still potential for optimization. At the conclusion of the work, the developed pattern format is reflected in terms of a common pattern language for HCI. Finally it must be stated that the technical development leads to the emergence of new patterns. These could be documented with the new interactive multimedia format, but are actually leading to a further diversification of HCI pattern languages.

Teile dieser Dissertation wurden veröffentlicht in:

Demopräsentationen (Demo Presentations):

Gundelsweiler, Fredrik; Reiterer, Harald (2008): Improve Image Retrieval by Zoomable User Interfaces. In Proceedings SAMT, Springer Verlag, SAMT 2008, Dec. 2008. Demo Presentation.

Poster und Kurzpublikationen (Poster Presentations and Short Papers):

Gundelsweiler, Fredrik; Konstanzer, Robert; Reiterer, Harald. An Innovative User Interface Concept for Large Hierarchical Data Spaces by Example of the EPDM Domain IUI'08: Proceedings of the 13th international conference on Intelligent User Interfaces, ACM Press, Canary Islands, Spain, p. 421 -- 422, Jan. 2008.

Konferenzpublikationen (Full Papers):

Gundelsweiler, Fredrik; Reiterer, Harald (2008). Zoom-based interaction concepts for Searching and Exploring large, heterogeneous Image Databases. In Proceedings of Mensch & Computer 2008: Viel mehr Interaktion, 8. Konferenz für interaktive und kooperative Medien, Oldenbourg Verlag, in: Herczeg, Kindsmüller, p. 390-400, Sep. 2008.

Gundelsweiler, Fredrik; Reiterer, Harald (2008). Advanced User Interfaces for Product Management Systems Proceedings of the 3rd IASTED International Conference on Human Computer Interaction (IASTED-HCI '08), Acta Press, Canada, p. 180-188, Jun. 2008.

Gundelsweiler, Fredrik; Öttl, Sonja (2007). ERIS - Ein thesaurusbasiertes Bildretrievalsystem mittels Zoomable User Interface Informationskonzepte für die Zukunft. 12. Österr. Online-Informationstreffen 13. Österreichischer Dokumentartag 2007, Sep. 2007.

Gundelsweiler, Fredrik; Memmel, Thomas; Reiterer, Harald (2007). ZEUS Zoomable Explorative User Interface for Searching and Object Presentation. HCI International 2007: Proceedings, in: Michael J. Smith and Gavriel Salvendy: Human Interface and the Management of Information. Methods, Techniques and Tools in Information Design, Springer, Berlin/Heidelberg, p. 288-297, Jul. 2007.

Öttl Sonja, Gundelsweiler Fredrik, Reiterer Harald, Brandes Ulrik. Visualisierungs- und Interaktionsdesign für multivariate, zeitbezogene Daten in sozialen Netzwerken. In: Kuhlen R, ed. *Information: Droge, Ware oder Commons? Wertschöpfungs- und Transformationsprozesse auf den Informationsmärkten. Proceedings des 11. Internationalen Symposiums für Informationswissenschaft (ISI 2009).* Konstanz, Germany; 2009.

Journalbeiträge (Journals):

Gundelsweiler, Fredrik; Memmel, Thomas; Reiterer, Harald (2007). ZUI concepts for navigating and searching complex information spaces. In: Prof. Dr.-Ing. Juergen Ziegler , Oldenbourg Wissenschaftsverlag , i-com, Zeitschrift für interaktive und kooperative Medien, p. 38-48, May 2007.

Inhaltsverzeichnis

Abbildungsverzeichnis XIII

Tabellenverzeichnis XVIII

1   Einleitung.. 1

   1.1   Die Entwicklung der Benutzungsschnittstellen 1

   1.2   Patterns für die UI-Gestaltung 7

   1.3   Softwareentwicklung mit Patterns 9

   1.4   Forschungsziele und Vorgehensweise 11

   1.5   Gliederung der Arbeit 13

2   Zoomable User Interfaces... 15

   2.1   Grundlagen und Aufbau von Zoomable User Interfaces 17

       2.1.1   Kognition und ZUIs.. 19

       2.1.2   Orientierung und Navigationsverhalten.. 22

   2.2   Interaktion mit ZUIs 23

       2.2.1   Zoom-Techniken 26

       2.2.2   Pan-Techniken 31

       2.2.3   Such- und Filtertechniken.. 33

   2.3   ZUI-Applikationen und Frameworks... 39

       2.3.1   Kriterien für die Untersuchung von ZUIs.. 40

   2.4   Regeln zur Gestaltung von UIs... 45

   2.5   Kriterienkatalog für ZUI-Applikationen.. 47

3   Machbarkeitsstudien zu ZUIs... 49

   3.1   Machbarkeitsstudie MusicPad.. 49

   3.2   ZUI-Konzept ZEUS (Zoomable Explorative User Interface)............................. 51

   3.3   Evaluationsstudie zur zielorientierten Zoom-/Pan-Navigation 55

   3.4   Machbarkeitsstudie Bildexploration 55

   3.5   Evaluationsstudie zur koordinierten Zoom-/Pan-Interaktion............................. 58

4 ZUI-Fallstudien **61**

4.1 ZUIs für die Exploration und Suche 62

4.2 Fallstudie ZUI-Bildersuche 64

    4.2.1 Homogene Datenräume ohne Relationen 65

    4.2.2 Ähnliche Arbeiten und Anforderungen 66

    4.2.3 Analyse, Konzeption und Design 68

    4.2.4 Realisierung der Bildersuche 71

    4.2.5 Such- und Filterkonzepte 76

    4.2.6 Interaktive Bildvisualisierungen 81

    4.2.7 Inhaltsbasierte Bildersuche 85

    4.2.8 Evaluation und Redesign 91

4.3 Fallstudie ZUIs für soziale Netzwerke 99

    4.3.1 Anforderungen 100

    4.3.2 Strukturierung von Informationen mit Graphen und Netzen 102

    4.3.3 Konzeption und Gestaltung 105

    4.3.4 Ergebnisse und Diskussion 108

4.4 Fallstudie ZUIs für elektronisches Produktdatenmanagement 109

    4.4.1 Anforderungen 111

    4.4.2 Applikation I: Hierarchiebasiertes ZUI-Filterkonzept 116

    4.4.3 Applikation II: Pixelvisualisierung mit Filter und Zoom 122

4.5 Erkenntnisse der Fallstudien 126

5 Patterns und Pattern Languages **130**

5.1 Pattern-Beispiel „Paths and Goals" 133

5.2 Pattern-Sprachen (Pattern Languages) 137

    5.2.1 Christopher Alexanders Pattern-Format 140

    5.2.2 Jenifer Tidwells Pattern-Format zu Interface Design-Patterns 142

    5.2.3 Format nach Martijn van Welies Interaction Design-Patterns 143

    5.2.4 Pattern-Format von Barry Wilkins 145

    5.2.5 Jan Borchers freies Pattern-Format 146

5.3   Anwendbarkeit von Patterns 150

5.4   Standardisierung der Beschreibungsformate 153

5.5   Neuartiges Pattern-Beschreibungsformat für die HCI 156

        5.5.1   Optimierung des Pattern-Formats 160

5.6   Patterns zu Visualisierung und Interaktion 167

5.7   Evaluation von Patterns und Designalternativen 170

5.8   Qualitative Evaluation der extrahierten Design-Patterns 173

6   Zusammenfassung und Ausblick 178

6.1   Der Pattern-Browser 179

6.2   Reformatierung von existierenden Patterns 180

6.3   Pattern-Sprache für die HCI 182

6.4   Ausblick Natural UI-Patterns 183

Anhang A: ZUI-Übersicht 185

Anhang B: Evaluation Bildersuche 188

Anhang C: Entwickelte Patterns 191

Literaturverzeichnis 208

Abbildungsverzeichnis

Abbildung 1: Braun T3 Taschenradio im Vergleich zur ersten Version des Apple iPod aus http://www.zweipunktnull.org/blog/2011/04/19/apple-vs-samsung-und-wann-schaltet-sich-eigentlich-braun-ein/ (zuletzt besucht am 05.05.2011) 1

Abbildung 2: Braun LE1 Lautsprecher im Vergleich zum Apple iMac aus http://www.zweipunktnull.org/blog/2011/04/19/apple-vs-samsung-und-wann-schaltet-sich-eigentlich-braun-ein/ (zuletzt besucht am 05.05.2011) 2

Abbildung 3: Eines der ersten GUIs 1973 Xerox PARC aus http://toastytech.com/guis/thumbalto1.gif (zuletzt besucht am 05.05.2011) 3

Abbildung 4: Mac OS Snow Leopard 2009 Apple aus http://skattertech.com/media/2007/10/apple-os-x-leopard-screenshot.jpg (zuletzt besucht am 05.05.2011) 4

Abbildung 5: Projekt Looking Glass der Firma Sun aus http://david.huplus.com/images/ProjectLookingGlass.jpg (zuletzt besucht am 05.05.2011)... 5

Abbildung 6: The Usability Engineering Lifecycle (Mayhew 1999) 10

Abbildung 7: Sketchpad auf der TX-2 am MIT unter http://www.mark13.org/book/export/html/60 (zuletzt besucht am 17.12.2010) 17

Abbildung 8: Möglichkeiten der ZUI Realisierung (Bolt 1984) 18

Abbildung 9: Verwendung von Raum und Portalen bei ZUIs (Bolt 1984) 19

Abbildung 10: Erläuternder Seitenaufriss für Zooming und Panning Operationen (Furnas & Bederson 1995) 24

Abbildung 11: Zoomwege (Furnas & Bederson 1995) 25

Abbildung 12: Der semantische Zoom (Furnas & Bederson 1995) 28

Abbildung 13: Schließen eines Clusters beim kontinuierlichen Zoom, angepasst aus (Bartram et al. 1995) 29

Abbildung 14: Modelle zur Suche und Exploration in Informationsräumen 34

Abbildung 15: ezChooser zur Fahrzeugsuche (Wittenburg et al. 2001), nach Prinzipien des Attribute Explorers 35

Abbildung 16: oSkope visualsearch, multivisuelle Darstellung von Suchergebnissen aus http://www.oskope.com (zuletzt besucht am 05.05.2011) 36

Abbildung 17: TheCrystalWeb aus http://netzspannung.org (nicht mehr online) 38

Abbildung 18: Auszug untersuchter ZUI-Anwendungen 44

Abbildung 19: Papier-Prototypen zur Studie MusicPad 50

Abbildung 20: Pan-Technik MusicPad 50

Abbildung 21: ZEUS am Beispiel einer Musikkollektion 52

Abbildung 22: ZEUS – Zoom von Übersicht zu Detailansicht 53

Abbildung 23: Zoomworld Prototyp beschrieben in (Raskin 2000) - nicht mehr online 56

Abbildung 24: Machbarkeitsstudie auf Basis der Ideen zur Zoomworld (Raskin 2000) 57

Abbildung 25: Patternextraktion aus Theorie, Anwendungen und Fallstudien 61

Abbildung 26: Vorgehensweise zur Patternextraktion in dieser Arbeit 62

Abbildung 27: Arten von ZUIs mit verorteten Informationsobjekten 66

Abbildung 28: Entwicklung und Weiterentwicklung der Versionen zur Bildersuche 71

Abbildung 29: Hauptsicht der ZUI-Bildersuche 72

Abbildung 30: Bildersuche mit den UI Komponenten 74

Abbildung 31: Bildersuche Kachel mit Hauptsuche 77

Abbildung 32: Bildersuche mit Metadatenfilterformular 78

Abbildung 33: Bildersuche mit visuellem Drag'n'Drop Filter 79

Abbildung 34: Bildersuche mit hierarchischem Explorationsfilter 80

Abbildung 35: Bildersuche - Bildkacheln 82

Abbildung 36: Bildersuche - Tabelle mit Detailansicht 83

Abbildung 37: Bildersuche - 3D-Bildkarussell 84

Abbildung 38: Inhaltsbasierte Bildersuche mit Ähnlichkeitsnetz 85

Abbildung 39: Aufbau des realisierten CBIR Systems zur Bildersuche 86

Abbildung 40: Normierte Skalierung, Canny Kantenerkennung und
Hough Linienextraktion 88

Abbildung 41: Berechnung von Bildpunkten als Bildrepräsentanten 89

Abbildung 42: Verschiedene Distanzmaße und deren mathematische Berechnung 90

Abbildung 43: DEVAN Coding Scheme 93

Abbildung 44: DEVAN Usability Problem Indicating Checklist (Vermeeren et al. 2002) 94

Abbildung 45: Gesamtergebnis der Videoanalyse 95

Abbildung 46: Auszug aus dem Codierungsschema zur Bildersuche 95

Abbildung 47: Ergebnisse Posttest-Fragebogen 98

Abbildung 48: 3D (links) und 2D (rechts) Graphen-Visualisierung
aus (Eades & Feng 1997) 102

Abbildung 49: Hierarchisch geclusterter Graph, links Vollansicht,
rechts Knoten c1 und c2 in Knoten C aggregiert (Bartram et al. 1995). 103

Abbildung 50: Vergleich zwischen ZUI und Fisheye Zoom (a, b, c, d ZUI jeweils links)
aus (Schaffer et al. 1996). 104

Abbildung 51: Graph (a), als hierarchischer Baum (b), mit DOI-Werten
nach (Furnas 1986) (c) (Li & Takatsuka 2004) 104

Abbildung 52: Startansicht - Überblick und Filtermenü 105

Abbildung 53: Zooming und Panning der Graphenvisualisierung 106

Abbildung 54: Weitere Attributinformationen werden über den Zeiger eingeblendet. 107

Abbildung 55: Visualisierung der zeitbezogenen Attribute in den Knoten 107

Abbildung 56: Filtern nach Attribut-, Zeit- und Alterswerten 108

Abbildung 57: Vereinfachtes Datenmodell des Informationsraums 112

Abbildung 58: Verzweigung (Branching) logischer und chronologischer Versionen 112

Abbildung 59: Semantischer „Drill-Down" in die Objektversion „Hardware C – V. 2" 116

Abbildung 60: Verbund von Dynamic-Query und Mehrfach-Button Konzept 118

Abbildung 61: Semantischer Zoom für Detailansicht (links) und Filter-Übersicht (rechts) 121

Abbildung 62: Iterative Entwicklung der Fallstudie zu EPDM (Konstanzer 2007) 123

Abbildung 63: Prototypische Anwendung mit ca. 15.000 Objekten und deren Relationen. 124

Abbildung 64: Navigation durch den Informationsraum, angepasst aus (Konstanzer 2007)125

Abbildung 65: Das Pattern als Relation zwischen Problem, Kontext und Lösung 130

Abbildung 66: Paths and Goals (Wege und Ziele) Pattern Auszug
aus (Alexander et al. 1978) 131

Abbildung 67: Zusammenfassung verschiedener Patterns zu einer Pattern-Sprache 133

Abbildung 68: Gelände der Universität Konstanz mit eingezeichneten Wegen 134

Abbildung 69: Gelände der Universität Konstanz mit entstandenem Wegenetz................. 135

Abbildung 70: Nordparkplatz der Universität Konstanz mit entstandenem Trampelpfad ... 136

Abbildung 71: Auszug aus der „Pattern Language" (Alexander et al. 1978)..................... 137

Abbildung 72: Übersicht über die wichtigsten Patternansätze 138

Abbildung 73: Pattern „Small Services Without Red Tape" (Alexander et al. 1978).......... 141

Abbildung 74: Pattern „Icon Menu" (van Welie 2008)... 144

Abbildung 75: Pattern „Click n Drag" (Wilkins 2003).. 146

Abbildung 76: Pattern „H7 Flat And Narrow Tree" (Borchers 2001)................................ 147

Abbildung 77: Unterschiedliche Arten von Patterns im SE-Prozess aus (Wilkins 2003).... 151

Abbildung 78: Hierarchie Patternattribute (Gaffar et al. 2005) 155

Abbildung 79: „Quince" Pattern-Verwaltung unter http://quince.infragistics.com/
(zuletzt besucht am 05.05.2011) 156

Abbildung 80: IDEO CARD von (Stout 2003)... 157

Abbildung 81: Pattern-Lebenszyklus... 158

Abbildung 82: Beispiel für einen Informations-Drill-Down einer Pattern-Beschreibung ... 159

Abbildung 83: Designalternativen, Auswahl und Verfeinerung (Buxton 2007).................. 161

Abbildung 84: Ausführliches PDF-Dokument zur Dokumentation von Patterns 166

Abbildung 85: Berechnung der Bewertung von Designalternativen (Wilkins 2003)........... 172

Abbildung 86: Heuristikenberechnung nach Wilkins 173

Abbildung 87: Skizzen aus der Benutzerstudie zur Pattern-Evaluation.............................. 174

Abbildung 88: Ergebnisse der Pattern-Evaluation mit sieben Benutzern 176

Abbildung 89: Interaktiver Pattern-Browser unter http://www.designpatterns.de
(zuletzt besucht am 01.10.2011) 180

Abbildung 90: Überführung des Patterns „Filter" (Wilkins 2003) in das neue Format 181

Abbildung 91: Usability Attribute und Patterns (Folmer & Bosch 2003). 182

Abbildung 92: Simulation der Bedienung der Bildersuche (Gestik, Sprache, Multitouch) . 183

Abbildung 93: Studie zur Multitouch Bedienung der Bildersuche 184

Tabellenverzeichnis

Tabelle 1: Pattern-Sammlungen und URLs mit Beschreibungen... 8

Tabelle 2: Kognition und ZUIs 23

Tabelle 3: ZUI Definition der Eigenschaften aus (Bederson et al. 2000) 24

Tabelle 4: Berechung der Zoomwege nach Interaktionsaufwand 25

Tabelle 5: Übersicht über Zoomtechniken und deren Eigenschaften....................................... 27

Tabelle 6: Übersicht über Panningtechniken 31

Tabelle 7: Übersicht Softwareframeworks zur Entwicklung von ZUIs 43

Tabelle 8: Interaktionstechniken (Shneiderman & Plaisant 2004)... 47

Tabelle 9: ZUI Kriterienkatalog... 48

Tabelle 10: Vergleich von ZUI-Interaktionskonzepten 59

Tabelle 11: ZUI-Prinzipien und deren Einsatz... 63

Tabelle 12: Besonderheiten der Anwendungen zur Bildersuche.. 66

Tabelle 13: Designprinzipien für interaktive Suchanwendungen 68

Tabelle 14: Ideen und Designskizzen zur Bildersuche 69

Tabelle 15: Analyse zum unendlichen ZUI-Informationsraum.. 73

Tabelle 16: Analyse zur ZUI-„Dock-Komponente".. 75

Tabelle 17: Anforderungen der Such- und Filterkonzepte 76

Tabelle 18: Analyse zum hierarchischen Filterkonzept 80

Tabelle 19: Anforderungen zur Darstellung von Bildern.. 81

Tabelle 20: Feature-Techniken und praktische Realisierung 89

Tabelle 21: Laufzeiten für Indexierung und Distanzkalkulation...91

Tabelle 22: Verbesserungen der Bildersuche aufgrund Benutzertests.....................................96

Tabelle 23: Benutzeraufgaben und ihre Ausprägungen..101

Tabelle 24: Benutzeraufgaben bei EPDM Systemen 115

Tabelle 25: Anforderungen an innovative EPDM UIs 115

Tabelle 26: Vorschläge für Visualisierungspatterns..127

Tabelle 27: Vorschläge für Interaktionspatterns...128

Tabelle 28: Patterns und Phasen des Usability Engineering Lifecycles
in der Designphase (Wilkins 2003)...152

Tabelle 29: Vergleich von Guidelines und Patterns...152

Tabelle 30: Anforderungen an die formale Patterndokumentation...162

Tabelle 31: Visuelle Elemente der Patterndokumentation...164

Tabelle 32: Objekte des multimedialen, interaktiven Pattern-Formats 165

Tabelle 33: Regeln bei der Dokumentation von Patterns (Vlissides 1995)............................168

Tabelle 34: Visualisierungs-Patterns in Forschung und Praxis 169

Tabelle 35: Interaktions-Patterns in Forschung und Praxis...169

Tabelle 36: Heuristiken für Usability Faktoren (Wilkins 2003)...171

Tabelle 37: Gewichtung von Usability Faktoren (Wilkins 2003)...172

Tabelle 38: Scoringtabelle (Wilkins 2003)...172

Tabelle 39: Vorschläge für weitere Patterns aus den Fallstudien 179

1 Einleitung

"For an interface to work well just the right things have to be visible: to indicate what parts operate and how, to indicate how the user is to interact with the device. Visibility indicates the mapping between intended actions and actual operations."
(Norman 1988)

1.1 Die Entwicklung der Benutzungsschnittstellen

Die Benutzeroberfläche hat sich mit der Entwicklung der Computergrafik zur wichtigsten Schnittstelle zwischen Benutzer und Computer entwickelt. Der wesentliche Grund dafür ist, dass das Auge eines der wichtigsten Sinnesorgane des Menschen zur Informationsverarbeitung ist und wir heute im täglichen Umfeld große Mengen an Informationen aufnehmen, interpretieren und verarbeiten müssen. Die Entwicklung der Computertechnologie und die allgegenwärtigen, umfangreichen Informationsmengen haben die Möglichkeiten und Notwendigkeiten der Benutzungsschnittstellen (von Visualisierungen bis hin zu Interaktionstechniken) des Computers revolutioniert. Gleichzeitig mit den stetig wachsenden Anforderungen an Hard- und Software entwickelten sich neben den Ein- und Ausgabegeräten wie Maus und Tastatur auch gesten-, audio- und berührungsbasierte Eingaben, so dass wir in Zukunft wohl Computer mit allen unseren Sinnesorganen steuern können. Von Lochkarten zur Eingabe und Ausgabe über die Kommandozeile bis hin zur momentanen Entwicklungsstufe der metaphernbasierten, direktmanipulativen Betriebssysteme wie Mac OSX, Windows oder Linux haben sich interaktive Benutzeroberflächen über Jahrzehnte in einem evolutionsartigen Prozess entwickelt. Dabei waren und sind vor allem die technische Machbarkeit, die Vermarktung und der praktische Betrieb die wichtigsten Rahmenbedingungen für die Auslese.

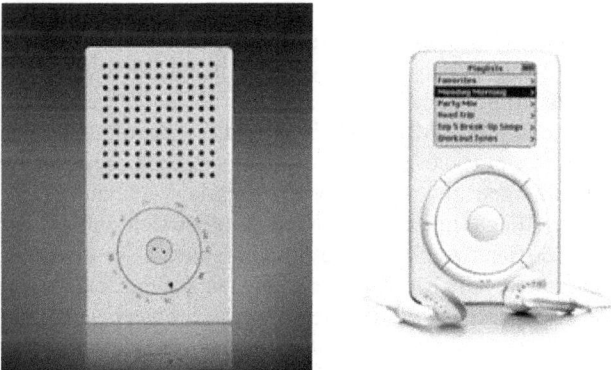

Abbildung 1: Braun T3 Taschenradio im Vergleich zur ersten Version des Apple iPod aus
http://www.zweipunktnull.org/blog/2011/04/19/apple-vs-samsung-und-wann-schaltet-sich-eigentlich-braun-ein/
(zuletzt besucht am 05.05.2011)

Interaktive Benutzeroberflächen sind in unserem täglichen Leben allgegenwärtig, ermöglichen die Durchführung vielfältiger Aufgaben, visualisieren die unterschiedlichsten Daten und bilden somit die wichtigste Schnittstelle zwischen Mensch und Computer. Die evolutionäre Entwicklung des Computers lässt sich sehr gut anhand des Entwicklungsverlaufs der Hardware beobachten. Das Produktdesign der Firma Apple, das stark an die Designvariationen der Firma Braun erinnert, zeigt in den folgenden Abbildungen diese Entwicklungsphase auf.

Einen großen Einfluss auf die Verbesserung der Gebrauchstauglichkeit von Computerschnittstellen hat seit jeher das Industriedesign. Bekannte Designer wie z.B. Jonathan Ive von Apple, dessen Ideen stark an die des Designers Dieter Rams der Firma Braun aus den 50er und 60er Jahren erinnern (Abbildung 1, Abbildung 2), beschäftigten sich nicht nur mit dem Aussehen von technischen Geräten, sondern auch mit deren Bedien- und Benutzbarkeit. Seitdem richtet sich der Fokus beim Produktdesign darauf aus, eine möglichst gute Synthese aus Form und Funktion zu finden.

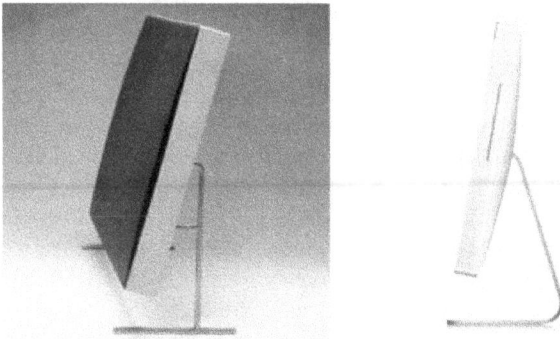

Abbildung 2: Braun LE1 Lautsprecher im Vergleich zum Apple iMac aus
http://www.zweipunktnull.org/blog/2011/04/19/apple-vs-samsung-und-wann-schaltet-sich-eigentlich-braun-ein/
(zuletzt besucht am 05.05.2011)

Die Produkte von Apple wie iMac, iPhone, iPad und iPod verkaufen sich nicht nur aufgrund ihrer Funktionalität, sondern ihr Erfolg hängt neben der Vermarktung maßgeblich vom Produktdesign ab. Dies gilt nicht nur für die Hardware, sondern auch für die Software, die auf diesen Geräten installiert ist. Das Betriebssystem Mac OSX Lion und das des iPhones von Apple integrieren zukunftsweisende Konzepte wie zoombasierte Animationen, zeitbasierte Darstellungen, neuartige Fensterverwaltungen sowie eine weitreichende Vernetzung über Anwendungen hinweg. Die Entwicklung der Benutzungsschnittstelle lässt sich anhand der visuellen und interaktiven Gestaltung der Benutzeroberfläche (im Folgenden User Interface, kurz UI genannt) verfolgen. War zunächst nur die Konsole zur einfachen Befehlseingabe per Tastatur vorhanden, so nutzen wir heute direktmanipulative Benutzungsschnittstellen, die auf mehreren Metaphern, visuellen Formalismen (Krause 1996) bzw. Blends (Dourish 2001) basieren. Softwareentwicklern mit ihren vielfältigen Berufsbildern vom Interaktionsdesigner bis zum Systemarchitekten steht heute eine Vielzahl an Gestaltungsmöglichkeiten für das UI zur Verfügung. Die aktuelle Entwicklungstendenz lässt sich also anhand des UI beobachten und führt weg von einem statischen, hin zu einem dynamischen UI, das versucht, die sozialen und kognitiven Fähigkeiten sowie die Erfahrungen des Menschen zu nutzen und aufgabenunterstützend einzusetzen.

Abbildung 3: Eines der ersten GUIs 1973 Xerox PARC aus http://toastytech.com/guis/thumbalto1.gif (zuletzt besucht am 05.05.2011)

Diese Dynamik bringt sich nicht nur in der Gestaltung der Hardware zum Ausdruck, sondern vor allem durch eine interaktive Gestaltung der Suche nach und Visualisierung von Informationen. Deshalb sind skalierbare Benutzungsschnittstellen (Zoomable User Interfaces, kurz auch ZUIs) eine der bedeutendsten Entwicklungen aktueller UIs. Obwohl ZUIs schon seit den 80er Jahren theoretisch und praktisch in der Forschung untersucht wurden (Collaud et al. 1996; Furnas & Bederson 1995; Perlin & Fox 1993a; Schaffer et al. 1993; Woodruff et al. 1998a, 1998b), beginnt erst jetzt deren Verbreitung und Durchsetzung in der Praxis. Im Internet existieren zahlreiche Applikationen, die ZUIs als Interaktionskonzepte einsetzen. Beispiele sind GIS-Anwendungen wie Google Earth, die seit jeher unterschiedliche Informationsebenen unterstützen müssen. Ein weiteres erwähnenswertes Beispiel ist das iPhone Betriebssystem, das die Hierarchie der Informationen (vom abstrahierten Icon bis zur Applikation bzw. multimedialen Darstellung oder Konfiguration) über ein ZUI navigierbar macht. UIs der Zukunft bestehen nicht mehr aus umschaltbaren Modi und vielen unterschiedlichen miteinander verknüpften Screens und damit einer schier unüberschaubaren Anzahl an Stati. Stattdessen bilden sie den zu bearbeitenden Informationsraum, kombiniert mit interaktiven Visualisierungstechniken, direkt ab und ordnen den Informationsobjekten die unterschiedlichen Funktionen anhand der Objektorientierung zu. Der Wechsel zwischen unterschiedlichen Stati erfolgt nicht mehr über einen abrupten Screen- und damit Kontextwechsel, sondern mittels einer kontinuierlichen Veränderung zwischen unterschiedlichen Ansichten auf den Informationsraum. Diese kontinuierliche Bewegung durch den Informationsraum scheint für Benutzer weit intuitiver zu sein, als sich per „Teleporting" durch statische Screens zu navigieren (Bederson & Hollan 1994; Bederson et al. 2000; Pook et al. 2000). ZUIs sind eine dynamische Erweiterung von herkömmlichen UIs, die eine kontinuierliche und damit intuitivere Navigation und Suche ermöglichen sollen.

Abbildung 4: Mac OS Snow Leopard 2009 Apple aus http://skattertech.com/media/2007/10/apple-os-x-leopard-screenshot.jpg (zuletzt besucht am 05.05.2011)

Zunächst widmen wir uns den Fragen, warum ZUIs ein wesentlicher Bestandteil zukünftiger UIs sein werden und wie diese Art von Interaktionstechnik UIs - im Hinblick auf Herausforderungen wie die Suche in und Visualisierung von großen Datenmengen - verbessern kann. Filme wie Minority Report und Avatar zeigen anhand von Interaktion und Visualisierung auf, wie effektive und effiziente UIs in Zukunft aussehen könnten. Obwohl diese Vision noch nicht verbreitete Realität ist, wurden einige der gezeigten Techniken bereits von Microsoft Research und dem MIT umgesetzt[1] und können verwendet werden. So nutzt beispielsweise die Firma GoMonkey[2] die Gestenerkennung im Zusammenspiel mit dem Betriebssystemprototyp Looking Glass von Sun. Daneben gibt es weitere Beispiele wie das Programm OneNote von Microsoft, mit dem Notizen verwaltet werden können und für das ein Zoomable User Interface verfügbar ist[3]. Ein aktuelles Beispiel ist zudem die Spielekonsolenerweiterung Kinect für die XBox oder die Wii-Konsole. Mit diesen ist eine Gestensteuerung der Spielfiguren möglich. Trotzdem sind diese Zukunftsvisionen kritisch zu sehen, da Arbeiten wie

---

[1] Siehe Video zu Oblong G-Speak unter http://oblong.com/ (zuletzt besucht am 05.05.2011)

[2] Siehe Video zu GoMonkey Interaktion unter
http://www.youtube.com/watch?v=BEGsUmNy3VA (zuletzt besucht am 05.05.2011)

[3] Download unter http://www.officelabs.com/Pages/Default.aspx (notwendig ist das Programm OneNote) (zuletzt besucht am 05.05.2011)

(Bérard et al. 2009) argumentieren, dass zu viele Freiheitsgrade bei der Navigation nur schwierig vom Menschen zu beherrschen sind.

Abbildung 5: Projekt Looking Glass der Firma Sun aus http://david.huplus.com/images/ProjectLookingGlass.jpg (zuletzt besucht am 05.05.2011)

Ein wesentlicher Bestandteil dieser zukunftsweisenden UIs ist die Zoom- und Pan- Interaktionstechnik, die ein herkömmliches UI zu einem ZUI macht. Im Folgenden betrachten wir einige Argumente, warum ZUIs die Benutzeroberflächen der Zukunft sein könnten.

Der Mensch denkt visuell und versucht sich abstrakte Informationen räumlich einzuprägen, um sich besser daran erinnern zu können (Miller 1993; Ware 2004). Diese kognitive Fähigkeit des Menschen kann durch Abbildungen, Positionen im Raum, Sortierungen oder andere visuelle Objekteigenschaften unterstützt werden. ZUIs unterstützen speziell dies durch die Navigationsmöglichkeiten des Zooming (Skalierung) und Panning (Verschiebung des sichtbaren Bereichs), die der menschlichen Bewegung im Raum entsprechen und damit auch die Navigation im virtuellen Raum vereinfachen. Die Organisation der Daten im Raum und weitere daraus entstehende Vorteile sind in (Bolt 1984) beschrieben und werden in Kapitel 2 weiter detailliert. Kontinuierliche bzw. animierte Transitionen von einem UI-Zustand in den nächsten erleichtern zudem die Orientierung des Benutzers im virtuellen Informationsraum.

Zusammengenommen lassen diese Vorteile vermuten, dass ZUIs gegenüber diskreten UIs besser zur Darstellung und Navigation virtueller Informationsräume geeignet sind.

Wissenschaftliche Untersuchungen in Form von Benutzertests und Experimenten (Beard & Walker 1990; Bederson et al. 2000; Gutwin & Skopik 2003; Hornbæk et al. 2002; Schaffer et al. 1996) haben gezeigt, dass ZUIs je nach Einsatzart, Situation und Domäne sowohl Vor- als auch Nachteile mit sich bringen können. Allerdings konnten bisher keine wegweisenden Erkenntnisse gewonnen werden, da die Studien zu unterschiedlichen und zum Teil auch widersprüchlichen Ergebnissen kommen. Die Anwendungen aus Forschung und Praxis (Programme wie pptPlex und OneNote von Microsoft Research und weitere Beispiele des MIT, das iPhone und viele Web 2.0 Anwendungen wie Liveplasma[4], Musicovery[5] und Grokker[6]) machen den Trend bei der UI-Entwicklung in Richtung ZUIs deutlich. Die Interaktion scheint auf den ersten Blick logischer, realitätsnaher und interaktiver, während die Freude bei der Verwendung (positive User Experience) zunimmt. An den Beispielen erkennt man, dass die Interaktion mit ZUIs wesentlich anders funktioniert als die mit herkömmlichen UIs. Der aktuelle Trend bei der Gestaltung multimedialer Anwendungen zeigt, dass in bestimmten Kontexten ZUIs besser zur Interaktion geeignet sind als gewohnte Interaktionstechniken mit Fenstern und Auswahlmenüs. Dies bringt große Auswirkungen auf unseren Umgang mit UIs und unser Interaktionsverhalten mit sich, das sich kontinuierlich verändert. Es stellt sich die Frage, welche Probleme herkömmlicher Anwendungen mit ZUIs gelöst werden können und wie deren Einsatz wissenschaftlich begründet werden kann.

Sowohl bei ZUIs als auch bei herkömmlichen UIs stellen die Interaktion und Suche bei größeren Datenmengen oder komplexen Datenräumen hohe Anforderungen an die Gestaltung der Benutzungsschnittstelle. Damit ergibt sich eine Vielzahl von Problemen, die beim Design des UI zu lösen sind. Drei elementare Thematiken in diesem Zusammenhang sind:

- Informationsvisualisierung
  Mittels geeigneten Visualisierungstechniken, die auf die Daten zugeschnitten sind, sollen die vorhandenen Informationen benutzergerecht dargestellt werden. Das Forschungsgebiet Visual Analytics (Thomas & Cook 2005) geht noch einen Schritt weiter und argumentiert, dass zur Analyse von Daten eine Visualisierung mit entsprechend geeigneten Interaktionstechniken verbunden werden muss. Dies erfordert hauptsächlich die sehr große Datenmenge.

- Erhaltung des Kontexts

---

[4] Musiksuchsystem Liveplasma unter http://www.liveplasma.com/ (zuletzt besucht am 2.4.2011)

[5] Musiksuchsystem Musicovery unter http://www.musicovery.com/ (zuletzt besucht am 2.4.2011)

[6] Onlinesuchmaschine Grokker unter http://www.grokker.com/ (zuletzt besucht am 2.4.2011)

Es ergibt sich das Problem, die Benutzer einerseits im Kontext des Datenraums zu halten, andererseits aber trotzdem Details zu Informationsobjekten anzuzeigen, die für die Benutzeraufgabe notwendig sind. Dies können ZUIs bzw. Focus+Context UIs leisten (Cockburn et al. 2007; Rüger et al. 1996). Das Interaktionsdesign muss also so intelligent gestaltet werden, dass es die Anforderungen der Domäne und des Nutzungskontexts erfüllt.

- Filtern des Informationsraums
  Das Interaktionsdesign und die Visualisierungstechniken allein können die Masse an Informationen meist nicht mehr benutzergerecht explorierbar machen. Dies erfordert den Einsatz passender Filtertechniken, die es ermöglichen den Datenraum schnell auf aufgabenrelevante Informationen einzuschränken.

In unterschiedlichen Domänen wurden z.T. erfolgreich Lösungen mittels ZUIs für diese Probleme ermittelt. Die Lösungskonzepte sind aber nicht verallgemeinerbar bzw. für alle Informationsräume optimal geeignet. Es stellt sich die Frage, in welchen Domänen ZUIs vermehrt eingesetzt werden können und welche Vorteile und Nachteile dies mit sich bringt. Die Leistung eines Usability Engineers oder Interaktionsdesigners besteht nicht allein darin, ein ZUI für ein bestimmtes Informationsproblem zu konzipieren. Die ZUI-Interaktionstechnik muss für eine benutzerfreundliche Anwendung mit Such- und Filterfunktionalitäten und mit Visualisierungen kombiniert werden. Es stellen sich hier die Fragen, wie genau UIs mit Zoomtechniken verbessert werden können, ob bestimmte Design-Patterns zur Lösung dieser Problemstellungen existieren und wie diese wissenschaftlich begründet werden können. Patterns beschreiben in diesem Kontext Vorgehensweisen zur Lösung wiederkehrender UI-Gestaltungsprobleme.

1.2   Patterns für die UI-Gestaltung

ZUIs bieten in Abhängigkeit des Nutzungskontexts (Projektanforderungen, Domäne, Benutzer und deren Aufgaben) sehr viele gestalterische Möglichkeiten, die jeweils Vor- und Nachteile haben. Diese vielen Möglichkeiten können Interface- und Interaktionsdesigner überfordern und zu suboptimalen Lösungen führen. Patterns schlagen etablierte Problemlösungen in einem definierten Kontext vor und geben so Hilfestellung bei der Auslotung des Gestaltungsraums. Eine Strukturierung des Gestaltungsraums führt dazu, dass die Möglichkeiten zur Lösung von Gestaltungsproblemen schon früh im Designprozess überblickt werden können. Die Vor- und Nachteile der Designentscheidungen können mittels verschiedener Techniken wie Claims Analysis, theoretische Begründungen, Beispielen aus der Praxis, eigenen Studien mit Benutzertests und Expertenevaluationen erhoben und begründet werden. Mittels Patterns können Experten also sehr früh abschätzen, in welche Richtung die Entwicklung gehen sollte und welche Vor- und Nachteile bei der Gestaltung damit in Kauf genommen werden müssen.

Aktuelle Benutzeroberflächen zeigen, dass sich beim Interface- und Interaktionsdesign bereits einige grundlegende Patterns etabliert haben. Diese wurden in der Forschung und Praxis publiziert und bilden mehrere umfassende Pattern-Sammlungen für alle möglichen Domänen wie Architektur, Soziologie, Softwareentwicklung (SE) und Design. Neben vielen anderen Arbeiten auf diesem Gebiet sind die Patternansätze von (Wilkins 2003), (Tidwell 2006), (Borchers 2001), (Ingwersen & Järvelin 2005), (Welie & Trætteberg 2000) und (Granlund et al. 2001) eine gute Ausgangsbasis für die Domäne des UI- und Interaktionsdesigns. Sie bieten zum Teil sogar Schnittstellen zur Erweiterung.

Tabelle 1: Pattern-Sammlungen und URLs mit Beschreibungen

Autor der Pattern-Sammlung	URL der Pattern-Sammlung
Borchers, Jan Oliver (Borchers 2001)	http://www.hcipatterns.org/patterns/borchers/patternindex.html
Folmer, Eelke; Gurp, Jilles van; Bosch, Jan	http://www.eelke.com/index.html http://www.eelke.com/research/IDP/index.html
Irons, Mark L.	http://www.rdrop.com/%7Ehalf/Creations/Writings/Web.patterns
Laakso, Sari A.	http://www.cs.helsinki.fi/u/salaakso/patterns/index.html
Mahemoff, Michael	http://mahemoff.com/paper/fullplanet/all/fullplanet.shtml
Tidwell, Jenifer (Tidwell 2006)	http://time-tripper.com/uipatterns/
Usability Group, The; University of Brighton, UK	http://www.cmis.brighton.ac.uk/Research/patterns/home.html
Viswanath Gondi	http://www.sitepoint.com/print/architecture-usable
Welie, Martijn van (van Welie et al. 2002)	http://www.welie.com/index.html

Alle wissenschaftlichen Arbeiten im Bereich der Patterns ziehen als Grundlage das Buch von (Alexander et al. 1978) heran, das eine Pattern-Sammlung im Bereich der Architektur beschreibt. Alexander beschreibt ein Pattern folgendermaßen:

"Each pattern describes a problem which occurs over and over again in our environment, and then describes the core of the solution to that problem, in such a way that you can use this solution a million times over, without ever doing it the same way twice."
(Alexander et al. 1978)

Der Patternansatz von (Alexander et al. 1978) lässt sich neben vielen anderen Domänen auch auf das UI-Design übertragen. Grundlegend fließen beim UI-Design Interaktionsdesign und Visualisierung zusammen und bilden so das Konzept für die Anwendung oder Webapplikation. In diesem Zusammenhang kann man also grundlegend mindestens zwei verschiedene Arten von Patterns unterscheiden. Dies sind zum einen Interaktions- bzw. Navigations-Patterns und zum anderen Visualisierungs- bzw. GUI-Patterns.

"A pattern is a formalized description of a proven concept that expresses non-trivial solutions to a UI design problem. The primary goal of patterns in general is to create an inventory of solutions to help UI designers resolve UI development problems that are common, difficult and frequently encountered."
(Granlund et al. 2001)

Patterns helfen Probleme bei der UI-Gestaltung strukturiert anzugehen. Sie bieten abstrakte Schablonen an, um eine benutzerfreundliche Gestaltung zu finden und häufige Fehler zu vermeiden. Beim UI-Design können Lösungen entwickelt werden, die etwas abstrakter gesehen auch zur Lösung von Problemen in einem anderen Kontext beitragen können. Diese Pattern-Strukturen etablieren sich mit der zunehmenden Weiterentwicklung der UIs für Anwendungen. Dabei geben die Patterns mittels Beispielen einen Überblick über mögliche Lösungen und Einsatzsituationen. Trotzdem müssen bei einer Design-Entscheidung die Vor- und Nachteile abgewogen werden. Des Weiteren spielt auch der Zeitpunkt, zu dem Patterns im SE-Prozess eingesetzt werden, eine bedeutende Rolle. Ein früher Einsatz könnte die Kreativität bei der Ideenfindung schmälern. Andererseits regen Patterns dazu an, etablierte und gute Problemlösungen im Hinblick auf Usability und User Experience zu finden.

In (Tidwell 2006) sind Patterns zur GUI Gestaltung gesammelt aufgeführt. Die PhD-Thesis von (Wilkins 2003) erarbeitet eine Sammlung von Patterns zu Interaktions- und Visualisierungsgestaltung in unterschiedlichen Domänen und ermittelt weiterhin ein Framework zur Evaluation und Bewertung der Patterns im Hinblick auf ihre Benutzbarkeit im Anwendungskontext. (Borchers 2001) Ansatz zeigt, dass manche Patternansätze nicht in eine umfassende Pattern-Sprache der HCI integriert werden können. Obwohl alle diese wissenschaftlichen Arbeiten eigene Formate zur Patterndokumentation verwenden, sind diese doch ähnlich und basieren jeweils auf dem ursprünglichen Pattern-Format von (Alexander et al. 1978). Es hat sich trotz vieler Versuche noch keine Art der Patterndokumentation durchgesetzt, lediglich eine XML Struktur zur einheitlichen Beschreibung wurde auf einer Konferenz (Bayle et al. 1998) entwickelt und online[7] publiziert.

1.3   Softwareentwicklung mit Patterns

Unternehmen, die einen hohen Reifegrad bei ihren SE-Prozessen erreicht haben, nutzen iterative Entwicklungsprozesse. Der Verkauf von Software hängt nicht mehr nur von der Funktionalität ab, sondern auch von deren Usability und User Experience. Deshalb sind Software-Unternehmen heute oft ISO 9241-110 (Europäisches Komitee für Normung 2006) zertifiziert und müssen damit zumindest einige ergonomische Prinzipien einhalten. Weitere Zertifizierungen werden dann nach dem Reifegradmodell der Softwareentwicklung und der DIN EN ISO 9001 vorgenommen.

Darüber hinaus existieren aber vielfältige Prinzipien und Richtlinien zu Benutzbarkeit und Design. Oft sind diese Richtlinien Teil der Unternehmens-Styleguides und beziehen sich neben der Benutzbarkeit auch auf die User Experience. Diese bezeichnet die Erfahrung des Benutzers mit der Software, die über die reine Benutzbarkeit hinausgeht. Prinzipien und Richtlinien werden im SE-Prozess immer wieder zur Evaluation des aktuellen UIs herangezogen. Der Usability Engineering Lifecycle von (Mayhew 1999) ist ein Beispiel für einen iterativen, skalierbaren Usability Entwicklungsprozess.

---

[7] http://www.cs.kent.ac.uk/people/staff/saf/patterns/diethelm/plmlx_doc/plml_doc.dtd.html

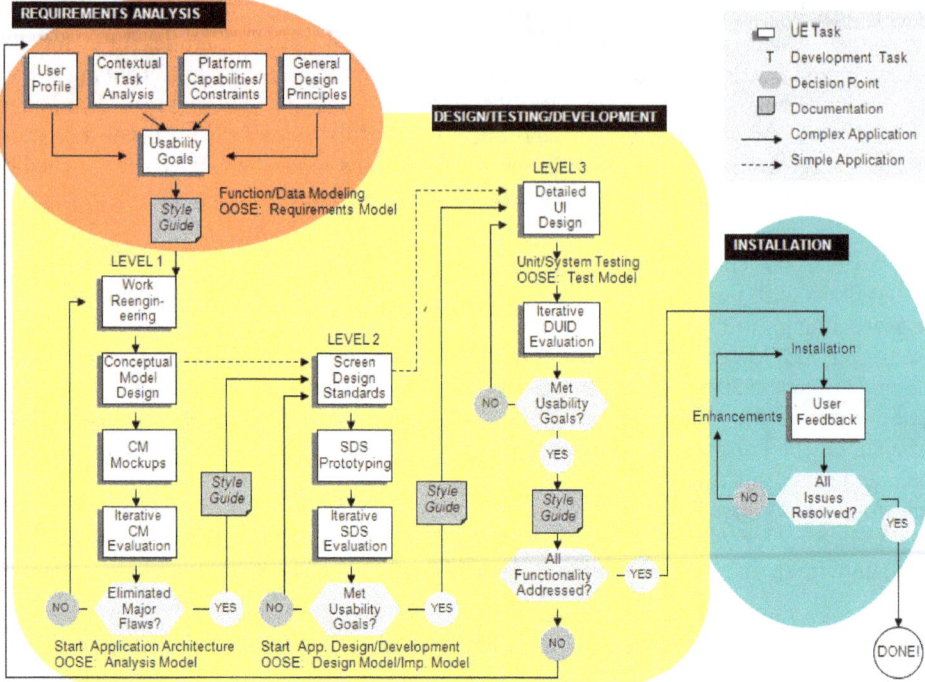

Abbildung 6: The Usability Engineering Lifecycle (Mayhew 1999)

Im Usability Engineering Lifecycle wird bspw. immer wieder ein „Style Guide" (dunkel-graues Rechteck, Abbildung 6) verwendet, um das entwickelte UI zu evaluieren und mit den Richtlinien und Zielen abzugleichen. Patterns können auf diesem Weg vom Entwurf des abstrakten konzeptuellen Modells auf der Basis von Richtlinien, Metaphern, visuellen For-malismen und Blends bis hin zum konkreten Design des UIs bei Designentscheidungen un-terstützen. Allerdings bringt der Einsatz von Pattern sowohl Vor- als auch Nachteile mit sich, die in Kapitel 5 genauer untersucht sind. Patterns und Pattern-Sprachen besitzen einige cha-rakteristische Eigenschaften (Dix et al. 2004):

- Sie halten Designpraktiken fest und drücken das Wissen über erfolgreiche Lösungen aus: Sie kommen also aus der Praxis und weniger aus der psychologischen Theorie.

- Sie halten die essentiellen, allgemeinen Eigenschaften guten Designs fest: Sie erklä-ren dem Designer nicht, wie etwas gemacht wird, sondern was und warum etwas getan wird.

- Sie repräsentieren Designwissen auf unterschiedlichen Ebenen, von sozialen und organisatorischen Gesichtspunkten über konzeptuelles Design bis hin zu detaillier-tem Widgetdesign.

- Sie sind nicht neutral, sondern beinhalten Werte in ihrer Begründung. Alexander's Pattern-Sprache drückt deutlich die von ihm vertretenen Werte der Architektur aus. HCI-Patterns können Werte zum benutzerfreundlichen Interface-Design ausdrücken.

- Das Konzept einer Pattern-Sprache ist generativ und kann deshalb bei der Entwicklung kompletter Designs unterstützen.

- Sie sind generell intuitiv verständlich und lesbar und können deshalb für die Kommunikation zwischen allen Stakeholdern eingesetzt werden.

1.4 Forschungsziele und Vorgehensweise

Die Herausforderungen bei der Gestaltung von UIs sind vielfältig und Patterns könnten einen Teil dazu beitragen diese zu bewältigen. Richtlinien und „Style Guides" unterstützen UI-Designer bei der Auswahl und Bewertung von Design-Entscheidungen. Patterns hingegen geben eine Anleitung zur Lösung bestimmter, wiederkehrender Designprobleme und helfen so, gute Designlösungen für den jeweiligen Kontext zu finden. Zu immer wiederkehrenden Problemen etablieren sich Designlösungen, die zeigen, wie das UI optimal im Hinblick auf relevante Bedingungen zu gestalten ist. Ein Vorteil von Patterns ist, dass sie sich als Inspirationsquellen für die Generierung von Designvorschlägen schon in der Phase der Ideenfindung sinnvoll einsetzen lassen. Dies spricht dafür, dass Patterns geeignete und abstrakte Konstrukte sind, um den komplexen Herausforderungen beim UI-Design optimal zu begegnen. Trotz der abstrakten Dokumentationsform zeigen Patterns anhand von Beispielen auf, wie die Problemlösung in einem bestimmten Kontext erfolgt ist. Zusammen mit diesen Beispielen ermöglichen die Patterns eine effizientere Gestaltung von gebrauchstauglichen UIs (Xia et al. 2010), als dies mit herkömmlichen Mitteln wie Guidelines und Styleguides möglich ist.

In dieser Arbeit werden ZUI-Interaktionskonzepte in unterschiedlichen Domänen untersucht, geeignete Interaktions- und Visualisierungspatterns entwickelt und eine adäquate Form für die Dokumentation und Vermittlung der Designlösungen gesucht. Es wird die Frage untersucht, inwieweit sich ZUIs eignen, um adäquate, benutzergerechte Interaktion im Zusammenspiel mit Visualisierungen zu gewährleisten. Dazu werden unterschiedliche ZUIs aus Forschung und Praxis untersucht und eigene ZUI-Anwendungen im Kontext von drei Anwendungsgebieten entwickelt. Die gewonnenen Erkenntnisse fließen in die Entwicklung eigener Visualisierungs- und Interaktionspatterns ein. Die Patternansätze aus der Forschung zeigen auf, dass es vielversprechende Möglichkeiten gibt, um den Patternansatz nach (Alexander 1979) auf die HCI zu übertragen. Trotzdem basieren die in der Literatur zitierten Dokumentationsformen etablierter und guter Designlösungen stets auf dem Grundmuster von Alexander. Nur sehr wenige Pattern-Sammlungen gehen über dieses Format hinaus und verwenden z.B. Animationen, um die Funktionsweise eines Patterns zu verdeutlichen. In der Praxis werden umfangreiche Styleguides eingesetzt, die mühsam zu lesen und schwierig anzuwenden sind. Der Einsatz von Patterns kann dieses Problem dahingehend lösen, dass etablierte, grundlegende Designlösungen in einer einfachen und reduzierten Form dokumentiert und dann bei Bedarf herangezogen werden. Die heutigen multimedialen Mittel erlauben außerdem fortschrittlichere Dokumentationen von Design-Patterns, die in bisherigen Pattern-Ansätzen nicht genutzt werden. Die Vorgehensweise zur Erreichung der Forschungsziele dieser Arbeit ist im Folgenden zusammengefasst:

- **Untersuchung von ZUIs**
  Prinzipien und Praktiken von ZUIs werden untersucht, da die zu entwickelnden Patterns Gestaltungsmöglichkeiten in der Domäne von ZUIs aufzeigen sollen. ZUIs

können unterschiedliche Interaktionstechniken für die Navigation verwenden. Diese eröffnen einen interessanten Gestaltungsraum für die Benutzerinteraktion. Regeln, die bei der Gestaltung von gebrauchstauglichen ZUIs relevant sind, werden festgehalten, um einen Kriterienkatalog für die ZUI-Gestaltung zu entwickeln. Existierende ZUI-Anwendungen ergeben Inspirationsquellen für die Gestaltung der Fallstudien und zeigen erste Möglichkeiten für die Extraktion von Patterns auf.

- **Entwicklung von Fallstudien**
  Anhand von Fallstudien zu drei unterschiedlichen Domänen (Bildersuche, soziale Netzwerke und Produktdaten-Management) wird untersucht, wie sich der Einsatz von ZUIs realisieren lässt und wie dabei Interaktion, Visualisierung und Suche im UI-Design verschmelzen. Praktisch werden Designentscheidungen auf Basis von wissenschaftlichen Erkenntnissen, Expertenevaluationen und Benutzertests getroffen und iterativ verbessert. Dadurch entstehen optimierte ZUI-Anwendungen, die jeweils kontextbezogene aber verallgemeinerbare Designprobleme lösen und somit besonders gut für die Gewinnung von Patterns geeignet sind.

- **Patternansätze identifizieren, untersuchen und vergleichen**
  Die im Zusammenhang mit ZUIs relevanten Arbeiten zu Patterns werden recherchiert. Als Ergebnis werden bereits vorhandene Patterns im Zusammenhang mit ZUIs gesammelt. Potentielle Schnittstellen zur Erweiterung und Möglichkeiten zur Kombination unterschiedlicher Ansätze sowie die verschiedenen Beschreibungsformate für Patterns werden aufgearbeitet.

- **Ableitung von Patterns**
  Aus den Anwendungen der Fallstudien werden neuartige Visualisierungs- und Interaktions-Patterns gewonnen. Von Bedeutung ist dabei, wie diese in Verbindung zu aktuellen Trends bei der UI-Gestaltung stehen und welche Gemeinsamkeiten mit ZUI-Frameworks aus Forschung und Praxis existieren. Zur Dokumentation der Patterns wird ein eigens entwickeltes Format verwendet, das aktuell interaktive und multimediale Möglichkeiten verbindet.

- **Integration und Erweiterung von Pattern-Ansätzen**
  Hier wird ausgelotet, inwieweit existierende Patternansätze Schnittstellen bieten, um diese mit anderen Pattern-Ansätzen zu kombinieren und den neu gewonnenen Patterns anzureichern. Eine visuelle Darstellung aller untersuchten Patterns hilft, die Überschneidungen von Interaktions-, Visualisierungs- und GUI-Patterns sowie deren Schnittstellen zu verstehen.

- **Evaluation und empirische Absicherung**
  Die Erkenntnisse der Fallstudien und ZUIs führen zu neuartigen Pattern-Ideen, die aus den erstellten ZUI-Applikationen extrahiert werden. Zusätzlich wird das Dokumentationsformat der Patterns untersucht und optimiert. Experten werden zu Einsatz und Anwendbarkeit der extrahierten Patterns befragt. Die Auswertung der Ergebnisse dient dazu, weitere Optimierungsmöglichkeiten aufzuzeigen und Patterns zu fundieren.

- **Ausblick – Entwicklung von Patterns in der HCI**
  Hier wird eine Applikation zur Darstellung der Patterns vorgestellt, die selbst auf einigen der erarbeiteten Designpatterns basiert. Es wird ein Ausblick zu möglichen Weiterentwicklungen der Fallstudien gegeben. Neue Interaktionstechniken wie Ges-

tik, Sprache und Multitouch führen zur Entstehung weiterer Patterns. Die Anwendungen der Fallstudien enthalten Konzepte, die sich für die Extraktion weiterer Patterns eignen.

1.5   Gliederung der Arbeit

Die Forschungstheorien und die Erkenntnisse aus der Praxis zu ZUIs, Interaktion, Visualisierung und Filter sind die Kernthemen in Kapitel 2. Anhand ausgewählter Beispiele werden innovative Interaktions- und Navigationskonzepte, Visualisierungstechniken sowie Filtertechniken vorgestellt. Dabei zeigt die Forschung auf, wie die Kombination von Interaktion, Visualisierung und Suche mit ZUIs in der Praxis realisiert werden sollte. Die theoretischen Bezüge zu diesen Themenbereichen werden hergestellt und eine Systematik aufgestellt, anhand derer die ZUI-Anwendungen eingeordnet werden. Neben den Anwendungen lassen sich als Ergebnis unterschiedliche technische Frameworks definieren, die eine Realisierung von interaktiven ZUI-Anwendungen im Web ermöglichen. Abschließend wird aus den Erkenntnissen ein Kriterienkatalog für ZUIs abgeleitet.

Aufgrund der Kombination der unterschiedlichen Forschungsfelder und der Anwendung komplexer Technologien ist die technische Realisierung eine Herausforderung. Die interaktiven Webanwendungen benötigen komplexe Architekturen und dementsprechend aufwendig sind Entwicklung und Testverfahren. Daher werden in Kapitel 3 die Realisierungsmöglichkeiten anhand einer Beispieldatenmenge im Rahmen von Machbarkeitsstudien ausgelotet.

Die Fallstudien zu unterschiedlichen Domänen und die Entwicklung der Designideen, Konzepte, Prototypen und Anwendungen bilden einen Schwerpunkt der Arbeit (Kapitel 4). Der Entwicklungsprozess verläuft dabei jeweils iterativ und bezieht Anforderungen, Benutzer, Konzeption, Realisierung und Evaluation mit ein. Die Gebrauchstauglichkeit von ZUIs wird in unterschiedlichen Domänen untersucht. Deshalb werden für drei ausgewählte Domänen zunächst jeweils mehrere Ideen und Designstudien erstellt. Diese werden in einem iterativen Prozess verfeinert und evaluiert. Für jede Domäne wird schließlich mindestens eine ZUI-Fallstudie in Form einer Anwendung entwickelt, die eine konkrete Lösung für das jeweilige Szenario und damit den Nutzungskontext implementiert.

Kapitel 5 erläutert die Grundlagen zu Patterns und gibt einen Überblick über die unterschiedlichen Pattern-Ansätze in der HCI. Diese verfolgen unterschiedliche Herangehensweisen, um Patterns zu dokumentieren und in Relation zueinander zu setzen. Daraus entstehen sogenannte Pattern-Sprachen wie bei (Borchers 2001), (Tidwell 2006) und (Wilkins 2003) beschrieben. Es wird reflektiert, wie und wo im SE-Prozess die unterschiedlichen Pattern-Arten eingesetzt werden können. Die Unterschiede und Gemeinsamkeiten sowie die Fundierung und Dokumentationsform dieser Patterns werden aufgezeigt. Daraus lassen sich Erkenntnisse für eine neuartige Dokumentationsform ableiten, die den aktuellen Anforderungen bzgl. Darstellung und Vermittlung von Designwissen Rechnung trägt. Schließlich wird eine optimierte Form entwickelt, die auch multimediale und interaktive Erklärungen beinhaltet.

Die entwickelten Fallstudien und ZUI-Anwendungen werden daraufhin auf extrahierbare Patterns untersucht. Als Ergebnis der Arbeit entstehen mehrere neuartige Patterns, die etablierte Lösungen für Designprobleme im Zusammenhang mit ZUIs beschreiben. Dazu gehören neben Interaktions-Patterns, die zoombasierte Interaktionstechniken beschreiben, auch

Visualisierungs-Patterns, die aufzeigen, wie ZUIs in Kombination mit Visualisierungstechniken verwendet werden können. Die neuen Patterns werden aus den interaktiven Anwendungen der Fallstudien abgeleitet und mittels theoretischer Erkenntnisse, Beispielen aus der Praxis und ersten Evaluationen fundiert. Die abgeleiteten Patterns werden begründet und anhand der Forschungsarbeiten von (Avouris et al. 2005; Borchers 2000; Bottoni et al. 2011; Tidwell 2006; Van Welie et al. 1994; Wilkins 2003; Xia et al. 2010) mittels Benutzerbefragungen und einem kurzen Anwendungstest auf ihre Gebrauchstauglichkeit hin untersucht. Mit dem heuristischen Bewertungsschema aus (Wilkins 2003) ist es umgekehrt möglich, Vorhersagen zur Gebrauchstauglichkeit von Anwendungen zu machen, die auf Basis von Patterns entwickelt wurden. Es wird aufgezeigt, inwieweit sich dieses Schema für den praktischen Einsatz eignet.

Kapitel 6 fasst nochmal die gesamte Arbeit kurz zusammen. Aus den Erkenntnissen der Arbeit ergeben sich Ideen für ein System zur Pattern-Publikation und für weitere Patterns zu Visualisierung und Interaktion. Es wird eine erste Webanwendung konzipiert und realisiert, die zur Exploration, Suche und Anwendung der Patterns genutzt werden kann. Dieser interaktive Pattern-Browser präsentiert die Patterns in einer neuartigen Dokumentationsform (siehe beiliegende DVD oder online unter http://www.designpatterns.de). Dabei werden Text, Audio, Videos, Animationen, Diskussion und soziale Medien eingesetzt. Eine stetige Weiterentwicklung führt dazu, dass neue Patterns in den Pattern-Browser integriert und durch die Publikation im Internet praktisch von der HCI-Community eingesetzt und evaluiert werden können. Das entwickelte XML-Format zur Strukturierung und Speicherung der Pattern-Daten könnte zu einer umfassenden Pattern-Sprache für die HCI führen. Eine Integration der Pattern-Daten in jede Art von Applikation ist sehr einfach möglich. Weiterhin gibt das letzte Kapitel einen Ausblick auf weitere Forschungsmöglichkeiten im Bereich der Design-Patterns und der entwickelten Anwendungen. Dazu werden auf Basis der aktuellen Forschung Weiterentwicklungen der Fallstudien prototypisch realisiert. Zuletzt wird die Auswirkung der zunehmenden Medienkonvergenz auf Benutzungsschnittstellen und Patterns diskutiert.

2   Zoomable User Interfaces

"You just zoom in, and as soon as you can read the text or see the graphic details, you can work on them. Then there's no need for windows, which you are forever opening, closing, moving or fooling with."
(Raskin 2000)

Dieses Kapitel beschreibt die grundlegenden Ideen von Zoomable User Interfaces (ZUIs). Im Gegensatz zum **WIMP**-Paradigma, das **W**indows, **I**cons, **M**enus und **P**ointer (Zeigen und Klicken) zum Kern der Benutzerinteraktion macht, ist bei ZUIs das Zooming und Panning (Skalieren und Verschieben) die Hauptinteraktionstechnik. Grundlagen für die Idee der Übertragung des skalierbaren 3D-Raums auf den Bildschirm entstanden bereits mit dem ersten ZUI Sketchpad (Sutherland 1963). Weiterverfolgt wurde die 3D-Darstellung mit den Ideen zum Büro der Zukunft (Business Week 1975), das ohne Papier funktionieren sollte. Zwei herausragende Publikationen zum Thema ZUIs sind die beiden Bücher „The human interface: where people and computers meet" (Bolt 1984) und „The humane interface: new directions for designing interactive systems" (Raskin 2000), die beschreiben, wie relevante Erkenntnisse aus den Bereichen Biologie, Kognitions- und Informationswissenschaften, Psychologie und Informatik die Basis für das ZUI-Paradigma liefern. Neben diesen Erkenntnissen existieren eine Reihe interessanter ZUI-Applikationen in unterschiedlichen Anwendungsdomänen. Daher werden in diesem Kapitel die relevanten ZUI-Anwendungen aus Forschung und Praxis untersucht sowie deren grundlegende Merkmale und Interaktionstechniken zusammengestellt.

Die Abgrenzung und Entwicklung des WIMP- und des ZUI-Paradigmas ist in diesem Abschnitt kurz erläutert. Erste Studien zu ZUIs fanden bereits in den sechziger und siebziger Jahren statt. Damals war es technisch schwierig das ZUI-Paradigma mit den beschränkten visuellen Möglichkeiten zu realisieren. Das WIMP-Paradigma setzte sich auf Basis der Windows und Macintosh Betriebssysteme durch und wurde wohl aus Mangel an bekannten Alternativen nicht von den Benutzern hinterfragt, sondern einfach zur Kenntnis genommen. Mit den aktuellen Entwicklungen sind die technischen Möglichkeiten aber gewachsen und es ist mittlerweile möglich ZUIs auch für sehr große Datenmengen zu realisieren, wie dies bei g-speak[8] der Fall ist. Der Trend beim UI-Design ist, dass gezielt Effekte und zoombare Komponenten eingesetzt werden, um so das Nutzererlebnis zu verbessern. Mit dem reinen WIMP-Paradigma war das GUI-Design der Betriebssysteme also sicherlich auf dem falschen Weg. Die Art der Interaktion entwickelt sich langsam vom WIMP- hin zum ZUI-Paradigma. Eine andere These ist, dass sich beide Paradigmen durchsetzen könnten und am Ende der Entwicklung also ein Interaktionsdesign mit einer Mischung aus WIMP- und ZUI-Techniken steht. Dies ist auch der zu beobachtende Fakt, wenn man die aktuellen Betriebssysteme von Microsoft und Apple betrachtet. Es halten immer mehr Zoomtechniken Einzug in das Inter-

---

[8] O. I. Inc, \g-speak spatial operating environment," 2009. http://oblong.com/ (letzter Zugriff 15.04.2011)

aktionsdesign. Beispiele sind die Time Machine, die Fensteranimationen und die Zoomtechniken in Datei-Explorern und Webbrowsern. Es stellt sich nur die Frage, ob dieser Trend anhalten wird und sich das ZUI-Paradigma vollständig durchsetzt oder ob am Ende eine Mischung, also eine ZUI-WIMP Lösung und damit eine Vereinigung der beiden Paradigmen steht.

Die ZUI-Interaktionstechnik beschreibt eine grundlegende Art der Interaktion von Benutzern über eine Benutzungsschnittstelle mit einem Computersystem. Dabei sagt die ZUI-Technik noch nichts darüber aus, wie das konzeptuelle Modell und die grafische Benutzungsschnittstelle aussehen müssen. In diesem Kapitel wird untersucht, welche Prinzipien beim Design von ZUIs in Forschung und Praxis Anwendung finden und wie diese die Interaktion, Suche und Visualisierung optimal unterstützen können. Eine Basis für diese Untersuchung legen die Arbeiten (Wilkins 2003), (Borchers 2001) und (Shneiderman 2002). Dabei werden bereits vorhandene Prinzipien und Kategorisierungen, wie in Kapitel 4.2 (Wilkins 2003) gezeigt, systematisch verwendet und die relevantesten Kriterien in einem Katalog zusammengestellt. Dieser Kriterienkatalog umfasst dann Regeln und Prinzipien für ZUIs und bildet das Fundament für die Fallstudien und damit auch für die Design-Patterns.

Alle Bereiche des UI-Designs, insbesondere Interaktions-, Filter- und Visualisierungstechniken müssen für ein gelungenes und gebrauchstaugliches Gesamtkonzept aufeinander abgestimmt sein. Herkömmliche Benutzungsschnittstellen basieren auf Menüs und Fensterinteraktionen, wobei hier bereits sehr viele Erfahrungen im praktischen Umgang mit Betriebssystemen gemacht wurden. Bei der Verwendung von ZUIs hingegen fehlen diese Erfahrungen, da sich diese aus unterschiedlichen Gründen (technische Machbarkeit oder mangelnde Kreativität bzw. Innovationsfreudigkeit) bis zur Jahrtausendwende kaum in der Praxis durchgesetzt haben.

Die Bereiche zur Suche, Interaktion, Filterung und Visualisierung von Informationen werden in umfassender Literatur und wissenschaftlichen Untersuchungen in der Mensch-Computer Interaktion, der Informationsvisualisierung und der Psychologie untersucht. Im Folgenden sollen kurz die relevanten Themengebiete und deren Erkenntnisstand aufgeführt werden. Umfangreiche State-of-the-Art Zusammenstellungen zu Visualisierungen sind in (Card et al. 1999; Chen 2000; Ludwig 2005; Spence 2007; Ware 2004) zu finden. Im Zuge der Entwicklung von Visualisierungen und Benutzungsschnittstellen für Softwaresysteme werden jeweils sehr unterschiedliche Navigationskonzepte entwickelt. Damit existiert eine große Anzahl an verschiedenen Navigationsarten, die in der Forschung auf ihre Vor- und Nachteile untersucht wurden. Leider ist durch die Heterogenität der Systeme im Bezug auf Daten, Kontext und Zielgruppe der Anwendungen nur selten eine Vergleichbarkeit gegeben. Aus der Menge der ZUI-Interaktionskonzepte haben sich aber einige grundlegende Patterns herauskristallisiert, die bevorzugt in Forschung und Praxis eingesetzt werden und einen gewichtigen Ausgangspunkt für diese Arbeit bieten.

Die Innovationskraft der hier vorgestellten Arbeiten liegt dabei nicht auf der möglichst gebrauchstauglichen Ausarbeitung eines neuen Konzepts, sondern vielmehr in der Kombination der unterschiedlichen Techniken mit ZUIs. Im Folgenden werden die Grundlagen zu ZUIs und deren Interaktionstechniken vorgestellt. Die räumliche Aufteilung und die Darstellung von Informationen mit Visualisierungstechniken (Hierarchien, Pixelvisualisierungen und

Graphen bzw. Netzwerke) werden dann im Rahmen der jeweiligen Fallstudie in Kapitel 4 erläutert.

2.1   Grundlagen von Zoomable User Interfaces

"...we consider the two main characteristics of zoomable user interfaces to be (a) that information objects are organized in space and scale, and (b) that users interact directly with the information space, mainly through panning and zooming." (Hornbæk et al. 2002)

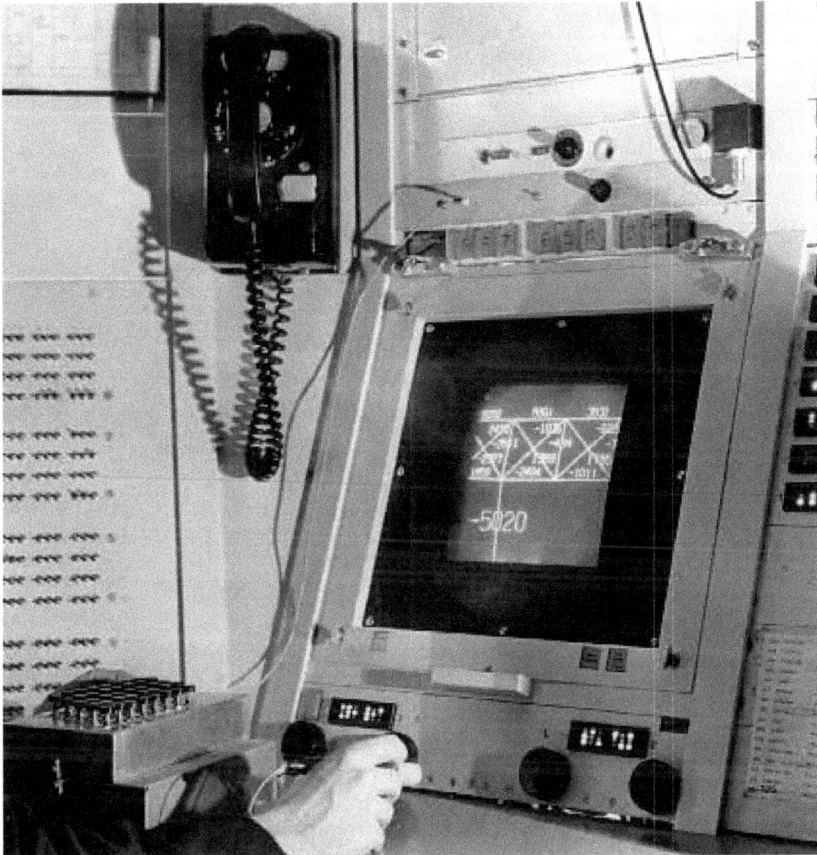

Abbildung 7: Sketchpad auf der TX-2 am MIT unter http://www.mark13.org/book/export/html/60 (zuletzt besucht am 17.12.2010)

In der Forschung wurden schon sehr früh Anwendungen mit skalierbaren Benutzungsschnittstellen entwickelt. Dazu gehört auch das erste ZUI, Sketchpad (Sutherland 1963), das bereits 1958 am MIT entwickelt wurde. Mittels eines Eingabestiftes ist es bei Sketchpad möglich Bereiche zu skalieren. Außerdem war dieses System damals eines der ersten mit direktem Feedback auf Benutzereingaben. Zuvor funktionierten Computersysteme auf Basis des bekannten Batchprinzips in der Regel so, dass einem Programm die zu berechnenden Daten eingegeben wurden. Erst nach langer Wartezeit konnten die meist ausgedruckten Ergebnisse eingesehen werden. Weitere ursprüngliche ZUI-Systeme sind das Spatial Data Management System (Donelson 1978), „Put that there" (MIT 1979), PAD (Perlin & Fox 1993b) und schließlich die Idee der „Zoomworld" (Raskin 2000). Besonders interessant sind die Untersuchungen und Benutzertests zu diesen innovativen Systemen und deren Zoomtechniken, da diese relevante Kriterien der ZUIs beschreiben.

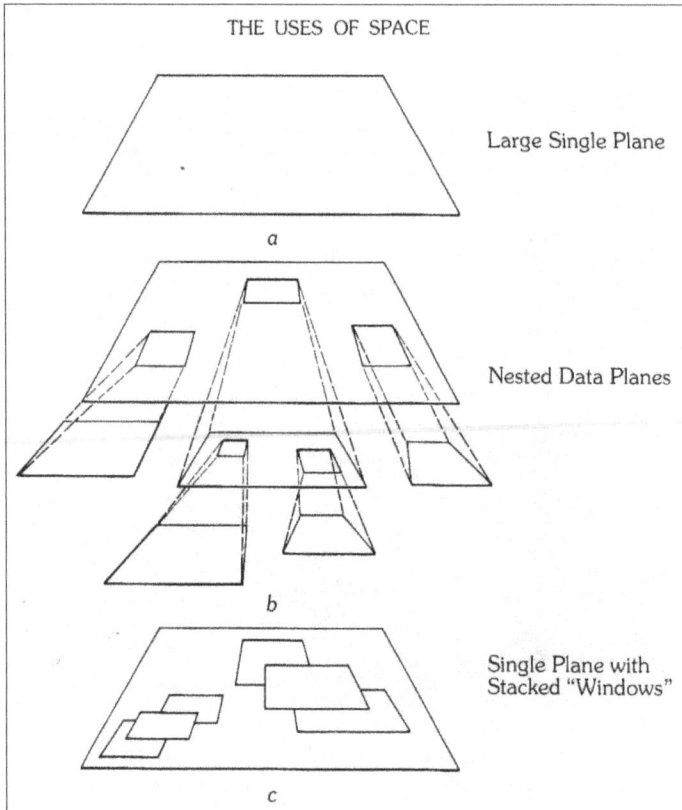

THE USES OF SPACE

Large Single Plane

a

Nested Data Planes

b

Single Plane with
Stacked "Windows"

c

Abbildung 8: Möglichkeiten der ZUI Realisierung (Bolt 1984)

ZUIs können grundsätzlich auf drei verschiedene Arten realisiert werden. Einfache ZUIs bestehen aus einer Ebene (Abbildung 8 a), die per Zooming und Panning exploriert werden kann und auf der die Informationsobjekte nur in einer Skalierungsstufe angeordnet sind. Eine zweite Möglichkeit ergibt sich durch die Verwendung unterschiedlicher Skalierungswerte für die einzelnen Informationsobjekte (Abbildung 8 c). So werden die Objekte nicht nur anhand ihrer x- und y-Position am Bildschirm platziert, sondern auch über ihre Skalierung anhand einer virtuellen z-Achse. Kann der Benutzer den Informationsraum nun frei skalieren bzw. sind die Informationsobjekte von ihren Skalierungswerten sehr unterschiedlich, tritt nun erstmals das Problem auf, was mit Objekten geschehen soll, die entweder zu klein sind, um vom Benutzer wahrgenommen zu werden oder so groß sind, dass sie mehr als die vorhandene Bildschirmfläche benötigen, um komplett angezeigt zu werden. Das System muss nun also die zu kleinen oder zu großen Objekte automatisch ausblenden, damit der Benutzer zu dahinter liegenden Objekten navigieren kann. Eine weitere Möglichkeit ist die Einführung von verschachtelten ZUIs (Abbildung 8 b), genauer erläutert in (Perlin & Meyer 1999). Ein Objekt im Informationsraum oberster Ebene kann wiederum einen weiteren Informationsraum beinhalten.

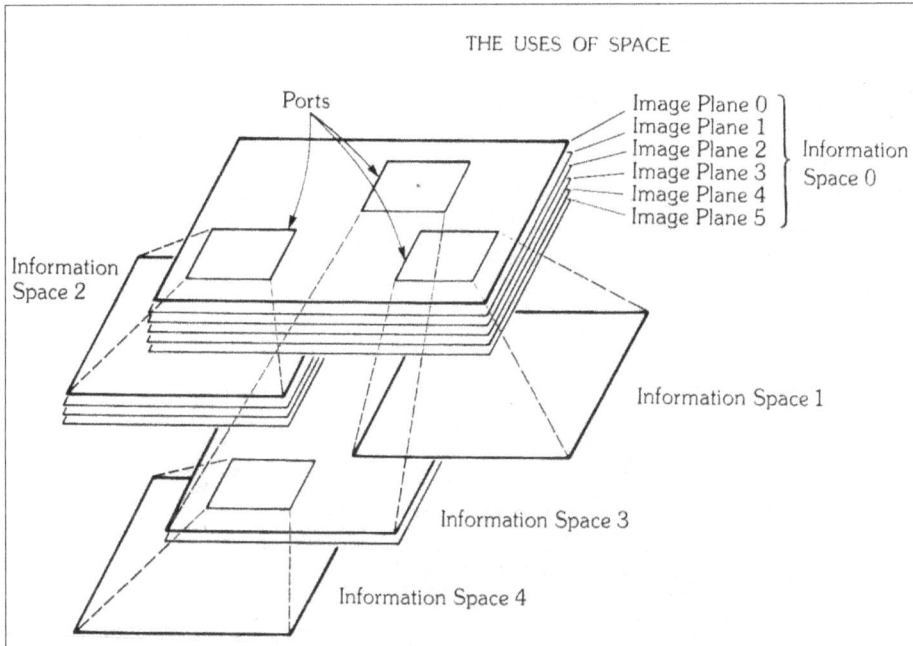

Abbildung 9: Verwendung von Raum und Portalen bei ZUIs (Bolt 1984)

Zoomt der Benutzer nun zu einem dieser verschachtelten Objekte, so wird der neue Informationsraum explorierbar, indem das Objekt auf die volle Bildschirmgröße skaliert wird. Hierbei entstehen die bereits von Hyperlinks bekannten Orientierungsprobleme. Je tiefer der Informationsraum geschachtelt ist, desto schwieriger wird es die Prinzipien nach Nievergelt (wo bin ich, wo komm ich her, wo kann ich hin) einzuhalten (Nievergelt & Weydert 1980; Pook et al. 2000). In (Pook 2001) werden die unterschiedlichen Sub-Informationsräume, die selbst wieder als ZUIs realisiert sind, wie bereits schon bei (Bolt 1984) als Portale bezeichnet. Portale geben einen Überblick über einen Informationsraum und visualisieren diesen anhand von Formen. Diese Formen können zum Beispiel Visualisierungen wie TreeMaps (Johnson & Shneiderman 1991) sein. Durch die Verschachtelung werden die unterschiedlichen, über das Portal zugreifbaren Sub-Informationsräume angezeigt. Durch Zooming und Panning kann ein Portalinhalt bis zur vollen Bildschirmgröße maximiert werden. So ist es möglich mittels Zoom-Interaktion zwischen verschiedenen Portalen zu wechseln.

2.1.1 Kognition und ZUIs

"Deep thinking is rare in this field where most companies are glad to copy designs that were great back in the 1970s. The Humane Interface is a gourmet dish from a master chef. Five mice!"
--Jakob Nielsen

In (Harrower & Sheesley 2005) werden Zooming- und Panning-Techniken beschrieben und auf ihre Funktionalität und Effizienz hin untersucht und evaluiert. Die Autoren stellen fest, dass der simulierten Bewegung im dreidimensionalen, digitalen Raum lokale und globale Orientierungsmarken fehlen. So können Benutzer durch Navigation die Orientierung im Raum und damit den Kontext verlieren. In der Kognitionsforschung ist die Wahrnehmung und Orientierung der Menschen im realen und virtuellen Raum jedoch kaum erforscht. Im Zusammenhang mit dieser komplexen kognitiven Aufgabe sprechen neueste Erkenntnisse gegen die Theorie der Orientierungsmarken im Raum. So wurde in (Jacobs et al. 2010) gezeigt, dass der menschliche Entorhinalkortex eine bestimmte Art von Zellen enthält, die während der Navigation die aktuelle Route mit bzw. gegen der Uhrzeigersinn kodieren. Eine weitere Studie zeigt, dass es zudem einen geschlechterspezifischen Unterschied geben könnte (Jones & Healy 2006). Frauen merken sich laut dieser Studie eher Orientierungsmarken, während Männer zusätzlich räumliche Zusammenhänge speichern und bei Navigationsaufgaben wieder abrufen.

Als Grundlagen für das UI-Design sind die menschlichen Kognitionsfähigkeiten ausschlaggebend. Bei der Bearbeitung von Aufgaben sind Menschen zwar in der Lage ihre Aufmerksamkeit auf mehrere Aufgaben zu verteilen, dabei sinkt jedoch die Effektivität und Effizienz erheblich und es werden leichter Fehler gemacht. Bei der Bearbeitung mehrerer Aufgaben gleichzeitig benötigen Menschen viel mehr Zeit und kommen zu qualitativ schlechteren Ergebnissen, als wenn sie die Aufgaben nacheinander abarbeiten würden. Der Fokus der Aufmerksamkeit (locus of attention) wurde in vielen psychologischen Studien untersucht und es zeigt sich, dass mit der Steigerung der Intensität, mit der man sich mit einer Aufgabe beschäftigt, es zunehmend schwieriger wird seine Aufmerksamkeit auf etwas anderes zu richten (Baars 1988). Der Fokus der Aufmerksamkeit hat immer eine Aufgabe bzw. ein Element, das im Zentrum des Interesses steht. Dieses Element nimmt den Großteil der Aufmerksamkeit in Anspruch – es wird aktiv bearbeitet und beschäftigt das Gehirn. Der Mensch kann bewusst seine Aufmerksamkeit auf ein Element richten. Dieses willentlich kontrollierte Fokussieren unterscheidet sich vom ständig wechselnden Fokus der Aufmerksamkeit dadurch, dass dieser Wechsel bewusst erfolgt.

In der Kognitionsforschung werden die präattentive und die attentive visuelle Wahrnehmung unterschieden. Die präattentive Wahrnehmung erfolgt „unbewusst" beim bloßen Anblick und damit automatisch. Eine präattentive Wahrnehmung ist bei Ansichten möglich, die keiner weiteren Interpretation bedürfen. Die attentive Wahrnehmung dagegen dauert länger, da die Ansicht interpretiert werden muss (Ware 2004). Der „Aspect of Interest" (AOI) bezeichnet dabei das Objekt oder die Informationseinheit des Interesses, während der „Degree of Interest" den Detaillierungsgrad der Information bezeichnet. Zur schnellen Durchsicht von Objekten (Wechsel des AOI) sollten also möglichst Visualisierungen verwendet werden, die keinen oder nur minimalen Interpretationsaufwand notwendig machen. Erst wenn Objekte im Detail (Erhöhung des DOI) eingesehen werden und das Interesse für diese steigt, sollten komplexere, interpretationsbedürftige Visualisierungen verwendet werden. Menschen speichern nur sehr wenige relevante Wahrnehmungen als Erinnerungen ab. Das Gehirn merkt sich unwichtige Dinge erst nach vielen Wiederholungen (Gewohnheit). Darum sollten Anwendungen zustandslos sein und Änderungen durch Benutzer dauerhaft speichern.

Jef Raskin stellt daher die Regel auf, dass UIs so gestaltet werden sollten, dass Benutzer nicht abgelenkt werden und so ihre Aufmerksamkeit der aktuellen Aufgabe widmen können.

Also sollten keine Störungen durch Meldungen oder andere visuelle und auditive Maßnahmen stattfinden. Anstatt visuell und/oder auditiv die Aufmerksamkeit der Anwender zu stören, sollten mögliche Fehlerquellen durch intelligentes Design minimiert werden. Wird das System dann noch so gestaltet, dass gemachte Fehler leicht zu korrigieren sind und der Systemzustand einfach wieder anzupassen ist, so kann davon ausgegangen werden, dass Benutzer wesentlich effektiver und effizienter arbeiten können.

Führt man eine Aufgabe wiederholt aus, wird die Ausführung der einzelnen Teilschritte zur Gewohnheit. Unser Gehirn festigt mit der Zeit die einzelnen Schritte und optimiert deren Ausführung, so dass es möglich wird bestimmte Aktionen unbewusst auszuführen. UIs, die nach den Regeln von Raskin entworfen werden, ziehen Vorteile aus der menschlichen Gewohnheit und erlauben es Benutzern Automatisierungen bzw. Routinen zu entwickeln, die den Arbeitsablauf erleichtern. Menschen können neben den Automatisierungen weitere Aufgaben durchführen. Diese Art der Arbeit wird im Sprachgebrauch als Multitasking bezeichnet. Selbst in der Kognitionsforschung ist man sich nicht einig, ob Multitasking die Fähigkeit des Menschen ist, mehrere Aufgaben zur gleichen Zeit durchzuführen oder die Fähigkeit, schnell zwischen verschiedenen zu bearbeitenden Aufgaben hin und her zu schalten. In (Spink et al. 2008) ist unser Verständnis des menschlichen Multitaskings umfassend beschrieben. In der aktuellen Forschung wird zudem nicht mehr nur das individuelle Multitasking-Verhalten untersucht, sondern auch das in sozialen Gruppen. Auf individueller Ebene werden Multitasking-Prozesse als die Aufteilung der eigenen knappen kognitiven Ressourcen auf mehrere Aufgaben beschrieben. Diese Aufteilung wird je nach Leistung der Aufgabenelemente, Prozesse und Ressourcen auf einzelne Aufgabenschritte vorgenommen und teilweise automatisiert.

„Wenn Menschen Multitasking betreiben, arbeiten sie an zwei oder mehr Aufgaben und wechseln zwischen diesen entweder als Einzelperson oder in Gruppen. Multitasking und Aufgaben-Wechsel sind Mechanismen, die Menschen helfen mit dem komplexen Umfeld umzugehen, in dem sie leben. Oft wechseln Personen zwischen verschiedenen Arten von Aufgaben wie Reden am Telefon, Computerarbeit, Lesen und der Suche nach Informationen. Es gibt eine wachsende und unbedingte Notwendigkeit unser Verständnis von Multitasking Verhalten zu verstehen, insbesondere im Rahmen des Kognitions- und Informationsverhaltens."
(Spink et al. 2008)

Echtes Multitasking ist also beim Menschen mit großer Wahrscheinlichkeit unmöglich. In der Philosophie wurde schon früh spekuliert, dass dazu wahrscheinlich zwei Gehirne notwendig wären bzw. zwei „Ichs", um Aufgaben wirklich gleichzeitig ausführen zu können. Mit einem Gehirn existiert auch nur ein Fokus der Aufmerksamkeit. Durch Wechseln zwischen den verschiedenen Aufgaben innerhalb von Millisekunden entsteht der Eindruck, dass die Aufgaben parallel ausgeführt würden. In Wirklichkeit aber bearbeitet das Gehirn jeweils für kurze Zeitabschnitte die Aufgaben abwechselnd.

Gutes UI-Design muss die Stärken und Schwächen des Menschen (sowohl physisch als auch kognitiv) beachten und versuchen mögliche Nachteile zu minimieren und Vorteile zu nutzen. Dazu unterstützen ZUIs die menschliche Kognition bzgl. des einen Fokus der Aufmerksamkeit. Bei der Interaktion kann jeweils ein Fokus des Interesses wahrgenommen werden. Dies ist bei ZUIs das jeweils aktuell selektierte Objekt, also eine Übersicht des Informationsraums oder eine Detailansicht eines Informationsobjekts.

2.1.2   Orientierung und Navigationsverhalten

Einige weitere Grundlagen und Erkenntnisse zur Gestaltung von ZUIs wurden in Studien an der Universität Konstanz in der Arbeitsgruppe Mensch-Computer Interaktion ergründet. Der quasi-unendliche Informationsraum von ZUIs löst ein zentrales Problem von UIs. Heutige Informationsmengen können sehr groß sein, der Platz am Bildschirm ist aber limitiert. Dieser Umstand wird durch ein quasi-unendliches ZUI gelöst (Raskin 2000). In (Büring, Gerken, and Reiterer 2006) zeigt sich der vereinfachte Zugang zu Daten mit einem ZUI. Durch die vielschichtige und unendliche Informationsebene tendieren Benutzer allerdings dazu die Orientierung zu verlieren. Dazu stellen die Studien (Jetter 2007; König 2006; Memmel 2005; Pook 2001) fest, dass sich viele Orientierungsprobleme durch Orientierungspunkte, Übersichtsfenster und weitere Hilfen vermeiden lassen. Deshalb wird vermutet, dass ZUIs so einen positiven Einfluss auf das Zurechtfinden im virtuellen Informationsraum haben und damit eine bessere Gebrauchstauglichkeit (Effektivität und Effizienz) aufweisen als UIs, die auf dem WIMP-Paradigma basieren.

Dabei wurde zugrunde gelegt, dass die Verortung von Informationsobjekten im Raum den menschlichen kognitiven Fähigkeiten bei der Orientierung besser entspricht. Dieses Prinzip entspricht in weiten Teilen der von uns Menschen erlernten Orientierung und Navigation in der realen Welt. Schon seit Langem wird vermutet, dass Menschen eine sogenannte kognitive Karte (Tolman 1948) im Gehirn „anlegen". Diese versteht sich als mentale Repräsentation der Umwelt bzw. als „virtueller Raum" im menschlichen Gedächtnis. Die kognitive Karte dient dem Menschen zum Abruf und zur Speicherung von Information zu Raum und Positionen von Objekten. Sie entsteht also durch den Informationsverarbeitungsprozess im menschlichen Gehirn und ist flexibel änder- und erweiterbar. Laut (Lynch 1960) ist es dem Menschen so möglich, sich an die ungefähren Positionen von Objekten zu erinnern. In seiner Studie ließ der Stadtplaner Lynch die Bewohner von Boston, Los Angeles und Jersey jeweils Skizzen der Innenstädte anfertigen und diese beschreiben. Durch seine Untersuchungsmethode, das sogenannte „cognitive mapping", fand er heraus, dass die Untersuchungspersonen ihre Stadt im Wesentlichen durch fünf Hauptelemente charakterisieren. Diese sind Wege (paths), Orientierungspunkte (landmarks), Bereiche, Grenzlinien und Brennpunkte. In der aktuellen Forschung ist es jedoch durchaus umstritten wie wir Menschen Information zur räumlichen Orientierung speichern. Es scheint als würden nicht kognitive Karten, sondern vielmehr punktuell Information gespeichert (Wolter et al. 2009; Zetzsche et al. 2008). Weitere Schlussfolgerungen sind hier kaum möglich, da das menschliche Gehirn nur wenig erforscht ist. Das Institut „cognitive neuroinformatics" an der Universität Bremen versucht den menschlichen Kognitionsapparat und das Navigationsverhalten im Raum weiter zu erforschen. In (Zetzsche et al. 2008) ist beschrieben, wie mit Systemen experimentiert wird, die nicht auf Karten, sondern auf sensomotorischen Eigenschaften und Aktionen basieren. Weitere Experimente finden im virtuellen Raum statt, da es hier möglich ist Räume zu gestalten, die in der Realität so nicht möglich wären. Aus den Ergebnissen dieser Forschungsarbeiten erhofft man sich weitere relevante Gestaltungsregeln für virtuelle Räume und Interaktionstechniken. Tabelle 2 fasst die möglichen Auswirkungen der menschlichen Kognition auf die Gestaltung von ZUIs nochmals zusammen.

Tabelle 2: Kognition und ZUIs

Probleme der kognitiven Wahrnehmung	Auswirkung auf Gestaltung von ZUIs
Möglicher Verlust der Orientierung	Einsatz von „Landmarks", Wegen, Bereichen, Grenzlinien, Layern und Übersichtsfenstern
Möglicher Verlust des Kontexts	Räumliche Verortung der Objekte, kognitive Karten
Nur ein Fokus der Aufmerksamkeit	Schneller Wechsel des Interesses (AOI) durch Panning und Erhöhung der Informationsdichte (DOI) durch Zooming – Fokussierung
Gedächtnis speichert seltene Abläufe nicht, Wiederholung gleicher Aufgaben führt zu Ermüdung	Zustandslose Applikation, die automatisch Aktionen übernimmt, um den Benutzer zu kognitiv entlasten (z.B. automatische Speicherung)
Große Informationsmengen bearbeiten und kognitiv erfassen	Ansicht eines relevanten Ausschnitts aus den Informationen, Filtern durch Suche und Navigation, Visualisierungen
Eingeschränkte Freiheitsgrade bei der Navigation, indirektes Feedback und Manipulation	ZUI Navigation ist an die Bewegung des Menschen im Raum angelehnt, wenn auch mit weniger Freiheitsgraden

2.2   Interaktion mit ZUIs

"Zoomable User Interfaces are a kind of information visualization application. They display graphical information on a virtual canvas that is very broad and has very high resolution. A portion of this huge canvas is seen on the display through a virtual camera that can pan and zoom over the surface."
(Bederson et al. 2000), *Seite 2*

Es existieren eine Vielzahl an Anwendungen, die Zoom- und Pan-Techniken verwenden. Trotzdem ist nicht jede dieser Applikationen automatisch ein ZUI. Es stellt sich die Frage, ab wann eine Anwendung als ZUI gilt. Sicherlich ist die Grenze hier fließend und eine Definition schwierig. In (Bederson et al. 2000) wurde eine solche Definition versucht und Anwendungen mit den folgenden Eigenschaften als ZUIs definiert. Diese Eigenschaften sind auch die Grundlage zur Definition von ZUIs in dieser Arbeit, werden aber in einigen untersuchten und selbst erstellten Anwendungen nur in abgeschwächter Form beachtet.
Der grundlegende Aufbau von Visualisierungen und Benutzungsschnittstellen, die Gebrauch von der ZUI-Interaktionstechnik machen, basiert auf der Anordnung der interaktiv darstell- und bearbeitbaren Informationen im Raum. Mittels Eingabegeräten kann der sichtbare Bildschirmausschnitt auf den relevanten Informationsbereich verschoben und skaliert werden. Im Gegensatz zu WIMP-UIs kann eine Überlappung von Fenstern durch die freie, theoretisch unendliche Aufteilung im Raum bei ZUIs vollständig vermieden werden. Dies impliziert allerdings, dass die Objekte bei großer Zahl sehr klein skaliert werden.

Das Scrollen von Inhalten funktioniert per Skalierung und Verschiebung des Bildschirminhaltes oder durch semantisches Zoomen und damit durch die Anreicherung der sichtbaren

Information. Die Hauptcharakteristika von ZUIs sind also die Organisation der Informationsobjekte im Raum sowie die Interaktionstechniken Zooming und Panning zur Skalierung und Platzierung der Kameraperspektive.

Tabelle 3: ZUI Definition der Eigenschaften aus (Bederson et al. 2000)

#	ZUI-Eigenschaft
1	Unterstützung von benutzerdefinierten Grafiken
2	Performanz und Rendering müssen für eine große Anzahl an Objekten unterstützt sein
3	Objekte müssen Transformation und Gruppierungen unterstützen
4	Wechsel zwischen Sichten müssen animiert sein
5	Objekte müssen mehrere Repräsentationen für den semantischen Zoom unterstützten
6	Portale oder Linsen ermöglichen mehrere Sichten auf die Daten
7	Verankerung von Objekten konsolidiert deren Position auch nach Navigation zu anderen Bereichen
8	Manipulation von individuellen Informationsobjekten und Gruppen über benutzergesteuerte Ereignisbehandlung

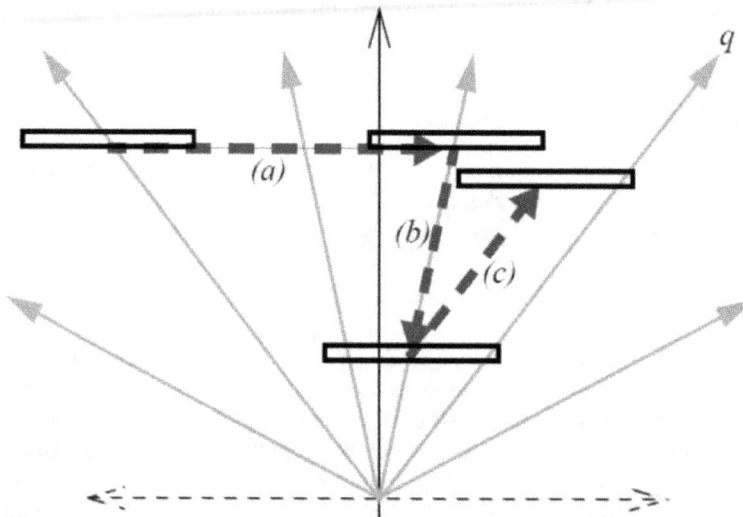

Abbildung 10: Erläuternder Seitenaufriss für Zooming und Panning Operationen (Furnas & Bederson 1995)

Abbildung 10 beschreibt die grundlegenden Pan-Zoom Wegelinien des sichtbaren Bildschirmausschnitts (schwarzes Rechteck) anhand der fettgedruckten, gestrichelten Pfeillinien. Das Szenario zeigt die Zoom- und Pan-Interaktionen eines Benutzers im virtuellen 3D-Raum aus der Perspektive der dritten Raumachse. Das Szenario wird also „von der Seite" betrachtet, wobei eine Skalierung des Raumes (Zooming) von oben nach unten stattfindet. Zunächst wird der Bildschirmausschnitt nur verschoben und damit ein reines Panning ausgeführt, dargestellt durch die gestrichelte Pfeillinie in Abbildung 10 (a). Dann wird entlang der Skalierungsachse (unten nach oben) ein reiner Zoom durchgeführt, siehe Abbildung 10 (b). Die

Interaktion in Abbildung 10 (c) wird als „Zoom-around" in Richtung des Punktes q bezeichnet. Dabei werden die Zoom- und Pan-Operation kombiniert, da sie praktisch gleichzeitig stattfinden.

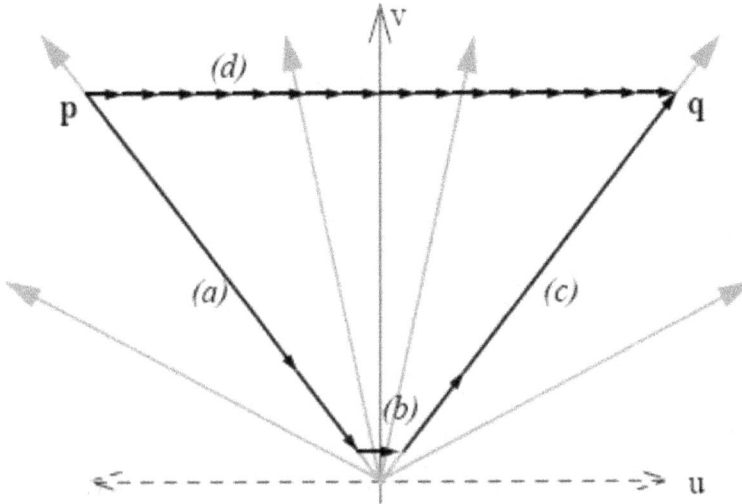

Abbildung 11: Zoomwege (Furnas & Bederson 1995)

Der kürzeste Weg zwischen zwei Ansichten eines Informationsraums ist nicht unbedingt der direkte Weg über eine gerade Linie. Abbildung 11 zeigt dies anhand einer Navigation von Punkt p nach Punkt q auf. Jeder dunkle Pfeil (unabhängig von dessen Länge) steht für eine Interaktions-Kosteneinheit. Die langen Pfeile (a) und (c) führen entlang der z-Achse in die Tiefe des Raumes. Durch die Skalierung des Raumes nimmt also wahrgenommene Entfernung zwischen Punkt **p** und **q** ab.

Tabelle 4: Berechnung der Zoomwege nach Interaktionsaufwand

Direkter Weg: Panning	Zoom-Weg: Zooming, Panning und erneutes Zooming
$$\frac{\| Start - Ziel \|}{Bildschirmlänge} = d$$ Entspricht hier: (p-q)/Screenlänge	$2[log_a d] + r = q + r + s$ Entspricht hier: Weg (a) + (b) + (c)

Bei Maximalskalierung des Raumes auf volle Größe von p bzw. q, kostet ein direkter Weg mittels Verschieben des Bildschirmausschnitts (Panning), siehe Abbildung 11 (d), sechzehn Interaktions-Kosteneinheiten. Der Weg von p nach q kann alternativ über ein Zoom-Out in Abbildung 11 (d), dann über eine Pan Operation in Abbildung 11 (b) und schließlich über ein Zoom-In in Abbildung 11 (c) navigiert werden. Dies führt zu einer Kostenbilanz von fünf Einheiten, ist insgesamt also elf Interaktionen günstiger als der direkte Weg per Panning (siehe Tabelle 4). Die logarithmische Berechnung der Skalierung erlaubt eine schnellere

Navigation, so dass es meist besser ist die Aktionen in Abbildung 11 (a), (b) und (c) durchzuführen als eine vielfache Verschiebung wie in Abbildung 11 (d) auf direkter Strecke.

2.2.1   Zoom-Techniken

Im Folgenden sind die unterschiedlichen Zoomtechniken aufgeführt, die jeweils eine reine
Skalierung oder eine Anreicherung und Skalierung des Informationsraums mit weiteren Algorithmen kombinieren. Das Zoomen von Objekten skaliert (vergrößert bzw. verkleinert)
ausgewählte Bereiche in Anlehnung an die menschliche Bewegungsweise im dreidimensionalen Raum. Statt Kopf und Körper wird die Maus oder ein anderes Eingabegerät in die
verschiedenen Richtungen bewegt und somit der angezeigte Bildschirmausschnitt verschoben. Dies ähnelt der Bewegung des menschlichen Körpers im dreidimensionalen Raum und
der damit einhergehenden Veränderung unseres Blickfeldes. Somit werden am Bildschirm
die Freiheitsgrade besser genutzt als bei herkömmlichen Benutzungsschnittstellen, die nur
die Fensterinhalte austauschen.

Die Zoomgeschwindigkeit darf weder zu langsam noch zu schnell gewählt werden. Dies
kann bei einer quasi unendlichen Informationslandschaft (je nach Weglänge) durchaus problematisch sein. Die Geschwindigkeit muss so eingestellt sein, dass Benutzern eine Orientierung ermöglicht wird. Es sollten aber keine zu langen Zoomoperationen stattfinden, die andere Benutzerinteraktionen blockieren. Die Zoomgeschwindigkeit wurde in verschiedenen
Studien untersucht (Bederson & Boltman 1999; Van Wijk & Nuij 1995). Das Ergebnis der
Studie an der Universität Maryland[9] ist, dass eine Zoomgeschwindigkeit von ca. einer Sekunde (vom Start bis zum Ziel) die Benutzer in ihrer Orientierung unterstützt, aber die für
die Aufgabe benötigte Gesamtzeit kaum beeinflusst. Lässt man die Benutzer die Zoomgeschwindigkeit selbst konfigurieren, so umgeht man diese Problematik. Zudem ist es so für
Experten möglich sehr schnelle Zoomoperationen zu wählen, während unbedarfte Benutzer
eine langsame Zoomgeschwindigkeit einstellen.
Die Smooth Animation bezeichnet einen sanften Übergang zwischen den einzelnen Skalie-
rungsstufen. Meist wird diese mit Effekten bei Start und Ende der Zoomoperation realisiert.
Ein Beispiel ist eine Beschleunigung zu Beginn und ein langsameres Skalieren gegen Ende.
Die These ist, dass der Benutzer so einfacher nachvollziehen kann, wohin er sich bewegt und
was sich verändert. Effekte zur Animation können auch beim semantischen Zoom Anwendung finden, indem Transparenzübergänge zusätzliche Informationen ein- bzw. ausblenden
(Heer & Robertson 2007; Pook et al. 2000).
Neben den vorgestellten Zoomtechniken wurden außerdem das Flip-Zooming (Holmquist
1997) und das Zoom-Around (Furnas & Bederson 1995; Van Wijk & Nuij 1995) evaluiert,

---

[9] The Effect of Zooming Speed in a Zoomable User Interface; SHORE 2000, Student HCI
  Research Experiments, University of Maryland URL:
  http://www.otal.umd.edu/SHORE2000/zoom/introduction.html (Aktualisierungsdatum
  geprüft am 15.10.2010)

die durch Kombination von Zooming und Panning mit weiteren Algorithmen zusätzliche Funktionalität bieten.

Tabelle 5: Übersicht über Zoomtechniken und deren Eigenschaften

Zoomtechnik	Eigenschaften
Geometrischer Zoom	Geometrische Skalierung von Objekten
Semantischer Zoom	Inhaltliche Anreicherung oder Aggregation von Objektinformationen z.B. nach verfügbarem Platz
Teleport / Sprung Zoom	Es erfolgt eine direkte Teleportation vom aktuellen Objekt zum Objekt des Interesses, ohne dass die Zwischenschritte animiert werden.
Animierter Zoom	Transitionen von der einen zur anderen Sicht werden animiert.
Gleichzeitiger Zoom/Pan	Die Navigation von einem Informationsobjekt zu einem anderen wird nicht durch getrenntes Zooming und Panning vorgenommen, sondern die Skalierung funktioniert gleichzeitig mit der Verschiebung des Bildschirms.
Durchgängiger Zoom	Cluster von Informationsobjekten werden aggregiert dargestellt und bei Benutzerinteraktion oder Vergrößerung semantisch gezoomt.
Automatischer Zoom	Ein Objekt kann direkt durch Benutzerinteraktion gezoomt werden. Notwendige Zoom- und Pan-Operationen werden vom System automatisiert.
Zielorientierter Zoom	Ein Zoom in leere Bereiche des Informationsraums ist nicht möglich, sondern es wird immer das nächstliegende Informationsobjekt angesteuert und vergrößert.
Zoom durch Selektion	Das Skalierungslevel passt sich automatisch der selektierten Anzahl und Art von Objekten an. Werden z.B. zusätzliche Objekte selektiert, zoomt das System in eine Übersicht, so dass alle selektierten Objekte sichtbar sind.
Zoom mit konstanter Anzahl Objekte	Die Anzahl vorhandener Informationsobjekte bleibt immer konstant und nur deren geometrische und evtl. semantische Skalierung verändert sich.

Der geometrische Zoom („geometric zoom")

Der geometrische Zoom skaliert den Bildschirminhalt rein geometrisch und stellt damit die Basisvariante des Zooming dar. Objekte werden nur vergrößert, ohne dass sich diese mittels Anreicherung von Informationen oder Verzerrungen verändern. Ein Objekt des Interesses (Bildschirmausschnitt mit Information oder visuelles Element) wird geometrisch und damit visuell vergrößert oder verkleinert, respektive skaliert. Die visuelle Präsentation der Objekte verändert sich dabei nicht. Das heißt, dass bei einem Zoom keine zusätzlichen Informationen hinzugefügt werden. Allerdings können Informationen des Objekts wegfallen, sobald es so groß skaliert wird, dass nur noch Teile sichtbar sind oder so klein skaliert wird, dass Teile des Objektes nicht mehr voneinander unterschieden werden können.

Der semantische Zoom („semantic zoom")

Der semantische Zoom (Frank & Timpf 1994; Perlin & Fox 1993a) funktioniert bzgl. der Skalierung von Objekten analog zum geometrischen Zoom. Der große Unterschied zum geometrischen Zoom besteht darin, dass zusätzlich zur geometrischen Vergrößerung von Objekten, deren Repräsentation mit zusätzlichen Informationen angereichert wird. Haben die Objekte eine geringe Größe, so zeigen sie nicht sofort alle Informationen an. Erst mit der Vergrößerung des Objektes werden mehr und mehr Details sichtbar. Auf einer maximalen Vergrößerungsstufe sind schließlich alle Informationen sichtbar. Der Prototyp zur Illustration von Raskins Zoomworld verwendet entgegen dem ersten Eindruck keinen semantischen, sondern nur einen geometrischen Zoom. Dieser resultiert aber technisch, wegen der minimalen Größe der Elemente beim Skalieren in einem semantischen Zoom.

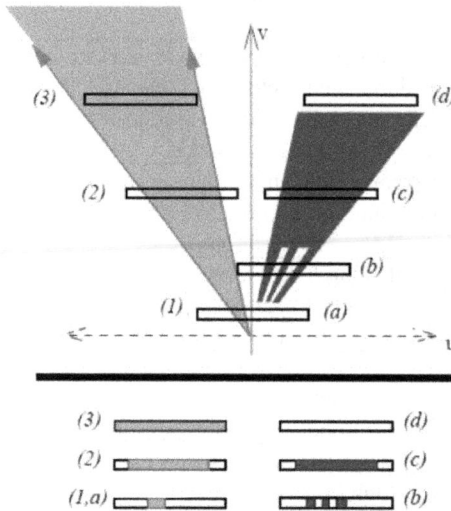

Abbildung 12: Der semantische Zoom (Furnas & Bederson 1995)

Abbildung 12 stellt den semantischen Zoom mittels unterschiedlicher Informationsebenen auf den Skalierungsebenen (1), (2) und (3) bzw. (a), (b), (c) und (d) dar. Der hellgraue, verzerrte Kegel links zeigt einen einfachen semantischen Zoom mit zunehmender Informationsmenge, während der rechte Kegel einen komplexeren, semantischen Zoom zeigt, der zunächst drei unterschiedliche Auszüge aus einer Informationsmenge vergrößert und schließlich (bei weiterer Vergrößerung) nach und nach komplettiert. In voller Vergrößerungsstufe geht wie beim geometrischen Zoom auch der periphere Kontext benachbarter Objekte und damit der Gesamtkontext des Informationsraums verloren. Es existieren aber Techniken mit denen dieser Kontext erhalten bleibt oder zumindest teilweise mittels einblendbarer Informationsebenen visualisiert werden kann (Memmel 2005; Pook et al. 2000).

Der kontinuierliche Zoom („continuous zoom")

Bei dieser Zoomtechnik (Bartram et al. 1995) werden Objekte in Clustern organisiert. Die Cluster können mittels Benutzerinteraktion entweder detaillierter oder aggregiert dargestellt werden. Mittels semantischem Zoom enthüllt ein Cluster seine Ebene mit Informationen beim Hineinzoomen, da nun genügend Platz vorhanden ist und der Benutzerfokus auf diesem Cluster liegt.

Abbildung 13 zeigt, wie beim kontinuierlichen Zoom der detailliert dargestellte Cluster C in Ansicht (a) geschlossen wird und so in eine aggregierte Darstellung (b) überführt wird. Umgekehrt können diese Cluster durch Benutzerinteraktion auch wieder geöffnet werden. Es ist nun denkbar automatisch bei einer Änderung der Skalierung durch den Benutzer die Cluster zu öffnen und bei einer Verkleinerung zu aggregieren. Eine Realisierung dieser Technik zeigt Pad++ (Bederson & Hollan 1994).

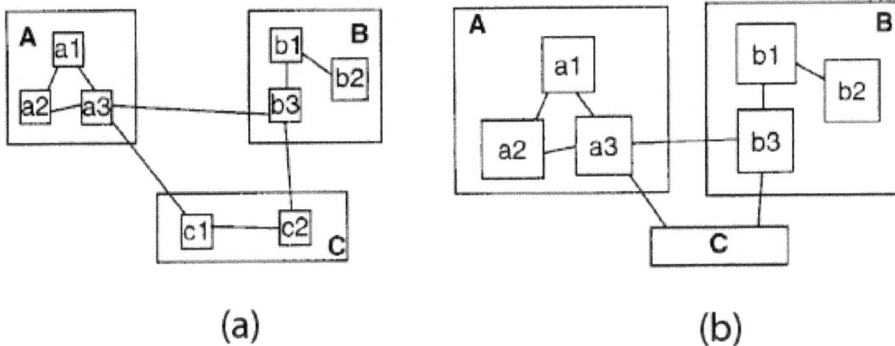

(a)   (b)

Abbildung 13: Schließen eines Clusters beim kontinuierlichen Zoom, angepasst aus (Bartram et al. 1995)

Teleportieren („jump zoom" oder „teleporting")
Das direkte Teleportieren (Perlin & Fox 1993a) beschreibt die Änderung des sichtbaren Bildschirmausschnittes ohne animierte Zwischenschritte zum neuen sichtbaren Bildschirmausschnitt. Der Vorteil ist, dass keine Zeit für animierte Zwischenschritte notwendig ist und somit die Änderung sehr schnell ablaufen kann. Experten, die sich sehr gut in einem System zurechtfinden, bevorzugen diese Art der Navigation, da sie sehr schnell ist. Der Nachteil kann aber sein, dass z.B. unerfahrene Benutzer schnell den Kontext und damit den Überblick verlieren. Dies führt zu dem in der Forschung allgemein bekannten „lost in space"-Zustand. Angelehnt an diesen ist auch der Begriff „lost in hyperspace" bekannt, der sich auf den Verlust der Orientierung im World Wide Web bezieht. Vergleichbar mit der Teleportation über Hyperlinks ist die Navigation in WIMP-Systemen, wenn der Bildschirminhalt durch eine Benutzerinteraktion ausgetauscht wird. Beispiele sind die Navigation zwischen Webseiten oder der direkte Sprung zu einem Textabschnitt in einem langen Text.

Der animierte Zoom („animated zoom")
Beim animierten Zoom zeigt eine Animation mit mehreren Zwischenschritten die Änderung vom Anfangszustand bis zum Endzustand des gezoomten Objekts oder Bereichs an. Theoretisch soll dadurch der Benutzer einfacher verstehen, was der ausgeführte Zoom bewirkt hat. Die Anwender verstehen durch den animierten Zoom (Bederson & Hollan 1994; Bederson et al. 2000; Pook et al. 2000) besser, wohin sie sich im virtuellen Raum bewegen. Außerdem verstehen Benutzer die grafische Darstellung besser, als wenn sie einem direkten Teleportieren ausgesetzt wären. Allerdings könnten die andauernden Animationen geübten Anwendern die Arbeit erschweren, da sie immer auf deren Ende warten müssen, bevor sie sich wieder auf ihre Aufgabe konzentrieren.

Animierte Übergänge sind ein wichtiges Konzept für die Navigation in ZUIs (Buering et al. 2006a). Ein Übergang kann direkt erfolgen und benötigt so keine Zeit oder die Zwischenschritte können über die Zeit animiert werden. Ein Vorteil der Animationen ist, dass Benutzer die Relationen zwischen den unterschiedlichen Zoomzuständen einer Applikation besser verstehen. Sie müssen nicht andauernd überlegen, in welchem Zustand sie gerade sind und können sich so besser auf ihre Aufgabe konzentrieren. Außerdem helfen animierte Übergänge Benutzern bei der Konstruktion eines mentalen Modells bzw. einer Landkarte des Informationsraums. In einer Studie (Bederson & Boltman 1999) wurde Benutzern ein Stammbaum mit Familienmitgliedern vorgelegt, durch den sie sich per Hyperlinks bewegen sollten. Jeder Knoten zeigt ein Bild eines Familienmitglieds, wobei nur einer oder zwei Knoten gleichzeitig angezeigt werden konnten. Das Ergebnis der Studie zeigt, dass animierte Übergänge von ca. einer Sekunde die Fähigkeit der Benutzer den Informationsraum zu rekonstruieren verbesserte, ohne wesentlich Einfluss auf die Zeit zu nehmen, die zur Lösung der Aufgaben benötigt wird.

Der zielorientierte Zoom („goal-directed zoom")
Der zielorientierte Zoom (Woodruff et al. 1998b) bewirkt, dass eine vergrößernde Skalierung (Zoom-In) nie ins Leere führen kann. Bereiche, die keine Informationen oder Objekte enthalten, können somit nicht vergrößert werden. Stattdessen wird der Benutzer beim Zoomen automatisch auf den nächstgelegenen zoombaren Bereich geleitet. Irrelevante Bereiche können also nicht vergrößert werden und Benutzer können sich auf die wesentlichen Informationen konzentrieren. Benutzer werden auf ihr Ziel hin geleitet und sie finden das relevante Ziel der Vergrößerung schneller. Ein Nachteil könnte entstehen, wenn mehrere Objekte gleichzeitig eingeblendet werden sollen, da dies mit dem zielorientierten Zoom nicht möglich ist (nur ein Ziel kann gezoomt werden). Der visualisierte Informationsraum müsste aber so umstrukturiert werden, dass exakt die Objekte nebeneinander angezeigt werden, die relevant sind. Eine freie Wahl des sichtbaren Bildschirmbereichs erlaubt der goal-directed Zoom also nicht. Oft tritt dieser in Kombination mit dem Automatic Zoom auf (Woodruff et al. 1998b). Hierbei wird mittels Algorithmus vermieden, dass Benutzer freie Flächen heranzoomen können und somit keine Informationsobjekte mehr auf dem Bildschirm dargestellt werden. Während des Zooms wird ein automatisches Verschieben zum nächsten darstellbaren Inhalt durchgeführt, falls der Benutzer auf eine freie Fläche zoomt. Der automatische Zoom rückt zusätzlich das gezoomte Informationsobjekt automatisch ins Zentrum des Bildschirms.

Der Zoom mit konstanter Anzahl an Objekten („density zoom")
Bei dieser Zoomtechnik (Woodruff et al. 1998a, 1998b) bleibt trotz eines Zoom-Ins auf ein Objekt die Anzahl der insgesamt sichtbaren Objekte konstant. Dem Benutzer werden bei der Skalierung des Informationsraums keine neuen Objekte angezeigt. Es verändert sich also nur die Skalierung und damit die Art der Darstellung aller angezeigten Objekte. Benutzer haben so zu jeder Zeit die Übersicht über alle verfügbaren Informationsobjekte.

Der automatische Zoom („automatic zoom")
In der Ausgangssituation sind die Objekte einer Informationslandschaft im virtuellen Raum verteilt. Damit nun ein Objekt herangeholt und eingesehen werden kann, ist eine mehrfache Skalierung und Verschiebung des sichtbaren Bildschirmausschnitts notwendig. Der automatische Zoom (Furnas & Zhang 2000; Ware 2004) macht eine mehrfache, manuelle Skalierung überflüssig, indem ein sichtbares Objekt selektiert werden kann und das System nach einem vorbestimmten Algorithmus dieses Objekt (egal wo es sich befindet) durch automatische,

meist animierte Skalierung und Verschiebung des sichtbaren Bildschirmausschnittes ins Zentrum und auf entsprechende Größe „heranzoomt". Das gewünschte Objekt kann so durch einfache Selektion vergrößert werden.

Der Zoom durch Selektion („zoom by selection")
Diese Zoomtechnik verbindet den automatischen Zoom mit geometrischen, semantischen und bei Bedarf weiteren Zoomtechniken. Durch die Selektion und Deselektion der im Bildschirmbereich dargestellten Objekte wird der gesamte Bildschirmausschnitt inkl. Objekte automatisch gezoomt. Bei Selektion zusätzlicher Objekte findet ein Zoom-Out statt, damit der Benutzer alle Objekte sehen kann und den Überblick behält. Deselektiert der Benutzer alle Objekte bis auf eines, so wird dieses geometrisch und evtl. auch semantisch auf die höchste Stufe gezoomt (Darstellung aller Informationen des Objekts).

2.2.2 Pan-Techniken

Im Zusammenhang mit den vorgestellten Zoom-Techniken werden außerdem Panning-Techniken zur Interaktion in ZUIs eingesetzt. Das Panning bezeichnet, wie bereits erwähnt, ein Verschieben des sichtbaren Bildschirmausschnitts. Dies setzt voraus, dass der Informationsraum größer skaliert werden kann als der sichtbare Bereich. Geht man von drei Achsen eines ZUIs im virtuellen Raum aus, so verändert das Zooming die Perspektive auf den Informationsraum entlang der z-Achse in den Raum hinein, während das Panning die Bewegung der Perspektive sowohl in x- als auch in y-Richtung erlaubt. Das Zooming ermöglicht somit nur einen Freiheitsgrad bei der Bewegung. Vergleicht man dies mit unserer natürlichen Bewegung im dreidimensionalen Raum, so kann man die Bewegung bzw. das Gehen vor und zurück als Analogie zum Zoom bezeichnen. Dadurch bewegt sich unser Blickfeld auf den uns umgebenden Raum entlang einer Achse, die analog zur oben erwähnten z-Achse gelegt werden kann. Entsprechend kann das Neigen des Kopfes nach links und rechts oder nach oben und unten als Analogie zum Panning und damit zur Bewegung entlang der x- und y-Achse gesehen werden. Der Unterschied ist, dass beim natürlichen Neigen des Kopfes die Position im Raum gleich bleibt und sich nur das Blickfeld ändert, wärend sich beim Panning die Perspektivkoordinaten im Raum ändern. Tabelle 6 listet alle grundlegenden Panning-Techniken auf.

Tabelle 6: Übersicht über Panningtechniken

Panningtechnik	Eigenschaften
„Drag'n'Drop"	Verschieben des sichtbaren Bildschirmbereichs per Drag'n'Drop
„Drag'n'Pan"	Zeichnen eines Pfades entlang dessen der sichtbare Bildschirmausschnitt verschoben wird
„Rate-based scrolling"	Setzen eines Ankerpunktes und Verschieben des Bildausschnittes je nach Entfernung zu diesem Ankerpunkt
„Key controls"	Abbildung der Panning-Richtungen (x- und y-Achse) auf die Tastatur
„Navigator tabs"	UI mit Schaltflächen, die den sichtbaren Bildausschnitt bei Aktivierung in die entsprechende Richtung verschieben
„Navigator windows"	Interaktives Miniaturfenster, das den gesamten Raum abbildet / Bewegung des Bildausschnittes mittels eines Rahmens

Panning per Anfassen und Verschieben („Drag'n'Drop")

Bekannt ist „Drag'n'Drop" aus Kartennavigationen wie Map24 oder GoogleMaps. Der Vorteil dieser Technik ist die sehr natürliche Navigation über den „greifbaren" Informationsraum. Dieses Prinzip funktioniert analog zur realen Welt, in der wir Objekte anfassen und deren Position verändern können. Außerdem sind keine UI-Elemente für diese Art von Interaktion notwendig. Ein Nachteil ist, dass Benutzer ihr Interaktionsgerät bei jeder „Drag'nDrop"-Navigation über große Strecken bewegen müssen. Ohne UI fehlen zudem entsprechende Orientierungshinweise. Benutzer müssen sich ein mentales Modell des navigierbaren Raumes bilden, während sie durch diesen navigieren.

Panning per Ziehen eines Pfades („Drag'n'Pan")

Diese Interaktionstechnik wurde in keinem ZUI aus der Praxis vorgefunden. „Drag'n'Pan" ist im Forschungsprototypen DENIM zum Sketching von Webseiten realisiert (Lin et al. 2001). Benutzer ziehen in diesem Modus den Zeiger per Eingabegerät über den Bildschirm. Zeitversetzt wird der sichtbare Bildschirmausschnitt entlang dieses Pfades animiert. So können Pan-Pfade per Animation definiert werden, um den sichtbaren Kontext zu ändern.

Panning per entfernungsbasiertem Verschieben („Rate-based scrolling")

Das entfernungsbasierte Verschieben wurde in Forschungsprototypen (Buering et al. 2006b) realisiert, um unterschiedliche Interaktionstechniken gegeneinander zu evaluieren. Als Vorteil kann aufgeführt werden, dass kein Platz für UI-Elemente notwendig ist. Ein Nachteil ist aber, dass es sehr schwierig sein kann mit dieser Interaktionstechnik zum Ziel zu navigieren. Zudem stört diese Art von Panning andere Interaktionen wie Klicks auf Elemente o.ä., da sie immer aktiv ist. Die Evaluationsstudie ergab auch, dass sich Benutzer aus dem gleichen Grund immer wieder aus Versehen in falsche Richtungen bewegen. So wird es schwierig die Orientierung zu behalten.

Panning per entfernungsbasiertem Verschieben („Key controls")

Wie in Tabelle 6 erklärt, wird die Panning-Interaktion auf Tasten gelegt. Durch Drücken dieser Tasten bewegt sich dann der sichtbare Bildschirmbereich in die entsprechende Richtung. Der Vorteil einer Tastenbelegung ist, dass andere Interaktionsgeräte so ohne Einschränkung genutzt werden können. Zudem wird kein Platz auf dem UI benötigt. Als Nachteil lässt sich anmerken, dass eine Tastenbelegung neben einem anderen Interaktionsgerät nicht notwendigerweise von Benutzern erkannt wird. Zudem kann es sein, dass die Tasten anderweitig in der Applikation benötigt werden. Problematisch kann hier noch die Entscheidung sein, wie weit der sichtbare Bereich bei einem Tastenklick bewegt wird und wie lange man auf der Taste bleiben muss, damit eine andauernde Verschiebung stattfindet. Eventuell ist es sinnvoll, je nach Größe und Skalierung des Raums zusätzlich eine Beschleunigung der Verschiebung bei längerem Tastendruck zu initiieren.

Panning per Randinteraktion

Diese Form der Interaktion wird in vielen Computerspielen verwendet. Insbesondere in Strategiespielen werden Karten bzw. 3D-Räume verwendet auf die eine 2D-Ansicht erfolgt. Durch Verschieben des Interaktionsfokus (meist der Mauszeiger) an den Bildschirmrand ist es möglich den sichtbaren Karten- oder Raumausschnitt in die Richtung zu bewegen, in der der jeweilige Rand liegt. Ist der Interaktionsfokus z.B. am rechten Rand, dann findet eine Verschiebung nach rechts statt. Als Vorteil ist wieder anzumerken, dass keine Interaktionselemente auf dem UI notwendig sind und die Verschiebung recht intuitiv funktioniert. Es ist allerdings nur eine Bewegung in die vier Hauptrichtungen entlang den x- und y-Achsen möglich. Um diesen Nachteil zu umgehen könnten interaktive Eckbereiche transparent visualisiert werden, die eine kombinierte Verschiebung möglich machen.

Panning per Navigationsschaltflächen („Navigator tabs")
Hier wird das UI mit interaktiven Schaltflächen versehen. Man kann sich vorstellen, dass wie bei einem Kompass Pfeile in die unterschiedlichen Richtungen zeigen. Dies können durchaus mehr als vier Pfeile sein. Durch Aktivierung eines Pfeils (z.B. per Klick) wird der sichtbare Bereich ein Stück weit in die Pfeilrichtung verschoben. Die Schaltflächen können jeweils am Bildschirmrand oder als eine Art interaktiver Kompass irgendwo auf dem UI platziert werden. Ein Vorteil ist, dass die Funktion der Schaltflächen visuell sehr deutlich ist. Von Nachteil kann wieder die notwendige Entscheidung für eine Größeneinheit pro Navigationsschritt sein. Wieder ist die Anzahl an Bewegungsrichtungen durch die Anzahl an Navigationsschaltflächen eingeschränkt.

Panning per Miniaturansicht („Navigator window")
Das Panning über ein Miniaturfenster wird sehr häufig in Computerspielen verwendet. Eine markierte Box in einer Miniaturkarte zeigt den Bereich, der aktuell in der Großansicht zu sehen ist. Durch Bewegen der Box im Miniaturfenster bewegt sich analog der sichtbare Bildausschnitt der Großansicht mit. Zusätzlich kann ein Zooming realisiert werden, indem man Benutzern erlaubt die Box zu skalieren. Ein Vorteil dieser Technik ist, dass der gesamte Informationsraum durch minimale Interaktionsbewegungen sehr genau verschoben werden kann. Außerdem wird dem Benutzer eine gute Orientierungshilfe gegeben, so dass er jederzeit weiß, wo er sich befindet. Laut (Hornbæk et al. 2002; Nekrasovski et al. 2006) scheint dies allerdings kaum Auswirkungen auf die Zeit zu haben, die Benutzer benötigen, um ihre Aufgaben zu erledigen.

2.2.3   Such- und Filtertechniken

Seit der theoretischen Fundierung des klassischen „Information Retrieval" (Cleverdon 1974; Robertson 1977) haben sich zahlreiche Theorien entwickelt. Im Rahmen der Suche und des „Information Retrieval"-Prozesses entstanden Theorien und Modelle aus der Informationswissenschaft, der Kognitionspsychologie und der Mensch-Computer Interaktion (Gundelsweiler & Reiterer 2008a). Beispiele sind das klassische Modell des „Information Retrieval" (Robertson 1977), das „Berrypicking Model" (Bates 1989), der Prozess der Informationssuche (Marchionini 1997), der „information access process" (Hearst 1999), das "5-Phase Framework" (Shneiderman & Plaisant 2004) und der "Information Search Process" (Kuhlthau 2004, 2009). In allen Modellen wird festgestellt, dass die Suche in der Regel ein iterativer Prozess ist. Das bedeutet, dass die Suchanfrage nach und nach durch die Bewertung der erhaltenen Ergebnisse verfeinert wird, bis die relevante Information gefunden ist. Eine weitere Gemeinsamkeit ist die Unterscheidung der direkten und der explorativen oder browsenden Suche. Die direkte oder zielgerichtete Suche wird durchgeführt, wenn der Benutzer eine konkrete Vorstellung vom Ergebnis hat.

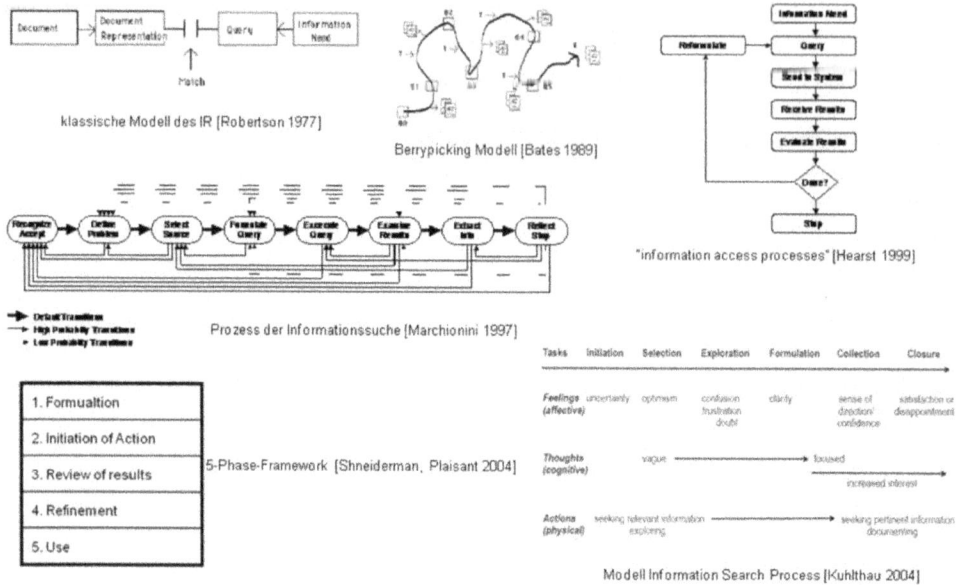

Abbildung 14: Modelle zur Suche und Exploration in Informationsräumen

Die explorative Erkundung dagegen wird vor allem zum Verschaffen eines Überblicks über die Inhalte, zur Durchsicht einer größeren Treffermenge oder zur Inspiration für eine neue Suchanfrage eingesetzt. Während der Suche kann jederzeit ein Wechsel zwischen der zielgerichteten und der explorativen Suche stattfinden (Gundelsweiler et al. 2007a; Hassenzahl et al. 2008). Dieser Wechsel hängt einerseits von den Vorkenntnissen des Benutzers ab, andererseits von Informationen, die er auf dem Weg zum Suchergebnis entdeckt. Deshalb sollen Benutzer zu jeder Zeit Einfluss auf den Suchprozess nehmen können. Die Ergebnisdarstellung sollte demnach auch einfach erweiterbar und explorierbar sein. Die IR-Modelle beschreiben das Suchverhalten der Benutzer. In (Gundelsweiler 2005; Mann 2001) ist zusammenfassend beschrieben, wie sich die unterschiedlichen Modelle zu großen Teilen überschneiden. Trotzdem existieren z.T. relevante Unterschiede. Grundlegend sind die Schritte von der Formulierung der Anfrage bis zur Verwendung der Ergebnisse. Weiterhin relevant ist, dass es sich meist um einen iterativen und nicht einen geradlinigen Prozess handelt. Interessant ist der „Information Search Process" (Kuhlthau 2004), der aufzeigt, dass Benutzer beim Suchprozess stark von ihren Gefühlen und Gedanken geleitet werden, die dann schließlich zur Interaktion mit dem Suchsystem führen.

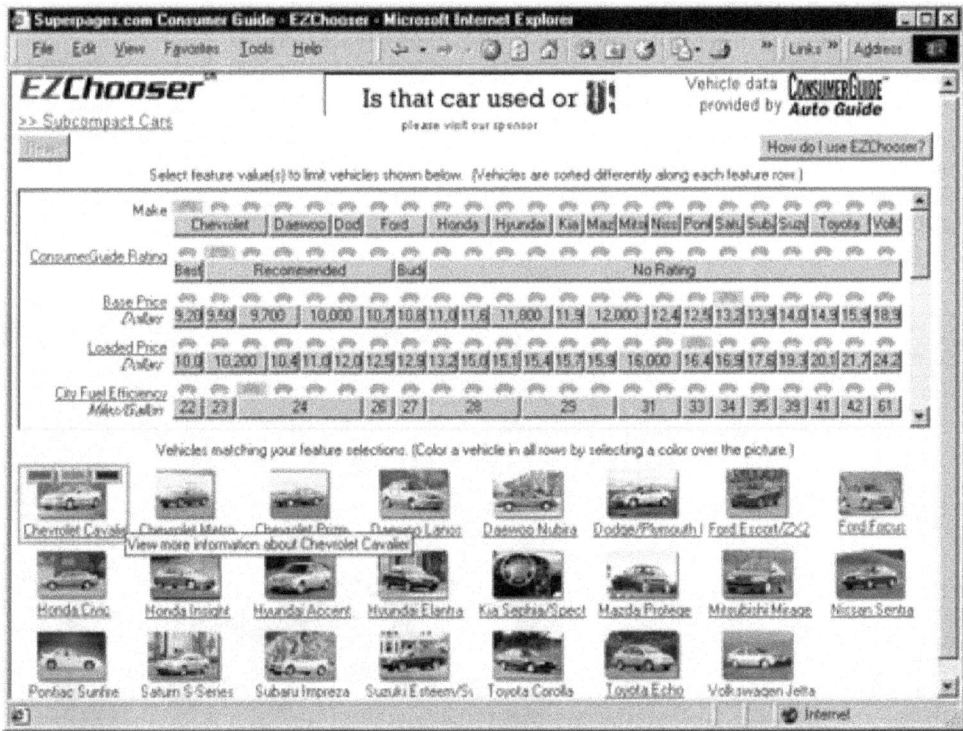

Abbildung 15: ezChooser zur Fahrzeugsuche (Wittenburg et al. 2001), nach Prinzipien des Attribute Explorers

Heute ist die Informationssuche über das Internet vor allem durch Suchmaschinen und Web-verzeichnisse leichter zugänglich geworden (Gundelsweiler et al. 2007a). Benutzer machen sich oft nicht mehr die Mühe, durch die umfangreich verzweigten Linkstrukturen herkömm-licher Internetauftritte zu navigieren, um an gewünschte Inhalte zu gelangen. Sie sind sich ihres Informationsproblems bewusst und wollen aktiv ganz bestimmte Information erhalten. Dazu ist eine Suchfunktion wie geschaffen, da es mit dieser grundsätzlich möglich ist Infor-mation sehr effektiv und effizient zu finden. Andererseits haben viele Benutzer zunächst noch kein bestimmtes Ziel und explorieren bzw. browsen das Informationsangebot im soge-nannten „Action Mode" (Hassenzahl et al. 2002). Im „Action Mode" steht die Aktivität des Benutzers im Vordergrund und Effektivität und Effizienz spielen eine untergeordnete Rolle. Befindet sich der Benutzer in diesem Modus, so lässt er sich leichter durch für ihn evtl. rele-vante Inhalte ansprechen und inspirieren. Wird der Benutzer nicht durch Inhalte angespro-chen oder wird dieser nicht genügend bei der Lösung seiner Aufgabe unterstützt, so empfin-det er schnell Langeweile oder bricht die Aufgabe mit erhöhter Wahrscheinlichkeit ab. Durch unterschiedliche Techniken Inhalte zu präsentieren, können Benutzer inspiriert und damit in den „Goal Mode" (Hassenzahl et al. 2002) überführt werden. Hierbei geht es um die Verfol-gung eines konkreten Ziels. Effektivität und Effizienz zur Zielerreichung einer Aufgabe ste-hen hierbei im Vordergrund. Benutzer haben also nicht immer eindeutige Aufgabenziele und explorieren Information z.T. aus reiner Neugier (z.B. das Stöbern nach Produkten). Die Un-terstützung der Informationsexploration durch eine individuelle Navigation bleibt also trotz effektiven und effizienten Suchzugängen bedeutend (Schaffer & Straub 2005). Insbesondere bei der Darstellung der Suchergebnisse müssen Explorationsmöglichkeiten angeboten werden, damit Benutzer die Möglichkeit haben, den Informationsraum ausgehend von Suchergebnissen explorativ weiter zu erkunden. (Teevan et al. 2004) beschreiben diese Zugangsarten als „Teleporting" und „Orienteering". Ersteres bedeutet das Springen in bestimmte Inhaltsbereiche. Benutzer verwenden diese Strategie des Suchens, wenn die normale Navigation keine befriedigenden Resultate liefert. Die Alternative ist das „Orienteering" und meint die schrittweise Exploration des Informationsraums anhand zuvor gefundener Inhalte und der Information im Kontext. Sowohl im Such- als auch im Explorationsmodus kann es vorkommen, dass der Benutzer zufällig auf Information stößt, die er gerade gesucht hat.

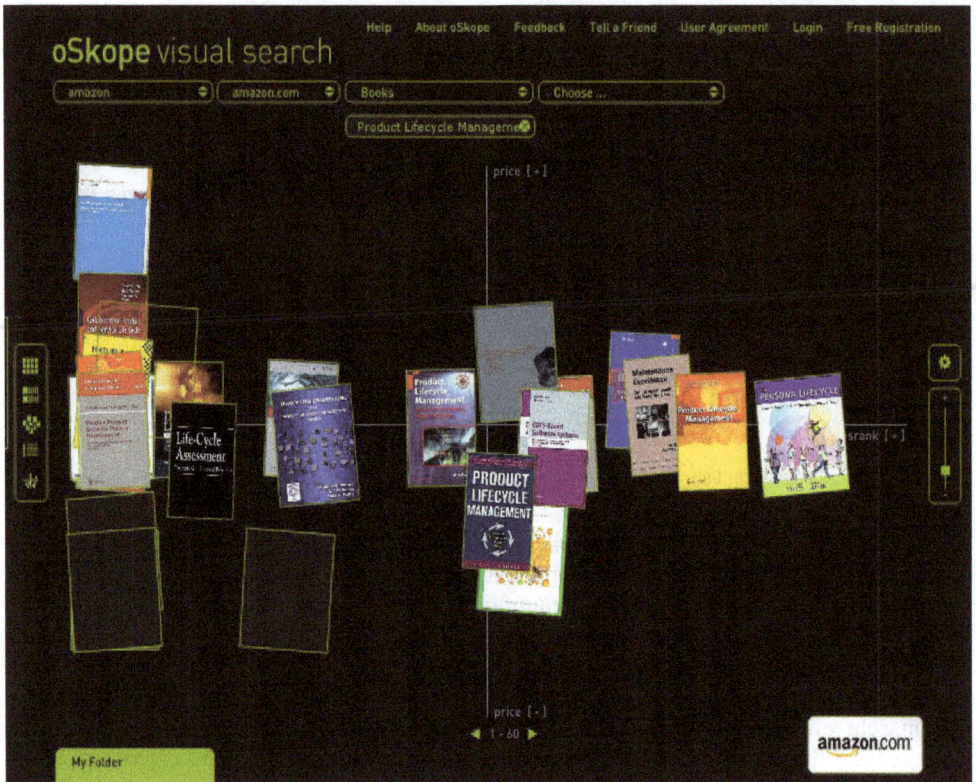

Abbildung 16: oSkope visualsearch, multivisuelle Darstellung von Suchergebnissen aus http://www.oskope.com (zuletzt besucht am 05.05.2011)

In Forschung und Praxis existieren unterschiedliche Ansätze ZUIs mit interaktiven Filtertechniken zu gestalten. Anhand einiger ausgewählter Anwendungen und Konzepte werden im Folgenden kreative Ideen für diese Art von Interaktivität kurz vorgestellt. Die ZUI-basierten Anwendungen verwenden unterschiedliche Zoomarten (z.B. geographischen, semantischen oder zielgerichteten Zoom). Eine Anwendung mit interaktivem, visuellem Filter und direktem Feedback ist der Attribute Explorer (Tweedie 1994). Dieser setzt Dynamic Queries (Shneiderman 1994a) als interaktive Filtermöglichkeit ein, um Benutzern eine einfache Erweiterung und Einschränkung der Suchergebnisse zu ermöglichen. Dynamic Queries sind Filtermöglichkeiten, die dem Benutzer direktes Feedback zur Anzahl und Art der Treffermenge liefern. Sie bilden in zeitgemäßen Anwendungen neben der Suche die Hauptinteraktionskomponenten zur Einschränkung des Datenraums. Zudem können Dynamic Queries auch zur Anzeige der Metadaten von Objekten genutzt werden, wie dies beim Attribute Explorer der Fall ist.

Abbildung 15 zeigt das Konzept des AttributeExplorers in der Anwendung ezChooser realisiert. Es handelt sich hier um eine Fahrzeugsuche, die in einer Snap-Together Visualisierung zwei wesentliche Bereiche kombiniert. Oben zu sehen ist die Filterkomponente mit „Dynamic Query"-Schaltflächen, die Art und Anzahl an verfügbaren Attributausprägungen für die Fahrzeuge anzeigt. In der unteren Komponente werden als Treffermenge die Bilder und Titel der Fahrzeuge angezeigt. Benutzer können also oben die Kriterien ihres Wunschfahrzeugs auswählen und bekommen unten direkt angezeigt, welche Fahrzeuge noch ihren Kriterien entsprechen. Die Auswahl von Fahrzeugkriterien oben erfolgt per Knopfdruck auf die Schaltflächen, die zusätzlich jeweils anzeigen, wie viele Fahrzeuge noch den Kriterien entsprechen.

Die Entwicklung spezieller Filterkomponenten und Anfragesprachen ermöglichen interessante Ansätze zur Gestaltung von Benutzungsschnittstellen. Relevante Arbeiten im Zusammenhang dieser Filtertechniken mit ZUIs sind Photomesa (Bederson 2001), Zoomable Treemaps (Blanch & Lecolinet 2007), Pad++ (Bederson & Hollan 1994) und die DateLens (Bederson et al. 2004). Dabei können Filterkomponenten z.B. visuell konfiguriert werden oder „intelligente" Sucheingabemechanismen verwenden. Filterkomponenten und Anfragesprachen funktionieren also mittels direkter Benutzerinteraktion mit dem System und sind so visuell und damit kognitiv besser zu erfassen (z.B. durch direkte Manipulation von Objekten).

Ein weiteres interessantes System aus der Praxis ist OSkope visualsearch[10] (siehe Abbildung 16), ein ZUI mit unterschiedlichen Visualisierungen zur Suche in Flickr, Amazon, ebay, youtube und Google. Diese Webservices können durchsucht und die Ergebnisse dann mit verschiedenen Layouts wie Koordinatensystem, Kacheln, Stapel oder Wolken dargestellt werden. Es existieren weitere Anwendungen in Forschung und Praxis, die interessante Ideen umsetzen und im Anhang A aufgeführt sind. Erwähnt seien hier noch Interaktionskonzepte mit ausschließlicher Drag'n'Drop- oder „No-Click"-Navigation[11], bei der alle Navigationsschritte nur durch Überfahren mit der Maus ausgelöst werden. Als fortschrittliches Suchkonzept dient die Textfeldsuche Google-Suggest dazu, Vorschläge direkt bei der Eingabe zu machen und Verbesserungen anzubieten, falls sich Schreibfehler in der Anfrage befinden.

Das Konzept von „thecrystalweb" zur Suche mittels Visualisierungen und Dynamic Queries ermöglicht Benutzern verschiedenartige visuelle Komponenten interaktiv miteinander zu verbinden. So steuert der Benutzer einen Informationsfluss zwischen den Komponenten.

---

[10] Suchsystem oSkope unter http://www.oskope.com/ (zuletzt besucht am 05.05.2011)

[11] Don't Click It – Projekt von Alex Frank unter http://www.dontclick.it/ (zuletzt besucht am 15.01.2011)

Komponenten, die Informationen erzeugen, filtern oder darstellen werden unterstützt. So kann man sich seine eigene Darstellung der im System vorhanden Informationen zusammenstellen, irrelevante Informationen ausfiltern und besonders relevante Aspekte des Datenraums visualisieren. Ein sehr ähnliches Projekt ist Yahoo Pipes[12].

Mittels semantischem Zoom können die einzelnen Komponenten detaillierter dargestellt werden. Dies ermöglicht eine Konfiguration der Funktionalität des kombinierten Gesamtsystems. Benutzer können sich mit den Komponenten die von ihnen gewünschte Sicht auf den Informationsraum konfigurieren und die Daten visualisieren. Mit einem Zoom auf ein visuelles Objekt ist eine Großansicht und Bedienung der jeweiligen Datenkomponente möglich.

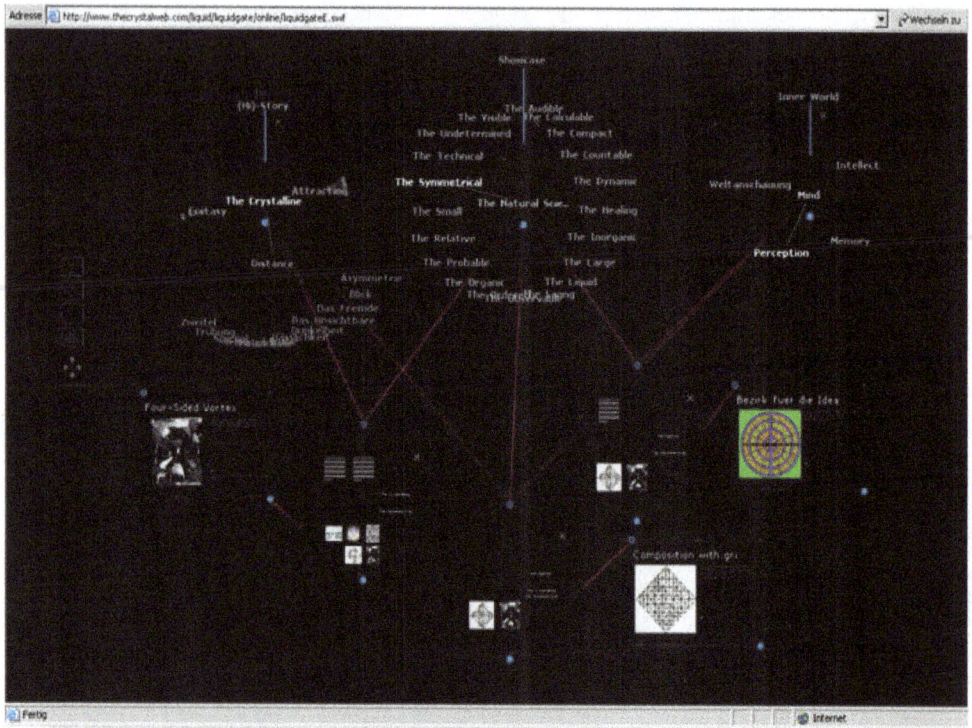

Abbildung 17: TheCrystalWeb aus http://netzspannung.org (nicht mehr online)

Die wichtigsten Merkmale von Suche und Filter sind hier nochmal zusammengefasst und sollten nicht nur bei der Konzipierung von ZUIs, sondern bei der Entwicklung aller Anwendungen zur Visualisierung und Interaktion mit Daten beachtet werden. Es ist festzuhalten, dass die Informationssuche ein iterativer Prozess ist, der auch unterbrochen werden kann.

---

[12] Yahoo Pipes - http://pipes.yahoo.com/pipes/ (zuletzt besucht am 19.06.2011)

Dies wird z.B. durch die Erfüllung einer Teilaufgabe, durch einen Medienbruch oder ein Ereignis von außen (z.B. Störung) ausgelöst. Bei der Gestaltung von Suchsystemen ist also darauf zu achten leichte Ein- und Ausstiege zu definieren und den Benutzern einfache Möglichkeiten zur Wiederaufnahme einer begonnenen Suche im gleichen Kontext anzubieten. Es kommt hinzu, dass evtl. bereits Informationen im Vorfeld vorhanden sind, auf deren Basis eine Suche gestartet werden soll. Außerdem ist es für Benutzer wichtig die gefunden Informationen weiter zu verwenden. Damit ergibt sich die logische Schlussfolgerung, dass die Schnittstellen zwischen der eigenen Applikation und der realen Welt bestmöglich zu optimieren sind.

Die Gestaltung einer gebrauchstauglichen Suche ist eine große Herausforderung. Je komplexer und umfangreicher der Datenraum, desto schwieriger wird es auf den Daten zu suchen und den Benutzern die gewünschten Filterkriterien anzubieten. Dem UI kommt bei der Suche und beim Filtern eine gewichtige Rolle zu. Benutzer erwarten ein direktes Feedback auf ihre Eingaben, da sie so mit dem System in Interaktion treten und schneller verstehen, welche Aktionen zu welchen Darstellungen führen. Feedback und Dynamic Queries sowie schnelle Reaktionszeiten sind wichtige Prinzipien bei der Gestaltung der Suche. Zusätzlich ist die Zielgruppe zu beachten, da Experten komplexere Suchfunktionen bedienen können und sich mit dem Informationsraum auskennen, während Anfänger zunächst ein Gefühl für den Umfang und die Art der Daten entwickeln müssen. Im Folgenden sind die Erkenntnisse zur Gestaltung von UIs aufgeführt, die aus den oben aufgeführten Anwendungen und den theoretischen Diskussionen abgeleitet werden können:

- Iterativer Suchprozess: einfache Ein- und Ausstiege möglich
- Zustand der Applikation: sollte über Beendigung erhalten bleiben
- Gefühle leiten im Suchprozess: Benutzer sollten jederzeit das Gefühl haben, den Informationsraum zu beherrschen (Überblick, Kontrolle).
- Unterschiedliche Modi: Unterstützung sowohl bei zielorientierter Suche als auch beim explorativen „Stöbern". Dabei können „Goal Mode", „Action Mode", „Teleporting" und „Orienteering" abwechseln.
- Filterkomponenten: Verbesserung der Suche mittels interaktiver, visueller Filterkomponenten mit direktem Feedback
- „Intelligente" Volltextsuche mit Vorschlägen, Zusatzoptionen und direktem Feedback, flexible Anzeige der Ergebnisse mittels Visualisierungen
- Detailansicht und Übersicht: Wechsel mittels Zooming und Panning, visuelles Filtern der angezeigten Informationen (AOI und DOI)

Die Innovation der vorgestellten Anwendungen resultiert hier nicht nur aus der möglichst optimalen Gestaltung der Suche und Visualisierung, sondern außerdem aus der Verbindung der unterschiedlichen Forschungsbereiche zur Informationssuche, UI-Design, Visualisierung und Interaktion. Es gilt eine geeignete Kombination zu finden, die sich im Kontext optimal für die Unterstützung der Benutzeraufgaben mittels digitaler Möglichkeiten eignet.

2.3   ZUI-Applikationen und Frameworks

"Making a computer useful is simple to design a good interface between man and machine."
-- Terry Winograd, 1996

Ganz so einfach, wie das Zitat von Terry Winograd anmuten mag, ist das Design und die Konzeption einer gebrauchstauglichen und nützlichen Softwareanwendung nicht. Im Hinblick auf die Konzeption und Realisierung von ZUIs spielen die Arten der ZUIs, die Organisation der Daten im Raum, die Interaktionstechniken inkl. Zoom und Pan, die Suche und Exploration sowie die Visualisierung von Daten zusammen und ergeben das konzeptionelle Modell der Anwendung. Zusammengefasst ergeben sich für ZUI-Anwendungen aus Forschung und Praxis unterschiedliche Merkmale, die für eine Unterscheidung und Kategorisierung von ZUIs herangezogen werden können. Die Kategorisierung ist notwendig, um einen Gesamtüberblick über die unterschiedlichen ZUI Anwendungen zu erhalten und zu prüfen, welche Art von ZUIs, Interaktionstechniken und Visualisierungen am häufigsten eingesetzt werden. Als Anschlussfrage ist dann zu untersuchen, warum genau diese Techniken eingesetzt werden und ob sich diese als „Best-Practice" bewährt haben. Falls dem so ist, folgt die Möglichkeit verschiedene Interaktions- und Visualisierungs-Patterns aus den Anwendungen zu extrahieren bzw. diese als Basis für die Fallstudien heranzuziehen. Eine Kategorisierung von ZUIs ist also zunächst nur möglich, wenn auf Basis grundlegender Kriterien eine Einordnung erfolgen kann. Im Folgenden werden mögliche Kriterien zusammengestellt und anschließend eine Kategorisierung von ZUIs anhand dieser vorgenommen.

2.3.1   Kriterien für die Untersuchung von ZUIs

Kriterien für eine Untersuchung von ZUIs festzulegen ist sehr schwierig, da Anwendungen über alle Domänen existieren und kein einheitlicher Aufbau für UIs mit Zoomfunktionalitäten existiert. Deshalb werden im Folgenden Kriterien zusammengestellt, die für eine Untersuchung von ZUIs in Frage kommen und somit eine Unterscheidung zulassen.

Grundlegend kann man von den drei unterschiedlichen **Realisierungsarten** für ZUIs (Bolt 1984) in Abbildung 8 ausgehen, die sich als Unterscheidungskriterium eignen. Es kann sich um eine planare Fläche handeln, auf der die Objekte direkt untergebracht sind. Benutzerinteraktionen durch Zooming und Panning verändern die Sicht auf die Gesamtfläche. Eine zweite Möglichkeit ist die Realisierung des ZUIs mit Objekten, die im ZUI-Raum „schwebend" verortet sind, wobei eine Interaktion die 3D-Kamerasicht im Raum verändert. Die dritte Art der Realisierung sind ZUIs mit Objekten, die entweder Informationen enthalten oder weitere ZUI-Portale sind und damit in verlinkte ZUI-Räume führen.

Ein weiteres Unterscheidungskriterium bieten die in den Abschnitten 2.2.1 und 2.2.2 beschriebenen Zoom- und Pan-**Interaktionstechniken**. Die Art des ZUI-Typs und weitere Rahmenbedingungen wie Datenraum, Anwendungsdomäne oder Zielgruppe mögen zwar Einfluss auf die Art der Interaktionstechnik haben, prinzipiell ist aber jede Kombination von Zooming und Panning denkbar.

Die **Sichten** eines ZUIs können, wie in Abbildung 27 gezeigt, direkt Informationsobjekte enthalten oder Portale mit weiteren ZUIs, was zu einer Steigerung der Komplexität führt. Werden keine komplexen Sichten für die Visualisierung von Daten verwendet, so bezeichnen wir dies als reines ZUI. Ansonsten sprechen wir von einem kompositiven ZUI, das die Informationsobjekte mit weiteren Visualisierungen darstellt und explorierbar macht. Als Kriterien eignen sich die Art der Sichten und die **Komplexität**, die durch die Verwendung der Sichten und Interaktionstechniken bestimmt wird.

Eine Organisation des Raumes und der Navigation erfolgt über abstrakte Strukturen. Dabei spielt die Beschaffenheit der darzustellenden Informationsobjekte zunächst keine Rolle, da z.B. über Attribute algorithmisch immer eine Struktur geschaffen werden kann, falls diese benötigt wird. Folgende Strukturen sind für Inhalte und Navigation etabliert (Ziegler & Specker 2004):

- Netzwerke (z.B. gerichtete Graphen)

- Hierarchien (z.B. Bäume)

- Tabellen (z.B. relationale Strukturen wie Zeilen und Spalten)

- Listen und Sequenzen als geordnete Sammlung von Objekten

- Datensatz als ungeordnete Sammlung von Informationsobjekten

Die unterschiedlichen Strukturen können nun sowohl zur Strukturierung des darzustellenden Inhalts wie den Informationsobjekten als auch zur Navigation verwendet werden. Konzeptionell ist diese Abbildung der Inhaltsstruktur auf eine passende Navigationsstruktur mit Sichten und Transitionen besonders wichtig, um gebrauchstaugliche Anwendungen zu erstellen. Dies rührt daher, dass die Abbildung von strukturierten Daten auf eine unpassende andere Struktur zur Verwirrung und Desorientierung führt. Ein komplex vernetzter Datenraum lässt sich zwar sehr einfach über eine Liste navigieren, das Strukturverständnis und der Kontext und damit ein wichtiger Teil für das Verständnis der Zusammenhänge des Informationsraums fehlen aber. Umgekehrt ist eine komplexe Navigation gut zur Strukturierung, kann aber den Datenraum eventuell falsch abbilden. Es werden Strukturen geschaffen und verbildlicht, die nicht in den Daten enthalten sind. Normalerweise findet die Abbildung einer Inhaltsstruktur auf die gleiche Art von Navigationsstruktur statt. So wird der Kontext der Daten direkt über die Art der Navigation vermittelt. Diese Strukturierung kann auch bei ZUIs eingesetzt werden, um die Informationen im Raum zu organisieren. Durch die Verwendung einer zusätzlichen Dimension (z-Achse) fällt eine Visualisierung des Informationsraums aber komplexer aus. Im Zusammenhang mit ZUIs ist anzumerken, dass die grundlegende Navigation mittels Zooming und Panning auf den darzustellenden Informationsraum abgebildet wird. Innerhalb des ZUIs können nun wiederum weitere Informationsräume angezeigt werden, die andere Navigations- und Datenstrukturen verwenden oder notwendig machen.

In der digitalen Welt existiert eine Vielzahl an abstrakten Abbildungen von Objekten der realen Welt. Genauso wichtig wie die Objekte selbst sind deren Zusammenhänge untereinander. Im Abschnitt 2.2.3 zu Such- und Filtertechniken sind einige Möglichkeiten zur Einschränkung des **Datenraums** aufgeführt. Die Daten und ihre Beziehungen untereinander können im Softwaresystem in polymorpher Form vorliegen. Das bedeutet, dass Datenräume mit homogenen, unverbundenen Daten, hierarchische Daten, Netzwerke, Daten mit Raum- und Zeitbezug u.v.m. vorliegen können. Aus den Objektdaten und deren Metadaten sind weitere Relationen künstlich per Algorithmus erzeugbar und für die Darstellung und Filterung verwendbar. Ein relevantes Kriterium zur Einordnung von ZUIs ist also der verwendete Datenraum der Applikation. Hinzu kommt, dass theoretisch durchaus ZUIs existieren könnten, die mehrere unterschiedliche Arten von Daten verwenden.

Die Art der **Visualisierung** von Datenobjekten ist ein zusätzliches Merkmal, nach dem ZUIs unterschieden werden können. Sind die Informationsobjekte direkt dargestellt, so handelt es sich um ein reines ZUI. Komplexe oder große Datenmengen müssen aber mit Hilfe von Visualisierungen dargestellt werden. Dazu existieren sowohl in der Forschung als auch in der Praxis eine ganze Reihe etablierter Visualisierungskonzepte (Card et al. 1999), die je nach Art der Daten variieren und sinnvoll einsetzbar sind. Der Einsatz der Visualisierungsarten in ZUIs eignet sich deshalb als Unterscheidungsmerkmal.

Die **Such- und Filterfunktionalität** der ZUI-Anwendung bestimmt maßgeblich die Gebrauchstauglichkeit. Bei der Verwendung können Benutzer zwischen zwei mentalen Modi wechseln. Sie können sich entweder im aktiven oder passiven Modus befinden (Hassenzahl et al. 2002). Im aktiven Modus sind sie auf der Suche nach bestimmten Informationen und verwenden bevorzugt eine gezielte Suche, um an ihr Ziel zu gelangen. Der passive Modus beschreibt eine explorative Vorgehensweise. Benutzer wissen hier nicht genau, was sie suchen, sind aber an den dargebotenen Informationen interessiert. Im passiven Modus explorieren sie beispielsweise eine Bildkollektion oder lassen sich vom System potentiell relevante Inhalte per Film oder Animation vorführen. Dabei sind das Feedback, der Modus und die Art der Suche und Filterung wichtige Kriterien, nach denen sich die Anwendungen unterscheiden.

Die Untersuchung von ZUIs sollte also mindestens die oben aufgeführten Kriterien beinhalten, um eine gute Übersicht über etablierte Strukturen und häufig eingesetzte Visualisierungen und Interaktionstechniken zu geben. Im Folgenden sind nochmals die wichtigsten Attribute zusammengestellt.

- ZUI-Typ I, II, III (planare Ebene mit festen Objekten, Raum mit veränderbaren Objekten, Raum mit Objekten und ZUI-Portalen)

- ZUI-Interaktionstechnik (Zoom-, Pan-Techniken, Kombination)

- ZUI-Sichten (Anzahl Sichten, Komplexität, reines ZUI oder nicht)

- Datenraum (homogene unverbundene, hierarchische, zeitbezogene, raumbezogene, Graphen-, Netzwerkdaten o.a.)

- Visualisierung (Art der Visualisierung, eingesetzte Interaktionstechniken in Tabelle 8)

- Suche und Filter (Benutzermodi, Feedback, direkte Suche, Exploration)

Im Hinblick auf die Entwicklung von ZUI-Anwendungen im Rahmen der Fallstudien werden zunächst ZUIs aus Forschung und Praxis untersucht. Das Ziel ist festzustellen, welche Interaktionstechniken, Programmiersprachen und weiterer Eigenschaften die ZUI-Entwicklungsumgebungen zur Verfügung stellen. Damit wird einerseits überprüft, ob sich bestimmte Frameworks zur Applikationsentwicklung eignen und andererseits untersucht, welche Visualisierungs- und Interaktionstechniken bei ZUIs eingesetzt werden. Diese Erkenntnisse werden in Kapitel 5.6 unterstützend bei der Extraktion und Bestimmung von möglichen Patterns eingesetzt.

Die Untersuchung aktueller ZUIs zeigt, dass vor allem in den letzten Jahren die ZUI-Anwendungen in der Praxis stark zugenommen haben. Der wachsende Bekanntheitsgrad, die für Benutzer attraktive Funktionsweise und das besondere, ungewohnte Interaktionskonzept mögen Gründe dafür sein. Eine systematische Untersuchung aller existierenden Anwendungen kann aufgrund der Vielzahl nicht vorgenommen werden. Tabelle 7 zeigt eine Auswahl an Programmierframeworks für ZUIs. Dazu wurden die Frameworks ausgewählt, die am häufigsten zum Einsatz kommen und am besten dokumentiert sind. Frameworks bilden die technische Grundlage für die Realisierungsmöglichkeiten von ZUI-Anwendungen.

Tabelle 7: Übersicht Softwareframeworks zur Entwicklung von ZUIs

Frame-work	Jahr	Progr.-sprache	Verfüg-barkeit	Beschreibung und URL
Prefuse	2002	Java	Frei	OO-Framework für die schnelle Erstellung von interaktiven Visualisierungen mit Zoom und Pan, http://www.prefuse.org
Pad++	1998	Java	Frei	ZUI-Framework für die Erstellung von einfachen ZUIs, Nachfolger ist Piccolo, http://www.cs.umd.edu/hcil/pad++
Piccolo	2004	Java, .NET	Frei	2D Grafikframework für interaktive Visualisierungen und ZUIs der University of Maryland, http://www.cs.umd.edu/hcil/piccolo
ZVTM	2005	Java	Frei	Zoomable Visual Transformation Machine ist ein GUI Framework für die Erstellung von ZUIs, http://zvtm.sourceforge.net
Space-graph	2005	Java, C++	Frei	GUI Framework mit Softwarekomponenten für die Erstellung von performanten Anwendungen mit Zoom, Pan und 3D Rotation, http://www.automenta.com/spacegraph
Seadragon	2007	.NET	Kommerziell	Framework und Werkzeug zur einfachen Erstellung von performanten ZUIs für Desktop, Web. http://www.seadragon.com
ZOIL	2010	.NET	Frei	Framework für die Erstellung von ZUI-Anwendungen und Visualisierungen der Universität Konstanz, http://zoil.codeplex.com
Zoomooz	2010	Ajax	Frei	Javascript Softwarekomponenten zur Entwicklung einfacher ZUI-Webseiten mit Zoom, Pan und Rotation, http://janne.aukia.com/zoomooz
IIPImage	2000	Java, Flash, Ajax	Frei	Softwarekomponente für die Betrachtung von hochauflösenden Bildern im Web per ZUI, http://iipimage.sourceforge.net
Ahead	2008	Flash	Kommerziell	Flashsoftware für die Erstellung von ZUI-Webinhalten, http://ahead.com

Relevant für die Verbreitung der Frameworks ist vor allem eine geringe Komplexität bei deren Verwendung durch Programmierer. Die vorgestellten Frameworks sind umfangreich dokumentiert, was ihren Einsatz erheblich erleichtert. Nicht alle der Frameworks sind für die Erstellung von Webapplikationen tauglich, sondern dienen zur Entwicklung installierbarer Anwendungen. Meist fehlt eine Unterstützung von Suche, Visualisierung, unterschiedlichen ZUI-Interaktionsformen und endgeräteübergreifender Darstellung und Interaktion. Dies alles bietet das ZOIL-Framework (Jetter et al. 2008, 2009). Allerdings hat ZOIL ein Problem, das bei den meisten ZUI-Softwarekomponenten beobachtet werden kann. Mit der Zunahme von darzustellenden Datenobjekten nimmt die Performanz drastisch ab und das ZUI wird unbenutzbar. Eine Eignung für große Datenmengen ist aber für einen Einsatz in der Praxis unumgänglich (siehe Tabelle 3).

| ZUI-Anwendung | Typ | | | Interaktionstechniken | | Sichten | | | Visualisierung | | Suche und Filter | | | Quelle |
	I	II	III	Zoom	Pan	Anzahl	Komplexität	rein	Art	Interaktion	Filtertechnik	direkte Suche	Browsen	
AHEAD	x			geometric, goal-oriented	drag'n'drop, key control	1	gering	ja	2d Fläche	Zoom, Pan	Zoom	-	Zoom, Pan	http://ahead.com/#vie w/lilaspaces/main/welc
Archy (Proof of concept der		x		geometric, semantic	drag'n'drop, key control	2	gering	ja	3d Raum	Zoom, Pan, Suche	Zoom, Suche	Volltext	Zoom, Pan	offline, beschrieben in Raskin 2000
Bumptop		x		geometric, semantic, goal-oriented	-	x	hoch	nein	3d Raum	Zoom, Move, Edit	-	-	-	http://www.bumptop.c om/
DateLens		x		semantic, goal-oriented	-	3	mittel	ja	2d Fläche	Zoom, Edit	Zoom, Suche	Volltext	Zoom	http://www.windsorinte rfaces.com/datelens.sht ml
Denim		x		geometric	drag'n'drop, key control, path drag	3	gering	ja	2d Fläche	Zoom, Pan, Edit	Zoom	-	Zoom, Pan	http://dub.washington. edu:2007/projects/deni m/
Google Earth		x		geometric, semantic, goal-oriented	drag'n'drop, key control	1	mittel	ja	3d Raum	Zoom, Pan	Zoom, Suche	Volltext	Zoom, Pan, weitere	http://www.google.de/i ntl/de/earth/index.html
Google Maps		x		geometric, semantic, goal-oriented	drag'n'drop, key control	1	mittel	nein	2d Fläche	Zoom, Pan	Zoom, Suche	Volltext	Zoom, Pan, weitere	http://maps.google.co m/
Grokker		x		geometric, semantic, goal-oriented	-	2	gering	nein	2d Fläche	Zoom	Zoom, Suche	Volltext	Zoom, Webbrow ser	offline
Idelix		x		geometric, semantic, goal-oriented	-	3	gering	nein	2d Fläche	Zoom, Pan, Move	Zoom	-	Zoom, Pan	offline

Abbildung 18: Auszug untersuchter ZUI-Anwendungen

Frameworks wie Seadragon von Microsoft zeigen, wie diese Performanzprobleme zwar nicht gelöst aber umgangen werden können. So wird eine Entwicklung oder automatische Erstellung von ZUI-Anwendungen mit großen Datenmengen sogar für das Web[13] möglich. Ein kommerzielles System namens „G-Speak" der Firma Oblong[14] Industries zeigt, wie selbst riesige Datenmengen endgeräteübergreifend und interaktiv dargestellt werden können. Insge-

---

[13] Microsofts Deep Zoom Composer unter http://www.microsoft.com/silverlight/deep-zoom (zuletzt besucht am 15.01.2011)

[14] Webseite der Firma oblong industries unter http://oblong.com/ (zuletzt besucht am 15.01.2011)

samt lässt sich aus der Untersuchung folgern, dass sich nur die ZUI-Frameworks etablieren, die von einer aktiven Entwicklergemeinschaft gepflegt und weiterentwickelt werden. Dazu müssen einige grundlegende Aspekte beachtet werden. Es muss eine gute Dokumentation von ordentlich programmiertem Quellcode erfolgen. Wesentlichen Einfluss haben außerdem die Praxistauglichkeit, mögliche Einsatzszenarien und eventuelle Beispiele. Hinzu kommen freie Verfügbarkeit und die Möglichkeit ZUI-Applikationen für das Web zu erstellen.

Die ZUI-Anwendungen aus Forschung und Praxis können zur Inspiration dienen und als Ausgangsbasis für die Entscheidung herangezogen werden, welche der Visualisierungs-, Filter- und Navigationstechniken zumeist verwendet werden. Abbildung 18 zeigt einen Auszug aus den untersuchten ZUI-Anwendungen, die aufgrund ihrer Realisierungsart nach den Kategorien Typ, Interaktionstechniken, Sichten, Visualisierung sowie Suche und Filter geordnet sind. Je nach Einsatz an Interaktions- und Visualisierungstechniken können hier Schlüsse auf eine mögliche Extraktion von Patterns gezogen werden. Insgesamt zeichnet sich ab, dass die meisten ZUIs vom Typ I oder Typ II sind. Sie setzen bevorzugt Interaktionstechniken kombiniert aus geometrischem, semantischem und zielorientiertem Zoom ein. Hinzu kommen Drag'n'Drop Konzepte zur Manipulation des Datenraums. Die Arten an Such- und Filterkomponenten sind meist weniger ausgeprägt. So ist die Volltextsuche noch recht weit verbreitet, während Dynamic Queries und visuelle Filterkomponenten nur selten eingesetzt werden. Dies lässt zwar Vermutungen bzgl. der „Best Practices" von ZUIs zu, verlässliche Aussagen sind aber nicht möglich. Ein Hauptgrund dafür könnte die Interaktion mittels Zooming und Panning sein, die für Benutzer des WIMP Paradigmas (zumindest zu Beginn) sehr gewöhnungsbedürftig ist.

2.4   Regeln zur Gestaltung von UIs

When using a product to help you do a task, the product should only help and never distract you from the task. -- Jef Raskin

Ausgehend von der Theorie zur Gestaltung von ZUIs haben sich einige Autoren, insbesondere (Raskin 2000), tiefergehend mit den fundamentalen Gestaltungsregeln des Interaktionsdesigns für die Mensch-Maschine Schnittstelle und damit auch für ZUI-Applikationen befasst. Im Folgenden werden kurz die vielzitierten Regeln aufgeführt, die er in Zukunft für die Gebrauchstauglichkeit der Mensch-Maschine Schnittstelle als notwendig erachtet. Die Regeln gliedern sich in fünf logische Prinzipien, die grundlegende Aussagen zur Gestaltung machen.

Das erste Prinzip Raskins sagt aus, dass ein Produkt Benutzer immer bei ihren Aufgaben unterstützen müsse und niemals von diesen ablenken dürfe. Die Logik dieses Prinzips erschließt sich selbst, da die Produkte ausschließlich für die Lösung bestimmter Aufgaben erstellt werden. Mit dem ersten Prinzip wird die Regel „An interface should be habituating" eingeführt. Dies bedeutet, dass Benutzer bei der Arbeit mit dem UI mit der Zeit eine Gewohnheit entwickeln, mit der es ihnen einfach fällt, ihre Aufgaben (routinemäßig) zu bearbeiten. Raskin meint nun, dass ein UI nur dann nach dieser Regel gestaltet werden könne, wenn zwei weitere Regeln erfüllt seien. Einerseits müsse das UI „modeless" (ohne unterschiedliche Modi) auskommen und andererseits „monotonous" (Wiederholung immer gleicher Aktionen durch Benutzer) sein. Das UI sollte ohne unterschiedliche Modi auskommen, da eine Aktion im einen Modus etwas anderes bewirken kann als in einem anderen. Dies führt automatisch zu Komplexität und versehentlichen Fehlern bei der Bedienung durch

Benutzer. Das System kann so gestaltet sein, dass im Kontext der Arbeitsaufgabe bei der Aktion des Benutzers, jeweils die richtigen Funktionen bzw. Werkzeuge zu Verfügung stehen.

Das zweite Prinzip ist Verlässlichkeit. Damit stimmt dieses Prinzip genau mit den in den Publikationen von (Plaisant et al. 1995a; Shneiderman & Plaisant 2004; Shneiderman 2002) aufgeführten Usability-Richtlinien und der ISO 9241- Teile 110,11 und 12 (Europäisches Komitee für Normung 2006) zur Gebrauchstauglichkeit von Software überein. Dabei drückt sich nach Raskin die Verlässlichkeit eines Produktes dadurch aus, dass keine Systemabstürze vorkommen aber auch keine Daten oder Arbeit verloren gehen kann. Das System muss in dem Zustand vorgefunden werden, in dem es verlassen wurde. Die Aktionen der Benutzer dürfen keine negativen Auswirkungen auf ihre Arbeitsergebnisse und den Fortschritt bei ihren Aufgaben haben. Wie bereits oben erwähnt, sollte also der Zustand der Applikation ohne Zutun der Benutzer abgespeichert werden.

Als drittes Prinzip gilt nach Raskin, dass ein UI effizient und so einfach wie möglich zu bedienen sein sollte. ISO 9241 enthält die Definition von Gebrauchstauglichkeit in folgender Form:

„Gebrauchstauglichkeit oder Usability bezeichnet die Eignung eines Produktes bei der Nutzung durch bestimmte Benutzer in einem bestimmten Benutzungskontext die vorgegebenen Ziele effektiv, effizient und zufriedenstellend zu erreichen. Der Nutzungskontext besteht aus den Benutzern, Arbeitsaufgaben, Arbeitsmitteln (Hardware, Software und Materialien) sowie der physischen und sozialen Umgebung, in der das Produkt eingesetzt wird."
– *Auszug ISO Norm 9241*

Das vierte Prinzip definiert, dass das Testen des UIs unumgänglich sei. Da man sicherstellen möchte, dass das System auf die Anforderungen und Aufgaben der Benutzer so gut wie möglich passt, müssen einerseits die Benutzer früh mit in den Entwicklungsprozess integriert werden und andererseits Benutzertests durchgeführt werden. Das mentale Modell der Benutzer muss, was die Benutzung des UIs angeht, möglichst gut auf das Systemmodell passen. Durch die Evaluation des UIs kann sichergestellt werden, dass die Benutzeraufgaben ohne Schwierigkeiten durchgeführt, Probleme erkannt und behoben sowie weitere Verbesserungsmöglichkeiten und Anforderungen erhoben werden können. Dies stützt die methodengetriebene Vorgehensweise bei der Entwicklung der Fallstudien in dieser Arbeit. Es werden jeweils iterative, skalierbare Engineeringprozesse eingesetzt.

Das fünfte und letzte Prinzip bezieht sich auf die Attraktivität des UIs. Dieses sollte visuell ansprechend gestaltet werden. Schon in frühen sozialwissenschaftlichen Studien (Bar-Tal & Saxe 1976; Dion et al. 1972; Griffin & Langlois 2006) wurde herausgefunden, dass Menschen attraktiven Personen automatisch gesellschaftlich anerkannte, positive Eigenschaften zuweisen. Je nach Kulturkreis variieren diese zwar, aber insgesamt bekommen sie bevorzugt die sozial erwünschten Eigenschaften zugeschrieben. Ob dies auch für die Gestaltung von Benutzungsschnittstellen zutrifft, ist fraglich. Trotzdem wurde in einige Studien (Hassenzahl 2001; Hassenzahl et al. 2008) festgestellt, dass „schön" (im Ermessensspielraum des Benutzers) und „motivierend" gestaltete UIs bei Benutzertests besser bewertet wurden als „unattraktive" UIs, obwohl diese exakt die gleiche Funktionalität zur Verfügung stellten. Die visu-

elle Gestaltung eines UIs scheint also zumindest einen gewissen Einfluss auf die Wahrnehmung der Gebrauchstauglichkeit zu haben. Das Design hat also Auswirkungen auf die Benutzbarkeit.

In (Shneiderman & Plaisant 2004) sind die wesentlichen Interaktionstechniken für Visualisierungen aufgeführt, dazu gehört auch das Zooming (zur Änderung des DOI). Interessant ist,
dass das Panning (zur Änderung des AOI) nicht aufgeführt ist. Die in Tabelle 8 aufgeführten
Interaktionstechniken zeigen, wie eng diese mit Visualisierungen, Daten- und Navigationsstruktur zusammenhängen. Bei der Gestaltung sind diese in Kombination zu beachten.

Tabelle 8: Interaktionstechniken (Shneiderman & Plaisant 2004)

Interaktionstechnik	Erläuterung
Overview	Gain an overview of the entire world. (minimap, fisheye)
Zoom	Zoom in on items of interest. (zoom world, zoom units)
Filter	Filter out uninteresting items. (Change world views, dynamic que-ries)
Details-on-demand	Select an item or unit or group and get details. (Popup, Uni Area)
Relate	View relationships among items. (highlighting, selecting, …)
History	Keep a history of actions. (save games, replays, screenshots, strategy guides)
Extract	Allow extraction of subcollections. (Group units)

ZUIs können so in bestimmten Anwendungsszenarien die Orientierung verbessern, unterstützen die menschliche Wahrnehmung und Gewohnheiten bei der Navigation und sind deshalb
ein vielversprechender Ansatz für Benutzungsschnittstellen jeder Art. Mittels Transitionen
zwischen den verschiedenen Sichten auf einen Datenraum gehen ZUIs weg von der diskreten, herkömmlichen Form der Navigation, hin zu einer kontinuierlichen Navigation durch
den Informationsraum. Die Herausforderungen sind, ZUIs mit Visualisierungs-, Such- und
Filtertechniken zu verbinden, die einen gebrauchstauglichen Zugang schaffen. Bei der Realisierung von ZUIs müssen insbesondere die Größe und Beschaffenheit des Datenraums sowie
die Anforderungen der Benutzer und ihre Aufgaben beachtet werden. Die in Kapitel 4 entwickelten Konzepte führen auf Basis dieser Rahmenbedingungen mittels zoombasierter Suche
und Navigation zu einem aufgabenorientierteren Zugang zu komplexen Informationsräumen.
Anhand einer Kombination der Kriterien aus den Kapiteln 2.1.1, 2.1.2, 2.2.3 und 2.4 ist es
möglich einen Kriterienkatalog für ZUI-Anwendungen zusammenzustellen.

2.5   Kriterienkatalog für ZUI-Applikationen

"If we want users to like our software, we should design it to behave like a likeable person."
– Alan Cooper

Für den Kriterienkatalog werden oben aufgeführte Kriterien zu Interaktion, Visualisierung,
Orientierung und Suche herangezogen. Daneben gelten für ZUIs außerdem die allgemeinen
Richtlinien für interaktive Anwendungen. Diese betreffen vor allem die Usability und User
Experience und sind in den ISO-Normen und weiteren anerkannten Kriteriensammlungen
von Shneiderman (siehe Kapitel 2.4), Norman und weiteren Autoren aufgeführt. Aus den

gesammelten Prinzipien und Richtlinien lässt sich der Kriterienkatalog in Tabelle 9 zusammenstellen, der die Basis für die Konzeption von ZUIs in den Machbarkeits- und Fallstudien (Kapitel 3 und 4) legt.

Tabelle 9: ZUI Kriterienkatalog

Kognition und Benutzeranforderungen	Unterstützung durch ZUIs
Ein zentraler Fokus der Aufmerksamkeit	Zooming aber immer ein Fokus von der Detailansicht bis zur Übersicht
Verarbeitung und Wahrnehmung großer Informationsmengen	Aggregation (z.B. semantischer Zoom) oder Filtern (z.B. durch Navigation, Suche und Dynamic Queries), Portale zur Kategorisierung des Informationsraums
Bewegung im Raum, Navigation	Zooming und Panning sind an die Bewegung im Raum angelehnt, wenn auch mit weniger Freiheitsgraden
Effektive und effiziente Interaktion und Navigation	Direktes Feedback, flexible Navigationsgeschwindigkeit mit Zooming und Panning (Extremfall: Teleporting ohne Animation)
Orientierung und Kontext, kognitive Karten	Einsatz von „Landmarks", Bereichen, Markierungen, Grenzlinien, Wegen, Darstellung räumlicher Zusammenhänge
Nutzungskontext und visuelle Wahrnehmung von Objekten und Daten	Unterschiedliche Sichten auf die Daten, Visualisierungen, Gruppen und Einzelobjekte, direkte Manipulation der Daten, Objekttransformationen
Benutzer im Modus „zielorientierte Informationssuche" oder „browsingorientiertes Stöbern"	„Intelligente" Suchmechanismen, Volltextsuche, Brushing und Linking, Filtertechniken, schnell kognitiv erfassbare Objekte browsen

3 Machbarkeitsstudien zu ZUIs

Die Realisierung von ZUIs ist grafisch und konzeptionell aufwendig. In Kapitel 2.3 wurden aktuelle ZUI-Anwendungen und Frameworks für deren Programmierung untersucht. Für die Realisierung der Fallstudien in Kapitel 4 ist es notwendig entweder Frameworks heranzuziehen oder eigene Softwarekomponenten für Zooming und Panning zu entwickeln. Weiterhin wird die ZUI-Interaktionstechnik in Kombination mit zwei weit verbreiteten Raumstrukturierungen, der hierarchisch geschachtelten und der freien Anordnung von Objektes, untersucht. Ein Ziel der Vorstudien ist die technische Realisierbarkeit von ZUIs mit großen Datenmengen im Web auszuloten. Es soll vor der Konzeption und Entwicklung der Fallstudien sichergestellt werden, dass komplexere ZUIs im Web überhaupt realisierbar sind. Zusätzlich werden bereits in der Konzeptionsphase der Vorstudien die in Kapitel 2.5 erhobenen Kriterien für ZUIs angewendet. Eine umfangreiche Recherche zum Stand der Technik ergab, dass zur einfachen Realisierung von ZUI-Anwendungen im Web die Flashtechnologie optimal geeignet ist. Für die Machbarkeitsstudien „MusicPad" und „Bildexploration" werden Anforderungen ermittelt, Konzepte entworfen und das Design iterativ entwickelt, bis schließlich die Programmierung erfolgt. Dabei realisieren die beiden Studien häufig verwendete ZUI-Interaktionsformen. Als wesentlicher Kern der Studien werden zwei allgemeine Ziele verfolgt:

- Untersuchung der Kombination eines zielorientierten Zoom-/Pan-Konzepts mit der Visualisierung hierarchisch strukturierter Daten

- Untersuchung der Kombination eines freien Zoom-/Pan-Konzepts mit der Visualisierung frei platzierbarer Objekte

Aufgrund der relativ großen Datenmengen wird bei der Konzeption insbesondere auf die Kombination von Interaktion, Visualisierung, Suche und Filter geachtet.

3.1 Machbarkeitsstudie MusicPad

Für die Studien zu ZUIs wurden Daten von ca. 30.000 Objekten (hier am Beispiel von Musikalben illustriert) in einer Datenbank abgelegt. Hierbei werden die ZUI-Kriterien zur Kombination von Interaktion, Visualisierung, Suche und Filter aufgenommen und z.T. als Designkriterien definiert. So soll es möglich sein nach den beschreibenden Daten der Objekte (hier im Beispiel Metadaten wie Band, Album, Preis und weitere) zu filtern. Anforderungen technischer Art sind die Publikation der Anwendung im Web, deren Funktion in einem Webbrowser und die Anbindung an eine Datenbank.

Die Ziele, die mit der Realisierung der Web-Applikation erreicht werden sollen, sind im Folgenden aufgeführt. Das Hauptziel ist die Untersuchung, ob die Realisierung eines ZUIs mit einer so großen Datenmenge im Web überhaupt möglich ist. Dabei stellt sich außerdem heraus welche technischen Probleme zu lösen sind und wie die Interaktion mit einem ZUI und einer größeren Datenmenge funktionieren kann. Eine analytische Betrachtung zeigt, inwieweit sich ZUIs überhaupt für große Datenmengen eignen und wie ZUIs mit Such- und Filtertechniken kombiniert werden können.

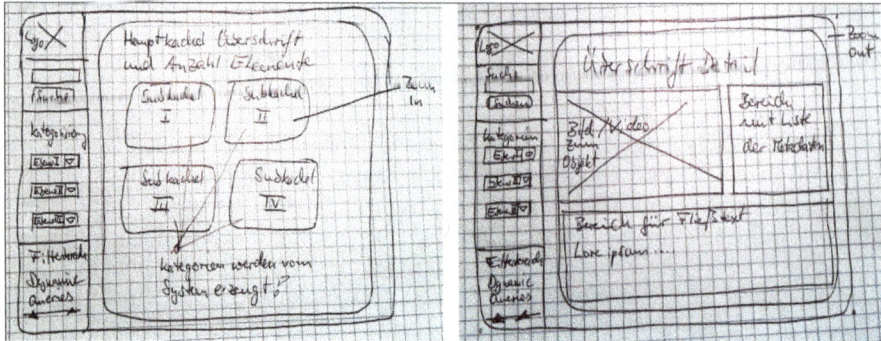

Abbildung 19: Papier-Prototypen zur Studie MusicPad

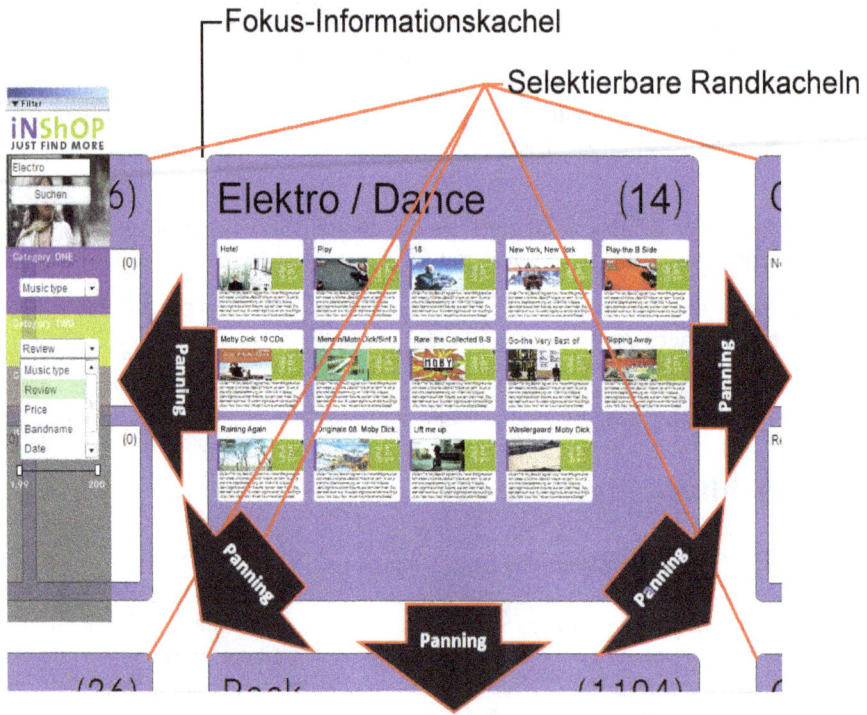

Abbildung 20: Pan-Technik MusicPad

Als Designidee wurden mehrere Konzepte auf Basis der Theorie zu ZUIs entworfen und verglichen. In einem iterativen Entwicklungsprozess wurden schließlich mehrere Designalternativen skizziert und in Workshops mit Experten und Endbenutzern diskutiert, evaluiert und verbessert. Schließlich wurde eine der Designvarianten nach Kriterien der Benutzbarkeit und den aufgestellten Zielen ausgewählt und als Prototyp programmiert. Nachdem die Anforderungen aufgenommen wurden, entstanden in der Konzeptphase einige Design-Ideen für die Anwendung. Zwei ausgewählte Designskizzen sind im Folgenden abgebildet. Das UI wird dabei jeweils in einen Bereich für die Anzeige des ZUIs und einen Bereich für die Suche, den Aufbau der Kategorien und die Filteroptionen aufgeteilt.

Aus den Überlegungen und Diskussionen in der Designphase entstanden weitere Anforderungen auf Basis des ZUI-Kriterienkatalogs wie die Aufteilung der Such- und Filteroptionen, die Art der Kategorienfilter und die Konfiguration der Dynamic Queries. Das Konzept sieht vor, dass sich die Kacheln nach den Metadaten der Informationsobjekte, ähnlich wie in (Perlin & Meyer 1999) beschrieben, verschachteln. MusicPad ist eine ZUI-Anwendung nach Typ I (planare Ebene), wenn man die Unterscheidung nach (Bolt 1984) heranzieht. Die Entscheidung für diese Variante fiel, da dieser ZUI-Typ sehr einfach aufgebaut ist und Benutzer die Interaktion mit den Zoomkacheln laut der Anforderungsermittlung schneller verstehen als mit komplexen Portalen oder semantischen Zoomobjekten. Die Selektion einer Kachel des ZUIs skaliert und bewegt den sichtbaren Bildschirmausschnitt so, dass die selektierte Kachel mit den enthaltenen Informationen den meisten Platz am Bildschirm einnimmt und so im Fokus steht. Um die Kachel im Fokus ist jeweils immer noch ein Bereich außen zu sehen, der zur übergeordneten Kachel gehört. Bei Selektion dieses Bereichs wird die übergeordnete Kachel soweit verkleinert, dass sie nun den Fokusbereich anzeigt. Diese Zoomtechnik ist im Abschnitt 3.2 erläutert. Es wird eine Mischung aus zielorientiertem, automatischem Zoom und Zoom durch Selektion eingesetzt (siehe Kapitel 2.2.1).

Kacheln, die im Fokus sind, lassen an den Rändern Platz, so dass die Ränder der (je nach selektierter Kachel) drei bis acht benachbarten Kacheln (links oben, oben, recht oben, rechts, rechts unten, unten, links unten, links) noch sichtbar sind. So können Benutzer die Ränder selektieren, worauf der sichtbare Bildbereich per Animation auf die selektierte Kachel verschoben wird.

3.2 Konzept ZEUS - Zoomable Explorative UI

Mittels der Übertragung des MusicPad-Konzepts auf andere Datendomänen, wie z.B. Fahrzeuge oder Bilder, zeigt sich, dass das ZUI-Konzept für unterschiedliche invariante Datenräume funktioniert. Das so entstandene, webfähige ZUI-Framework trägt den Namen ZEUS (Zoomable Explorative User Interface) und wurde in (Gundelsweiler et al. 2007b) publiziert. Basierend auf den Erkenntnissen zu geschachtelten UIs (Perlin & Meyer 1999) kombiniert ZEUS Suche, Browsing und Objektpräsentation in Sichten, die in Applikationen normalerweise getrennt gestaltet und entwickelt werden. Manche Anwendungen realisieren eine gebrauchstaugliche Suchfunktionalität und gute Informationsdarstellungen, die meisten verfehlen aber die kombinierte, abgestimmte Gestaltung im Kontext des Benutzers und seiner Aufgaben. Die Gestaltung von ZEUS bezieht die in Kapitel 2 aufgeführten Erkenntnisse und Kriterien zu ZUIs mit ein.

Mit ZEUS wird ein ZUI entwickelt, das Benutzer bei der Suche und Exploration großer Informationsräume im Hinblick auf Aufgaben, Ziele und Aktivitäten unterstützt. Daher kombiniert das System Such- und Filterfunktionen mit Zoom- und Pan-Interaktionstechniken, um die Suchergebnisse einzuschränken. Eine Volltextsuche unterstützt die direkte Suche nach bekannten Begriffen (Known-item Search) und die ZUI-Interaktion das Browsen durch die Inhalte des Informationsraums. Benutzer mit unterschiedlichen PC- und Domänenerfahrungen sollen so in der Lage sein ihre Aufgaben einfach durchzuführen. Die Hauptbereiche von

ZEUS sind die ZUI-Visualisierung, in der die Informationsobjekte untergebracht sind, sowie der Filterbereich mit der Suche und der Auswahl der hierarchischen Kategorien. Filter- und Kategorie-Operationen werden durch die Auswahl einer Kategorie (Auswahlbox) ausgelöst.

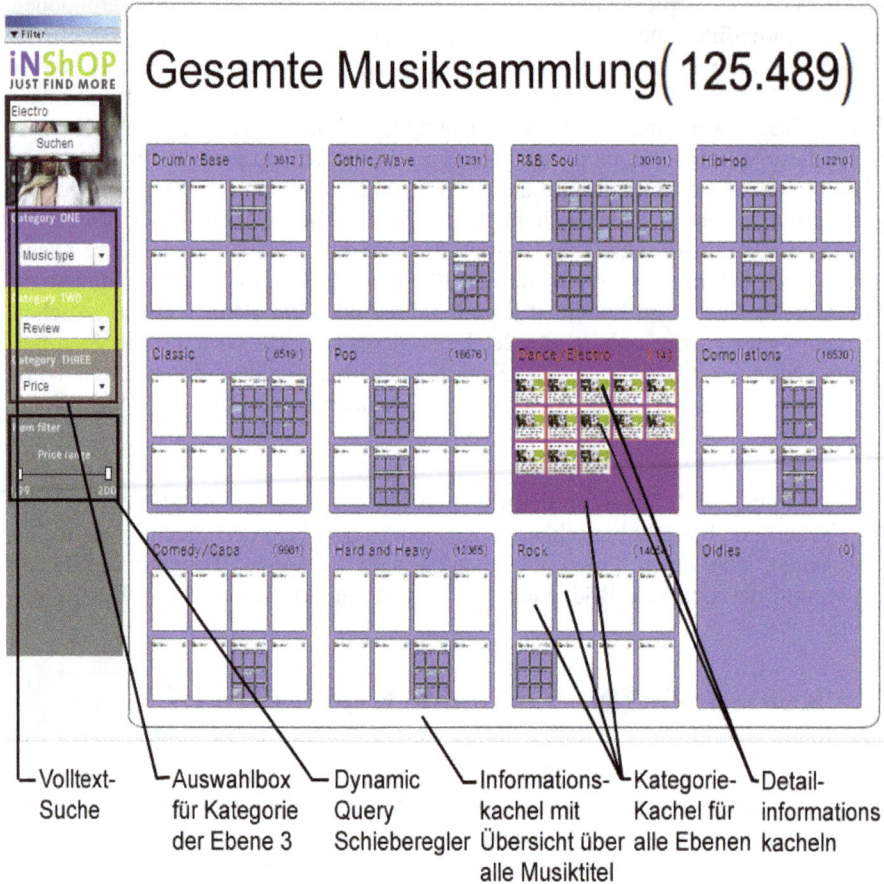

Abbildung 21: ZEUS am Beispiel einer Musikkollektion

Die drei Auswahlboxen stehen für die Hierarchietiefe des ZUIs. Auf der dritten Ebene werden keine weiteren Kategorien mehr angezeigt, sondern nur noch die Informationsobjekte selbst (hier Musiktitel und Metadaten). Die Änderung einer Kategorie hat zur Folge, dass sich die Kachelhierarchie des ZUIs neu aufbaut. Benutzer filtern so per Zoom auf die Kacheln nach den ausgewählten Kategorien. Die Aufteilung in Metadaten-Gruppen (bei Musikart z.B. Funk, Soul, Klassik, Pop, Rock, usw.) der jeweiligen Ebenen ist bereits vordefiniert und wird vom System berechnet und angezeigt. Eine Mischung aus automatischem, zielorientiertem Zoom und Zoom durch Selektion wird verwendet, um relevante Informationen zu verschiedenen Aspekten des Interesses (AOI – Aspect Of Interest) und Grad des Interesses (DOI – Degree Of Interest) anzuzeigen.

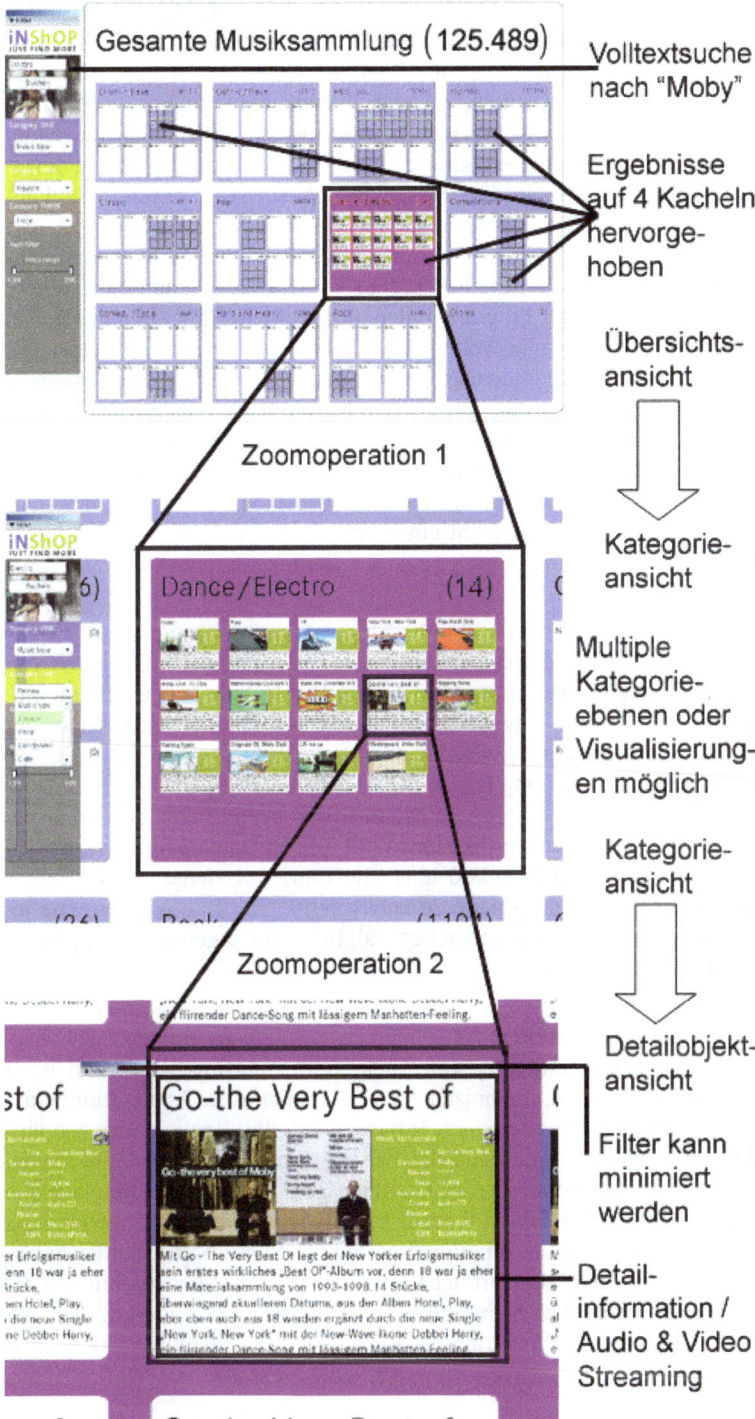

Gesamte Musiksammlung (125.489) — Volltextsuche nach "Moby"

Ergebnisse auf 4 Kacheln hervorgehoben

Übersichtsansicht

Zoomoperation 1

Kategorieansicht

Dance/Electro (14)

Multiple Kategorieebenen oder Visualisierungen möglich

Kategorieansicht

Zoomoperation 2

Detailobjektansicht

Go-the Very Best of

Filter kann minimiert werden

Detailinformation / Audio & Video Streaming

Abbildung 22: ZEUS – Zoom von Übersicht zu Detailansicht

Die Selektion einer Kachel führt zu einem Zoom auf diese und erhöht somit den DOI zu den enthaltenen Objekten. Diese DOI-Erhöhung und damit die Einschränkung auf bestimmte Metadatenbereiche kann fortgesetzt werden, bis ein Objekt im Detail angezeigt wird (siehe Abbildung 22). Durch Anklicken von Kacheln, die sich aktuell nicht im Fokus befinden, führt das System eine Verschiebung des sichtbaren Bildschirmausschnitts (falls notwendig kombiniert mit einem Zoom) durch, um die selektierte Kachel ins Zentrum (Fokus) zu bewegen. Damit erfolgt eine Änderung des Interessenaspektes (AOI). Alle Zoom- und Pan-Aktionen der Benutzer werden durch kurze Animationen dargestellt. Die Selektion einer minimierten Kachel zoomt diese auf die passende Größe. Befindet sich eine Kachel mit Informationsobjekten im Fokus und enthält diese mindestens ein Objekt, so kann eine weitere Exploration mittels Visualisierungen oder Filterung unterstützt werden. Dabei könnten neben der aktuell realisierten Kachelvisualisierung weitere Visualisierungen wie z.B. Pixeldarstellungen, Streudiagramme, Tabellen oder Treemaps verwendet werden. Prinzipiell muss je nach Datendomäne und Aufgabenkontext eine geeignete Visualisierung konzipiert oder ausgewählt werden. Mit ZEUS können Benutzer den Informationsraum nach ihren Vorstellungen kategorisieren, indem sie für jede Ebene eine gewünschte Kategorie auswählen und mit einer geeigneten Visualisierung die Daten anzeigen lassen. Diese Mischung aus hierarchischer und flacher Datenrepräsentation ermöglicht einen schnellen Wechsel zwischen Such- und Explorationsmodus und könnte sich dadurch bzgl. der Benutzeraufgaben als effektiver und effizienter erweisen.

Im Bezug auf die Ziele und Realisierungsmöglichkeiten von ZUIs konnten im Rahmen von ZEUS die folgenden Erkenntnisse gewonnen werden. Sehr große Datenmengen sind problematisch für die Anzeige im Web. Große Schwierigkeiten macht vor allem die Performanz der Animation vieler Objekte. Die Übertragungsgeschwindigkeit selbst ist nicht das Problem, sondern die fehlende Hardwarebeschleunigung in den verfügbaren Webbrowsern. Trotz Plugins, wie Flash von Adobe oder Silverlight von Microsoft ist bisher keine befriedigende Lösung für die Performanz animierter Webapplikationen mit großen Datenmengen zu finden. Es scheint problematisch zu sein einen Standard über alle Betriebssysteme, Web-Browser und zusätzlich noch die entsprechende Hardware zu entwickeln und zu verwenden. Die jeweiligen Hersteller sind Konkurrenten und versuchen möglichst ihr eigenes Webapplikationsmodell zu etablieren und durchzusetzen.

Die bei dieser Webapplikation noch einseitige Kommunikation führte zu einigen Schwierigkeiten beim Design und der Programmierung von Such- und Filterfunktionen und beim Nachladen der Daten in die Applikation. Technisch wird bei zukünftigen Applikationen der Datenaustausch in beide Richtungen funktionieren. Insgesamt ist eine Realisierung von animierten ZUI-Anwendungen im Web möglich und die Vorteile von ZUIs bei der Interaktion, Exploration und Darstellung des Informationsraums können genutzt werden. Die Nachteile wie schlechte Performanz bei vielen Objekten und starke Belastung der Internetverbindung können insbesondere durch die Integration intelligent gestalteter Such- und Filtermechanismen ausgeglichen werden. Dies zeigen das farbliche Hervorheben von Suchergebnissen bei der Volltextsuche und der Neuaufbau der hierarchischen Kategorien bei Änderungen durch die Benutzer. Einige weitere Such- und Filterkonzepte werden in den Fallstudien in Kapitel 4 vorgestellt.

3.3   Evaluationsstudie zur zielorientierten Zoom-/Pan-Navigation

Die zielorientierte Zoom-/Pan-Navigation könnte sich also für ein Basis-Pattern zur Interaktion eignen. Aus diesem Grund wurde eine Evaluationsstudie zu diesem ZUI-Konzept durchgeführt die klären sollte, wie gut das Verständnis für diese Art der Navigation ist und ob Benutzer die Interaktionsweise eher positiv oder negativ bewerten. Als prototypische Anwendung wurde die MusicPad Applikation mit ca. 20.000 Musikalben verwendet. MusicPad ist ein horizontaler Prototyp was die Gesamtfunktionalität betrifft. Vertikal implementiert sind nur die Kategorisierung, die ZUI-Verschachtelung und die Navigation mit den Informationskacheln. Um das Navigationsverhalten der Benutzer zu untersuchen reicht dieser Prototyp soweit aus.

Die Benutzer erhielten zunächst eine geschlossene Aufgabe (Finden Sie das günstigste Musikalbum der Musikkategorie Pop) um zu testen, ob die Art der Navigation überhaupt erkannt und schließlich verstanden wird. Danach erhielten sie die Aufgaben, das System frei zu konfigurieren und die Musikkategorien per Navigation zu explorieren. Für den Benutzertest wurden sechs Computeranfänger eingeladen. Die Testpersonen wurden begrüßt und ihnen wurde Bescheid gegeben, dass nicht sie sondern die Software getestet wird. Als erstes mussten sie den Webbrowser starten und die URL der Webapplikation aufrufen. Dies erledigten alle Testpersonen ohne Schwierigkeiten. Dann wurden ihnen die Aufgabe vorgelegt (Originalmaterialien siehe DVD).

Interessant ist, dass alle Testpersonen nach kurzem Ausprobieren sehr schnell verstanden, wie die Navigation funktioniert, obwohl das Zoom-Konzept nicht bekannt war und keine Erklärungen angezeigt wurden. Allerdings war es für zwei der Testpersonen erst nach Hilfestellung möglich wieder zurück zur Übersicht zu navigieren. Die Rückkehr zur Übersicht sollte also visuell besser dargestellt werden, z.B. indem eine kleine Beschriftung auf den jeweils noch sichtbaren äußeren Kachelbereichen angebracht wird. Bemerkenswert ist noch, dass fünf der Testpersonen bei der ersten Aufgabe sofort die gezielte Suche verwendeten. In Kombination mit gezielter Suche und Zoomoperationen lösten alle Testpersonen nach kurzer Zeit die erste Aufgabe. Dies mag aber auch mit an der geringen Verschachtelungstiefe des zu findenden Zielalbums gelegen haben. Vermisst wurden Vergleichsmöglichkeiten, die es ermöglichen (z.B. wie in einer Tabelle) die Musikalben zu sortieren. Angeregt wurde auch eine deutlichere Kennzeichnung der Zoom-In und Zoom-Out Klickbereiche. Insgesamt gesehen kann man festhalten, dass die Navigation gut erkannt wurde und nach kurzer Übung geläufig und logisch nachvollzogen werden konnte. Trotzdem hatten einige Benutzer Schwierigkeiten zur gewünschten Übersichtebene der ZUI-Verschachtelung zu gelangen.

3.4   Machbarkeitsstudie Bildexploration

In der ZEUS-Designstudie zur Machbarkeit von interaktiven ZUI-Anwendungen im Web wurde die Performanz als Schwachstelle identifiziert. Eine weitere Anwendung wird hier entwickelt, um diese Unsicherheit im Detail zu betrachten. Es soll herausgefunden werden, mit wie vielen visuell aufwändigen Objekten eine ZUI-Anwendung im Web umgehen kann. Die Animationen sollen dabei flüssig und ohne Ruckeln ablaufen. Ersten Abschätzungen zufolge werden ca. 500 bis 1000 Objekte gleichzeitig im Webbrowser noch flüssig animiert. Je nach Komplexitätsgrad und Zusammensetzung der Objekte (Text und Bild) kann diese Anzahl aber variieren. Das Ziel der Machbarkeitsstudie ist einen Richtwert für die Anzahl und den Komplexitätsgrad der Objekte zu finden. In Webapplikationen kann auf dieser Basis die visuelle Darstellung so gewählt werden, dass dieses Grenzmaß an Objekten nicht überschritten wird.

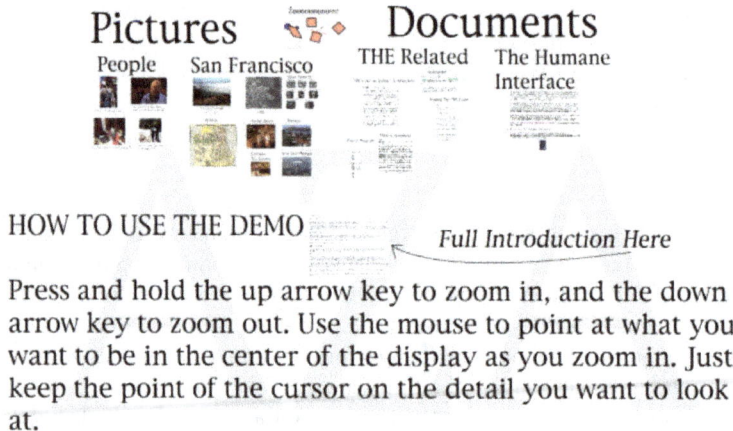

Abbildung 23: Zoomworld Prototyp beschrieben in (Raskin 2000) - nicht mehr online

Die grundlegende Idee für diesen Test liefert die Zoomworld (Raskin 2000) und der zugehörige Prototyp (siehe Abbildung 23), der mittels Adobe Flash realisiert wurde. Im Zoomworld Prototypen werden alle Objekte auf einmal in unterschiedlichen DOI-Stufen auf der planaren ZUI-Ebene verteilt. Die Machbarkeitsstudie dagegen verteilt die Objekte im simulierten 3D-Raum.

Dabei stehen für jedes Objekt unterschiedliche DOI-Stufen zur Verfügung, die je nach Skalierungsgrad (also Größe des sichtbaren Objektes) angezeigt werden. Als Inhalte stehen Text, Bilder und Videos zur Verfügung. Alle diese Daten werden über Adobe Flash bereits in das für Webbrowser optimierte Format umgewandelt. Die Interaktion und Navigation mit der prototypischen Anwendung erfolgt mit Maus und Tastatur. Ähnlich wie schon in der ZEUS-Anwendung funktioniert die Zoomnavigation mittels einer bestimmten Mischung aus Zoom- und Pan-Techniken, die sich laut (Bourgeois et al. 2001; Buering et al. 2006a; Holmquist 1997; Rüger et al. 1996; Schaffer et al. 1996; Woodruff et al. 1998a) und den praktischen Beispielen zu ZUIs sowie den Studien als gebrauchstauglich erweisen.

Diese Mischung aus Zoom- und Pan-Interaktion wird im Folgenden „**koordinierte Zoom-/Pan-Interaktion**" genannt und könnte sich als Pattern bzgl. der Interaktion von ZUIs eignen. Sie setzt sich aus drei wesentlichen Navigationselementen zusammen. Das erste ist die freie Skalierung des Informationsraums per Zooming. Dies suggeriert dem Benutzer eine Art Flug durch die Informationslandschaft, die räumlich verortete Objekte im Verhältnis zur aktuellen Position des Benutzers anzeigt. Diese freie, durch Benutzer vorgenommene Skalierung animiert die Objekte bei der Bewegung durch den Raum. So kann die Veränderung der aktuellen Position wahrgenommen werden. Als zweites Element kommt das Verschieben des aktuell sichtbaren Bildschirmausschnittes hinzu. Dies erfolgt über Drag'n'Pan und ermöglicht dem Benutzer seine Sicht in alle Richtungen der x- und y-Achsen zu verschieben. So kann der Informationsraum durch das Verschieben sichtbarer Objekte in den Fokus durchstöbert werden. Als letzte Navigationseigenschaft beinhaltet die koordinierte Zoom-/Pan-Navigation den Zoom durch Selektion. Dieser skaliert und fokussiert das selektierte Objekt per Animation mit Zooming- und Panning-Operationen automatisch von der aktuellen Ansicht auf die Vollansicht. Ein Schließen des Objektes (z.B. nach dessen Bearbeitung) führt den Benutzer per Animation wieder zurück zur bisherigen Ansicht des Informationsraums. Eine Mehrfachauswahl von Objekten ist bei dieser Technik zunächst nicht möglich, da dies zur Vollansicht mehrerer Objekte führen müsste, die aufgrund der funktionalen Logik von ZUIs nicht möglich ist. Allerdings könnte eine Visualisierungstechnik eingesetzt werden, um auch mehrere Objekte in der Vollansicht anzuzeigen.

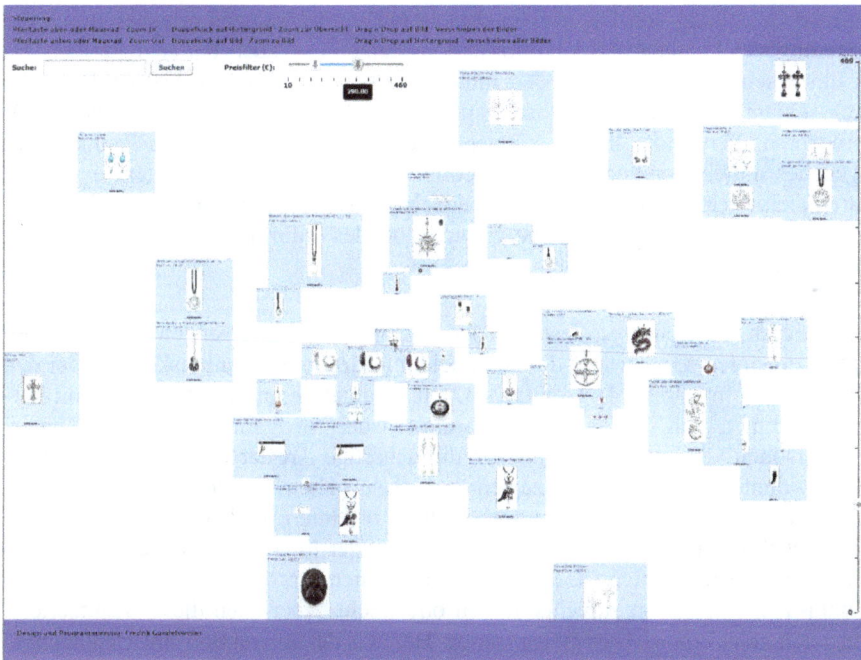

Abbildung 24: Machbarkeitsstudie auf Basis der Ideen zur Zoomworld (Raskin 2000)

Im Verbund mit der Volltextsuche und Dynamic Queries wird in der hier beschriebenen Studie die koordinierte Zoom-/Pan-Interaktion mit unterschiedlicher Anzahl an Objekten getestet. Im Vergleich zum Zoomworld Prototypen, der nur sehr wenige Objekte mit Text und Bild enthält, sind in dieser Studie der unendlichen Informationslandschaft durchaus Grenzen gesetzt. Es können in der Praxis nicht beliebig viele Objekte gleichzeitig angezeigt werden. Eine Verortung der Objekte im Raum muss vielmehr gut organisiert werden. Dazu stehen mehrere Möglichkeiten zur Verfügung. Die Objekte können durch den Benutzer per Drag'n'Drop abgelegt, automatisch per Zufall verteilt oder nach bestimmten Metadaten angeordnet werden. Letzteres erfordert eine visuelle Orientierung der Benutzer im Raum. Ohne eine Beschränkung des Informationsraums laufen Benutzer in jedem Fall Gefahr die Orientierung zu verlieren bzw. keine Objekte mehr im sichtbaren Bereich mehr angezeigt zu bekommen.

Als Ergebnis der Studie kann festgehalten werden, dass nach Tests mit einem Computer (1,5 GHz Prozessor, 2 GB Ram, 256 MB Grafikspeicher) im Webbrowser (getestet wurden Internet Explorer Version 5, Opera 8.5 und Firefox 1.5) mit Flash Plug-In bis zu 800 Objekte noch flüssig animiert werden können. Die obere Grenze liegt bei ca. 2000 Objekten, da dann die Positionsberechnungen bereits recht lange dauern. Die Animation läuft dann aufgrund fehlender Hardwareunterstützung schwerfällig ab und es kommt zu längeren Unterbrechungen durch die Rechenzeiten des Prozessors. Es gilt also die Anzahl an Objekten nicht nur wegen den menschlichen Kognitionsfähigkeiten einzuschränken, sondern auch aus dem praktischen Grund der technischen Leistungsfähigkeit. Zusammengefasst kann festgehalten werden, dass die Entwicklung von ZUI-Konzepten zur Exploration und Suche in komplexen Informationsräumen in der Forschung und Praxis neue, innovative Ansätze für die gebrauchstaugliche Gestaltung von UIs hervorgebracht hat. ZUI-Lösungen erlauben durch die flexible Steuerung der Granularität der Informationsdarstellung, auch bei sehr großen Datenmengen, einen schnellen Zugang zu den Inhalten (z.B. Text, Bild und Video). Benutzer können durch semantisches Zoomen selbst bestimmen, welche AOIs sie mit welchem DOI betrachten möchten. Verwandte Inhalte können durch die Kombination von Panning und Zooming, genauer mittels der koordinierten Zoom-/Pan-Interaktion, im Kontext exploriert werden. Durch zielgerichtetes Zoomen per Objektselektion werden Benutzer schnell zu den gewünschten Inhalten geführt. So ist eine Exploration des Informationsraums mit einem konsistenten Interaktionskonzept möglich.

Es gilt zu evaluieren, ob Benutzer diese Art der Interaktion schnell verstehen und als gebrauchstauglich einstufen. Dies würde die Entscheidung für ein Navigationskonzept bei den jeweiligen Fallstudien in Kapitel 4 vereinfachen. Die Evaluation und der Vergleich mit herkömmlichen Konzepten sind schwierig, da sich die Art der Navigation grundlegend unterscheidet. Testpersonen vergleichen automatisch die neuartige Art der Interaktion mit bestehenden und gewohnten Interaktionskonzepten. An diese haben sie sich bereits gewöhnt, kennen deren Usability-Schwächen und umgehen diese routiniert. Es kann folglich nur mittels verschiedener Studien gezeigt werden, dass diese Art der Interaktion eine echte Alternative zu herkömmlichen Konzepten ist. Evaluiert wird immer nur, ob Benutzer mit der koordinierten Zoom-/Pan-Interaktion zurechtkommen oder nicht. Aber auch diese Benutzertests sind kein ausreichender empirischer Beleg, da im Bereich der Interaktion mit Benutzungsschnittstellen viele Faktoren Einfluss nehmen. Dazu gehören neben der Gebrauchstauglichkeit auch die von Benutzern empfundenen Gefühle und gemachten Erfahrungen mit einer Software. Benutzertests können zwar zeigen, inwiefern sich ein UI für die entsprechend durchzuführenden Aufgaben im Nutzungskontext eignet, ein Vergleich oder aber die Schlussfolgerung auf ein Gesamtinteraktionsprinzip oder gar ein neues Paradigma wären hier wissenschaftlich nicht ausreichend begründet.

3.5   Evaluationsstudie zur koordinierten Zoom-/Pan-Interaktion

Wie schon bei der ZEUS-Studie die zielorientierte wird hier auch die koordinierte Zoom-/Pan-Interaktion in einer Evaluationsstudie mit sechs Personen getestet. Dabei soll herausgefunden werden, ob die Benutzer grundsätzlich mit dem freien Zoom-/Pan-Konzept und der integrierten Drag'n'Drop-Interaktion zurechtkommen. Als Aufgaben wurden eine geschlossene Aufgabe zum Such- und Browsingverhalten bzw. zum Verständnis der Interaktion und eine Aufgabe zur freien Exploration des simulierten 3D-Raums gestellt. Die freie Aufgabe sollte vor allem offenlegen, mit welchen Interaktionstechniken die Benutzer Schwierigkeiten haben und der Beantwortung der Frage, wie diesen beim UI-Design begegnet werden kann. Thematisch wurde die Anwendung so programmiert, dass eine größere Sammlung von Artikeln (50 Stück) mit Bild und Hyperlink zu Webseiten angezeigt wird. Aktuellere Artikel liegen auf der z-Achse weiter vorn und werden daher größer angezeigt. Mittels der koordinierten Zoom-/Pan-Interaktion ist es nun möglich durch den Datenraum mit Artikeln zu navigieren. Für die Such- und Filterfunktion sind ein Suchfeld und ein „Dynamic Query"-Schieberegler integriert.

Tabelle 10: Vergleich von ZUI-Interaktionskonzepten

Zielorientierte, hierarchische Zoom-/Pan-Interaktion	Koordinierte Zoom-/Pan-Interaktion mit integriertem Drag'n'Drop
Benutzern wird eine wenig vertraute hierarchische Kategorisierung vorgegeben.	Die Aktualität gibt die Größe der Kacheln vor, es gibt keine Verschachtelung aber die Tiefe ist theoretisch unendlich.
Die Navigation kann nur zielorientiert, das heißt zu einer Kachel hin erfolgen.	Die Navigation ist frei, die Selektion einer Kachel zoomt diese aber in Vollansicht.
Benutzer können die Position der Kacheln nicht ändern und nur den Aufbau der Kategorien durch Auswahl dieser beeinflussen.	Benutzer haben die Möglichkeit per Drag'n'Drop die Kacheln zu verschieben allerdings nur in der Ebene und nicht von hinten nach vorne, Datum gibt die Position vor.
Verdeckungen sind nicht möglich, ab einer bestimmten Hierarchietiefe können aber keine Subkacheln mehr angezeigt werden, diese werden stattdessen in der oberen Kachel aggregiert.	Verdeckungen sind möglich und kommen zwangsläufig vor, sobald viele Objekte angezeigt werden müssen, durch Drag'n'Drop und das Zooming kann der Benutzer aber seinen Fokus selbst bestimmen.
Benutzer haben oft Probleme wieder aus den Kategorien zurück in die Übersicht zu navigieren.	Auch hier haben Benutzer Probleme zurück zur Startansicht zu navigieren, es ist daher angebracht einen Knopf anzubieten, der die Startansicht wieder herstellt.

Die erste Aufgabe war einen bestimmten Artikel zu finden, dessen Titel, Bild und Datum angegeben sind. Wieder zeigte sich wie erwartet, dass zu Beginn die Testpersonen Mühe mit der Navigation hatten. Allerdings wurde diesmal eine Erklärung am oberen Bildschirmrand angezeigt, die alle Interaktionsmöglichkeiten beschreibt (siehe Abbildung 24 oben). Die Testpersonen, die Probleme mit der Interaktion hatten, entdeckten die Anleitung und verstanden so die Navigation. Ein interessanter Aspekt ist, dass die Testpersonen hier weniger Probleme mit der Navigation hatten bzw. diese auf Anhieb besser verstanden als beim Test der zielorientierten Zoom-/Pan-Interaktion. Dies ist erstaunlich, da die Benutzer bei einer freien Interaktion wesentlich mehr Optionen zur Bewegung der Ansicht im Raum haben und sich außerdem in Bereiche bewegen können, in denen sie nichts angezeigt bekommen. Das Problem sich im Raum zu verirren ist hier gegeben, während bei der MusicPad-Studie nur zu

Bereichen navigiert werden kann, die auch Inhalte anzeigen. Die Aufgaben aber konnten hier wesentlich schneller gelöst werden als bei der MusicPad-Studie (Originalmaterialien und Auswertung siehe beigelegte DVD). Dieses Resultat ergibt sich im Wesentlichen aus den Gründen, die in Tabelle 10 zum Vergleich der beiden ZUI-Interaktionsarten aufgeführt sind.

Als Ergebnis ist noch festzuhalten, dass die Testpersonen die freie Art der ZUI-Navigation sehr positiv bewerteten, während die kategorisierte, starre Navigation weniger gut bewertet wurde. Trotzdem verstanden die Testpersonen die Funktionsweise beider Interaktionsarten nach kurzem Ausprobieren. Vermisst wurden auch in diesem Test Vergleichsmöglichkeiten und eine Darstellung, die eine Sortierung der Artikel ermöglicht. Die koordinierte Zoom-/Pan-Interaktion hat in dieser qualitativen Studie besser abgeschnitten als das hierarchische ZUI-Konzept. Bei beiden Konzepten wurde die Kombination der Visualisierung mit der Suche und direktem Feedback positiv hervorgehoben. Während der Beobachtung zeigte sich, dass die Anleitung zur Interaktion mit dem ZUI zu Beginn sehr hilfreich ist, später aber nicht mehr benutzt wird.

4   ZUI-Fallstudien

Die bisherige analytische Forschungsstrategie wird mit den Benutzertests zur ZUI-Interaktion und den ZUI-Fallstudien von einer praktischen und empirischen Strategie abgelöst. Nach der Literaturrecherche und der Einarbeitung in die ZUI-Thematik können hier bestimmte Interaktionstechniken als besonders relevant bzw. gebrauchstauglich oder dem Zweck gerecht bewertet werden. Im Hinblick auf die Realisierung von ZUI-Interaktionskonzepten eignen sich theoretisch der geometrische animierte Zoom, der zielorientierte animierte Zoom und die koordinierte Zoom-/Pan-Interaktion. ZUIs verorten ihre Informationsobjekte im Raum. Dieses grundlegende Pattern ist allen ZUIs gemein, es stellt sich aber die Frage, ob es in bestimmten Domänen und Anwendungsfällen weitere Techniken der Informationsverortung gibt, die sich besser eignen oder die eine räumliche Verortung durch weitere Eigenschaften optimieren. Im Folgenden werden drei Studien zu unterschiedlichen Domänen vorgestellt, die diese Frage beantworten. Die Fallstudien, prototypischen Anwendungen und Konzepte zeigen im jeweiligen Anwendungskontext auf, welche Patterns die bekannten Probleme des beschränkten Bildschirmplatzes und der Gebrauchstauglichkeit optimal lösen. Dabei ist zu beachten, dass die Fallstudien selbst nur Beispiele für die konkrete Realisierung eines Patterns sind. Die Basis für die Patterns bilden die abstrakteren, abzuwägenden Gestaltungsmerkmale, die auf Basis von Theorie, praktischer Erfahrung und unterschiedlichen Anwendungskontexten als „Best-Practice" exploriert wurden. Deshalb müssen die in Kapitel 5 extrahierten und beschriebenen Patterns als dynamische Gebilde gesehen werden, da mit neuen Erkenntnissen eine Anpassung notwendig werden kann.

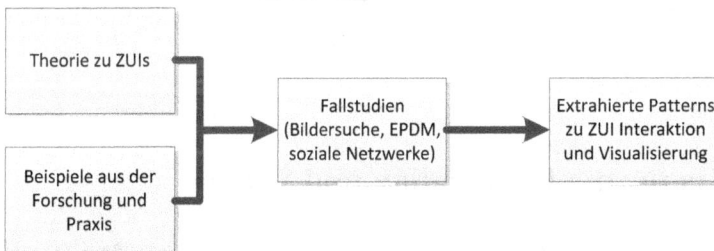

Abbildung 25: Patternextraktion aus Theorie, Anwendungen und Fallstudien

Die in Kapitel 1 aufgeworfene Frage, welche der ZUI- oder WIMP-Techniken sich letztendlich in der Praxis durchsetzen werden, kann nicht abschließend beantwortet werden. Hier wird aber ein Ansatz vorgestellt, um mittels Patterns die wesentlichen Strukturen zu erfassen und zu dokumentieren. Natürlich sind Patterns dem Wandel der Zeit unterworfen. Sie sind also abstrakte, flexible Strukturen und müssen angepasst werden. Sie können sogar (z.B. durch Erforschung neuer Eingabegeräte) zu Anti-Patterns werden, die zeigen, wie ein UI nicht gestaltet werden sollte. Trotzdem bieten sie, wie in Kapitel 5 beschrieben, einen vielversprechenden Ansatz zur Inspiration und zur dokumentierten Anwendung von theoretisch und praktisch fundierten Interaktions- und Visualisierungstechniken (Borchers 2000, 2001; Wilkins 2003). Im Sinne einer von allen UI-Gestaltern verwendbaren Pattern-Sprache für die Mensch-Computer Interaktion müssen die gebrauchstauglichsten Patterns aus den unterschiedlichsten Domänen gesammelt und in einem dem Zweck entsprechenden, multimedialen Format für die Wiederverwendung dokumentiert werden. Im besten Fall enthalten die Patterns Daten über den gesamten Grad des Interesses (DOI), vom selbsterklärenden Icon bis hin zu Codefragmenten, die zeigen, wie ein bestimmtes Beispiel realisiert werden kann. Im Folgenden werden die drei ZUI-Fallstudien zu den Domänen Bildersuche, soziale Netzwerke und elektronisches Produktdatenmanagement sowie die darauf basierenden Erkenntnisse vorgestellt.

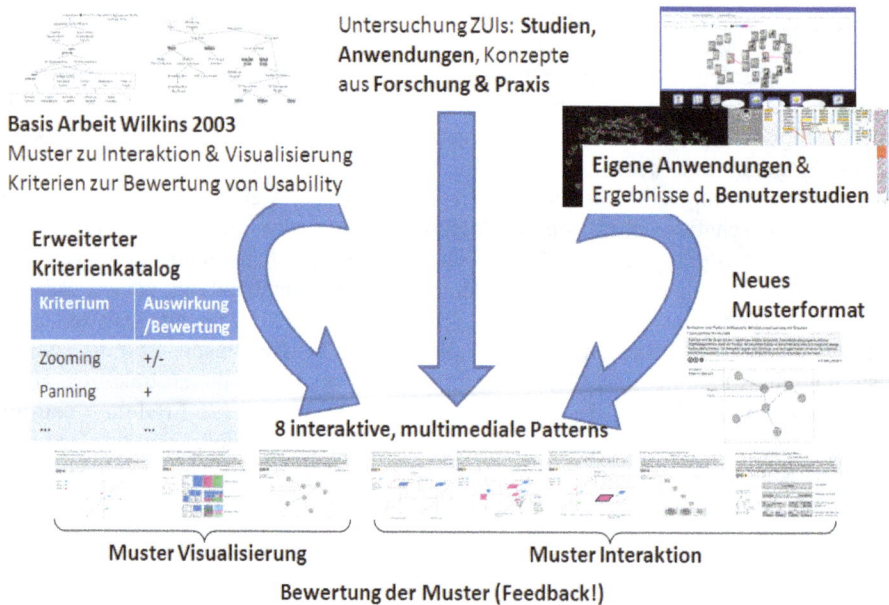

Abbildung 26: Vorgehensweise zur Patternextraktion in dieser Arbeit

4.1   ZUIs für die Exploration und Suche

Eine optimale Unterstützung der Navigation und Suche in komplexen Informationsräumen ist heute zur wesentlichen Voraussetzungen für eine gebrauchstaugliche Nutzung von Informationsräumen geworden (Gundelsweiler, Memmel, & Reiterer, 2007a). Je umfangreicher ein Informationsraum ist, desto schwerer fallen die Orientierung, das gezielte Auffinden und das Vergleichen von Inhalten. Dabei leidet die Gebrauchstauglichkeit des UI meist an wichtigen Stellen: Suchergebnisse und Produktkataloge werden in wenig strukturierten Listendarstellungen präsentiert.   Kontextsensitive Zusatzinformationen im Sinne von Details-on-Demand (Card, Mackinlay, & Shneiderman, 1999) werden in räumlich weit entfernten Informationscontainern angeboten oder gar in isolierte Sichten (z.B. Pop-Ups) ausgelagert. Deshalb geht der visuelle und semantische Kontext bei deren Abruf verloren. Unterscheidet man zwischen einer gezielten, analytischen Suche nach einem bekannten Objekt, „Known-Item Search" vgl. (Kantor 1976) und dem eher interessengeleiteten „Browsen" (engl. to browse, „stöbern, sich umsehen, schmökern"), so ist die Unterstützung des Letzteren aufgrund umständlicher Interaktionsmöglichkeiten, schlechter Navigationsstrukturen und ungeeigneter Präsentation von Inhalten mangelhaft. Wie in Kapitel 2.2.3 erwähnt hat aber bereits

(Bates 1989) gezeigt, dass Informationssuchende häufig zwischen gezielter Suche und Browsen wechseln und daher beide Aspekte gleichermaßen unterstützt werden müssen.

Da damit zu rechnen ist, dass die Komplexität angebotener Informationsräume noch weiter steigen wird, werden die Anforderungen an gebrauchstaugliche UIs zunehmen. Die Komplexitätssteigerung beruht zum einen auf einer Zunahme der Quantität der angebotenen Inhalte. Eine hierarchische Navigation allein ist nicht mehr in der Lage, effizienten und effektiven Zugriff auf die Vielzahl von Einträgen zu gewährleisten. Ein Gesamtüberblick über einen solchen Informationsraum scheint mit traditionellen Ansätzen nicht mehr möglich. Um eine alternative Suchfunktion bedienen zu können, müssen Benutzer in der Lage sein ihr Informationsbedürfnis konkret zu formulieren und schließlich die Suchergebnisse zu verstehen. Zum anderen wird eine Komplexitätssteigerung durch eine höhere Dimensionalität (Vielzahl von Metadatenattributen) verursacht, mit der z.B. Produkte beschrieben werden. Der Aspekt der zunehmenden Multimedialität der dargebotenen Inhalte erweist sich ebenfalls als komplexitätssteigernd. Die in den Informationsraum integrierten multimedialen Daten reichen vom PDF-Dokument bis zum Video.

Tabelle 11: ZUI-Prinzipien und deren Einsatz

(Z)UI Designkriterien / Prinzipien	Realisierung durch Designelemente (abstrakt)
Unendlicher Informationsraum	Verortung der Informationsobjekte im „quasi"-unendlichen virtuellen Raum
Zoom/Pan Navigation	Wahl einer geeigneten Kombination von Zoom- und Pantechniken
Visualisierung von Informationen	Wahl von geeigneten Visualisierung(en) für Informationen oder Teilmengen
Filtern von Informationen	Dynamic Queries, direktes Feedback, Volltextsuche und Ergebnisvisualisierungen
Vergleich von Informationen	Sicht für die Anzeige mehrerer Informationsobjekte zum Vergleich ihrer Metadaten
Gezielte Suche und Browsen	Animationen und Sichten für die Exploration, Suchmaske und Filter für gezielte Suche
Ein Fokus der Aufmerksamkeit, schneller Wechsel zwischen untersch. Aufgaben	Zügiger Wechsel zwischen Sichten, Dynamic Queries, ein Modus, eine Sicht pro Aufgabe
Menschliche Orientierung im Raum	Kognitive Landkarte, Wege, Landmarks, Kategorien, Raumaufteilung und Visualisierung, Overview & Detail Techniken
Gewohnheit und Automatismen	Keine unterschiedlichen Modi, konsistente Funktionalität, immer wieder gleiche Abläufe

Entsprechend stellt sich die Frage, mit welchen Navigations- und Suchtechniken Designer diesen Herausforderungen bei der Gestaltung benutzergerechter und ansprechender Informationsräume im Internet begegnen können. Vor dem Hintergrund der in Kapitel 2 beschriebenen Grundlagen und der Theorie zu ZUIs in Kombination mit Techniken der Informationsvisualisierung und Filterung von Daten werden im Folgenden die ZUI-Fallstudien diskutiert.

Dabei werden insbesondere deren wesentliche Designelemente für die Navigation und Suche in komplexen Informationsräumen erläutert und untersucht.

Insbesondere in Kombination mit ZUIs unterstützen Visualisierungen den Menschen bei der Suche und Exploration im virtuellen Informationsraum. Der Mensch denkt visuell und versucht sich abstrakte Information räumlich einzuprägen, um sich besser daran erinnern zu können (Miller, 1968; Ware, 2004). Diese Eigenschaft kann durch Abbildungen, Positionen im Raum, Sortierungen oder andere visuelle Merkmale von Objekten unterstützt werden. Die Navigationsmöglichkeiten Zooming (Skalierung) und Panning (Verschiebung des sichtbaren Bereichs) der ZUIs entsprechen der menschlichen Bewegung im Raum und vereinfachen deshalb auch die Navigation im virtuellen Raum. In (Zhang et al. 2005) ist ein weiterer Nachweis geführt, dass kontinuierliche bzw. animierte Transitionen die Orientierung des Benutzers im virtuellen Informationsraum erleichtern. Zusammengenommen lassen diese Vorteile vermuten, dass ZUIs gegenüber diskreten Ergebnisdarstellungen besser zur Darstellung und Navigation virtueller Informationsräume geeignet sind. Bei der Realisierung eines ZUIs sollten die drei Arten (wie bereits in Kapitel 2.1 beschrieben: ZUI als Informationslandschaft in einer Ebene, mit geschachtelten Bereichen auf einer Ebene oder mit weiteren geschachtelten Informationslandschaften über mehrere Ebenen) auf Vor- und Nachteile im Zusammenhang mit dem Nutzungskontext und dem zu visualisierenden Datenraum geprüft werden.

"If a system's one-on-one interaction with its human user is not pleasant and facile, the resulting deficiency will poison the performance of the entire system, however fine that system might be in its other aspects."
--Jeff Raskin 2008

Die Fallstudien werden in einem iterativen Prozess nach den Vorgehensweisen des Usability Engineerings entwickelt. Dazu werden zunächst die Anforderungen ermittelt, dann unterschiedliche Konzepte erstellt und verschiedene Designalternativen entworfen. In einem iterativen Designprozess werden Konzepte entwickelt, eine Auswahl an Designs zu einem Gesamtkonzept verfeinert und schließlich als ZUI-Applikation realisiert. Die grundlegende Vorgehensweise erfolgt dabei nach dem skalierbaren Usability Engineering Lifecycle (Mayhew 1999), der an Domäne, Stakeholder und Projektrahmenbedingungen angepasst wird.

Die Designkonzepte und Prototypen verbinden jeweils den ZUI-Ansatz mit Such- und Filtermöglichkeiten (Volltextsuche, Dynamic Queries, Ähnlichkeitssuche), um ein benutzergerechtes Konzept zur Exploration der Daten für die jeweilige Domäne zu schaffen. Dabei spielt das ZUI-Paradigma immer eine tragende Rolle. So können im Vergleich zu existierenden Patterns (Borchers 2001; Tidwell 2006; Wilkins 2003) aus den ZUI-Applikationen neuartige Patterns zu Visualisierung, Interaktion und Filterung extrahiert werden. UI-Gestalter erfahren so eine Unterstützung bei den komplexen Entscheidungen zum UI- und Interaktionsdesign.

4.2   Fallstudie ZUI-Bildersuche

Die umfangreichste Fallstudie wird zur Bildersuche durchgeführt, da sich diese Domäne sehr
gut zur Untersuchung von ZUIs eignet. Es stehen umfangreiche Bildsammlungen zur Verfügung und oft sind die Bilder zusätzlich mit Metadaten angereichert. Dies ermöglicht die
Realisierung weiterführender Suchtechniken (z.B. eine künstliche Erzeugung von Hierarchien). Das iterative Vorgehen bei der Fallstudie setzt eine konsequente Anwendung von
Methoden des Usability und Software Engineering voraus. So werden in der Phase der Anforderungsermittlung Vorort-Beobachtungen, Interviews, das Lesen von Dokumentationen
und Workshops mit Benutzern eingesetzt. Die letztendliche Version der hier entwickelten
Applikation basiert auf den Erfahrungen einer ausführlichen Konzeptions- und Designphase,
die geprägt ist von iterativen Tests, Redesigns und Abgleichungen mit den gesetzten Usabili-
ty-Zielen.

Bilder und Zeichnungen werden zunehmend digital angefertigt und über das Internet verfügbar gemacht. Die Verwaltung der Bilder wird mit ansteigenden Datenmengen immer schwieriger und stellt eine interessante Forschungsfrage für die Mensch-Computer Interaktion dar.
Diese beinhaltet vor allem auch die Suche nach einem geeigneten Interaktionskonzept. Die
Hauptproblematik bei der Suche in großen Bilddatenmengen ist die Suche nach Bildern, von
denen Benutzer nur eine vage Vorstellung haben. Auch die Präsentation der Suchergebnisse
spielt eine wichtige Rolle, da einerseits sehr viele oder aber gar keine Treffer aus den Anfragen resultieren können. Eine weitere Herausforderung stellt andererseits die meist unzu-
reichende Verschlagwortung der Bilder dar. Anwender machen Tippfehler oder verwenden
unterschiedliche Begriffe, um die Bildinhalte zu beschreiben. Die Bildung von Metadaten-
gruppen erleichtert zwar die Einschränkung aber die Ergebnismenge verringert sich oft nicht
ausreichend. Wie kann also der Benutzer einerseits bei der Suche nach bekannten sowie
unbekannten Bildern und andererseits bei der visuellen Exploration einer sehr großen Menge
an Bildern optimal unterstützt werden? Ein Lösungsansatz könnte die Verwendung von ZUIs
bieten, um diese Fragestellungen zu beantworten. Anhand der Fallstudie zur Bildersuche
wird die Konzeption und Gestaltung einer ZUI-Webanwendung illustriert.

4.2.1   Homogene Datenräume ohne Relationen

Zur Exploration homogener Datenräume können alle drei grundlegenden Arten von ZUIs
(vgl. Kapitel 2.1) sehr einfach verwendet werden. Die homogenen Datenobjekte können
dann zwar über ihre Metadaten gleichen Kategorien zugeordnet werden, es existieren jedoch
keine Beziehungen (z.B. hierarchischer Art) untereinander. Wären Relationen zwischen den
Datenobjekten vorhanden, könnten weitere visuelle Strukturen erzeugt und zur Navigation
genutzt werden. Homogene Daten kommen in der Praxis sehr häufig vor. Beispiele sind hier
Bild- und Videodatenbanken oder Produktkataloge. Die meisten Bildsuchsysteme verwenden
einfache Textsuchen, Metadatenfilter und Tabellen oder geordnete Bilderlisten zur Ergebnisvisualisierung. Die Nachteile der bisherigen Ansätze hängen mit der Größe des Datenraums
und den Möglichkeiten zur Navigation, Suche und Filterung zusammen. Es kann immer nur
ein verschwindend kleiner Ausschnitt aus der Gesamtdatenmenge visuell dargestellt werden.

Homogene Daten erlauben eine freie und flexible Strukturierung der Navigation. Relationen
zwischen den Daten können künstlich auf Basis der Metadaten erzeugt werden. In Abbildung
27 (a) sind die Objekte unsortiert auf einer planaren, skalierbaren Ebene verortet. Anhand
von kontextabhängigen Metadaten (wie z.B. Datum, Preis oder sonstigem) kann zusätzlich

eine Sortierung erfolgen, womit eine bessere Übersichtlichkeit erreicht wird. Abbildung 27
(b) und (c) zeigen wie die Informationsobjekte wieder anhand ihrer Metadaten in Sub-ZUIs
verortet werden können.

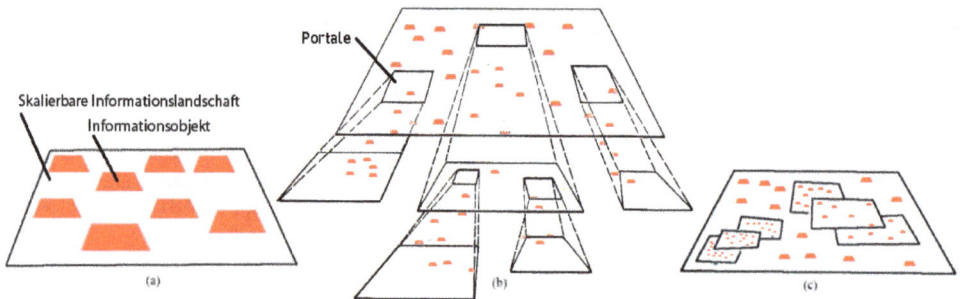

Abbildung 27: Arten von ZUIs mit verorteten Informationsobjekten

4.2.2   Ähnliche Arbeiten und Anforderungen

Als beispielhafte Datendomäne werden hier Bild- und Metadaten von Fahrzeugen verwendet.
Die konzipierte Bildersuche muss dazu für mehr als 600.000 heterogene Bilder skalieren,
darunter z.B. Strichzeichnungen, Fotografien, 3D-Bilder, Explosionsdarstellungen und tech-
nische Zeichnungen. Die Metadaten enthalten IDs, Verwendungsbereiche der Grafiken, Um-
setzungsarten (Strichbild, Fotographie, technische Grafik, 3D, usw.), Bildformat, Farbtiefe,
Datum und weitere Informationen. In Abschnitt 4.2.4 wird mit der Anbindung einer anderen
Datenbasis gezeigt, dass sich diese ZUI-Anwendung (und das UI-Konzept) auch für andere
Datendomänen eignet.

Tabelle 12: Besonderheiten der Anwendungen zur Bildersuche

Anwendung	Besonderheit
Picasa	Organisation und Browsen der Bilder nach Zeit mit interessanten Interakti-onsmöglichkeiten (Zeitschieberegler, Verschieben des Zeitstrahls, direkte Selektion von Bildern, Visualisierung der Anzahl)
Photomesa	Zoomkonzept zur Exploration der Bilder von der Übersicht bis zum Einzel-bild, Hinzufügen von Metadaten zu den Bildern (Personen, Orte, ...)
Retrievr	Webanwendung mit inhaltsbasierter Skizzen-Ähnlichkeitssuche auf der Flickr Bilddatenbank
Xcavator	Webanwendung mit inhaltsbasierter Ähnlichkeitssuche im Verbund mit tex-tueller Anfragemöglichkeit über mehrere Online-Datenbanken mit Drag'n'Drop und Favoritenbereich

Neben den vorgestellten ZUI-Systemen existieren eine Reihe interessanter Anwendungen zur
Bildersuche. Deren Konzepte umfassen die Organisation der Bilder nach Kategorien, die
Erstellung von Alben, die Verschlagwortung nach verschiedenen Kriterien und die Darstel-
lung der Bilder. Aus der Menge haben sich vier Anwendungen durch besonders interessante
Konzepte   herausgehoben.   Dies   sind   die   Desktopanwendungen   Picasa

(http://picasa.google.com/) und Photomesa (Bederson 2001) sowie die beiden Webanwendungen retrievr (http://labs.systemone.at/retrievr/) und xcavator (http://www.xcavator.net/). Die genauere Untersuchung der Anwendungen ergibt neben einigen Schwachpunkten insbesondere die in Tabelle 12 aufgeführten Besonderheiten.

Die Nachteile der Anwendungen sind, dass die Suche nach einem ganz bestimmten Bild nur dann einfach ist, wenn der Anwender seine Bilder in einer logischen Ordnerstruktur verwaltet, das ungefähre Datum des Bildes kennt oder alle Bilder manuell mit Metadaten versieht. Sind zu viele Bilder in den Ordnern enthalten, gestaltet sich auch die Suche als schwierig. Eine Verbindung der Suche mit Browsing-Komponenten könnte die Einschränkung der Treffermenge erleichtern. Die zoombare Ergebnisvisualisierung von Photomesa stellt zunächst alle Bilder wie auf einer Art Pinnwand als kleine Icons dar. Dann haben Benutzer die Möglichkeit in Bereiche hinein zu zoomen, bis das gewünschte Bild in Vollansicht zu sehen ist. Es ist zwar sehr intuitiv die Bilder visuell zu explorieren aber durch die langen Ladezeiten bei einer großen Anzahl von Bildern (über 1.000) wird das Zoomkonzept unbenutzbar. Eine Kategorisierung ist daher unabdingbar. Ein weiteres interessantes Feature ist die Anzeige von repräsentativen Bildern für Suchergebnisse oder Ordner. Dabei werden leider oft Bilder angezeigt, die nicht repräsentativ für die ausgewählten Ordner sind.

In der Phase der Anforderungsermittlung zur Fallstudie wurden das bisherige Bildsuchsystem eines großen Automobilherstellers, die Benutzertypen sowie deren Aufgaben untersucht, um problemadäquate Konzepte für den Nutzungskontext der Anwendung erstellen zu können. Alter, Geschlecht, Computerkenntnisse und Vorkenntnisse bzgl. der Fahrzeugdomäne unterscheiden sich bei den Endnutzern sehr stark. Als grundlegende Benutzertypen unterscheiden wir hier den Beginner (nur grundlegende Computerkenntnisse, wenig Domänenwissen) und den Experten (fortgeschrittene Computerkenntnisse, viel Domänenwissen), die beide adäquat vom System unterstützt werden müssen. Das bestehende Suchsystem funktioniert mittels einer rein formularbasierten Suche. Alle Metadaten sind in der Suchmaske verfügbar und können vom Benutzer angegeben werden. Nach der Eingabe der Metadaten als Filterkriterien müssen Benutzer zunächst die Anzahl an Bildern ermitteln, da das bisher verwendete Suchsystem nur eine sehr beschränkte Anzahl an Bildern (ca. 600) auf einmal anzeigen kann. Werden zu viele Treffer gefunden, muss man weitere Filterkriterien angeben. Die Ergebnisanzeige ist eine Bildmatrix ohne Sortiermöglichkeiten, die zunächst nur das Bild und dessen ID anzeigt und je nach Treffermenge mehrere Seiten enthält. Ein Doppelklick auf ein Bild führt zur erweiterten Vollansicht mit allen Metadaten.

Die rein formularbasierte Suche versteckt die Daten vor den Benutzern, die neben der Hauptaufgabe der Suche noch weitere Aufgaben haben können. Bei einem Formular müssen Benutzer wissen, nach was sie suchen, da sie genaue Angaben zu den Ergebnissen machen müssen. Was aber wenn es bessere Bilder gibt, die nur nicht gefunden werden, weil die Benutzer nicht wissen, wie man nach diesen sucht? Die Untersuchung des bisherigen Suchsystems offenbart viele weitere Probleme wie das Umschalten zwischen Anfrageformular (Angabe der Filterkriterien und ermitteln der Trefferanzahl) und Ergebnisvisualisierung bei jeder neuen Anfrage. Einige typische Benutzeraufgaben sind die Suche nach einem oder mehreren Bildern mit bestimmten IDs, die Suche nach Bildern mit bestimmten Metadatenkombinationen, die Suche ähnlicher Bilder zu einem vorgegebenen Bild, das Abspeichern von Bildern und die visuelle Exploration der Treffermenge(n).

4.2.3   Analyse, Konzeption und Design

Mit der iterativen Anforderungsanalyse entstand in Workshops mit Domänenexperten und
Benutzern eine Reihe an interessanten Ideen und Ansätzen (siehe DVD mit Originalmateria-
lien zu den Workshops). Ausgewählte Ideen wurden mittels Prototypen realisiert, um deren
Gebrauchstauglichkeit und Realisierbarkeit besser einschätzen zu können. Zunächst folgt ein
Überblick über die in den Kreativitäts-Workshops zur Bildersuche entstandenen Ideen und
Konzepte. Die Prototypen und Anwendungen wurden Benutzertests unterzogen, deren Er-
gebnisse die Gestaltung der Fallstudien stützen und die aufgestellten Anforderungen festigen.
Einblick in die Ergebnisse zum Einsatz von ZUIs findet man in den Bachelorarbeiten zu
ZUIs (Fuchs 2006; Hallstein 2006; Klinkhammer 2006; Konstanzer 2006; Söter 2007). Neben den aufgeführten fünf Ideen entstanden viele weitere Konzepte und Anwendungen, die
aber keine Relevanz für die weitere Arbeit haben. Nach der ausführlichen Konzeptionsphase,
die immer wieder Bedürfnisse der Benutzer aufdeckte, die zunächst nicht vorgesehen waren,
sind eine Aufstellung der grundlegenden Anforderungen und die Auswahl einer der vielen
Ideen notwendig, um ein finales ZUI-Bildsuchsystem zu realisieren, das den Anforderungen
genügt. Anhand des Nutzungskontextes, der Untersuchung des bisherigen Systems, der Analyse anderer Bildsuchsysteme und der Theorie (Kapitel 2 und 2.5) lassen sich grundlegende
Anforderungen an eine interaktive Suchanwendung ermitteln.

Tabelle 13: Designprinzipien für interaktive Suchanwendungen

Designgegenstand	Beschreibung des Designprinzips
Direkte Suche	Suche nach ID und Schlagworten mit Autovervollständigung
Explorative Suche	Verschiedene Bildkategorien als Einstieg anbieten, in Kombination mit dazu passenden Visualisierungen
User Interface, Visualisierung und Ergebnisdarstellung	Wechsel zwischen direkter Suche und Exploration soll unterstützt werden. Sofortige Anzeige erster Ergebnisse mit Angabe der Anzahl an Bildern, dadurch soll dem Benutzer das Gefühl von Kontrolle und Übersicht vermittelt werden.
Filter	Logische Gruppen für die Filter aus den Bildmetadaten bilden, hierarchische Gliederung des Informationsraums über die Metadaten (z.B. Verwendungs-, Umsetzungs- und Darstellungsart), mittels Dynamic Queries werden allgemeinere Metadaten gefiltert
Kombination von Suche, Filter und Ergebnisanzeige	Textsuche, Filter, Hierarchien und Ergebnispräsentation müssen so kombiniert werden, dass ein Wechsel sehr einfach innerhalb der Benutzungsschnittstelle möglich ist.
Ein- und Ausblenden von Filtern	Die Filter werden nach Möglichkeit ein- und ausgeblendet, damit der Benutzer mehr Platz zur Ergebnisanzeige hat. Ausblenden von Interaktionselementen, die für die Hauptaufgaben irrelevant sind, Einblenden nur nach Bedarf

Tabelle 14: Ideen und Designskizzen zur Bildersuche

Name	Designskizze	Beschreibung der Idee
Pixel- und filterbasierte Schieberegler-Bildersuche		Die Bilder werden als Pixel in einem kleinen Bereich angezeigt. Die Benutzer können mittels Suchformular die Pixelmenge sortieren. Je nach Sucheingabe werden die Pixel, die jeweils Bilder repräsentieren so angeordnet, dass genaue Treffer sehr nah an der Detailanzeige für Bilder liegen und irrelevante Repräsentanten weiter weg. Mittels Schieberegler wird kontrolliert, wie viele Bilder in der Detailanzeige sichtbar sind. Details zum Bild werden per Pop-Up oder Selektion angezeigt.
Baumorientierte ZUI-Bildersuche I		Die Idee ist hier, dass die Komponenten des Fahrzeugs anhand eines hierarchischen Baumes dargestellt werden. Benutzer können dabei vom Außenraum bis zu den Bremsbelägen am Baum entlang „hinunter"-navigieren. Es existieren jeweils auch parallele Knoten auf einer Ebene. Die Suchfunktion hebt die Knoten des Baumes hervor, die passende Bilder enthalten. Eine wichtige Navigationshilfe bietet zusätzlich die Anzahl an Bilder pro Knoten. Detailansichten per Selektion.
Baumorientierte ZUI-Bildersuche II		Die zweite Idee kategorisiert wieder die Bilder anhand eines Baumes, die Dynamic Queries und Suchfunktionen filtern die relevanten Bilder pro Knoten aus der Gesamtmenge. Die Navigation des Baumes funktioniert hier über ein ZUI. Der Baum kann per Panning verschoben und einzelne Knoten werden mit semantischem Zoom „geöffnet". Dabei werden die Bilder angezeigt und je mehr Platz zur Verfügung steht (z.B. durch Zooming), desto mehr Bilddetails werden angezeigt.

| 3D-Fahrzeugmodell Bildersuche | | Direkt am 3D-Fahrzeugmodell können die Benutzer hier Bilder suchen. Dazu steht ein abstrahiertes Modell zur Verfügung, in das von der Außenverkleidung bis zum Fahrgestell „hinein"-gezoomt werden kann. Am ZUI 3D-Modell können dann alle Teile selektiert werden. Per Selektion werden die verfügbaren Bilder dann angezeigt. Die Selektion eines Bildes zeigt dann dessen Details an. |
| Kachelbasierte ZUI Bildersuche | | Zunächst wird eine Fahrzeugübersicht der Klassen mit Informationskacheln angezeigt. Durch Selektion ist es möglich eine Klasse auszusuchen und so den Informationsraum einzugrenzen. Durch Unterkacheln und zusätzliche Metadatenfilter kann eine weitere Eingrenzung erfolgen, bis genügend Bilder ausgefiltert wurden und die restlichen Bilder dargestellt werden können. |

Das System muss eine schnelle und einfache Suchkomponente enthalten, mit deren Hilfe Benutzer in der Lage sind, sofort Bilder anzuzeigen deren IDs bekannt sind oder die nach anderen Metadaten eindeutig beschrieben werden können. Des Weiteren sollte eine Art persönlicher Bereich eingeführt werden, der es ermöglicht Bilder zu speichern, damit die Benutzer nicht gezwungen werden sich Nummern zu merken oder extern eine Liste der wichtigsten Bilder zu führen. Zur Einschränkung des Suchraums ist es notwendig verschiedene Filter für Metadatengruppen (z.B. Umsetzungsart) und zu speziellen Metadaten (z.B. Bildformat, Farbtiefe, Erstellungsdatum) in die Anwendung zu integrieren. Einerseits muss eine Direktsuche und andererseits eine visuelle Suche sowie Exploration in der Bildkollektion möglich sein.

Eine weitere Möglichkeit die Benutzer bei der Suche nach unbekannten Bildern zu unterstützen ist die Suche nach Bildern über inhaltsbasierte Ähnlichkeit (Content-based Image Retrieval - CbIR). Dazu sollte es möglich sein ein Bild von der Festplatte oder aus der Bildkollektion selbst als Anfrage abzusenden und ähnliche Bilder als Ergebnis zu erhalten. Aus den Untersuchungen wurden die folgenden Designprinzipien für die interaktive Bildersuche abgeleitet. Der Schwerpunkt liegt auf den Such- und Filtertechniken sowie auf der Ergebnispräsentation.

Es existieren eine Reihe von Richtlinien für Webanwendungen und Applikationen, die weitere Empfehlungen zur Gestaltung der Suche machen. Dazu gehören z.B. die Richtlinien zur Gestaltung von Suchanwendungen nach (Rose 2005) und die Richtlinien der Nielsen Norman Group (Molich et al. 2000). Darin wird empfohlen, dass verschiedene User Interfaces oder Interaktionsformen, die zu den verschiedenen Suchzielen passen, zur Verfügung gestellt werden sollten. Das UI soll außerdem die Auswahl des passenden Suchkontexts vereinfachen und den iterativen Prozess der Suche unterstützen. Zur detaillierteren Gestaltung der Benutzungsschnittstelle gibt es allgemeine Richtlinien wie die DIN EN ISO-Norm 9241- Teil 110, 11 und 12 (Europäisches Komitee für Normung 2006) sowie ISO 14915- Teile 1, 2 und 3 und ISO/IEC 18035, die bei der Gestaltung der Applikation bisher nur teilweise beachtet wurden.

4.2.4   Realisierung der Bildersuche

Zur Bildersuche wurden mehrere Versionen basierend auf den hier vorgestellten Ideen entwickelt. Die einzelnen Versionen und die dahinter stehenden Workshops, Benutzertests, Diskussionen und Skizzen aus der Anforderungsanalyse, Konzeptions- und Designphase werden hier nicht im Einzelnen vorgestellt. Zur Diskussion stehen Konzepte, die auf unterschiedlichen mentalen Modellen basieren, wie eine Suche direkt am abstrakten 3D-Fahrzeugmodell, eine Suche anhand einer Metadaten-Baumdarstellung und eine filterbare Pixelansicht der kompletten Bilddatenbank. Das zoombasierte Konzept mit Informationskacheln wurde in einer Expertenuntersuchung favorisiert, da die anderen Konzepte später als zusätzliche Kacheln integriert werden können. Ein weiterer Grund, der auch für die zoombare Ergebnisvisualisierung spricht, ist die Annahme, dass sich zoombare Browser besser für die Exploration einer großen Anzahl Bilder eignen (Combs & Bederson 1999). Zum besseren Verständnis des Konzepts der Bildersuche sind eine detailliertere Beschreibung und ein Video mit den grundlegenden Interaktions-, Such- und Visualisierungsmöglichkeiten unter der URL http://www.designpatterns.de/bildersuche einsehbar.

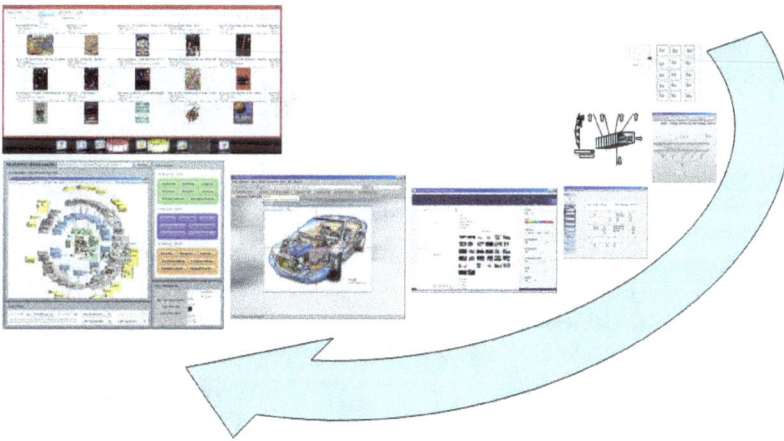

Abbildung 28: Entwicklung und Weiterentwicklung der Versionen zur Bildersuche

Die Entwicklung der unterschiedlichen Versionen und Zwischenversionen erfolgte anhand zahlreicher Diskussionen und Workshops mit Kollegen aus der Arbeitsgruppe Mensch-Computer Interaktion an der Universität Konstanz, Domänenexperten und Benutzern der verschiedenen Kooperationspartner aus Forschung und Wirtschaft. Abbildung 28 zeigt den Entwicklungsweg von den unterschiedlichen Alternativversionen bis hin zu einer vorläufigen Endversion der Bildersuche. Die Entwicklung folgt dabei dem agilen Vorgehensmodell (Gundelsweiler et al. 2004; Memmel et al. 2007). Zudem wird nach den Prinzipien des Web

2.0 entwickelt, wobei insbesondere das Prinzip „Perpetual Beta" bedeutet, dass die Software niemals in einem endgültigen Endstand vorliegt, sondern es stetiger Weiterentwicklung (z.B. wegen technischer Neuerungen oder wissenschaftlicher Erkenntnisse) bedarf. Das Ziel der Anwendungen zur Bildersuche ist die optimalen ZUI-Interaktionskonzepte zu definieren und diese im Zusammenspiel mit Visualisierung und Suche zu untersuchen. Die evaluierten und am häufigsten eingesetzten Patterns sind schließlich Kandidaten für die Dokumentation und die Aufnahme in die Pattern-Sammlung der „Best-Practices".

Die vorläufige Endversion besteht nicht aus einem Gesamtkonzept, das aus Sicht der Usability auf Gebrauchstauglichkeit und User Experience optimiert ist, sondern aus mehreren unterschiedlichen Such-, Filter- und Visualisierungskonzepten im Zusammenhang mit ZUI-Interaktionstechniken. Die Anwendung kombiniert diese Konzepte in mehreren Komponenten, die jeweils einzeln auf ihre Gebrauchstauglichkeit hin geprüft wurden. Aus der Anwendung zur Bil-dersuche können im Hinblick auf wiederkehrende Designprobleme einzelne Komponenten mit ZUI-Interaktion als Patterns extrahiert werden. Durch die Untersuchung der ZUI-Anwendungen aus Forschung und Praxis werden die analytisch entwickelten Konzepte und Patterns zusätzlich untermauert. Im Folgenden werden die Komponenten der Bildersuche vorgestellt.

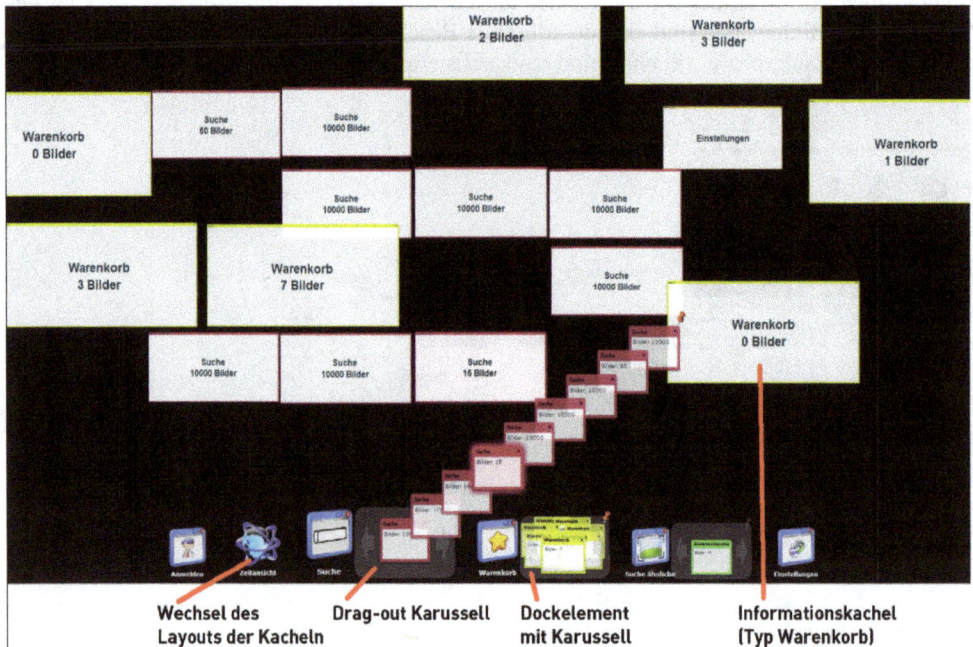

Abbildung 29: Hauptsicht der ZUI-Bildersuche

Die Realisierung der Bildersuche erfolgte mit der Entwicklungsumgebung Adobe Flashbuilder 4 und amfphp (http://www.amf-php.org) zur Kommunikation zwischen Webanwendung und einer Postgresql-Datenbank. Zudem ist die Installation eines Frameworks zur inhaltsbasierten Ähnlichkeitssuche notwendig. Dies ist im Abschnitt 4.2.7 zum „Content-Based Image-Retrieval" (CBIR) beschrieben. Die Suche über eine einfache Texteingabe ist kombiniert mit verschiedenen Metadatenfiltern (Kachelkategorisierung), einer Ähnlichkeitssuche (mittels Datei laden oder Drag'n'Drop) und der Visualisierung der Ergebnisse in skalierbaren Informationskacheln.

Mit der Hauptansicht der Bildersuche wurde in einem iterativen Entwicklungsprozess mit Anforderungsanalyse, Prototyping- und Designphase eine ZUI-Applikation entwickelt. Immer wieder wurden dazu Fokusgruppen zu den Problemstellungen der Interaktion, Navigation, Visualisierung und Suche abgehalten, um die Anforderungen der Benutzer abzugleichen und die Meinungen von Experten auf den Gebieten Usability und Bildretrieval einzuholen.

So basiert das ZUI der Hauptansicht in Abbildung 29 auf dem Konzept der koordinierten Zoom-/Pan-Interaktion, das es Benutzern erlaubt die ZUI-Kacheln frei in der entsprechenden 2D-Ebene des Raumes zu platzieren. Zu diesem Zweck wird Drag'n'Drop eingesetzt. Gegenüber der hierarchischen Zoom-/Pan-Interaktion (siehe MusicPad 3.1) wird hier keine feste Struktur vorgegeben. Benutzer bevorzugten dieses Konzept, da die freie Art und Weise der Navigation gegenüber der vom System durchgeführten, automatischen Kategorisierung in den Benutzerstudien besser abschnitt. Die Konzeption und Gestaltung des ZUIs basieren auf den Erkenntnissen aus Kapitel 2. Zudem erfolgte zu jeder Komponente der Bildersuche eine Abwägung positiver und negativer Aspekte auf die Gebrauchstauglichkeit. Diese Analyse der Gestaltungseigenschaften (siehe Tabelle 15 zur Gestaltung des unendlichen ZUI-Informationsraums) wird als „Claims Analysis" (Carroll & Rosson 1992; Carroll 1995) bezeichnet.

Tabelle 15: Analyse zum unendlichen ZUI-Informationsraum

Gestaltungsaspekt	Mögliche positive Auswirkung	Mögliche neg. Auswirkung
Unendlicher Informationsraum	Layout mit wenigen Überschneidungen möglich. Nicht alle Objekte müssen gleichzeitig angezeigt werden, sondern nur ein Teil eines riesigen Informationsraums.	Evtl. Verlust von Kontext bei ausgeblendeten Objekten. Wie behält der Benutzer die Übersicht? Nicht geeignet bei nur sehr wenigen Objekten.
Objektpositionierung nach Attributen	Benutzer können anhand des gewählten Layouts die Position relevanter Objekte erschließen.	Layouts führen zu unterschiedlichen Sichten und können dadurch Benutzer verwirren.
Portale	Ermöglichen eine Schachtelung des Informationsraums und erweiterte Navigations- und Visualisierungskonzepte.	Erhöhen die Komplexität der Visualisierung und der Navigation.

Bei der Gestaltung von UIs müssen Entscheidungen für oder gegen visuelle Komponenten und deren Interaktionsmöglichkeiten getroffen werden. Diese Entscheidungen bringen automatisch Vor- und Nachteile mit sich und basieren auf den ermittelten Anforderungen aus dem

Anwendungskontext. Eine optimale Gestaltung kann also nur durch die Abwägung von Alternativen gefunden werden, ist aber keinesfalls garantiert. Es kann zwar versucht werden, dass das globale Maximum der optimalen Gebrauchstauglichkeit erreicht wird, aufgrund des praktisch unendlichen Gestaltungsraums für UIs wird aber meist nur ein lokales Maximum gefunden. Zusätzlich ergibt sich die Schwierigkeit die Rahmenbedingungen beim Einsatz der Applikation korrekt zu bestimmen, da diese häufig dynamisch sind und zudem nach Benutzergruppen und -rollen variieren können.

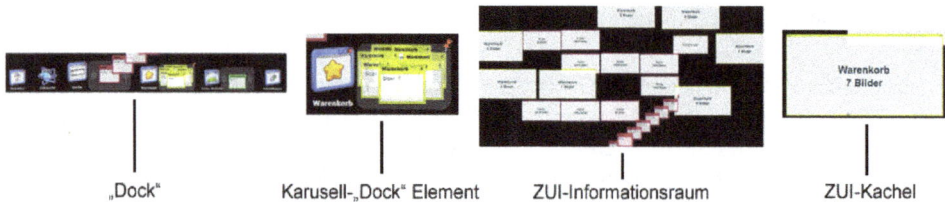

„Dock"　　　Karusell-„Dock" Element　　　ZUI-Informationsraum　　　ZUI-Kachel

Abbildung 30: Bildersuche mit den UI Komponenten

Die Abwägung der Gestaltungsaspekte zu einer Komponente wie dem unendlichen Informationsraum in Tabelle 15 zeigen, wie bestimmte Kräfte bei der Gestaltung gegeneinander wirken. Dies hebt die Gestaltungsentscheidung auf ein abstrakteres Niveau, so dass sich UI-Designer je nach Kontext der Anwendung (den Zielen, Benutzern und Aufgaben) für oder gegen bestimmte Aspekte entscheiden können. Die Realisierung der Entscheidungen findet dann auf konkreter Ebene der Applikationsgestaltung statt. Anhand der Kriterien in Tabelle 15 wird es also möglich, je nach Anwendungskontext, Designentscheidungen für die konkrete Realisierung eines quasi-unendlichen ZUI-Informationsraums zu treffen. Die Hauptkomponenten des ZUIs (Abbildung 30) sind eine Iconleiste[15] (nachfolgend „Dock" genannt), Karussellkomponenten innerhalb der Dockelemente, der ZUI-Informationsraum und die ZUI-Kacheln. Benutzer haben die Möglichkeit über die Dockelemente unterschiedliche Arten von ZUI-Kacheln zu erzeugen, die dann im ZUI-Informationsraum angeordnet werden. Die dritte Dimension wurde zunächst so festgesetzt, dass alle Kacheln auf einer Ebene im Raum angeordnet werden. Diese Ansicht lässt sich aber in eine zeitbasierte oder eine typensortierte Ansicht umschalten. Die Kacheln werden dann per Animation jeweils an die neuen Positionen im simulierten 3D-Raum verschoben. Die zeitbasierte Ansicht legt die Zeit auf die dritte Dimension. Die Kacheln bekommen bei der Erstellung jeweils einen Zeitstempel, der dann für die Anordnung ausgelesen wird. Ältere Kacheln werden weiter hinten und damit kleiner angezeigt, während das System neu erstellte Kacheln vorn platziert. Die sortierte Ansicht platziert die Kacheln je nach Typ (Anmeldung, Suche, Warenkorb, Ähnlichkeitssuche oder Einstellungen) auf einer Ebene im Rechteck von links oben nach rechts unten. Unterschiedliche Kacheltypen sind mit verschiedenen Farben gekennzeichnet. Von den Kacheln „Anmeldung" und „Einstellungen" existiert jeweils nur eine pro Anwender. Dort lassen sich die Farben, Reflexionen und Zoomgeschwindigkeiten des UIs direkt ändern.

---

[15] Vergleichbar mit der Taskleiste bei Microsoft Windows oder der Dock bei Apple OSX

Wie in Kapitel 2 und den ZUI-Kriterien beschrieben, sollten Anwendungen zustandslos sein. Damit müssen sich Benutzer nicht an notwendige Abläufe und Änderungen erinnern, sondern können ihre Arbeit dort fortsetzen, wo sie aufgehört haben. Der Zustand der Webapplikation zur Bildersuche müsste also personalisiert sein und sich entsprechend abspeichern lassen. Diese personalisierte Anmeldung ist hier nur prototypisch angedeutet, da das Thema Personalisierung nicht im Fokus dieser Arbeit liegt.

Die Dockelemente zu Suche, Warenkorb und Ähnlichkeitssuche besitzen jeweils ein Karussell, in dem Repräsentanten für jede im ZUI erstellte Kachel abgelegt werden. Die Repräsentanten sind Miniaturansichten der jeweiligen Kacheln (gleiche Farbe und Anzeige der Bildanzahl) und können im Karussell gedreht werden. Per Selektion und Überfahren mit dem Zeiger sind die Repräsentanten mit den Kacheln verbunden. So führt eine Auswahl des Repräsentanten jederzeit zu einem automatischen Zoom zur verknüpften ZUI-Kachel. Ein Überfahren mit dem Zeiger hebt die verbundene Kachel hervor, um dem Benutzer anzuzeigen, welche Kachel bei einer Selektion herangezoomt wird. Dieser Interaktionsmechanismus wurde in Benutzerworkshops evaluiert und positiv bewertet. Zusätzlich wurden mehrere Verbesserungsvorschläge gemacht, die zusammen mit den Ergebnissen der Evaluation im Abschnitt 4.2.8 aufgeführt sind. Bei der Gestaltung des Docks und der Karussellkomponenten ergaben sich wie schon beim unendlichen Informationsraum Fragen, die je nach Anwendungskontext zu unterschiedlichen Designentscheidungen führen können. Tabelle 16 zeigt diese abzuwägenden Aspekte der Claims Analysis.

Tabelle 16: Analyse zur ZUI-„Dock-Komponente"

Gestaltungsaspekt	Mögliche positive Auswirkung	Mögliche neg. Auswirkung
Karussellfunktion	Ermöglicht das Durchstöbern/Browsen der Objekte in der Verwaltungs-komponente. Das mittlere Objekt liegt vor den anderen und ist damit immer selektierbar. Es können mehr Elemente angezeigt werden, als wenn die Objekte nebeneinander oder übereinander angeordnet wären.	Zusätzliche Karussellnavigation kann verwirren. Durch die ringförmige Anordnung kommt es zu Überschneidungen.
Transparente Objekte / Icons	Die Transparenz ermöglicht eine bessere Sicht auf Objekte, die hinter anderen liegen und es wird deutlicher, wie viele Objekte im	Die Sicht auf zu viele Objekte schränkt die Übersichtlichkeit ein. Die Transparenz macht eine genaue Selektion

Herausfahren und Festpinnen der Objekte	Es steht beim Herausfahren der Objekte der gesamte Bildschirmplatz zur Verfügung, da Objekte alles andere überlagern. Nach Festpinnen sind Objekte leicht zu selektieren.	Aus- und Einfahrmechanismus muss erst von Benutzern erkundet und verstanden werden.
Animation beim Aus- und Einfahren	Die Animation verdeutlicht, was geschieht und wo die Objekte verortet werden, sobald diese festgepinnt werden. Eine benutzerkontrollierte Animation erhöht das Gefühl der Kontrolle und den Spaßfaktor bei der Benutzung.	Eine benutzerkontrollierte Animation verleitet zum „Herumspielen" - eine systemgesteuerte ist dagegen immer gleich und vorhersehbar, kann einfach ausgelöst werden und ist damit evtl. gebrauchstauglicher.

Die unterschiedlichen Kachelansichten der Suche, des Warenkorbs und der Ähnlichkeitssuche sind Kern der Webapplikation zur Bildersuche und werden im Folgenden erläutert.

4.2.5   Such- und Filterkonzepte

Die Suchmaske funktioniert, basierend auf der Theorie zur Suche (Kapitel 2.2.3) und den aufgestellten Anforderungen (Abschnitte 4.2.2 und 4.2.3), an die Internetsuchmaschine Google angelehnt. Die Gestaltungskriterien auf Basis der Benutzerziele und -anforderungen sind in Tabelle 17 aufgeführt.

Tabelle 17: Anforderungen der Such- und Filterkonzepte

Anwendungskontext (Benutzerziel, Aufgabe, Usability & User Experience Ziele)	Realisierung als technisches / gestalterisches Merkmal der Suchmaske
Suche nach unterschiedlichen Bildmetadaten wie Titel, Farbe, Jahr, u.v.m.	Suche nach indexierten Schlüsselwörtern über alle Datenbankspalten
Suche nur nach bestimmten Bildmetadaten	Auswahl der Datenbankspalten über Selektion
Einfache Benutzung der Suchmaske	Nur ein Suchfeld zur direkten Eingabe, angelehnt an gewohnte Suchmaschinen
Notwendigkeit die Anzahl der Treffer vor der Bildanzeige zu kennen	Direktes Feedback über die Anzahl Treffer bei jeder Änderung der Sucheingabe
Verfeinerung der Suchbegriffe	Einschränkung der Indexsuche mittels „beginnt mit", „enthält" und „endet mit"
Alternative Such- und Filtermöglichkeiten	Mehrere Such- und Filterkonzepte verfügbar

Eine Sucheingabe löst eine Suche über die gesamte Datenmenge (alle Datenbankspalten) aus. Zusätzlich können Optionen zur Groß- und Kleinschreibung (enthält, beginnt mit, endet mit) und eine Beschränkung auf gewünschte Datenbankspalten eingestellt werden. Jede Eingabe im Suchfeld führt sofort zu einem Feedback zur Anzahl an Bildern, die den Suchkriterien entsprechen. Sowohl zur Filterung als auch zur Ergebnisdarstellung stehen weitere visuelle Komponenten zur Verfügung, die als Icons rechts unten in der Suchmaske angezeigt werden. Die Suche entwickelte sich iterativ über mehrere Zwischenversionen weiter, bis diese multifunktionale Suchmaske entstand.

In Abbildung 31 ist die Suchmaske als einziges Element in der Suchkachel zu sehen. Darüber und darunter ist noch viel Platz vorhanden, der anderweitig genutzt werden könnte. Die Ansicht wurde absichtlich reduziert, da die Hauptaufgabe der Benutzer hier die Suche ist und ein komplexes UI von dieser ablenkt. Benutzer sollen ihren zentralen Fokus der Aufmerksamkeit sofort auf die Suche legen. Ähnlich der Google-Startseite wird die Ansicht deshalb auf die Suchmaske und wenige Optionen reduziert.

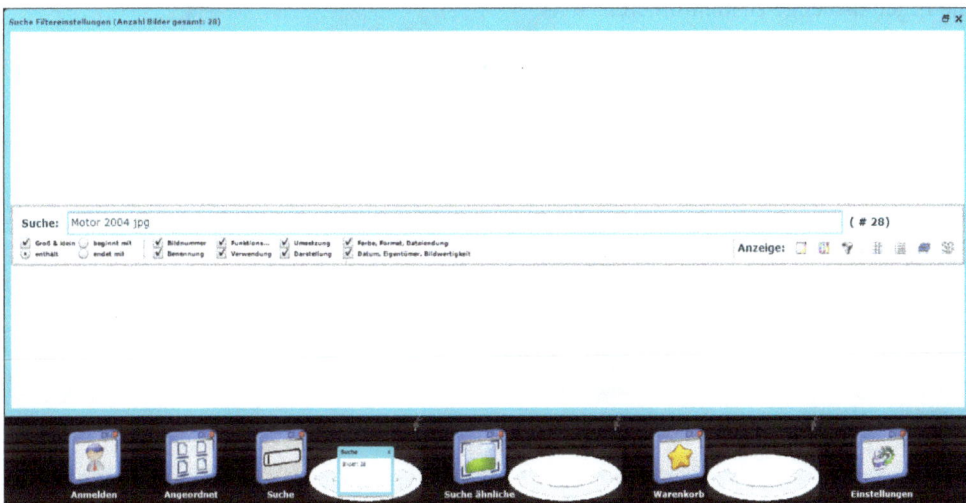

Abbildung 31: Bildersuche Kachel mit Hauptsuche

Damit die Ergebnisse (Bilder und deren Metadaten) in einer Visualisierung angezeigt werden können, animiert sich die Suchmaske nach Benutzereingabe an den oberen Kachelrand. Das Umschalten zwischen den Filtern und Visualisierungen ist durch Selektion der sieben Anzeige-Icons rechts unten in der Suchmaske möglich. So können auch bei Ansicht der Ergebnisse jederzeit die Suchkriterien verändert und neue Ergebnisse eingesehen werden. Die Evaluation der Suche ergab, dass aufgrund der umfangreichen Bildsammlung und des großen Metadatenraumes weitere Suchkonzepte entwickelt werden müssen, die Benutzern eine detailliertere Einschränkung des Datenraumes ermöglichen. Dazu wurde das bestehende Filterformular in einer optimierten, auf die Anforderungen zugeschnittenen Version realisiert (siehe Abbildung 32). Außerdem wurden zusätzlich ein personalisierter Drag'n'Drop Filter und ein hierarchischer Filter (Abbildung 33 und Abbildung 34) realisiert.

Das Filterformular der ursprünglichen Applikation zur Bildersuche funktioniert nach einem einfachen aber umständlichen Prinzip. Es zeigt alle möglichen Metadaten sowie deren Ausprägungen an und lässt Benutzer über Interaktionselemente Einschränkungen vornehmen. Nachdem alle Einstellungen ausgewählt wurden, muss ein Knopf selektiert werden, um die Anzahl an Treffern anzuzeigen. Das Problem ist, dass keiner der vielen Metadatenfilter ein direktes Feedback gibt. Dies bedeutet, dass erst nach Selektion des Knopfes die Anzahl an Treffern angezeigt wird. Diese können aber zwischen einigen zehntausend und gar keinem Treffer variieren. Beides ist keine Option für die Anwender, da sie für eine gute Bildübersicht nur einige hundert oder weniger Treffer erhalten möchten. Es bleibt beim herkömmlichen Filterformular offen, durch welche Filteroptionen zu große Ergebnismengen sinnvoller Weise eingeschränkt werden. Ergeben die vorgenommenen Einstellungen keine Treffer, so ist es sehr schwierig herauszufinden, welche Filtereinstellungen dazu führen. Um diese Schwachpunkte zu verbessern, wurde ein interaktives Filterformular mit numerischem Feedback konzipiert. Jede Filterkomponente zeigt an, wie viele Bilder zur aktuellen Filterung noch vorhanden sind. Änderungen führen zur sofortigen Aktualisierung aller Filterkomponenten und den dazu angegebenen Zahlen. Dies vereinfacht es wesentlich relevante Filter zu wählen und die Ergebnismenge zu kontrollieren.

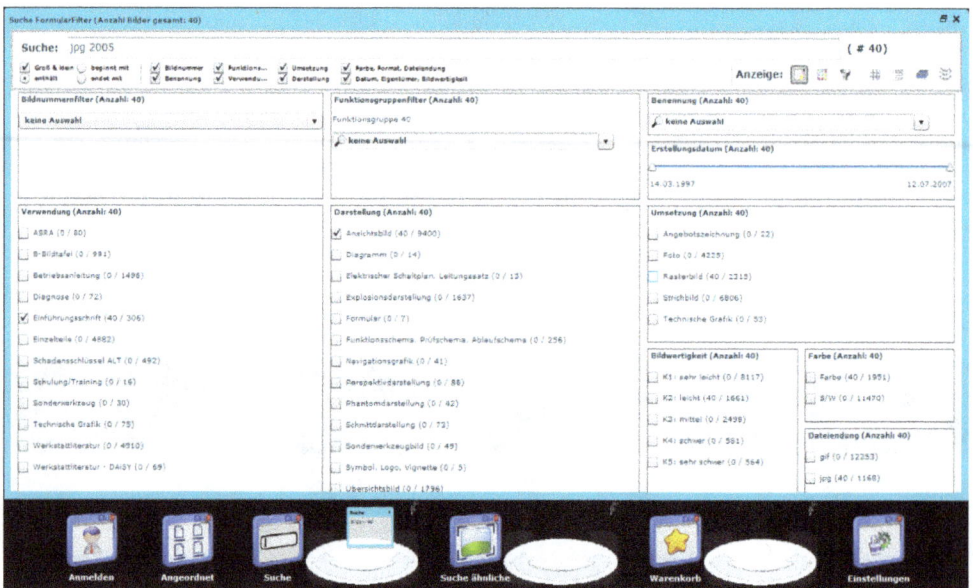

Abbildung 32: Bildersuche mit Metadatenfilterformular

Abbildung 32 zeigt das Formular mit den interaktiven Filterkomponenten, die aus Auswahlboxen, Selektionsboxen, Slidern und den Such-Auswahlkomponenten zusammengesetzt sind. Die neuartigen „Such-Auswahlkomponenten" kombinieren eine Auswahlbox mit einer Volltextsuche, da hier sehr viele verschiedene Ausprägungen zur Auswahl stehen. Speziell ist auch der Bildnummernfilter, der je nach Bildnummernart unterschiedliche Vorgaben zur Eingabe der Nummer macht. Auch diese beeinflussen alle anderen Filter und visualisieren den Benutzern sofort das Feedback zur Treffermenge in den einzelnen Bereichen.

Eine weiterführende Idee für ein Filterkonzept entstand durch die große Anzahl an Metadaten, die es Benutzern schwierig macht, die Übersicht zu behalten. Im Gegensatz zum Formular, das alle Filtermöglichkeiten gleichzeitig anzeigt, ermöglicht es der interaktive Drag'n'Drop-Filter ausgewählte Filter zu kombinieren. Zunächst werden keine Filterkomponenten angezeigt. Benutzer erstellen neue Filter, indem sie Filterkomponenten aus dem linken Bereich in den rechten ziehen. Dort visualisiert sich der Filter und es können die gewünschten Filterattribute angegeben werden. Abbildung 33 zeigt das UI der Filterkomponente mit vier generierten Filtern. Wie beim Filterformular kombinieren sich diese per logischem UND. Zusätzlich können die aktuellen Einstellungen in einem Filterset gespeichert und bei Bedarf geladen werden.

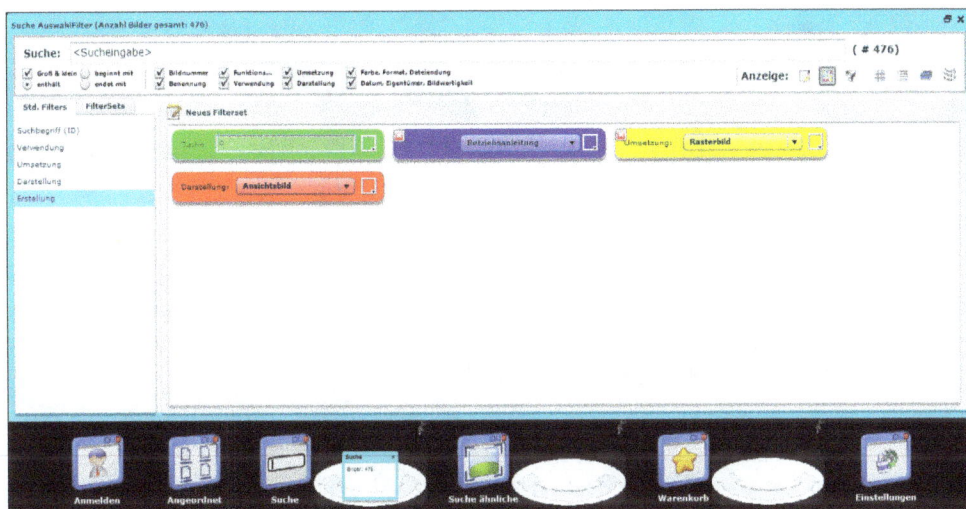

Abbildung 33: Bildersuche mit visuellem Drag'n'Drop Filter

Ein spezieller interaktiver Filter ist der hierarchische Filter zur Exploration der Bildmenge. Mit diesem wird es Benutzern möglich per Drag'n'Drop eine Hierarchie von Filtern zu erstellen, die jeweils die Bildmenge des übergeordneten Filters als Input erhalten. Die Treffermenge wird also von oben (alle Bilder als Input) nach unten immer kleiner. Dies hat den Vorteil der Vergleichbarkeit unterschiedlicher Bildmengen und Metadatenfilterungen. Zudem können sich Benutzer jede einzelne Ergebnismenge direkt anzeigen lassen. Die gemachten Filterschritte müssen nicht erneut durchgeführt oder rückgängig gemacht werden. Bei Fehlern oder schlechten Ergebnissen wird der jeweilige Filter einfach wieder gelöscht. Dies ist auch mit Filtern möglich, die nicht auf der untersten Ebene liegen. Abbildung 34 zeigt den hierarchischen Filter mit allen Filtermöglichkeiten auf der linken Seite und einer bereits erstellten interaktiven Filterhierarchie auf der rechten Seite. Ändern Benutzer nun die Attributeinstellungen eines Filter auf der rechten Seite, so werden die Auswirkungen auf die Ergebnismenge nicht nur im geänderten Filter angezeigt, sondern auf alle untergeordneten Filterkomponenten weiter propagiert. Zusätzlich zeigen alle Filter an, wie viele Bilder bei einer Selektion des jeweiligen Attributwertes noch vorhanden sind.

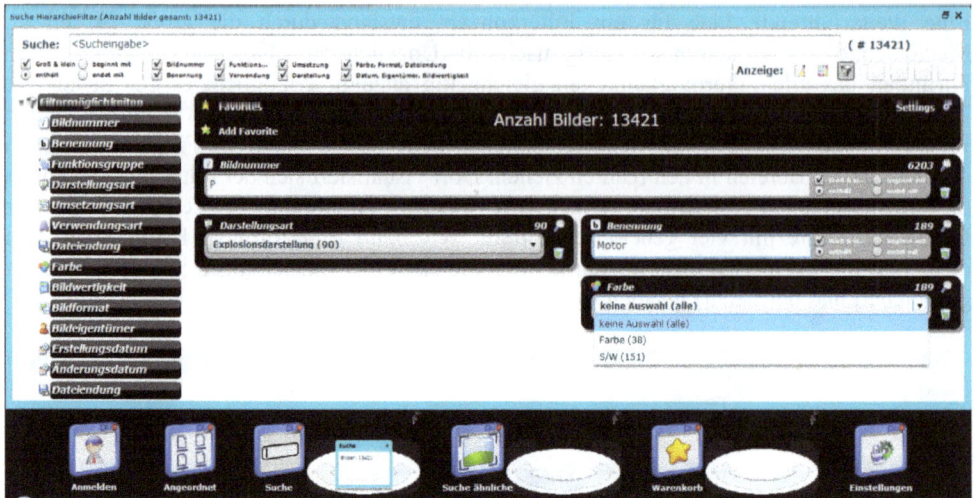

Abbildung 34: Bildersuche mit hierarchischem Explorationsfilter

Diese Art der Filterung erlaubt eine sehr individuelle und vielseitige Art den Informationsraum einzuschränken. Die Workshops mit Benutzern und Domänenexperten haben allerdings
gezeigt, dass einerseits die Interaktion und andererseits der hierarchische Aufbau der Filter
nicht leicht verständlich sind, sondern erst erlernt werden müssen.

Tabelle 18: Analyse zum hierarchischen Filterkonzept

Gestaltungsaspekt	Mögliche positive Auswirkung	Mögliche negative Auswirkung
Zwei Bereiche: verfügbare Filter und angewandte Filter	Freie Auswahl und Kombination der Filter. Übersicht über alle Filter und gleichzeitige Übersicht über die angewandten, hierarchisch kombinierten Filter.	Verstärkt die Komplexität der Benutzeroberfläche.
Zusammenbau der Filter per Drag'n'Drop	Einfache, individualisierte Art der Zusammenstellung eigener Filterkombinationen.	Manche Kombinationen machen keinen Sinn. Vielzahl an Kombinationsmöglichkeiten der Filter kann Benutzer verwirren. Erlernen des Hierarchiekonzepts notwendig.

Direkte Propagation der Filterergebnisse bei Änderungen an den Filtern	Änderungen werden sofort in allen angelegten und verbundenen Filtern sichtbar. Es können viele Ergebnismengen leicht eingeschränkt werden.	Leermengen für Filter können leicht entstehen und bestimmte Filter überflüssig machen.
Variable Anzeige der angewendeten Filter	Das Filterobjekt passt sich und seine Attributdarstellungen dem Kontext und dem verfügbaren Platz an.	Gleiche Filter können auf unterschiedlichen Ebenen je nach verfügbarem Platz anders aussehen und werden deshalb nicht unbedingt als gleiche Filter wahrgenommen.

Basierend auf der Ergebnisinterpretation und -analyse führt Tabelle 18 die einzelnen Gestaltungsaspekte und deren Vor- und Nachteile auf. Je nach Anwendungskontext, vor allem was die Komplexität des Datenraums betrifft, müssen UI-Designer die Anforderungen analysieren, um sich für das richtige Filterkonzept zu entscheiden oder den Benutzern mehrere anzubieten.

4.2.6   Interaktive Bildvisualisierungen

Insbesondere bei Webapplikationen ist die Anzeige und Visualisierung großer Datenmengen eine besondere Herausforderung. Die Anforderungen der Fallstudie zur Bildersuche ergaben, dass je nach Filtereinstellungen auch große Bildmengen angezeigt werden sollen. Auf Basis der Performanztests zu ZEUS ist es technisch aktuell nicht möglich mehr als 3000 bis 4000 Bilder gleichzeitig, interaktiv und mit ausreichender Qualität im Webbrowser anzuzeigen. Dieser Umstand erfordert eine sowohl technisch als auch vom Interaktionsdesign her durchdachte Vorgehensweise bei der Gestaltung der Visualisierungskomponente. Obwohl die Visualisierung von Bildern nicht im Zentrum der Arbeit steht, entstanden auf Basis der Anforderungen vier sehr unterschiedliche Konzepte zur interaktiven Bildanzeige, die jeweils bestimmte Vor- und Nachteile mit sich bringen. Die Anforderungen zur Visualisierung von Bildern sind in Tabelle 19 aufgeführt.

Tabelle 19: Anforderungen zur Darstellung von Bildern

Anforderungen	Realisierung in den vier Konzepten als technisches / gestalterisches Merkmal der Bildvisualisierung			
Anzeige einer Übersicht über eine größere Bildmenge (max. Anzahl Bilder je nach CPU)	**1** Interaktives 2D-ZUI mit Gitterdarstellung (ca. 8000)	**2** Tabellendarstellung (ca. 4000)	**3** 3D-Karussell Darstellung (bis ca. 400)	**4** interaktive 3D-Kachelansicht (bis ca. 200)

Bild-Detailansicht mit Metadaten	Zoombare Kacheln, Detaildaten werden nachgeladen.	Selektion einer Zeile zeigt Bild und Metadaten in Detailansicht.	Selektion eines Bildes führt animiert zur Detailansicht.	-
Sortierung der Bildergebnisse	Links oben nach rechts unten nach auswählbarem Attribut	Oben nach unten über Spaltenselektion	Keine Sortierung möglich	Manuelle Sortierung der Bilder durch Verschieben
Gruppieren von Bildern	-	-	-	Bildung von Stapeln
Suche nach ähnlichen Bildern	Drag'n'Drop	Drag'n'Drop	Drag'n'Drop nur aus Detailansicht	-
Weitere Einschränkung der Ergebnisse ist jeweils über die stets sichtbare Suchmaske möglich.				

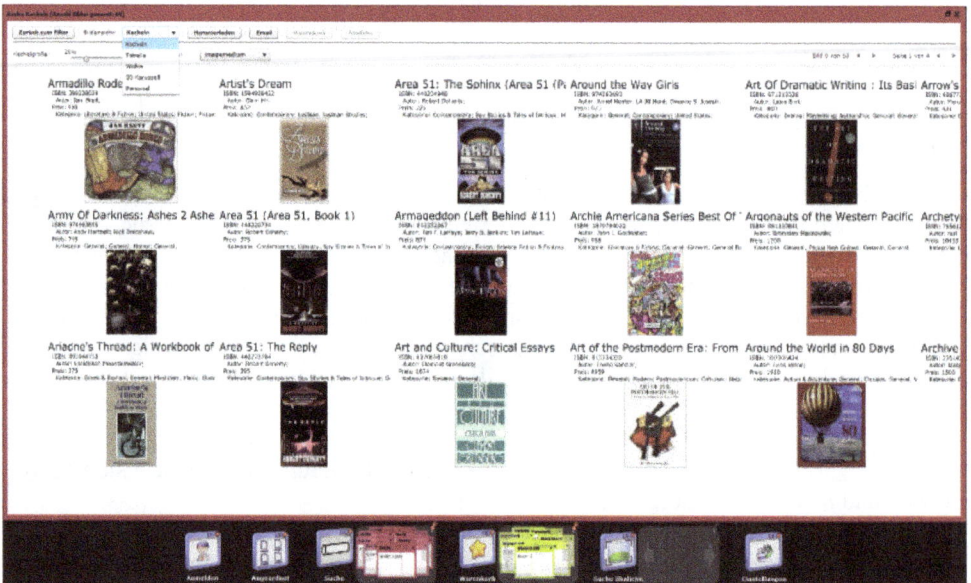

Abbildung 35: Bildersuche - Bildkacheln

Abbildung 35 zeigt die erste interaktive Bildvisualisierung. Es handelt sich hier um eine 2D-ZUI-Kacheldarstellung. Die Bilder werden in der Übersicht in auswählbarer Kachelgröße nur mit der Bildnummer (dem nach den Anforderungen wichtigsten Metadatenattribut) angezeigt. Die Selektion eines Bildes skaliert dieses mit den jeweiligen Metadaten auf die Größe des verfügbaren Bildschirmplatzes. Nun können in einer dritten Zoomstufe die Metadaten oder das Bild selbst nochmals vergrößert werden. Weitere Selektionen führen dann zurück zur Übersicht. Obwohl diese Visualisierung theoretisch sehr viele Bilder anzeigen kann, muss die Bildmenge in der Praxis auf Seiten aufgeteilt werden. Anwender können diese per

Knopfselektion durchblättern, was zu einem Nachladen weiterer Bilder führt. So ist es möglich sehr viele Bilder in der Visualisierung vorzuhalten.

Die Evaluation in Workshops und Benutzertests ergab, dass diese Art der ZUI-Visualisierung zwar als praktisch, die Sortierung und Übersicht zu den Metadaten aber als schwierig empfunden wurde. Deshalb wurde nach einem Konzept gesucht, das sowohl eine übersichtliche Darstellung als auch eine Sortierung und Detailansicht ermöglicht. Ausgewählt wurde schließlich eine herkömmliche Tabellendarstellung mit Sortiermöglichkeit, die mit einer Detailansicht für ein Bild und dessen Metadaten kombiniert ist. Abbildung 36 zeigt diese Visualisierung, die nur die wichtigsten Metadaten der Bilder in den Spalten der Tabelle anzeigt.

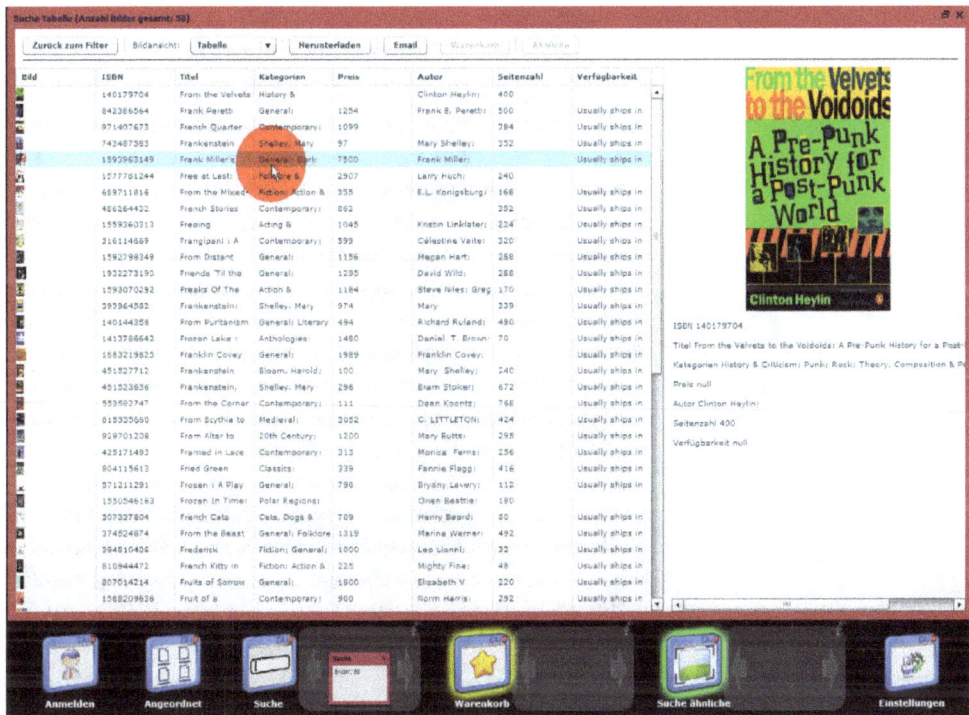

Abbildung 36: Bildersuche - Tabelle mit Detailansicht

Weitere eher spielerische Ansätze zur Bildvisualisierung schöpfen die interaktiven 3D-Möglichkeiten der Webprogrammierung aus. Ein Bildwand-Karussell (Abbildung 37) mit Dreheffekt und Detailansicht zeigt die Bildergebnisse an einer Bildwand. Eine Bewegung des Mauszeigers in den linken Karussellbereich rotiert die Bildwand nach rechts und umgekehrt. Die Selektion eines Bildes animiert die Bildwand aus dem sichtbaren Bereich und zeigt eine Großansicht des Bildes mit dessen Metadaten an. Ganz neue Möglichkeiten ergeben sich aus der Entwicklung von Physik-Engines für Webanwendungen wie APE[16] oder Box2DFlash[17]. Eine der ersten Anwendungen, die Physik-Engines verwenden, um die reale Interaktion mit Objekten im digitalen Raum zu simulieren, ist Bumptop (Agarawala & Balakrishnan 2006). Bumptop führt die herkömmliche Desktopmetapher ein Stück weit zum realen Schreibtisch zurück, indem den Objekten (Dateien, Dokumente, Bilder, usw.) physikalische Eigenschaften wie Gewicht, Geschwindigkeit und ein simulierter 3D-Körper zugeordnet werden. Die Bildvisualisierung zur Darstellung von 3D-Bildkacheln mit physikalischen Eigenschaften basiert auf den Ideen zu Bumptop, wurde aber für die Webanwendung realisiert. Kacheln können angeschoben werden und verlieren ihre Geschwindigkeit erst nach und nach, wobei Kacheln, die im Weg liegen, angestoßen werden und sich so deren Bewegungsrichtung ändert. Weitere Interaktionen sind das Bilden eines Stapels aus einer Gruppe von Kacheln, das Strecken des Stapels und einige weitere Interaktionstechniken zur Förderung einer positiven User Experience.

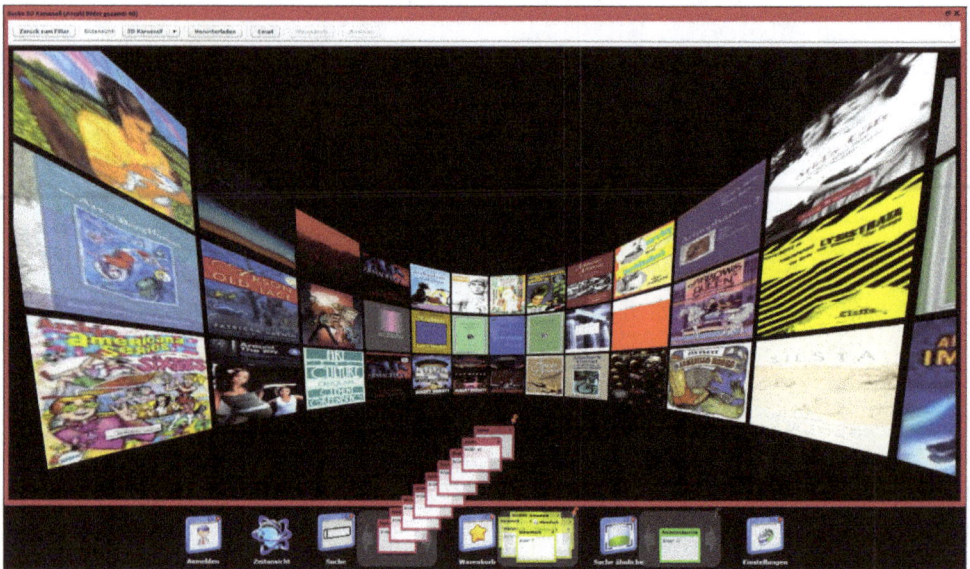

Abbildung 37: Bildersuche - 3D-Bildkarussell

In den Workshops mit Endbenutzern wurde zwar deutlich, dass die Bedienung großen Spaß bereitet, die Visualisierung wurde jedoch als wenig nützlich für die Suche nach Bildern bewertet. Dies liegt zum großen Teil an der unausgereiften Realisierung, die weder Metadaten anzeigt noch eine automatische Sortierung ermöglicht. Der Einsatz einer umfassend realisier-

---

[16] APE Physik-Engine unter http://www.cove.org/ape/

[17] Box2DFlash unter http://box2dflash.sourceforge.net/

ten „Bumptop"-ähnlichen Visualisierung bleibt hier offen. Da die Reaktionen der Benutzer aber sehr positiv waren, sollte diese Art der Interaktion weiter verfolgt werden.

4.2.7 Inhaltsbasierte Bildersuche

Sowohl in der Forschung als auch in der Praxis existieren sehr viele unterschiedliche Systeme zur inhaltsbasierten Ähnlichkeitssuche (CBIR) von Bildern und multimedialen Daten (Veltkamp & Tanase 2002). Ein Framework zur inhaltsbasierten Ähnlichkeitssuche ist GIFT - Gnu Image Finding Tool (Müller 2001), das in seiner ersten Version als VIPER (Squire et al. 1998) herausgegeben wurde. Zu CBIR wurde in dieser Arbeit das GIFT-Framework verwendet, da es kostenfrei und relativ einfach zu installieren ist. Zudem hat es den Vorteil, dass bereits ein Webservice integriert ist, der von der Webanwendung zur Bildersuche per XML angesteuert werden kann. Aus diesen Gründen wird ein Auszug von 13.000 Bildern aus der Bildkollektion mit GIFT indexiert, obwohl in (Rummukainen et al. 2003) Performanznachteile im Vergleich zu anderen System aufgeführt sind. Dabei berechnet das System bis zu 150 Bilddeskriptoren (=Featurevektoren) aus jedem Bild und speichert diese in einer Unähnlichkeitsmatrix. Die Ergebnisse der Ähnlichkeitsanfragen sind bei Farbbildern recht gut, bei schwarz-weißen Bildern werden aber oft Bilder für ähnlich befunden, die nicht viel mit dem Anfragebild gemeinsam haben.

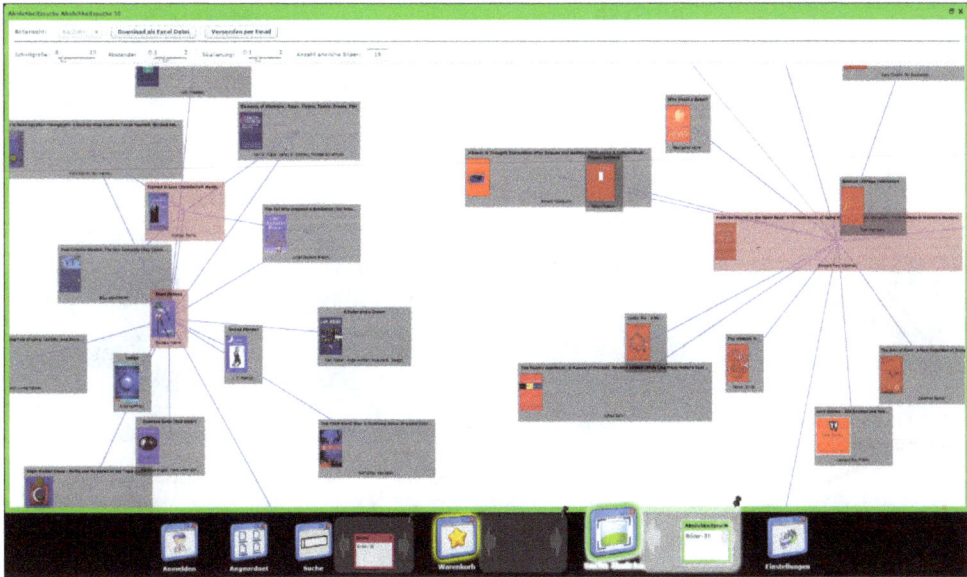

Abbildung 38: Inhaltsbasierte Bildersuche mit Ähnlichkeitsnetz

Die optimale Vorgehensweise für das sehr heterogene Bildmaterial dieser Fallstudie zu finden ist schwierig, da sowohl verschiedene Algorithmen für die Indexierung und die Ähnlichkeitsmaße zur Verfügung stehen, als auch die Bilder in unterschiedliche Kollektionen aufgeteilt werden können. Für eine erste Einbindung wurde das GIFT-Framework in seinem Ausgangszustand belassen und eine Standardkonfiguration für die Ähnlichkeitssuche vorgenommen. Abbildung 38 zeigt die Ergebnisse einer Ähnlichkeitssuche auf der zweiten Bildsammlung, die zusätzlich zur Fahrzeug-Bildsammlung indexiert wurde. Sie besteht aus 10.000 Bildern von Buch- und CD-Covern und deren Metadaten. Die gesamte Anwendung zur Bildersuche konnte ohne großen Aufwand umprogrammiert werden, so dass die Webanwendung die Buch- und CD-Datenbasis verwendet. An den leicht rot hinterlegten Anfrage bildern ist sehr gut erkennbar, dass drei Suchen abgesetzt wurden. Die ersten beiden Suchen enthielten blaue und die dritte ein rotes Buchcover. Das Netzwerk stellt diese drei Buchcover und ihre ähnlichen Ergebnisbilder basierend auf dem Springgraph-Algorithmus dar. Der Graph kann jederzeit (durch Ziehen eines der Bilder auf den Kachelrepräsentanten in der Dock) um weitere ähnliche Bilder erweitert werden. Doppelte Bilder werden dabei nicht erneut aufgenommen. Stattdessen werden die ähnlichen Bilder mit Kanten verbunden. Zusätzlich sind der Titel und die wichtigsten Metadaten in der Visualisierung zu sehen. Auch für die Fahrzeug- und Fahrzeugteile-Suche wurde diese Art der Visualisierung verwendet. Die qualitative Evaluation, die Workshops und die Benutzertests zeigen jedoch auf, dass die umfangreiche Anwendung zur Bildersuche noch sehr viele Optimierungspotentiale bietet. Im Fokus stehen hier aber die Konzepte zu ZUIs, die eine gebrauchstaugliche Interaktion mit dem UI und den Visualisierungen erlauben. Daraus ergeben sich geeignete Kandidaten für die Extraktion von Patterns. Eine Beschreibung zur Vorgehensweise bei der Installation, Konfiguration und Anbindung des GIFT-Frameworks an die Bildersuche ist in Anhang C zu finden.

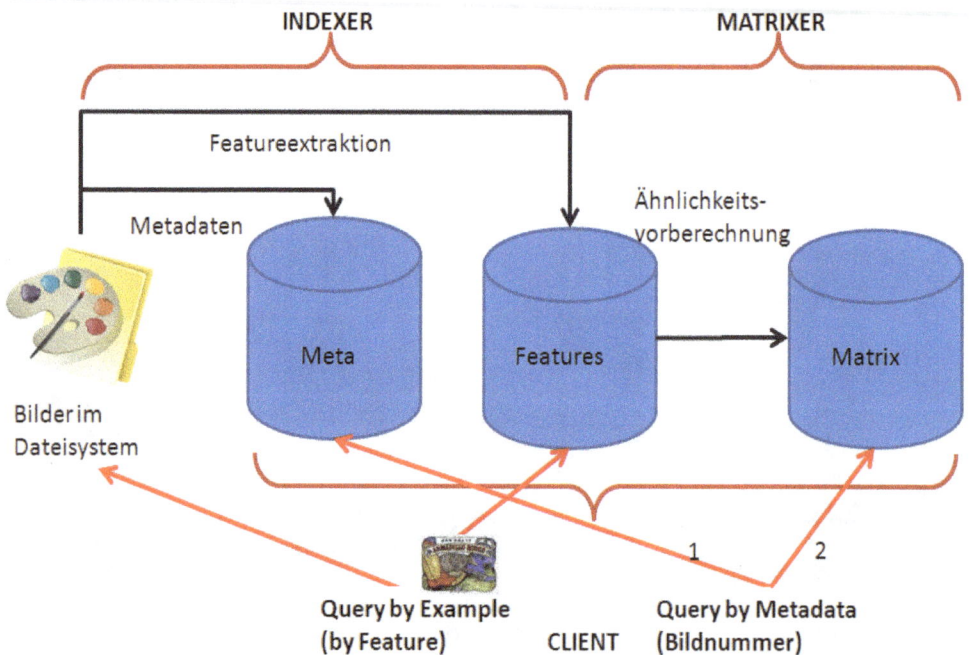

Abbildung 39: Aufbau des realisierten CBIR Systems zur Bildersuche

Die Ergebnisse des GIFT-Frameworks zur Ähnlichkeitssuche sind, wie oben beschrieben, für Farbbilder recht gut. Allerdings ist die Erkennung ähnlicher Graustufen und schwarz-weiß Bilder für die Webanwendung zur Bildersuche unzureichend. Ein weiterer Punkt ist die Anpassung der Features und Ähnlichkeitsmaße, die hier nicht ohne Weiteres vorgenommen werden kann. Aus diesen Gründen wurde eine eigene Komponente zur Ähnlichkeitssuche mit der Programmiersprache Java und den Frameworks Java Advanced Image (JAI) und der Java Berkley Datenbank (für die programminterne Verwaltung der großen Datenmengen) entwickelt.

Die eigens entwickelte Komponente zur Ähnlichkeitssuche besteht aus drei Teilen, welche die allgemein anerkannte Vorgehensweise beim CBIR widerspiegeln. Zunächst müssen die Bilder indexiert werden. Dabei werden sogenannte Features, die aus den Bildern extrahierte Attributwerte als Zahlenketten repräsentieren, erzeugt und für jedes Bild abgespeichert. Diese Berechnung ist nur einmal notwendig, da sich die Bildeigenschaften normalerweise nicht ändern. Zu den einfachen Bildeigenschaften („low-level" Features) gehören z.B. Größe, Auflösung, Farbtiefen, Art und Anzahl an Farbvorkommen, Grauwerte und Formen von Objekten. Viele weitere Bildeigenschaften sind denkbar und in der Literatur erläutert (Aarnink 1998; Buturovic 2005; Wangming et al. 2008). Zudem wurden die vielen unterschiedlichen Featurewerte insbesondere die MPEG-7 Deskriptoren auf ihre praktische Anwendbarkeit hin evaluiert (Eidenberger 2003; Ojala et al. 2002). Die inhaltsbasierte Ähnlichkeitssuche in Bilddaten ist ein großes Forschungsgebiet, das hier nur oberflächlich aufgeführt werden kann.

Die Bilder liegen im Dateisystem vor und können in Java eingelesen werden. Bei der Generierung von Histogrammen und der Extraktion weiterer Bildfeatures steht die Java Advanced Imaging Bibliothek zur Verfügung. Zunächst wird eine Liste aller Bilder mit Dateipfad und Metadaten eingelesen. Danach startet die Indexierung, die nach unterschiedlichen Vorgehensweisen bis zu zehn einfache Bilddeskriptoren aus den Bildern extrahiert und Vektoren gleicher Länge (variabel zwischen 128 und 1024 Werten, das aktuelle Programm rechnet mit ca. 450) in einer Berkley-Datenbank ablegt. Die Vektoren sollten möglichst gleich lang sein oder zumindest vergleichbare Positionen haben, so dass ein Vergleich der Vektoren auf Unterschiede (Unähnlichkeit) möglich ist. Eine weitere Java-Klasse übernimmt nach der Indexierung den Vergleich aller Bildvektoren untereinander und berechnet auf Basis von Distanzmetriken die Abstände zwischen den Bildern (Erzeugung einer Distanz- oder Unähnlichkeitsmatrix). Ein größerer Abstand bedeutet dabei, dass die Bilder betreffend der untersuchten Featurewerte unterschiedlicher sind. Ist der Abstand gering, so ist die berechnete Ähnlichkeit größer. Die so berechneten Abstände werden wiederum für jedes Bild in einer Datenbank abgelegt. Schließlich wurde eine dritte Softwarekomponente realisiert, die eine Ähnlichkeitsanfrage auf der Bilddatenbank ausführt. Liegen eine Bildnummer oder bestimmte Metadaten vor, so erfolgt die Suche nach ähnlichen Bildern über die vorberechnete Distanzmatrix, in der zu jedem Bild die Reihenfolge ähnlicher Bilder gespeichert ist. Diese Suche geht sehr schnell, da nur das entsprechende Bild in der Distanzmatrix gesucht werden muss. Eine weitere Möglichkeit, die über die Java-Komponente zur Suche verwendet werden kann, ist die Suche über ein Anfragebild. Liegt dieses Bild im Dateisystem oder anhand einer URL vor, so können dessen Featurewerte extrahiert werden. Danach findet eine Iteration über die Datenbank mit den gepeicherten Featurewerten aller Bilder statt, wobei die jeweils ähnlichsten Bilder berechnet werden. Diese Berechnung dauert etwas länger, ermöglicht aber die Suche mit einem Anfragebild anstatt nur über Metadaten.

Problematisch bei der Bildersuche ist, dass sich die nach Features berechnete und die vom Menschen wahrgenommene Ähnlichkeit erheblich unterscheiden können. Deshalb ist ein garantiertes Auffinden der jeweils ähnlichsten Bilder in einer großen Bildmenge nur einge-schränkt möglich. Insbesondere dann, wenn die Bildmenge so groß ist, dass die Ergebnisse nur mühsam auf Validität geprüft werden können. Bei der Realisierung der Ähnlichkeitssu-che sind bekannte Probleme aufgetreten, die in der Forschungsgemeinschaft zu CBIR bereits beschrieben sind. Dazu gehört vor allem die Definition und Bedeutung von Ähnlichkeit. Reicht es beispielsweise aus, wenn bestimmte ähnliche Farben im Bild vorkommen? Ist die Position ähnlicher Objekte im Bild relevant? Sollen auch gedrehte, gespiegelte oder skalierte Objekte als ähnlich gelten oder nicht? Sollen Bilder mit ähnlichen Teilobjekten auch als ähnlich gelten und unter welchen Bedingungen?

Es existieren eine Reihe weiterer Probleme zu Farbe, Grauwerten, Position, Skalierung, Dre-hung, Texturen und Kantenerkennung, die hier nicht im Detail aufgeführt sind. Eine Beant-wortung obiger Fragen gestaltet sich vor allem in der Praxis schwierig, da hier sehr hetero-gene Bildmengen vorliegen können und deshalb nicht pauschal sondern von Fall zu Fall entschieden werden muss. Dies wirkt sich entsprechend auf die Algorithmen aus.

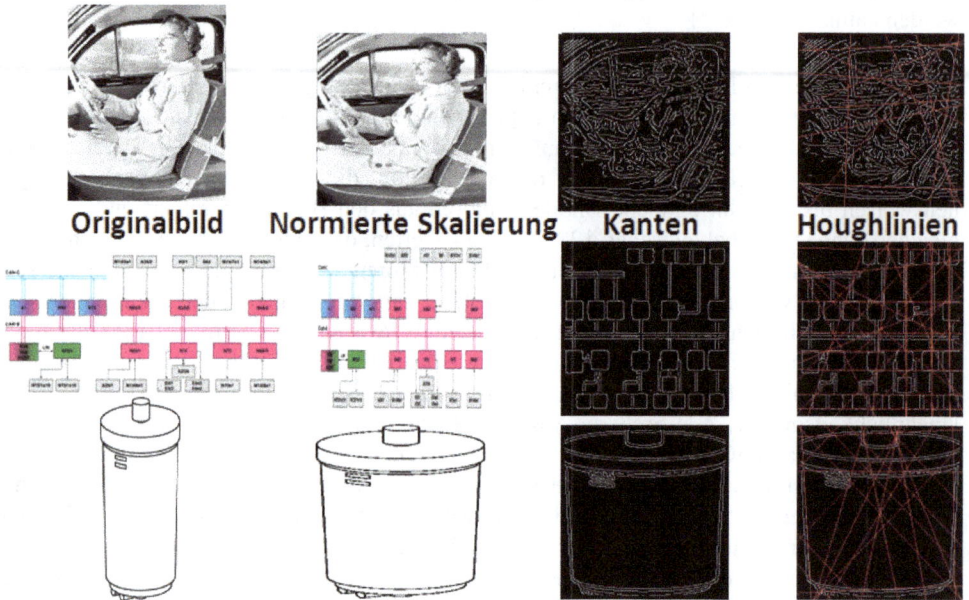

Abbildung 40: Normierte Skalierung, Canny Kantenerkennung und Hough Linienextraktion

In der hier entwickelten CBIR-Java Software, kommen folgende Techniken zur Feature-Extraktion zum Einsatz (siehe Abbildung 40, Abbildung 41 und Tabelle 20). Zunächst wer-den einfache Features wie Größe des Bildes, die Auflösung und die Farbtiefe ausgelesen. Diese sind für einen grundlegenden, einfachen Vergleich verwendbar. Mit Histogrammen zu Farben und Grauwerten entstehen weitere Vektoren zur Bildbeschreibung. Eine zusätzlich eingesetzte Technik ist die Berechnung von Bildrepräsentanten. Dazu wird das untersuchte Bild zunächst auf eine Standardgröße skaliert und ein Gitter darüber gelegt. Dieses kann entweder feinmaschiger oder recht grob sein, je nachdem wie viele Stellen auf ähnliche Farb- und Grauwertvorkommen untersucht werden sollen.

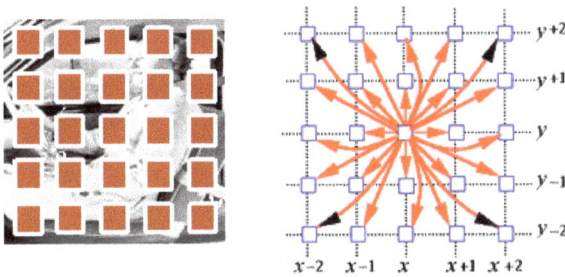

Abbildung 41: Berechnung von Bildpunkten als Bildrepräsentanten

Hier berechnet die Java-Software sechzehn Bildpunkte als Repräsentanten. Wichtig ist, dass jeweils die benachbarten Bildpunkte zur Berechnung der Repräsentanten mit herangezogen werden. Der Repräsentant besteht damit aus einem Durchschnittswert der umliegenden Bildpunkte, verrechnet mit seinen eigenen Werten.

Die letzte hier angewendete Technik ist eine Kantenerkennung auf Basis des „Canny Edge"-Algorithmus (Aarnink 1998). Dieser erkennt die Vorkommen von Kanten im Bild sehr gut. Um nun daraus Werte zum Bildvergleich zu erhalten, werden mittels Hough Transformation (mathematisches Verfahren) Linien im Bild definiert. Deren Position und Drehung sind eine Ausgangsbasis für den Bildvergleich. Ein schwerwiegendes Problem ist, dass je nach Bild unterschiedlich viele dieser Hough-Linien vorkommen und ein Vergleich sich deshalb als schwierig herausstellt.

Tabelle 20: Feature-Techniken und praktische Realisierung

CBIR Feature-Technik	Extraktion des Bilddeskriptors
Bildgröße, Auflösung und Farbtiefe	Einfachste Features, die ohne großen Aufwand aus dem Bild ausgelesen werden
Grauwert- und Farbhistogramme	Generierung der Histogrammdaten über die Java Advanced Imaging (JAI) Bibliothek
Gitternetz mit Berechnung der Bildrepräsentanten	Einfache Berechnung der Durchschnittswerte für Farbe und Grauwerte für jeden der definierten Bildrepräsentanten
Canny Kantenerkennung und Hough-Transformation zur Linienextraktion	Mathematisch komplexe Berechnung mit dem Problem, dass eine Vergleichbarkeit nicht unbedingt gegeben ist

Sind alle Bilddeskriptoren der zu indexierenden Bildkollektion extrahiert, so können im nächsten Schritt die Distanzen zwischen den Bildern berechnet werden. Dies geschieht anhand verschiedener Distanzmaße. Dazu gehören unter anderem die absolute Distanz, die euklidische Distanz und die Minimum-Distanz (siehe Formeln zur Berechnung in Abbildung 42).

$$D_{\text{absolute}}(\mathbf{h},\mathbf{h}') = \sum_{k=1}^{K} \left| h_k - h_k' \right|$$

$$D_{\text{Euclidean}}(\mathbf{h},\mathbf{h}') = \sqrt{\sum_{k=1}^{K} \left(h_k - h_k' \right)^2}$$

$$D_{\text{intersection}}(\mathbf{h},\mathbf{h}') = 1 - \sum_{k=1}^{K} \min\left\{ h_k, h_k' \right\}$$

Abbildung 42: Verschiedene Distanzmaße und deren mathematische Berechnung

Im hochdimensionalen Raum ergeben sich bei der Distanzberechnung über die euklidische Distanz die besten Ergebnisse. Bei der absoluten und der Minimum-Distanz liegen viele Bilder zu nah beieinander (d.h. sind sich zu ähnlich). Durch das Quadrieren des Abstands bei der euklidischen Distanz werden Unterschiede potenziert und es ist einfacher nahe beieinander liegende (also ähnliche) Bilder auszumachen.

Zum Test des Frameworks zur Ähnlichkeitssuche wurden mehrere Clients entwickelt. Mit diesen Clients können Anfragen mit Testbildern und Testmetadaten gestartet und ausgewertet werden. Zusätzlich kann mit einem der Clients ein Vergleich zweier Bilder und deren Featurewerte und Unähnlichkeitswerte gestartet werden. Dies hilft bei der Konfiguration des Frameworks und der Optimierung der Ergebnisse. Anfragen nach ähnlichen Bildern sind auch über das Web per CGI Skript möglich. So wurde dieses Framework an die oben beschriebene Bildersuche angebunden. Dies führte zum Teil zu besseren Ergebnissen bei der Ähnlichkeitssuche, als dies mit dem GIFT-Framework möglich war. Ein Grund dafür ist die Konfigurierbarkeit der Ähnlichkeitswerte mittels Gewichtungen je nach gewünschten Ergebnissen.

Offen bleibt in dieser Arbeit die Untersuchung der Qualität der Ergebnisse, die mit dem patentierten SIFT (Scale-Invariant-Feature-Transform)-Algorithmus berechnet werden können (Wangming et al. 2008). Dieser ist für Forschungszwecke frei verwendbar und hat den Vorteil, dass die Feature-Berechnung bzgl. Drehung, Skalierung und weiterer Bildeigenschaften invariant ist und so auch bei sehr heterogenen Bildmengen gute Ergebnisse erzielt werden. Patentiert ist der Algorithmus und dessen Anwendung beim US Patentamt unter der Nummer US 6,711,293 B1 (Lowe 2004). Die Vorgehensweise sei der Vollständigkeit halber im Folgenden kurz erläutert. Die SIFT-Features können ab ca. 128 oder mehr Dimensionen extrahiert werden. Dabei ist die Berechnung recht aufwendig. In einem ersten Schritt müssen Extremwerte im Bildraum erkannt werden, um so möglichst alle besonders repräsentativen Bildbereiche zu definieren. Im zweiten Schritt findet die Bestimmung der repräsentativen Feature-Punkte statt. Hier können je nach Bild unterschiedlich viele Punkte entstehen, die repräsentativ sind. Im dritten Schritt werden dann die Richtungen der unterschiedlichen Vektoren der repräsentativen Bildbereiche untersucht. Dies ermöglicht später die bzgl. mehrerer Bildmerkmale (wie z.B. Drehung) invarianten Distanzberechnung und den Vergleich der Bildvektoren. Die Berechnung der Features ist der vierte und letzte Schritt des SIFT-Algorithmus. Auf Basis der extrahierten SIFT-Bilddeskriptoren ist nun wieder eine Distanzberechnung über verschiedene Maße und Gewichtungen möglich. Das Ziel des Einsatzes von SIFT wäre eine Verbesserung der Ergebnisqualität zu ähnlichen Bildern in sehr großen heterogenen Bildkollektionen.

Der Einsatz der CBIR-Komponente auf einer sehr großen Bildmenge in der Praxis führte zu vielen Problemen, die gelöst werden mussten. Zunächst war theoretisch abzusehen, dass die vorhandene Bildmenge von ca. einer Million Bildern zwar wegen der linearen Laufzeit in absehbarer Zeit indexiert werden kann, eine Distanzberechnung mit quadratischer Laufzeit aller Bilder führt jedoch zu nicht annehmbaren Laufzeiten (siehe Tabelle 21). Dies macht eine Unterteilung in Bildgruppen notwendig. Dabei stehen wiederum die Qualität der Ergebnisse und die Laufzeit in Konkurrenz. Eine ausführlichere Berechnung und eine Extraktion von längeren Feature-Vektoren führt zu besseren Ergebnissen, erhöht aber teils drastisch die Laufzeit für deren Berechnung. Hinzu kommt, dass eine Distanzberechnung nur notwendig ist, wenn möglichst schnell und direkt per Metadaten nach den Bildern gesucht werden muss. Ansonsten reicht die Extraktion der Features aus, um sowohl metadaten- als auch bildbasierte Anfragen zu verarbeiten. Dabei werden die Features des Anfragebildes mit allen Features der Bildmenge verglichen, um die ähnlichsten Bilder zu bestimmen. Weitere Probleme in der Praxis des CBIRs ergaben sich aus der sehr heterogenen Bildmenge, deren Ergebnisse zur Ähnlichkeit mit der Feineinstellung der Gewichtungen bei der Distanzberechnung nach und nach verbessert werden konnte. Eine optimale Berechnung und Gewichtung konnte aufgrund der umfangreichen Bildmenge und dem Unterschied zwischen berechneter und wahrgenommener Ähnlichkeit nicht definiert werden. Hierzu müsste eine Feedbackkomponente in das CBIR-System integriert werden, die Benutzern die Möglichkeit gibt, dem System besonders ähnliche oder unähnliche Treffer zu melden. Dieses könnte daraufhin die Gewichtungen und Feature-Berechnungen so anpassen, dass zukünftige Ergebnismengen um unähnliche Bilder bereinigt sind. Ein großes Problem waren die vielen Bildformate, die je nach Auflösung, Farbtiefe, Farbmodell und Dateiformat eingelesen werden mussten. In vielen Fällen konnte erst durch die erneute Speicherung des eingelesenen Bildes im JPEG-Format ein berechenbares Bild erzeugt werden. Die erneute Speicherung im Dateisystem erhöht die Laufzeit, macht aber dafür die Extraktion der Bilddeskriptoren möglich. Ansonsten könnte das Bild nicht indexiert werden und es würde von der Ähnlichkeitssuche ausgeschlossen.

Tabelle 21: Laufzeiten für Indexierung und Distanzkalkulation

Anzahl Bilder	1	10.000	100.000	800.000
Features Extraktion (Länge 186 Zahlen pro Bild)	<0,5 Sek.	<40 Min.	<8 Std.	<70 Std.
Vorberechnung Distanz (nur 100 ähnliche je Bild!)	<1Sek.	<2 Std.	<4 Tage	<360 Tage!!!

Eine schnellere Laufzeit konnte durch die Realisierung des Java-Programms als Multiprozessorlösung erreicht werden. Zusätzlich ist es möglich Bildgruppen oder Teilmengen parallel auf unterschiedlichen Computer berechnen zu lassen und so weitere Zeit einzusparen.

4.2.8 Evaluation und Redesign

Zur Diskussion, Untersuchung und einer ersten formalen Evaluation der Bildersuche sind mehrere Workshops abgehalten worden. Einer der zentralen Workshops wurde als Fokusgruppe realisiert. Sechs Benutzer, vier Domänenexperten und drei weitere Personen (zur

Dokumentation und Moderation des Workshops) nahmen daran teil. Typischerweise liefen die Workshops und Fokusgruppen folgendermaßen ab. Zunächst wurde eine kurze Vorstellungrunde abgehalten, um in das Thema einzuführen. Dann wurde der Prototyp vorgeführt und die einzelnen Funktionen diskutiert. Die Diskussion wurde dokumentiert, um insbesondere die Kommentare der Benutzer festzuhalten. Nach der Präsentation des Prototyps hatten die Benutzer die Gelegenheit diesen selbst auszuprobieren. Dabei wurden sie gebeten laut zu denken und sich zu jeder ihrer Aktionen zu äußern. Als Resultat wurden immer wieder Fehler in der Programmierung entdeckt und Verbesserungsvorschläge zur UI-Gestaltung von den Benutzern und Domänenexperten gemacht. Mit diesen Ergebnissen war es jeweils möglich das Konzept zur Suche, Interaktion und Visualisierung der Bilder, sowie das Design im Hinblick auf die Suchstrategien, Aufgaben und Vorgehensweisen der Benutzer iterativ zu verbessern.

Auf dem Weg von den ersten Ideen bis zur Endversion der Bildersuche entstanden viele Zwischenversionen. Dabei wurde umfangreiches Feedback der Benutzer integriert. Einige relevante Erkenntnisse aus den Workshops sind im Folgenden aufgeführt. Bei der Diskussion mit den Benutzern stellte sich im Bezug auf den Nutzungskontext heraus, dass das Sucheingabefeld über alle Metadaten eingesetzt werden können sollte. So wäre es möglich direkt bestimmte Metadatenwerte in Kombination mit Bildnummern, Farbe, Jahreszahlen und Schlagworten einzugeben. Das Sucheingabefeld kann weiter verbessert werden, indem ein Thesaurus integriert wird, der eine automatische Vervollständigung von Suchbegriffen anbietet. Die Benutzer verlangen außerdem eine Mehrfacheingabe von Bildnummern, um mehrere Bilder auf einmal zu suchen. Weiterhin wurde erkannt, dass die unterschiedlichen, domänenspezifischen und aufgabenbezogenen Suchstrategien der Benutzer von großer Bedeutung sind. Das System muss also alle unterschiedlichen Suchstrategien unterstützen und auch eine Kombination dieser ermöglichen. Die drei generellen Suchstrategien sind die Suche per Texteingabe (Bildnummern oder Schlagworte), die Suche durch eine Kategorisierung des Informationsraums und das iterative „Herantasten" an ein Bild nach Ähnlichkeit. Ein weiterer wichtiger Punkt ist die Personalisierung, die es ermöglicht die Benutzungsschnittstelle anzupassen und die Bildmenge schon zu Beginn auf eine relevante Untermenge einzuschränken. Die Ähnlichkeitssuche ist als besonders hilfreich empfunden worden und könnte zukünftig mittels Themen- oder Schlagwortlandkarten eine weitere kombinierbare, alternative Übersicht über den Datenraum zur Verfügung stellen.

Für die Durchführung des Benutzertests wurde eine vorläufige Endversion der Bildersuche entwickelt. Diese wurde dann mit dem bisher genutzten, herkömmlichen Bildrecherchesystem (bestehend aus komplexer Suchmaske und Ergebnisanzeige) verglichen. Dazu wurden drei Foki für die Untersuchung definiert.

- **Fokus 1**: Effektivere und effizientere Recherche durch besseres Feedback und mehr Visualisierungen als bei herkömmlichen Recherchesystemen.

- **Fokus 2**: Verwaltung der Suchen und Warenkörbe einfacher und verständlicher als bei herkömmlichen Recherchesystemen.

- **Fokus 3**: Das Zoomkonzept ist leicht verständlich und der Aufbau der Webanwendung wird insgesamt als übersichtlicher bewertet.

Insgesamt nahmen acht Benutzer an der Studie teil. Dazu gehörten vier Benutzer, die bereits länger mit dem herkömmlichen Bildrecherchesystem arbeiten. Diese setzen bevorzugt Konsolenbefehle ein, um die Bilder zu finden. Benutzer, die in diese als „konservativ" bezeichnete Benutzergruppe fallen, sind zwischen 45 und 60 Jahren alt und haben keine oder nur sehr wenig Erfahrung mit interaktiven Webanwendungen. Die zweite Benutzergruppe verwendet dagegen öfters interaktive Webanwendungen und ist im Schnitt unter 45 Jahre alt. Diese Benutzer kennen sich weniger mit Konsolenbefehlen aus und haben Freude bei der Verwendung der Zoomkonzepte. Allen acht Benutzern wurden jeweils vier Aufgaben vorgelegt, die sie mit der Webanwendung zur Bildersuche durchführen sollten. Diese sind gegliedert in eine einfache Einstiegsaufgabe, eine Aufgabe zum Verständnis des UIs und schließlich noch Aufgaben zur Interaktion und Ähnlichkeitssuche (Originalmaterialien siehe Anhang B). Benutzer sollten

- ein Bild nach Bildnummer suchen.

- die Bildmenge nach unterschiedlichen Kriterien filtern.

- sich die Bilder und deren Metadaten anzeigen lassen.

- die Interaktion mit der Webanwendung erkunden.

- einen Warenkorb mit mindestens drei Bildern füllen.

- eine Ähnlichkeitssuche nach einem Bild starten.

Die Benutzer wurden nach ihrem Einverständnis zur Ton- und Filmaufnahme gefragt, woraufhin die Reaktionen per Video und Screencam festgehalten werden konnten. Zwei der acht Benutzer waren nicht mit den Aufnahmen einverstanden, wollten aber dennoch am Test teilnehmen. Weiterhin wurde den Benutzern erklärt, dass das Produkt und nicht sie Gegenstand des Tests sind. Die Testpersonen wurden dazu aufgefordert laut zu denken („Thinking Aloud"-Methode) und jede Art von Verbesserungen anzumerken. Dann wurde ein Fragebogen zur bisherigen Erfahrung mit Computern und ZUI-Anwendungen ausgeteilt, um die Benutzer besser einzuschätzen und die Ergebnisse richtig zu interpretieren. Nachfolgend wurde jedem Benutzer das Aufgabenblatt vorgelegt. Jede Aufgabe wurde einzeln vorgelesen und dann direkt mit der Anwendung zur Bildersuche bearbeitet. Abschließend wurde noch ein Posttest-Fragebogen zum Vergleich mit dem bisherigen, herkömmlichen Recherchesystem und der Zufriedenheit mit der Webanwendung ausgeteilt.

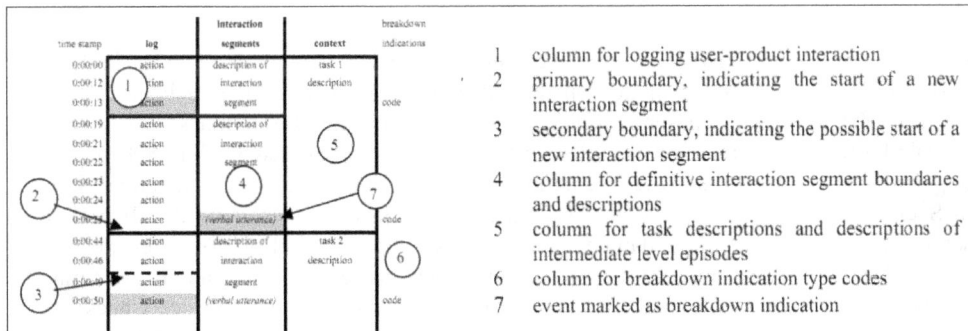

Abbildung 43: DEVAN Coding Scheme

Die Auswertung der umfangreichen Ergebnisse erfolgte in mehreren Etappen. Zunächst wurde für die Videoanalyse das „Coding Scheme" der DEVAN Methode (Vermeeren et al. 2002) verwendet. Das DEVAN Werkzeug wurde entwickelt, um strukturierte und detaillierte Analysen von Videodaten durchzuführen. Dabei fokussiert die Methode auf Videodaten von Benutzertests interaktiver Anwendungen, wie sie hier vorliegen.

Abbildung 43 zeigt das allgemeine Coding Scheme der DEVAN-Methode. Es gibt Spalten für Zeit, Interaktionen der Benutzer mit dem Produkt, Interaktionssegmente, Aufgaben und deren Beschreibungen und schließlich die letzte Spalte, in die entsprechend beobachtete Anzeichen für Usability Probleme („breakdown indication") eingetragen werden. Das DEVAN-Werkzeug stellt eine detaillierte Liste mit Anzeichen für Aufgabenabbrüche zur Verfügung. Dabei wird das Nutzerverhalten im Hinblick auf Usability Probleme beobachtet. Abbildung 44 zeigt diese Liste mit den „Breakdown Indications".

Short description	Code	Short description	Code
Breakdown indication types based on observed actions on the product		**Breakdown indication types based on verbal utterances or on non-verbal behaviour**	
User chooses wrong action	ACT	User formulates an inadequate goal	GOAL
User discontinues an initiated action	DISC	User's seems to be puzzled about what to do next.	PUZZ
User has problem in physically executing an action	EXE	From the user's words it is clear that actions are selected at random.	RAND
An action is repeated with exactly the same effect.	REP	User indicates to be searching for a specific function and can't find it, or function does not exist.	SEARCH
User corrects or undoes a preceding action.	CORR	User indicates that physical execution of an action is problematic or uncomfortable.	DIFF
User stops task, task not successfully finished.	STOP	User expresses, doubt, surprise or frustration after having performed an action.	DSF
		From the user's words it is clear that a preceding error is recognised as such, or that something previously not understood now has become clear.	REC
		User realises that the current task was not successfully finished, but continues with next task.	QUIT

Abbildung 44: DEVAN Usability Problem Indicating Checklist (Vermeeren et al. 2002)

Die Auswertung der Videos wurde in einer umfassenden Analyse vorgenommen, in der alles vorhandene Videomaterial mit den entsprechend vorbereiteten Coding Schemes gesichtet wurde. Dabei sind zwei Phasen zu unterscheiden. In der ersten Phase müssen die Aktionen, verbale Bemerkungen und non-verbales Verhalten in das vorbereitete Coding Scheme eingetragen werden. Dann werden die Interaktionen, je nach Pausenzeiten zwischen den Aktionen in Segmente aufgeteilt. Im letzten Schritt der ersten Phase werden definitive Interaktionssegmente gewählt und diese dann weiter auf das Aufgabenlevel zu Episoden abstrahiert (rechte Spalte „context" in Abbildung 43). In der zweiten Phase wird dann eine Liste mit den „breakdowns" (Abbrüchen) angefertigt. Dazu werden zunächst mittels der Checkliste in Abbildung 44 Vorkommnisse von „breakdowns" in den Videos identifiziert. Diese sind dann zu beschreiben und mit einem Kürzel entsprechend zu markieren. Dadurch, dass nur eine Person das Videomaterial transkribiert hat, ist es nicht möglich die Evaluatoren-Effekte zu messen. Bei mehreren Evaluationsexperten wäre dies nach (Hertzum & Jacobsen 2001) mittels drei unterschiedlicher Verfahren möglich: „detection rate", „Cohen's kappa" oder des „any-two agreement".

	Occurences of Breakdowns			Unique Problem Tokens (UPTs)		
	detected by evaluators	detected in total	*Any-two agreement*	detected by all	detected in total	*Any-two agreement*
Study 1: "Bildersuche" (n=6)	-	73	-	-	26	-

Abbildung 45: Gesamtergebnis der Videoanalyse

Coding Scheme DEVAN - Usability Test Bildersuche

time stamp	log	interaction segments	context	breakdown indication
0:04	Start Aufgabe 1	Suche nach Filter bzw. Suchmaske I "wo komm ich zur maske?"	Aufgabe 1: Suchkachel öffnen, Filterformular verwenden, Zahlenfeedback einholen und Bilderanzeigen	
0:18	direkter Weg			SEARCH
0:20	click auf Suche			DSF
0:30	click auf Einstellungen			PUZZ
0:45	schliesst Fenster	Suche nach Filter bzw. Suchmaske II "übersicht nicht notwendig"		
1:00	neue Suche öffnet will sie nicht			DSF
1:10	wo komme ich auf die maske			
1:25	übersicht nicht notwendig gleich zu filtern	Eingabe Suchmaske "müsste feld aufgehen für eingabe bildnummer"		REC
1:35	Kachel Suche zu Filterformular			
1:52	klick auf Feld zum eintragen			REC
1:56	klick auf Auswahl Bildnummer			PUZZ
3:14	sucht Bildnummer aus			
3:45	gibt erstes Feld an			PUZZ
3:58	gibt andere Felder an			REC
4:38	zeigt Bilder an	Anzeige der Bilder		SEARCH
5:09	Zoom zeigt Details an per klick			
5:20	Ende Aufgabe 1			

Abbildung 46: Auszug aus dem Codierungsschema zur Bildersuche

Eine Analyse der Ergebnisse zeigt, dass bei spezifischen Aufgaben zur Suche viele Abbrüche auftraten, während bei der Interaktion per Zooming und Panning (nach einer kurzen Lernphase) nur noch sehr wenige Abbrüche erfolgten. Die zielorientierten Aufgaben zur Interaktion wurden dementsprechend besser gelöst als die zur Suche. Abbildung 46 zeigt einen Auszug des Codierungsschemas zur Benutzertest-Session mit der dritten Testperson. Diese hatte mit Abstand am meisten Abbrüche (26). Bereits bei der ersten Aufgabe wurden zehn Abbrüche festgestellt. Außerdem mussten immer wieder Hilfestellungen gegeben werden. Dies liegt im Wesentlichen an der zu diesem Zeitpunkt unausgereiften Suchfunktion, deren Anforderungen komplex sind und noch nicht ganzheitlich erhoben waren.

Tabelle 22 führt die Verbesserungsmöglichkeiten zur Web-Bildersuche auf. Zu diesen Erkenntnissen führten die Auswertung der Fragebögen, die Videoanalyse mit dem DEVAN-Werkzeug und ein Expertenworkshop unter Hinzunahme des Kriterienkatalogs (Kapitel 2.5, Tabelle 9) zur Diskussion der Ergebnisse.

Tabelle 22: Verbesserungen der Bildersuche aufgrund Benutzertests

Verbesserungsmöglichkeit	Prototypische Designskizze
Direkterer Einstieg in die Suche, Direktsuche integrieren	
Verbesserung des visuellen Feedbacks durch Query Previews (Tanin et al. 2000)	
Benutzergesteuerte Kontrolle der Zoomgeschwindigkeit für die Kacheln im Informationsraum	
Verbessertes Feedback zur Orientierung im simulierten 3D-Raum mit den erstellten Kacheln / Integration eines Zeit-Schiebereglers und Beschriftung der 3D-Zeitachse	

Verbesserte visuelle Darstellung der Bildähnlichkeit / Dicke und Farbe der Kanten kann die Ähnlichkeit zwischen den Bildern anzeigen	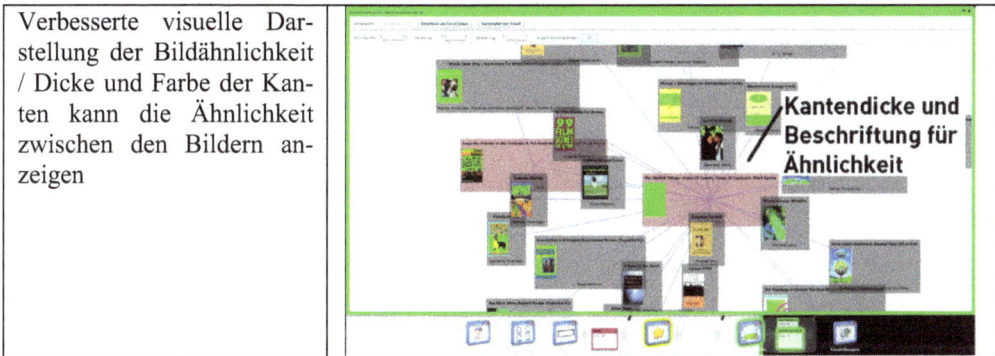

Die Ergebnisse des Benutzertests lassen sich folgendermaßen zusammenfassen:

- Direkterer Einstieg in die Suche gewünscht, Bildnummerneingabe und Filterformular hat noch viel Verbesserungspotential (z.T. sehr speziell), Zahlenfeedback wird als sehr gut und wichtig empfunden.

- Das Konzept der Dock sowie Zooming und Panning der Kacheln ist Benutzern leicht verständlich, die sich auch in der Webwelt bewegen – andere Benutzer, die Konsolen gewohnt sind, haben teils Probleme.

- Das Drag'n'Drop-Konzept ist intuitiv und bekannt, wird daher schnell erlernt (Bilder in Warenkorb legen, Ähnlichkeitssuche starten).

- Unterschiedliche Visualisierungen sind für Benutzer von Vorteil, z.B. bei verschiedenen Aufgaben (direkte Suche, Exploration, …).

- Personalisierung ist wichtiger Faktor zur Reduktion der Komplexität (viele unterschiedliche Benutzergruppen und Aufgabenbereiche).

Die in den Workshops und Benutzertests erhaltenen Rückmeldungen führten zur Anpassung der UI-Gestaltung. So sind nun die Schriftgrößen der Metadaten skalierbar, die Abstände zwischen den Bildern sowie die Anzahl ähnlicher Bilder können angepasst werden. Zusätzlich zeigen die Dicke und Farbe der Kanten die Ähnlichkeit der Bilder an. Weitere sinnvolle Anpassungen wären eine Anordnung der Bilder nach Ähnlichkeit, z.B. könnte die Distanz der Bilder untereinander über den im UI sichtbaren Abstand abgebildet werden.

Am Benutzertest nahmen sehr unterschiedliche Benutzertypen teil. Die einen sind zwischen 50 und 60 Jahren alt und sehr vertraut mit der Kommandozeile, den Datenbanken und den Metadaten der Bilder. Die anderen Benutzer sind jünger und kennen sich mit Webanwendungen aus und beginnen gerade erst mit dem Recherchesystem zu arbeiten. Abbildung 47 zeigt die Auswertung des Posttest-Fragebogens, an dem zu erkennen ist, dass konservative Benutzer der ersten Benutzergruppe den Prototypen eher als langsamer bewerten, während die andere Gruppe beide Systeme als gleich schnell bewertet. Aus den acht Datenerhebungen sind aufgrund eines fehlerhaften Datensatzes nur sieben verwendbar (deshalb auch nur sieben Wertelinien in Abbildung 47).

Bitte ausfüllen...

1   2   3   4   5   6   7

Im Vergleich zum momentanen System ist die **Recherche** mit dem Prototypen eher
schneller ☐ ☐ ☐ ☐ ☐ ☐ ☐ langsamer   H_1

Im Vergleich zum momentanen System sind die **Systemmeldungen** des Prototypen
besser ☐ ☐ ☐ ☐ ☐ ☐ ☐ schlechter   H_1

Im Vergleich zum momentanen System bietet der Prototyp verschiedene **visuelle Ergebnisanzeigen**,
die mich bei meinen Aufgaben (Suchen und Durchblättern)
unterstützen ☐ ☐ ☐ ☐ ☐ ☐ ☐ verwirren   H_123

Int. Webanw. User

Im Vergleich zum momentanen System ist die **Navigation** (Zoomen und Verschieben der Kacheln) zur
Verwaltung der Suchen und Warenkörbe mit dem Prototypen eher
einfacher ☐ ☐ ☐ ☐ ☐ ☐ ☐ komplizierter   1 x ungewohnt   H_2

Konservativer User

Im Vergleich zum momentanen System ist der Prototyp
übersichtlicher ☐ ☐ ☐ ☐ ☐ ☐ ☐ unübersichtlicher   1 x ungewohnt   H_3

Haben Sie noch Anmerkungen, Kritik oder ähnliches, die sie loswerden möchten?

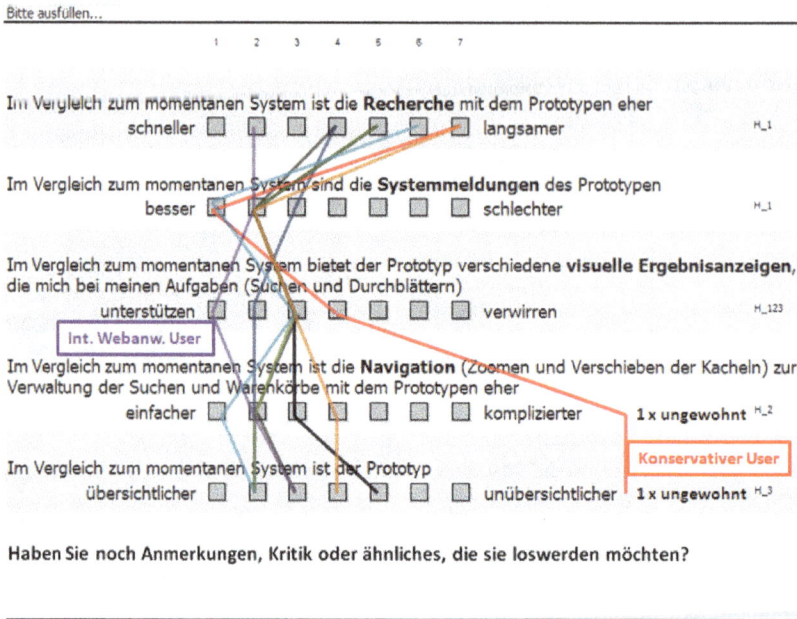

Abbildung 47: Ergebnisse Posttest-Fragebogen

Die Art der Navigation und Interaktion mit den unterschiedlichen Zoomkonzepten (3-stufiger semantischer Zoom und koordinierte Zoom-/Pan-Interaktion) wird vor allem von webaffinen Benutzern schnell verstanden und intuitiv bedient. Konservative Benutzer haben Probleme, da sie alte Interaktionsmuster gewohnt sind und deshalb umdenken müssen. Insgesamt wird zur Ergebnisvisualisierung der Bilder die zoombare Kachelvisualisierung bevorzugt, obwohl diese weniger gute Sortiermöglichkeiten bietet als die Tabelle. Für die reine Exploration stuften einige Benutzer das 3D-Karussell als am besten geeignet ein, während andere lieber die Tabellendarstellung nutzen wollten. Dies zeigt, dass es durchaus Sinn macht mehrere Arten der Visualisierung anzubieten und damit die unterschiedlichen Gewohnheiten der Benutzer zu berücksichtigen. Das Zahlenfeedback der Suche und die Filterkomponenten wurden in den anschließenden Diskussionen als besonders positiv bewertet. Dies war allerdings zu erwarten, da es ohne Zahlenfeedback schwer sein kann die Bildmenge einzuschränken. Zudem hilft dies geübten Benutzern schneller zu suchen und Bilder zu finden, die sie sonst nicht beachtet hätten. Das Konzept des quasi-unendlichen ZUI-Informationsraums mit den skalierbaren Kacheln wurde insgesamt positiv bewertet. Kritisch angemerkt wurde aber, dass ein Feedback des Systems zur aktuellen Position und zu den insgesamt vorhandenen Kacheln fehlt. Das Layout der Informationskacheln im Raum konnte nicht von allen Benutzern klar nachvollzogen werden. Reflektiert und interpretiert man die Ergebnisse nun im Hinblick auf die zu untersuchenden Foki, so kommt man zu folgenden Schlüssen:

Fokus 1: Effektivere und effizientere Recherche durch besseres Feedback und mehr Visualisierungen als beim herkömmlichen Recherchesystem (bestehend aus komplexer Suchmaske und einfacher Ergebnisanzeige)

- ist im Gesamtvergleich mit der aktuellen Bildersuche nicht gegeben

- aber Optimierung der Effektivität und Effizienz möglich durch:
  - o   verbessertes Zahlenfeedback
  - o   Optimierung der Filtermaske (kompakt, „intelligent")
- Das Browsen der Bilder ist effektiver und effizienter gelöst.

Fokus 2: Verwaltung der Suchen und Warenkörbe einfacher und verständlicher als bei herkömmlichen Recherchesystemen

- Für Benutzer, die interaktive Webanwendungen kennen, trifft dies zu. Probleme haben „konservativere" Benutzer, die sonst nur mit Formularen oder Datenbanken gearbeitet haben.

Fokus 3: Das Zoomkonzept ist leicht verständlich und der Aufbau der Webanwendung wird insgesamt als übersichtlicher bewertet.

- Von webbegeisterten Benutzern wird das Zoomkonzept eher als übersichtlich und leicht verständlich bewertet.

- Die „konservativen" Benutzer dagegen wollten sich nicht so recht auf das Konzept einlassen und bewerteten das ZUI eher neutral. Sie beschränkten sich auf die Suchmaske und favorisierten die Kachel- und Tabellenansicht.

Die Fallstudie zur Bildersuche zeigt auf, wie Theorie und Praxis bei der Konzeption, Gestaltung und Realisierung einer Webanwendung zur Suche und Exploration von heterogenen Bildern ineinander greifen können. Dabei wird eine innovative Lösung vorgestellt, die über ein zoombasiertes Interaktionskonzept mit umfangreichen Such-, Kategorisierungs- und Filtermöglichkeiten verfügt und mit einer Komponente zur Ähnlichkeitssuche kombiniert. Die qualitativen Evaluationen führten z.T. zu umfangreichen Redesign-Arbeiten. Sie zeigen, dass durch die iterative Weiterentwicklung eine bessere ZUI-Interaktion entwickelt werden kann. Im Vergleich zu bisherigen Systemen kann durch die Unterstützung der Aufgaben und Suchstrategien eine neue Qualität bei der Suche in großen, heterogenen Bildersammlungen erreicht werden. Die Verbesserung basiert vor allem auf dem fließenden Übergang zwischen zielgerichteter Suche und explorativem Browsen. Zur besseren Kopplung der Metadaten mit der inhaltsbasierten Ähnlichkeitssuche wurde zudem eine eigene Komponente entwickelt, die eine Verbesserung der Algorithmen und eine Optimierung der Feature-Berechnung für die Bildkollektion zur Verfügung stellt. Damit wird eine bessere Qualität der Ergebnisse bei der Ähnlichkeitssuche erreicht, da individuelle Anpassungen über Algorithmen, Distanzmaße und Gewichtungen möglich sind.

4.3   Fallstudie ZUIs für soziale Netzwerke

Die Fallstudie zur ZUI-Interaktion für soziale Netzwerke wurde im Rahmen dieser Arbeit entwickelt und in (Öttl et al. 2009) publiziert. Dabei fließen die Erkenntnisse zur Interaktion und Visualisierung mit ZUIs in die Generierung von grundlegenden ZUI-Patterns mit ein. Kapitel 4.3 basiert im Wesentlichen auf der überarbeiteten Publikation (Öttl et al. 2009), in der die relevantesten Erkenntnisse der Fallstudien (Gundelsweiler & Öttl 2008; Öttl 2008) zusammengefasst sind.

Die Einflussfaktoren und das Zusammenspiel sozialer Akteure werden mittels sozialer Netzwerke untersucht. Über das Vorliegen spezifischer Verhaltensmuster hinaus interessieren vor

allem deren Ursachen und Wirkungen. Visualisierungen stellen ein besonders geeignetes
Hilfsmittel für die Wissensentdeckung in den dabei auftretenden Netzwerkdaten dar. Diese
Fallstudie stellt ein Interaktions- und Visualisierungskonzept speziell für den komplexen Fall
zeitlich veränderlicher multivariater Daten vor. Wieder wird durch eine iterative Entwicklung
versucht mit ZUI-Interaktionskonzepten und integrierten Ansichten eine möglichst optimale
Gestaltung zu finden, damit Benutzer die wechselseitigen Abhängigkeiten von individuellem
Verhalten und sozialer Einbettung intuitiv und umfassend erkunden können. In der Analyse
sozialer Netzwerke geht man davon aus, dass individuelles Verhalten durch die Einbettung in
ein soziales Umfeld beeinflusst wird. Trotz Betonung der Analyse handelt es sich längst um
ein sozialwissenschaftliches Paradigma mit einem eigenen Instrumentarium aus Netz-
werktheorien und spezifischen Methoden (Brandes & Erlebach 2005; Jansen 2006;
Wasserman & Faust 1994). Schon in den Anfängen der Netzwerkanalyse wird die Visualisierung von Daten nicht nur als Mittel zur Präsentation gesehen, sondern vor allem deren
tragende Rolle bei der Exploration betont (Moreno 1953). Gängige Software zur Netzwerkanalyse wie etwa UCINET[18], Pajek[19], visone[20], Condor[21], SocialAction[22] oder Vizster[23] stellen
daher in aller Regel umfangreiche Möglichkeiten zur visuellen Datenpräsentation zur Verfügung. Ein weniger etabliertes Teilgebiet der Netzwerkanalyse befasst sich mit zeitlicher Veränderung in und von Netzwerken. Die für Längsschnittdaten erweiterte Methodik steckt noch
in den Anfängen und auch deren visuelle Unterstützung ist ein hochaktuelles Forschungsgebiet.

4.3.1   Anforderungen

Soziale Netzwerke werden meist durch Graphen mit Knoten- und Kantenattributen model-
liert, in denen Akteure durch die Knoten und deren Beziehungen untereinander durch Kanten
repräsentiert sind. In der visuellen Standardrepräsentation werden Punkte für die Knoten und
verbindende Linien als Kanten verwendet, alternativ kommen aber zum Beispiel auch Mat-
rixrepräsentationen zum Einsatz.[24]

Neben einer geeigneten Repräsentationsform hat die Wahl der Layout-Strategie entscheidenden Einfluss auf die erzielte Bildwirkung (Europäisches Komitee für Normung 2006). Dies
erschwert die Visualisierung zeitbezogener Netzwerkdaten, da die Repräsentation von Zeit in

---

[18] http://www.analytictech.com/ucinet/ucinet.htm (zuletzt besucht am 02.02.2011)

[19] http://vlado.fmf.uni-lj.si/pub/networks/pajek/ (zuletzt besucht am 03.02.2011)

[20] http://www.visone.info (zuletzt besucht am 03.02.2011)

[21] http://www.ickn.org/html/ckn_tools.htm (zuletzt besucht am 08.03.2011)

[22] http://www.cs.umd.edu/hcil/socialaction (zuletzt besucht am 08.03.2011)

[23] http://jheer.org/vizster (zuletzt besucht am 015.03.2011)

[24] Einen ersten Eindruck von der Vielfalt der Darstellungsmöglichkeiten bietet die Gallerie
     http://www.visualcomplexity.com unter „Social Networks" und „Political Networks".

der Visualisierung allgemeiner Daten oft durch die Positionierung der zugehörigen Informationsobjekte erfolgt. Üblich sind etwa Zeitleisten entlang der x- bzw. y-Achse sowie einer gedachten z-Achse vgl. temporal zooming (Hornsby & Egenhofer 1999) oder auch kreis- und spiralförmige Layouts. Üblicherweise wird zur visuellen Darstellung der schrittweisen Veränderung von Struktur und Attributen eine Animation verwendet, bei der Zeit auf Zeit abgebildet wird. Eine Abbildung der Zeit auf andere visuelle Variablen wie Farbe, Form oder Fläche wird dagegen kaum verwendet. Ein Überblick über Visualisierungen zu zeitbezogenen Daten ist z.B. bei Aigner (Aigner 2006; Aigner et al. 2007, 2008) zu finden, während eine zusammenfassende Darstellung von ausgewählten Navigationskonzepten und Visualisierungen von Graphen in (Herman et al. 2000) publiziert ist.

Die Zielgruppe für die in der Fallstudie entwickelten Ansätze sind Sozialwissenschaftler, die sich mit der zeitlichen Entwicklung sozialer Netzwerke beschäftigen. Es werden daher fachliche Grundkenntnisse aber weder Erfahrung im Umgang mit Visualisierungen noch mit Computern vorausgesetzt. Die in Tabelle 23 zusammengefassten Aufgaben im Umgang mit zeitbezogenen Daten müssen als Zusammenspiel von Interaktion und Visualisierungen unterstützt werden. In (Daasii 2003) und (Aigner 2006) werden diese Aufgaben als „high-level tasks" klassifiziert.

Tabelle 23: Benutzeraufgaben und ihre Ausprägungen

Art der Benutzeraufgabe	Ausprägungen der Aufgabe
Navigationsbezogene Aufgabenstellungen	exploratives Erkunden
	gezieltes Suchen
Beobachtung von Akteuren und Gruppen	zu fixen Zeitpunkten
	über Zeitintervalle
Vergleich von Akteuren und Gruppen	zu fixen Zeitpunkten
	zu unterschiedlichen Zeitpunkten
	über Zeitintervalle
Interpretation von Strukturmaßen	Ansicht und Exploration der visualisierten Daten
Erfassen von Trends und signifikanten Mustern	„Social Influence" (Anpassung von Akteuren an ihr Umfeld)
	„Social Selection" (Auswahl des Umfelds aufgrund von Attributen)

Zur Erprobung der Interaktions- und Visualisierungskonzepte wurden drei für die Anwendung als typisch anzusehende Datensätze gewählt, die aus personenbezogenen, multivariaten Merkmalen und sozialen Beziehungen zwischen den Personen bestehen. Sowohl Struktur als auch Attribute verändern sich über die Zeit. Zwei der Datensätze stammen aus früheren Studien (Steglich et al. 2006; Van De Bunt et al. 1999), ein weiterer, durch diese motivierter Datensatz, ist fiktiv und wurde mit besonderem Augenmerk auf eine hohe Varietät an Konstellationen und die Integration von Ausreißern zusammengestellt, um bei der Evaluation des Systems geeignete Szenarien vorgeben zu können. Der fiktive Datensatz umfasst 100 Knoten (Jugendliche) und 272 Kanten (Freundschaften zwischen den Jugendlichen) zu 11 Zeitpunkten (1997-2007). Als Attribute wurden Rauchverhalten, Alkoholkonsum, BMI-Wert, Name, Geschlecht und Geburtsjahr hinzugefügt. Da der Zeitbezug hier nicht durch Positionen dargestellt ist, wurde für die Knoten mit visone (siehe oben) ein über die Zeit statisches, möglichst optimales Layout berechnet. Die so erhaltenen Koordinaten zusammen mit den anderen Attributen werden in einer um den Zeitbezug erweiterten Version des GraphML-Formats[25] gespeichert.

In frühen Designphasen wurden weitere Rahmenbedingungen für die Anwendung ermittelt. Aus verschiedenen Ideen kristallisierte sich in mehreren Workshops mit Domänenexperten und Benutzern ein Gesamtkonzept heraus, dessen Basis herkömmliche Graphen bilden, da die Struktur von Graphen den Anwendern vertraut ist. Daneben wurden unter Rückgriff auf allgemeine Designrichtlinien wie das „Mantra of Information Seeking" (Shneiderman 1996) sowie der EN ISO-Normen ISO 9241-110, ISO 9241-11 und ISO 9241-12 (Europäisches Komitee für Normung 2006) verschiedene Interaktionsmöglichkeiten, sowie Such- und Filterkonzepte integriert, um die in Tabelle 23 genannten Aufgaben zu unterstützen. Ein weiterer Grund für die Wahl einer unveränderlichen Positionierung war, dass die Wirkung des Visualisierungs- und Interaktionsdesigns nicht durch die Wahl des dynamischen Layout-Verfahrens beeinflusst werden sollte. Trotzdem können, wie der nächste Abschnitt beschreibt, Graphen und Netze in Kombination mit ZUIs unterschiedlich gestaltet werden.

4.3.2   Strukturierung von Informationen mit Graphen und Netzen

Graphen und Netzwerke werden verwendet, um Objekte und Relationen eines Datenraums zu visualisieren. Sie eignen sich aber auch dazu hierarchische Relationen darzustellen (siehe Abbildung 48), die z.B. algorithmisch aus den Metadaten erzeugt wurden. Durch dieses Clustern der Graphen kann der Informationsgehalt einer Visualisierung bzw. eines ZUIs auf Basis der hierarchischen Ebenen reduziert werden. Ähnliche Elemente werden gruppiert und visuell in einem Objekt aggregiert. Mit Abnahme der visuellen Komplexität verändert sich die Art der Navigation, da die Objekte vom aggregierten in den geöffneten Zustand änderbar sein müssen. Während der Informationsraum also visuell einfacher zu erfassen ist, steigt die Anforderung an das mentale Modell der Benutzer und deren Fähigkeiten die hierarchische Strukturierung der Navigation zu verstehen.

Abbildung 48: 3D (links) und 2D (rechts) Graphen-Visualisierung aus (Eades & Feng 1997)

---

[25] http://graphml.graphdrawing.org (zuletzt besucht 21.03.2011)

Abbildung 48 zeigt einen Graphen, der in Cluster aufgeteilt wurde. Der Ausgangsgraph ist blau dargestellt und die größeren Kreise zeigen auf, welche Knoten von den hierarchischen Clustern umfasst werden. Die elf Knoten wurden durch ein Clusterverfahren auf drei Cluster (in Abbildung 48 rot dargestellt) reduziert. Durch das hierarchische Clustern können Zoom-Navigationskonzepte leicht auf den Graphen angewendet werden. Durch die hierarchische Struktur ist es sehr intuitiv mit Zoomoperationen einzelne Cluster zu vergrößern und so zu navigieren. Die Realisierung einer ZUI-Navigation würde dem Benutzer zunächst eine Übersicht des gesamten Graphen anzeigen (vgl. Abbildung 48 links, die grüne Ebene). Führt der Benutzer nun einen Zoom auf einen der sichtbaren Subknoten (z.B. rote Ebene) aus, dann zeigen die Cluster ab einer festgelegten Skalierung die beinhalteten Knoten an.

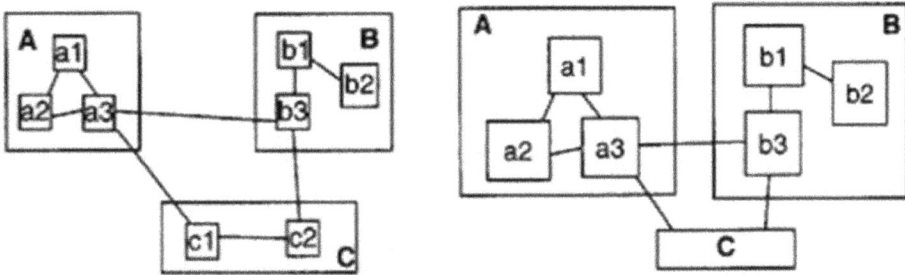

Abbildung 49: Hierarchisch geclusterter Graph, links Vollansicht, rechts Knoten c1 und c2 in Knoten C aggregiert (Bartram et al. 1995).

Für das Zooming von Clustern haben (Bartram et al. 1995) ein Konzept entwickelt, das vorsieht die einzelnen Cluster aufzuklappen und heran zu zoomen. Die einzelnen Knoten können also nach Bedarf vergrößert werden, woraufhin ihr Inhalt angezeigt wird. Die übrigen Knoten bleiben in ihrem Zustand im Kontext erhalten. In Abbildung 49 von links nach rechts ist zu sehen, wie Knoten c1 und c2 durch einen Navigationsschritt zum Knoten C aggregiert werden. Die Tatsache, dass die Kontextinformation trotz Navigation und Informationsanreicherung der Fokuselemente erhalten bleibt, hilft Benutzern bei der Orientierung und bei der Erfüllung ihrer Aufgaben. Dies wurde in einer Studie von (Schaffer et al. 1996) belegt.

Eine Überfüllung des Bildschirms wegen zu vieler ausgeklappter Knoten kann durch automatische Aggregation vermieden werden. Dabei wird die Distanz des Knotens zum Knoten, auf dem der Benutzerfokus liegt und der verfügbare Bildschirmplatz verwendet, um zu entscheiden ob Knoten automatisch vom System aggregiert werden sollen. Grundsätzlich werden also weit entfernte Knoten aggregiert, während fokusnahe Knoten geöffnet und damit detailliert angezeigt werden.

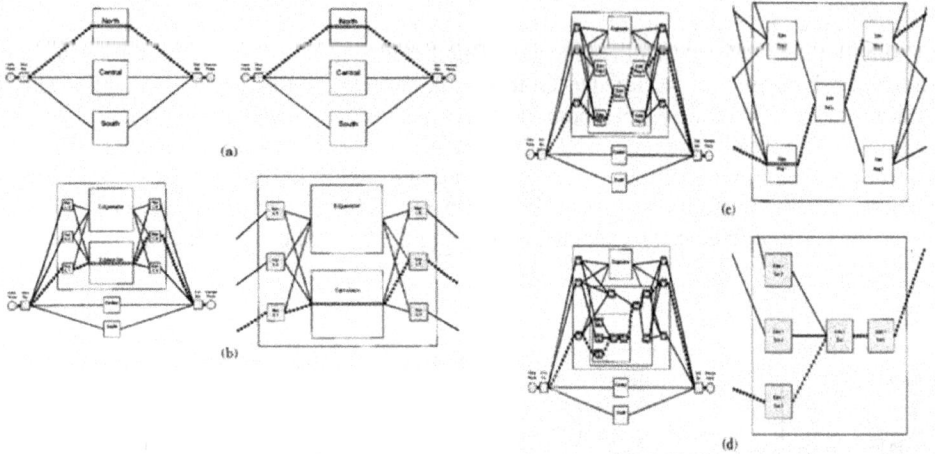

Abbildung 50: Vergleich zwischen ZUI und Fisheye Zoom (a, b, c, d ZUI jeweils links) aus (Schaffer et al. 1996).

Ein ZUI-Konzept auf einen Graphen anzuwenden, um diesen hierarchisch explorierbar zu machen, ist auf Basis unterschiedlicher Algorithmen möglich. Notwendig wird aber eine Hierarchisierung des Graphen. Ausgehend vom gesamten Graphen (Abbildung 51a) wird mittels eines hierarchischen Clusterverfahrens eine Hierarchie aus dem Graphen (Abbildung 51b) erstellt. Die Blätter der Hierarchie sind als Kreise dargestellt und repräsentieren die Knoten aus dem Ausgangsgraphen in (Abbildung 51a). Zusätzlich sind die durch den Algorithmus erstellten Aggregationsknoten als Vierecke in Abbildung 51b eingezeichnet. In Abhängigkeit zum Benutzerfokus können nun Werte zum Grad des Interesses (degree-of-interest bzw. DOI) für die einzelnen Knoten berechnet werden.

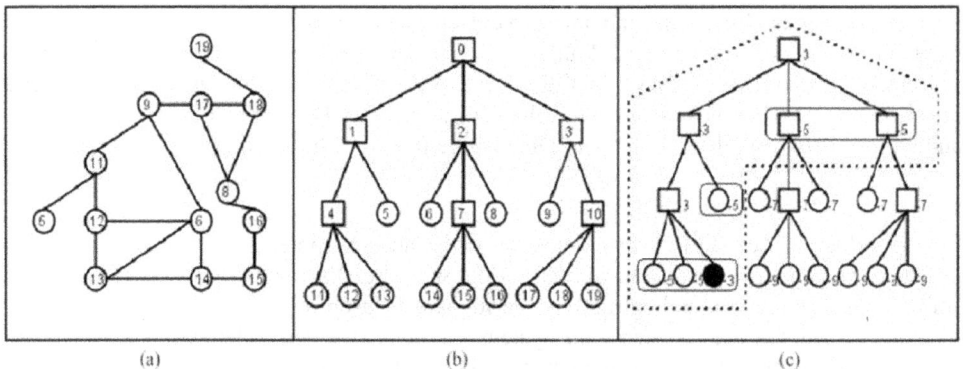

Abbildung 51: Graph (a), als hierarchischer Baum (b), mit DOI-Werten nach (Furnas 1986) (c) (Li & Takatsuka 2004)

In Abbildung 51c ist der schwarz ausgefüllte Knoten der Fokusknoten. Um die Knoten automatisch zu aggregieren, werden die DOI Werte (Furnas 1986) verglichen und der verfügbare Platz entsprechend auf die Knoten aufgeteilt. Diese werden dann entsprechend aggregiert oder, wenn sie nahe am Fokusknoten liegen, detailliert dargestellt. Diese hierarchischen Möglichkeiten könnten bei Netzwerkdaten eingesetzt werden. In dieser Fallstudie liegt jedoch ein Netzwerk mit sozialen Beziehungen ohne Hierarchien vor. Dies bedeutet, dass eine Alternative für die Darstellung gefunden werden muss, um die Daten anzuzeigen, die sonst aggregiert würden. Die folgende Konzeptions- und Designphase nimmt diese Anforderungen auf, um eine geeignete Gestaltung des UIs zu entwickeln.

4.3.3 Konzeption und Gestaltung

Das im Folgenden beschriebene Design wurde in einer prototypischen Webanwendung[26] basierend auf dem Visualisierungsframework flare[27] implementiert. Knotenattribute werden unmittelbar an den Knoten, die durch Kreise repräsentiert werden, visualisiert, um eine Aufspaltung in koordinierte Mehrfachansichten („coordinated multiple views") zu vermeiden. In einem ersten Entwurf wurde der Kreis zunächst in Segmente für die einzelnen Attribute aufgeteilt. In einem zweiten Schritt wurden diese Attributsegmente wiederum in einzelne Segmente für die gegebenen Zeitpunkte unterteilt.

Abbildung 52: Startansicht - Überblick und Filtermenü

---

[26] Verfügbar unter http://www.designpatterns.de/timedatavis/

[27] flare.prefuse.org

Dies ermöglicht ein zeitgleiches Betrachten aller Attributwerte auf einen Blick. Hieraus entstand ein Konzept, das an einen Fahrtenschreiber erinnert und starke Parallelen zum Prinzip der Kaleidomaps (Bale et al. 2007) aufweist, die zeitabhängige, multivariate Attribute zeitgleich in kompakter Form visualisieren.

Die in Abbildung 52 gezeigte Startansicht ermöglicht einen Überblick über die sozialen Beziehungen im visualisierten Netzwerk, das im Anschluss schrittweise durch Panning, Zooming und Filtern erkundet werden kann. Weitere, herkömmliche Interaktionsmöglichkeiten wie eine Suche, Drag'n'Drop und Details on Demand sind integriert. Das Suchfeld aktualisiert mit jeder Zeicheneingabe die Anzeige, indem Treffer per Highlighting und Tooltip hervorgehoben werden. Knoten können per Drag'n'Drop verschoben werden, damit ein direkter Vergleich ihrer Attribute möglich ist.

4.3.3.1   Zooming, Panning und Details-On-Demand

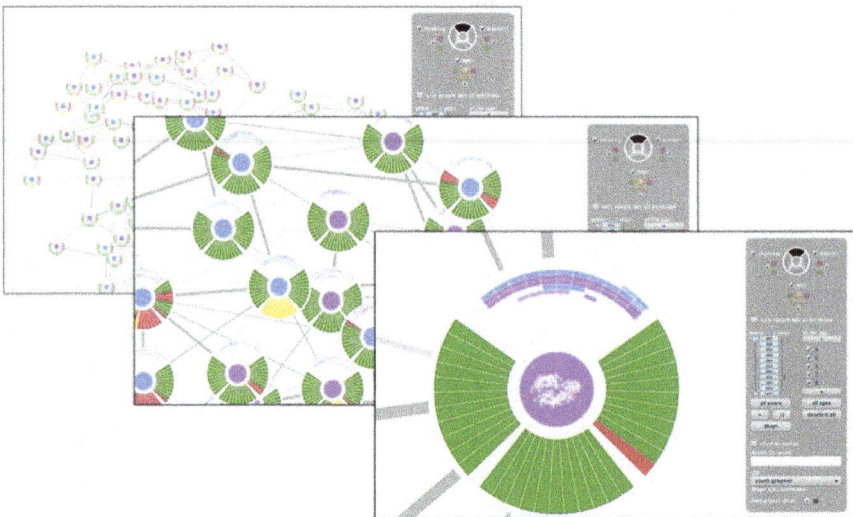

Abbildung 53: Zooming und Panning der Graphenvisualisierung

Per Zooming und Panning (Verschieben des Bildschirmausschnitts) kann der Anwender einen Ausschnitt des Graphen genauer betrachten (Abbildung 53) und zusätzliche Informationen, wie die Freundschaftsbeziehungen zu anderen Akteuren, genauer erkunden. Dazu wird wie schon in der Fallstudie zur Bildersuche das Konzept der koordinierten Zoom-/Pan Interaktion verwendet, die geometrischen mit semantischem Zoom und dem Drag'n'Drop Konzept verbindet. Hat ein Benutzer einen Knoten weit genug heran gezoomt, so erscheint nach dem Prinzip des semantischen Zooms ein Abbild des gesamten Graphen („Overview-in-Detail") im Mittelpunkt eines Knoten. Der aktuelle Fokusknoten wird hierbei im Miniaturgraphen markiert. Benutzer können sich so an der Graphenstruktur im Netzwerk orientieren, auch wenn ein Knoten stark vergrößert wurde. Detailinformationen zu den einzelnen Attributwerten stehen als Tooltip beim Überfahren mit dem Mauszeiger zur Verfügung (Abbildung 54).

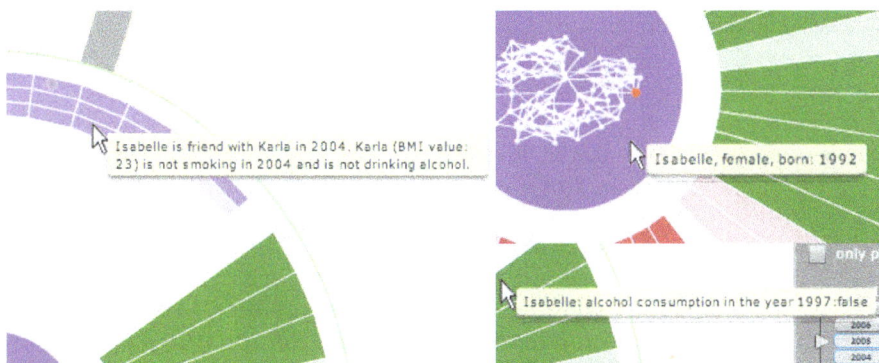

Abbildung 54: Weitere Attributinformationen werden über den Zeiger eingeblendet.

4.3.3.2 Knoten- und Kantenvisualisierung

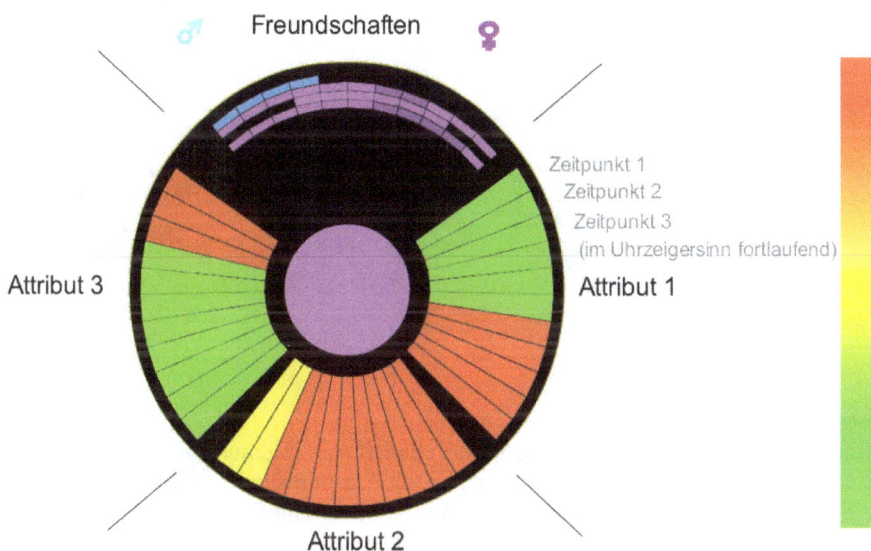

Abbildung 55: Visualisierung der zeitbezogenen Attribute in den Knoten

Das obere Viertel des Kreises dient der Visualisierung von Freundschaften, die radial („zei-lenweise") abgetragen werden, wobei die Farbe Blau die Freundschaft zu einem männlichen Akteur repräsentiert und Rosa zu einem weiblichen. Die einzelnen Kreissegmente („Spal-ten") stehen wie bei allen Attributen für die Attributausprägung zu einem bestimmten Zeit-punkt (hier jeweils ein Jahr), die im Uhrzeigersinn angeordnet sind. Der Alphawert der Farbe eines Feldes wird aus den Übereinstimmungen des Ego-Akteurs und des Alter-Akteurs zum jeweiligen Zeitpunkt berechnet. Umso leuchtender die Farbe eines Feldes erscheint, desto ähnlicher sind sich die beiden Akteure zu einem bestimmten Zeitpunkt. Dies kann als Indika-tor für „Social Influence" und „Social Selection" (Tabelle 23) betrachtet werden. Beginnende Freundschaften mit ähnlichen Akteuren deuten auf eine strategische Wahl von Freunden hin, die allmähliche Anpassung befreundeter Akteure ist ein Indiz für den Einfluss des sozialen Umfelds.

Alle weiteren zeitbezogenen Attribute werden gleichmäßig auf den unteren Kreisbereich verteilt. Die jeweiligen Werte werden in Analogie zu einer Ampel auf eine Farbskala von grün über gelb nach rot zugeordnet, wobei grün unter Einbezug kultureller Sichtweisen für positiv und rot für negativ konnotierte Werte eingesetzt wird. Ein niedriger Alkoholkonsum wird dem entsprechend grün dargestellt, ein hoher in rot. Bei der Visualisierung der Kanten wird unterschieden, ob die Kanten nur boolesche Werte aufweisen (z.B. befreundet / nicht befreundet) oder mehr als zwei Werte annehmen können. Je nachdem werden die Kanten über die Zeit farblich kodiert oder bei Betrachtung eines Intervalls auf einen Farbton aggregiert. Die Dicke und der Alphawert der Kanten korrelieren mit der Anzahl der Zeitpunkte, in denen eine soziale Beziehung vorliegt.

4.3.3.3   Filtern von Attributausprägungen

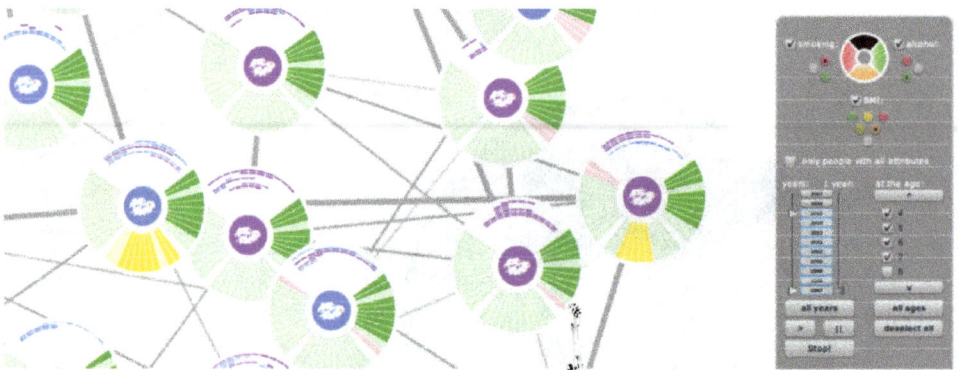

Abbildung 56: Filtern nach Attribut-, Zeit- und Alterswerten

Das Filtermenü im grauen Kasten (Abbildung 56) gliedert sich in unterschiedliche Bereiche. Der obere Bereich erlaubt dem Nutzer das Filtern nach Attributwerten, während der Bereich darunter die zeitbezogene Interaktion und Animation umfasst. Die Suche ist in einem dritten Bereich darunter platziert. Ganz unten kann der Benutzer globale Einstellungen wie die Auswahl der Hintergrundfarbe oder des Datensatzes vornehmen. Durch die Selektion von Auswahlknöpfen werden in der Visualisierung die Alphawerte aller Knotensegmente angepasst. Entsprechen die Ausprägungen nicht mehr den Filterkriterien, wird der Alphawert des Kreissegments reduziert und nur noch transparent gezeichnet (Abbildung 56). Eine genaue Beschreibung der Filterkonzepte ist in (Öttl 2008; Öttl et al. 2009) zu finden.

4.3.4   Ergebnisse und Diskussion

Das iterativ entwickelte Konzept bietet neuartige Visualisierungs- und Interaktionsmöglichkeiten für soziale Netzwerke, indem ein integrierender visueller Überblick über sämtliche Attribute und deren Ausprägungen zu allen Zeitpunkten gegeben wird. Dadurch wird bei der Analyse die Hypothesenbildung durch die Benutzer unterstützt und es werden Anhaltspunkte zur gezielten Recherche sowie neue Perspektiven auf die Daten geliefert. Ein besonderes Merkmal des Interaktionsdesigns ist das breite Spektrum an Möglichkeiten, um unterschiedliche Zeitabschnitte oder Zeitpunkte zu beobachten und miteinander zu vergleichen. Die Kombination der verschiedenen Optionen, zeitbezogene Daten mittels Filtermethoden, Animation oder zusätzlich durch den relativen Zeitbezug (hier über das Alter der Personen) zu explorieren, offerieren somit neue Wege zur Interaktion mit zeitbezogenen Daten. Die neuartige Knotendarstellung im Graphen könnte sich hier als Visualisierungs-Pattern eignen. Eine Extraktion dieses Patterns lässt sich zudem mit den Ergebnissen zu MoireGraphs (Jankun-Kelly & Ma 2003) weiter fundieren. Die Evaluation des Systems erfolgte in mehreren Schritten. Zunächst wurden einzelne Bausteine entwicklungsbegleitend und wiederholt in Expertengesprächen diskutiert und mit einschlägigen Gestaltungsregeln abgeglichen. Ein Prototyp des Systems wurde den Mitgliedern der ECRP-Forschergruppe „Dynamics of Actors and Networks across Levels" vorgestellt und auf deren Feedback hin überarbeitet. Zuletzt wurden erste Usability Tests mit Nachwuchswissenschaftlern betroffener Disziplinen durchgeführt. Aus teilnehmender Beobachtung bei der Lösung vorgegebener Aufgaben wurde deutlich, dass die Interaktion mit der Zeit grundsätzlich hohe Ansprüche an den Nutzer stellt. Die vorgestellten Konzepte wurden dabei aber als sehr hilfreich empfunden. Insbesondere die Interaktionskonzepte mit Zooming, Panning und Drag'n'Drop wurden sehr positiv bewertet. Der durch die integrierte Visualisierung ermöglichte Überblick erweist sich als zentral für die Orientierung, kann aber durch vermehrtes Feedback und Zusammenfassung von Rechercheergebnissen noch verbessert werden.

4.4 Fallstudie ZUIs für elektronisches Produktdatenmanagement

Die Fallstudie zum elektronischen Produktdaten-Management (EPDM) untersucht die Filter-, Visualisierungs- und Interaktionskonzepte der ZUIs in einer weiteren Applikationsdomäne, in der Benutzer besonders umfangreiche Datenmengen zu verwalten haben. Kapitel 4.4 basiert im Wesentlichen auf den Forschungsstudien zur EPDM Domäne (Gundelsweiler & Reiterer 2008b; Gundelsweiler et al. 2007a, 2008b; Konstanzer 2007), die im Rahmen dieser Dissertation durchgeführt wurden. Dabei entstanden zwei wesentliche interaktive Konzepte: ein Filterkonzept für Daten mit Relationen und ein pixelbasiertes Visualisierungskonzept, die jeweils Gebrauch von ZUI-Interaktionstechniken machen. Im Folgenden werden zunächst die Rahmenbedingungen und Anforderungen basierend auf (Gundelsweiler & Reiterer 2008b) beschrieben und dann die beiden Applikationen vorgestellt.

Fortgeschrittene Ansätze zu Bedienkonzepten, Design von Benutzer-oberflächen und Visualisierung aus der Forschung halten verstärkt Einzug in die Welt der Informationssysteme. Am Beispiel der Domäne des EPDM präsentiert diese Fallstudie die Konzeption und Erstellung eines solchen Systems mit innovativen Bedienkonzepten. Das Konzept basiert auf einer Kombination von „Overview and Detail" (O+D) Techniken und skalierbaren Komponenten. Die Hypothese ist, dass mit diesen Konzepten zu Daten-Exploration und -Management EPDM-Systeme wesentlich benutzer-freundlicher realisiert werden können, als dies aktuell der Fall ist. Am Beispiel eines Test-Datensatzes wird gezeigt, wie die Interaktionskonzepte und Filtertechniken Benutzer bei ihren Aufgaben unterstützen.

Heute verwenden moderne Unternehmen EPDM über den gesamten Produktlebenszyklus hinweg (von der Konzeptionsphase bis hin zu Service und Support), um ihre Prozesse zu optimieren (Liu & Xu 2001), Probleme zu dokumentieren und das Management auf dem aktuellen Stand zu halten. Die generellen Ziele von EPDM sind (1) die Reduktion manueller Dokumentation und des Aufwands beim Änderungsmanagements durch bessere Transparenz, (2) die Kostenreduktion für die Reparatur, (3) die Reduktion des Reparaturaufwands und (4) die Verringerung des Risikos bzgl. der internationalen Produkthaftung. Trotz der großen Bedeutung von EPDM sind nur wenige Produktlebenszyklus-Management-(PLM)Systeme auf dem Markt verfügbar. Dazu gehören z.B. Enovia[28], MatrixOne[29], mySap PLM[30] und TeamCenter[31]. Ein Problem ist, dass die PLM Werkzeuge mit sehr vielen Funktionen überladen sind, da sie in vielen Unternehmen eingesetzt werden und dort unterschiedliche Anforderungen gelten. Ein weiterer Grund für die Funktionsvielfalt ist die Unterstützung möglichst aller Zielgruppen über den gesamten Produktlebenszyklus. Deshalb sind PLM-Systeme sehr komplex und es ist schwierig diese an spezifische Anforderungen anzupassen. In dieser Fallstudie wird der Fokus auf die Interaktion mit und Visualisierung von Daten in diesen Applikationen gelegt. Verbreitete Probleme der EPDM-Systeme sind das fehlende Konzept für die Anzeige zeitabhängiger Relationen zwischen Objekten und deren Versionen, die ungenügende Darstellung der „ist-Teil-von"-Beziehungen und unangemessene Interaktions- und Visualisierungs-konzepte. Es gibt einige Ideen für neue Ansätze bei der Gestaltung von EPDM-Systemen siehe (Sung & Park 2006) oder (Stiefel & Müller 2006), die sich aber hauptsächlich mit der Systemarchitektur befassen und nicht mit der Interaktion und Visualisierung der Benutzungsschnittstelle. Die Such-, Filter-, Interaktions- und Visualisierungstechniken aus der aktuellen Forschung werden meist nur rudimentär angedacht und minimal realisiert.

Die Navigation aktueller EPDM Systeme ist angelehnt an Microsoft's Windows Explorer und verwendet eine erweiterbare Baumdarstellung, um in der hierarchischen Datenstruktur zu navigieren. Wenn es untergeordnete Objekte mit mehr als einem Elterknoten gibt, müssen diese an mehreren Stellen in die Baum-Navigation integriert werden. Vor allem den Web-Schnittstellen dieser Systeme fehlt es an Interaktivität und Visualisierungen. Benutzern werden kaum Hinweise darauf gegeben wo sie sind, wohin sie navigieren können und welche Bereiche sie bereits exploriert haben. Hinzu kommen die komplexen Abhängigkeiten der Daten untereinander.

---

[28] IBM *Enovia*, demo system at
http://www.ibm.com/solutions/3ds/us/en/index/transition.html (zuletzt besucht am 14.03.2011)

[29] 3DS *Enovia MatrixOne*, http://www.3ds.com/products/enovia (zuletzt besucht am 14.03.2011)

[30] *mySAP PLM*, http://www.sap.com/germany/solutions/business-suite/plm/index.epx (zuletzt besucht am 14.03.2011)

[31] UGS *TeamCenter*, http://www.plm.automation.siemens.com/de_de/ (zuletzt besucht am 14.03.2011)

Die Analyse konventioneller EPDM-Systeme zeigt deren grundlegende Schwächen in der UI-Gestaltung auf. Es gibt meist keine Übersicht über den gesamten Datenraum und nur unbefriedigende Filtermöglichkeiten. Benutzer müssen längere Wartezeiten in Kauf nehmen, da alle Daten in der Baumnavigation jeweils nachgeladen werden müssen. Benutzeraufgaben, wie die Erstellung einer neuen Komponente, sind über komplexe Dialogschritte realisiert. Dabei können Benutzer den Aufgabenkontext in Form der Daten nicht einsehen. Einige andere unpassende Realisierungen betreffen statische Ergebnisanzeigen, schlechte Filteroptionen und Pop-Up Fenster. Das Problem der Anzeige chronologischer und hierarchischer Daten wird meist gar nicht angegangen, da es sehr komplex ist. Einige dieser Probleme können gelöst werden, indem Baum-, Graphen- oder Netzwerkvisualisierungen mit Interaktionstechniken kombiniert werden. Beispiele sind in Abschnitt 4.4.2.6 aufgeführt. In dieser Fallstudie wird ein Ansatz verfolgt, der ein hierarchisch strukturiertes Graphenlayout mit semantischem Zoom und Dynamic Queries kombiniert. Das Ziel des vorgestellten EPDM-Systemkonzepts fokussiert auf einer besseren Usability zum einfacheren Zugang und besseren Management des großen und komplexen Informationsraums. Dazu werden keine konventionellen UIs wie in existierenden EPDM-Werkzeugen verwendet, sondern Konzepte aus der Forschung, die sich bereits in der Praxis bewährt haben. Eine wichtige Einschränkung ist, dass die EPDM-Anwendung im Intranet/Internet funktionieren muss, um überall verfügbar zu sein. „Rich Client"-Anwendungen sollten vermieden werden, da hier großer Installations- und Pflegeaufwand notwendig ist.

4.4.1   Anforderungen

Dieser Abschnitt beschreibt einige Grundlagen und Einschränkungen der verwendeten Datenraumstruktur. Obwohl die beiden in den Abschnitten 4.4.2 und 4.4.3 dargestellten neuartigen Konzepte in vielen Domänen angewendet werden könnten, ist der EPDM-Datenraum doch sehr speziell und es bedarf weiterer Erläuterungen. Die Benutzer arbeiten im Wesentlichen mit Text, um die Eigenschaften der Komponenten wie Namen, Versionen, Voltzahlen, Stromspannungen und Hardwarehersteller zu dokumentieren. Zusätzlich gibt es die Möglichkeit Grafiken oder Zeichnungen anzuhängen, um Spezielles zu erläutern. Der Beispieldatenraum, der hier verwendet wird, beinhaltet keine multimedialen Daten. Die entwickelten Konzepte machen aber eine Integration möglich. Der Fokus liegt hier auf einem optimierten Gesamtkonzept zur Ansicht, Navigation und Filterung des komplexen Datenraums.

4.4.1.1   Komplexer hierarchischer Datenraum

Abgesehen von der Komplexität gibt es einige weitere Voraussetzungen für Datenräume, damit diese mit den vorgestellten Konzepten dieser Fallstudie verwendet werden können. Es muss möglich sein, Cluster innerhalb des Netzwerks zu bilden und die hierarchische Hauptstruktur darf nicht zu kompliziert sein. Daten müssen aggregierbar sein – dies ist meist der Fall, wenn hierarchisches Clustering auf die Netzwerkdaten angewendet werden kann. Die Realisierung von Filteroperationen ergeben als weitere Voraussetzung, dass die Objekte eines Clusters oder einer Hierarchie-Ebene die gleichen Attribute oder Dimensionen haben. Von Vorteil sind außerdem ordinale Attribute, die das Filtern der Daten erleichtern.

Die Hauptstruktur besteht aus einer Hierarchie, die auf "hat-ein"-Beziehungen basiert. Am einfachsten kann die Struktur des Datenraums an einer vereinfachten Grafik erläutert werden, die alle „hat-ein"-Beziehungen in der Übersicht darstellt. In Abbildung 57 besteht ein Produkt (Product) aus 1 bis N Komponenten (Components) und eine Komponente wiederum aus 1 bis N Varianten (Variants). An dieser Stelle drehen sich die Kardinalitäten dann um, da ein Masterobjekt (Master) verwendet wird, um die Daten der Varianten zu bündeln. Deshalb kann mehr als eine Variante mit dem gleichen Masterobjekt verbunden sein, während ein Masterobjekt mindestens eine Variante benötigt. Das Masterobjekt besitzt sowohl Hardware- als auch Software-Komponenten, die wieder aus weiteren Komponenten bestehen. Diese sind in Abbildung 57 nicht angezeigt, um die Grafik einfach zu halten. Die Netzwerkkomponente (Network) steht in einer „N zu N"-Beziehung zur Variante.

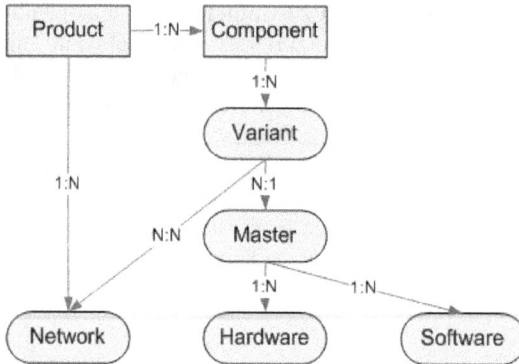

Abbildung 57: Vereinfachtes Datenmodell des Informationsraums

Die Struktur scheint relativ einfach, jedoch wurde das Modell für die Fallstudie vereinfacht und einige Objekte und Relationen wurden weggelassen, um die wesentlichen Aspekte der Interaktion und Visualisierung im Fokus zu behalten. Beispielsweise werden die Unterobjekte der Hardwareversionen und die "ist kompatibel"-Beziehung zwischen Hardware- und Software-Versionen nicht aufgeführt.

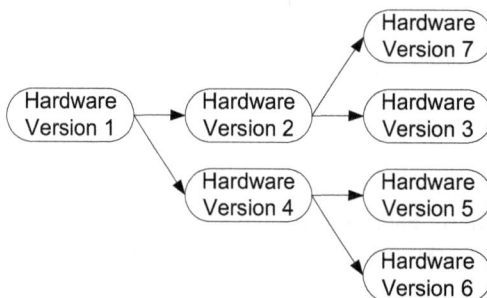

Abbildung 58: Verzweigung (Branching) logischer und chronologischer Versionen

Die Versionierung von Objekten erweitert die Datenraumkomplexität um die Dimension der Zeit. Neue Objektversionen können auf Basis existierender erzeugt werden. Durch die immer weiterführende Arbeit mit Objekten und ihren Versionen entstehen immer weitere chronologische Abhängigkeiten. Zu bemerken ist hier, dass eine Variante keine Version ist, sondern eine Variante der Realisierung eines Bauteils. Versionen kann es von allen Komponenten geben. Abbildung 58 zeigt an einem Beispiel die mögliche Verzweigung von Hardwareversionen. Der Benutzer erstellte z.b. Version 2 basierend auf Version 1 und Version 3 basierend auf Version 2. Version 4 basiert technisch auf Version 1 und die angehängten Versionen 5 und 6 basieren auf 4, während Version 7 auf Version 2 basiert. Die chronologisch aktuellste Version ist #7 und die logisch aktuellsten Versionen sind #3, #5, #6 und #7. Insgesamt führt dies zu einer hierarchischen, stark vernetzten Datenstruktur.

4.4.1.2   Strukturierung mit Hierarchien und Kategorien

Die Strukturierung und Visualisierung von Datenräumen mit hierarchisch abhängigen Daten ist leicht verständlich, kann aber je nach Komplexität der Verschachtelungen sehr unübersichtlich werden. Die Daten müssen es erlauben Cluster zu bilden und die hierarchische Grundstruktur sollte nicht zu komplex sein. So können die Daten optimal mit ZUIs kombiniert werden. Hierarchische Datenstrukturen werden mittels verschachtelter ZUIs (2. oder 3. Art) visualisiert und navigierbar gemacht. Weiterhin können ZUIs mit anderen Visualisierungen kombiniert werden. Es wird eine hierarchisch geschachtelte ZUI-Struktur geschaffen, die z.B. direkt die Hierarchie der Daten abbildet. Datenelemente können dann je nach Hierarchieebene und Relationen in den entsprechenden Sub-Informationsräumen verortet werden. Um zusätzlich Filteroperationen zu ermöglichen, sollten die Datenobjekte einer Ebene auch die gleiche Struktur an Metadaten haben. Besonders ordinale Attribute sind gut für Filteroperationen innerhalb der ZUIs zu gebrauchen. Eine weitere relevante Komponente zur Strukturierung von Informationen ist die Verwendung von Kategorien. Sind diese dem Benutzer geläufig, so können sie die Suche, Exploration und Orientierung wesentlich erleichtern. Dadurch beschleunigen Kategorien den Suchprozess, wobei sie zur Übersicht und Sicherheit des Benutzers beitragen (Yee et al. 2003). Andererseits können sie aber auch zu Unsicherheit beitragen, wenn sie dem Benutzer unbekannt sind und deshalb keine Informationen zu den enthaltenen Daten liefern (Lamberts & Shanks 1997).

Die Zusammenhänge zwischen den Datenobjekten in Hierarchien basieren meist auf Relationen wie „Objekt A hat ein Objekt B" oder „Objekt B ist Teil von Objekt A". Ein typisches Beispiel für diese Art von Daten sind Produkte, die in Teile zerlegt werden können, wie bei dieser Fallstudie. In der Praxis wird bei hierarchischen Daten meist eine einfache Baumnavigation verwendet, die aber für große Datenmengen sehr schwierig zu bedienen ist, unübersichtlich wird und sehr viel Platz benötigt. Bewährte Visualisierungstechniken können zu einem neuen zoombasierten Ansatz zur Suche und Navigation kombiniert werden, um diese Probleme zu lösen.

Die hier vorgestellte ZUI-Fallstudie basiert auf Hierarchien und Graphen. Weiterführende Erläuterungen zur hierarchischen Strukturierung und ZUIs sind in (Konstanzer 2007) zu finden. Prinzipiell ist eine Hierarchie die Spezialform eines Graphen. Grundsätzlich müssen zwei Gruppen von Visualisierungstechniken zur Strukturierung des Datenraums unterschieden werden. Dabei handelt es sich um die Visualisierungstechniken der Node-Link-Diagrammen und um das sogenannte Space-Filling.

Tabelle 5: Node-Link-Diagramme & Space-Filling Techniken (**Konstanzer 2007**)

	Node-Link-Diagramme	**Space-Filling Visualisierungen**
Ausnutzung des Bild-schirmplatzes	Wenig effizient	Sehr effizient
Reorganisation der Hierarchie	Sehr einfach durch hinzufügen und entfernen von Beziehungen möglich	Erfordert eine erneute Berech-nung des Layouts
Hinzufügen und Ent-fernen von Objekten	Sehr einfach möglich	Erfordert eine erneute Berech-nung des Layouts
Erkennbarkeit der hierarchischen Ab-hängigkeiten	Sehr gut	Nicht immer eindeutig

Tabelle 8 zeigt einen Vergleich der grundlegenden Eigenschaften von Node-Link-Diagrammen mit denen der Space-Filling Techniken. Die Einträge gelten nur für die Grund-versionen, da je nach Optimierung der Visualisierungen weitere Vor- oder Nachteile beste-hen. Bei Node-Link-Diagrammen wird jeder Knoten (Node) in der Hierarchie auf dem Bild-schirm angezeigt. Die Relationen zwischen den Objekten werden als Kanten (Link), wie bereits in der Fallstudie zu sozialen Netzen, visualisiert. Beispiele für diese Art von hierar-chischen Visualisierungen sind der „Degree of Interest Tree" (Card & Nation 2002), der Hyperbolic Tree (Lamping et al. 1995) und der Cone Tree (Robertson et al. 1991).

Mit Space-Filling Techniken, wie in den beiden Konzepten dieser Fallstudie verwendet, wird versucht möglichst viel des verfügbaren Bildschirmplatzes auszunutzen, um die Daten darzu-stellen. Mit Node-Link-Diagrammen wird dagegen versucht mit geeigneten Algorithmen die Platzierung der Knoten und Kanten möglichst optimal, d.h. mit möglichst wenigen Über-schneidungen, vorzunehmen (siehe Knotenplatzierung in der Fallstudie zu sozialen Netzen). Space-Filling Techniken verwenden keine Linien, um die Relationen darzustellen, sondern visualisieren diese durch Überlagerungen und Verschachtelungen. Visualisierungen wie die TreeMaps (Johnson & Shneiderman 1991), BeamTrees (Ham & Wijk 2003) und Interring (Yang 2002) sind typische Beispiele für Space-Filling Techniken.

4.4.1.3   Analyse der Benutzer und ihrer Aufgaben

In der Phase der Anforderungsanlyse wurden Interviews und Fokusgruppen mit Benutzern, technischem Personal und anderen Stakeholdern durchgeführt. Als Ergebnis stellten sich sechs wesentliche Benutzeraufgaben heraus, die essentiell für EPDM-Systeme sind (siehe Tabelle 24). Die grundlegende aber - bedenkt man die Komplexität des Informationsraums-trotzdem bedeutende Benutzeraufgabe ist die Navigation zu einem Produktteil (1). Da einige Benutzer ein direktes „Teleporting" gegenüber „Browsing" favorisieren (Rose 2005), ist eine Suchfunktion elementar (2).

Tabelle 24: Benutzeraufgaben bei EPDM Systemen

#	Beschreibung der Benutzeraufgabe
1	Navigation zu Komponentenversionen
2	Suche nach bestimmten Komponentenversionen
3	Erstellung einer Komponentenversion
4	Prüfen und Anpassen von Abhängigkeiten der Versionen
5	Vergleich unterschiedlicher Versionen
6	Editieren einer existierenden Objektversion

Befindet sich eine Version im Zustand „editierbar", so können Benutzer Änderungen machen. Ansonsten ist die Version final und Benutzer müssen eine neue Version auf Basis dieser finalen Version erstellen und deren relevante Komponentendaten übernehmen (3). Nach der Erstellung einer neuen Version muss der Benutzer die übernommenen Relationen prüfen und anpassen falls notwendig (4). Die Erstellung einer neuen Komponentenversion kann dazu führen, dass eine ganze Reihe an Komponenten neu erstellt werden müssen.

Zum Beispiel kann die Erstellung einer neuen Softwareversion dazu führen, dass die passenden Hardware-, Master- und Varianten-Versionen erzeugt werden müssen (siehe Abbildung 57). Außerdem wird die Prüfung bestehender Relationen notwendig. Weitere Aufgaben sind die Suche nach Komponentenversionen (4) mit bestimmten Eigenschaften oder die Visualisierung von Abhängigkeiten (5) wie bspw. die logisch oder chronologisch aktuellsten Versionen (siehe Abbildung 58 und entsprechende Erläuterung). Ein Vergleich von Komponentenversionen (6) und ihren Relationen kann Benutzern helfen ihre Aufgaben (z.B. die Erstellung einer neuen Version) durchzuführen. Die chronologischen Objektversionen können dazu führen, dass sich das Benutzerinteresse aufgrund der Aufgabe auf die hierarchischen Relationen richtet.

Die Untersuchung der EPDM-Werkzeuge, des Informationsraums und der Benutzeraufgaben ergaben für das UI-Design dieser Fallstudie drei kritische Bereiche (siehe Tabelle 25).

Tabelle 25: Anforderungen an innovative EPDM UIs

#	Kritischer Bereich	Anforderung an das EPDM UI
1	Informations-visualisierung	Visualisierung des Informationsraums und der Relationen mit O+D Techniken; wichtig ist, dass die Benutzer den Grad der visuellen Komplexität selbst bestimmen können und ein Gefühl für die Menge der Daten und die Organisation des Informationsraums erhalten
2	Navigation	Integration von fortschrittlichen und innovativen Navigationskonzepte zur Erhaltung des Kontexts und einfachen, benutzergerechten Gestaltung der interaktiven Elemente des UI
3	Suche und Filter	Integration von Techniken zu Suche, Filter und Ergebnispräsentation, um den Umgang mit den Daten zu vereinfachen

Bezüglich der Informationsvisualisierung (1) ist es notwendig sowohl O+D als auch „Fokus and Context" (F+C) Techniken einzusetzen. Die Übersicht muss das Gesamtbild des Datenraums und die „Produkt-Teile"-Beziehungen widerspiegeln. Die Detailansicht dagegen dient zur Visualisierung der Relationen zwischen den Objektversionen. Wann immer die Benutzer weitere Information benötigen, ist ein „Drill-Down" ins Detail möglich, der weitere Informationen zum Produktdatensatz anzeigt, während andere momentan unwichtige Informationen minimiert werden. Sowohl die chronologischen als auch die logischen Relationen der Versionen müssen gleichzeitig angezeigt werden können, da es notwendig ist den Benutzern aufgabenrelevante Information direkt anzuzeigen. Obwohl die Datenstruktur stark vernetzt ist, basiert die Navigation (2) auf expandierbaren, häufig redundanten, hierarchischen Baumrepräsentationen. Dies führt zu einem Strukturverlust, bei dem Benutzer die Übersicht über die „Produkt-Teile"-Beziehungen verlieren. Wie bereits in Kapitel 2 festgestellt, müssen sich Benutzer zu jeder Zeit orientieren können. Bei der Gestaltung helfen wieder die Orientierungsfragen (Nievergelt & Weydert 1980). Die Benutzer müssen in der Lage sein alle relevanten „Produkt-Teile"-Relationen auf Anfrage zu browsen. Im Bezug auf die Suche (3) sind interaktive UI-Komponenten zur Einschränkung und Erweiterung des Datenraums notwendig. Eine solche Reduktion vereinfacht den EPDM-Prozess. Im Laufe der Fallstudie sind zwei sehr vielversprechende Konzepte entstanden, die zu den folgenden Applikationen führten.

4.4.2   Applikation I: Hierarchiebasiertes ZUI-Filterkonzept

Das erste Konzept nutzt O+D und F+C Techniken zur Visualisierung und Filterung des Informationsraums.

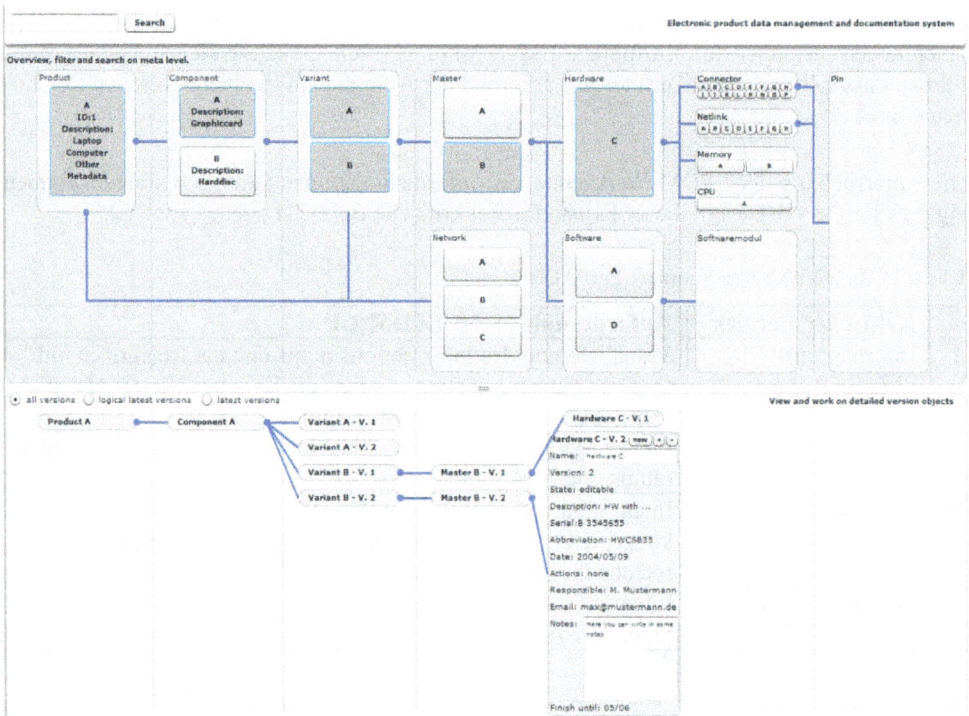

Abbildung 59: Semantischer „Drill-Down" in die Objektversion „Hardware C – V. 2"

In mehreren Prototyping-Zyklen entstand dieses Konzept zur Realisierung eines EPDM-UIs (Gundelsweiler & Reiterer 2008b). Auf Basis der Anforderungsanalyse im vorigen Abschnitt 4.4.1 beinhaltet der Prototyp eine benutzerzentrierte Suche, Exploration und Unterstützung für Benutzeraufgaben am Beispiel des vereinfachten EPDM Datenraums. Verglichen mit konventionellen Systemen wird ein integriertes Gesamtkonzept realisiert, das fortgeschrittene Visualisierungs- und Interaktionstechniken (Hierarchie, Relationen, Animation, Zoom) sowie verbesserte Filtermöglichkeiten einsetzt. Der Prototyp in Abbildung 59 wurde mit Adobe Flashbuilder 4, php und einer Postgresql Datenbank realisiert.

Zusätzliche Bilder und zwei kurze Videos zeigen die wesentlichen Ideen des Konzepts auf und sind auf der Webseite[32] zum EPDM O+D Prototypen einsehbar. Das finale UI besteht aus drei Hauptbereichen die in Abbildung 59 zu sehen sind. Der erste Bereich ist eine schmale Suchleiste für die Volltextsuche am oberen Bildschirmrand (bezeichnet als Suchbereich). Der zweite Bereich beinhaltet die Übersicht, die den statischen Teil der Struktur des Informationsraums mit den hierarchischen Abhängigkeiten der Bauteile visualisiert. Der dritte Bereich visualisiert die Objektversionen und alle Bauteile, mit denen die Benutzer gerade arbeiten, im Detail (bezeichnet als Detailansicht). Der Ansatz kombiniert die grundlegend hierarchische Struktur mit einem Multi-Fokus Filter, um die in Abschnitt 4.4.1 erwähnten Probleme zu lösen. Die Ergebnisse der Benutzereingaben können mit unterschiedlichen interaktiven, hierarchischen Visualisierungen angezeigt werden, um eine einfache Art zur Exploration und Navigation des gefilterten Informationsraums zu bieten.

4.4.2.1   Visualisieren des EPDM-Informationsraums

Das System visualisiert den Informationsraum mit einem Multi-View Layout, das als O+D UI (Beard & Walker 1990) bekannt ist. Hier wird ein Splitscreen verwendet, deren Sichten jeweils gleich groß sind. Die meisten Übersichten zeigen eine Miniaturversion der Detailsicht an, die Übersicht hier jedoch zeigt eine abstrakte Sichtweise auf den Informationsraum. In der Übersicht sind hellgraue Bereiche mit Namen sichtbar, die alle verschiedenen Teile eines Produkts repräsentieren. Es gibt dreizehn Teile auf sieben Hierarchieebenen im EPDM-Beispieldatenraum. Diese werden von den Produkten (links in der Übersicht) auf höchster Ebene bis hin zu Steckern/Pins (ganz rechts in der Übersicht) auf der niedrigsten Ebene der Hierarchie angezeigt. Jede Teilegruppe wird durch einen Toggle-Button repräsentiert und steht für alle Objektversionen, die in der gleichen Spalte der Detailansicht angezeigt werden. Diese Objektversionen werden angezeigt oder versteckt, je nachdem ob der Toggle-Button aktiv ist oder nicht.

---

[32] Webseite O+D Prototyp http://www.designpatterns.de/epdmod/ (zuletzt besucht am 11.10.2011)

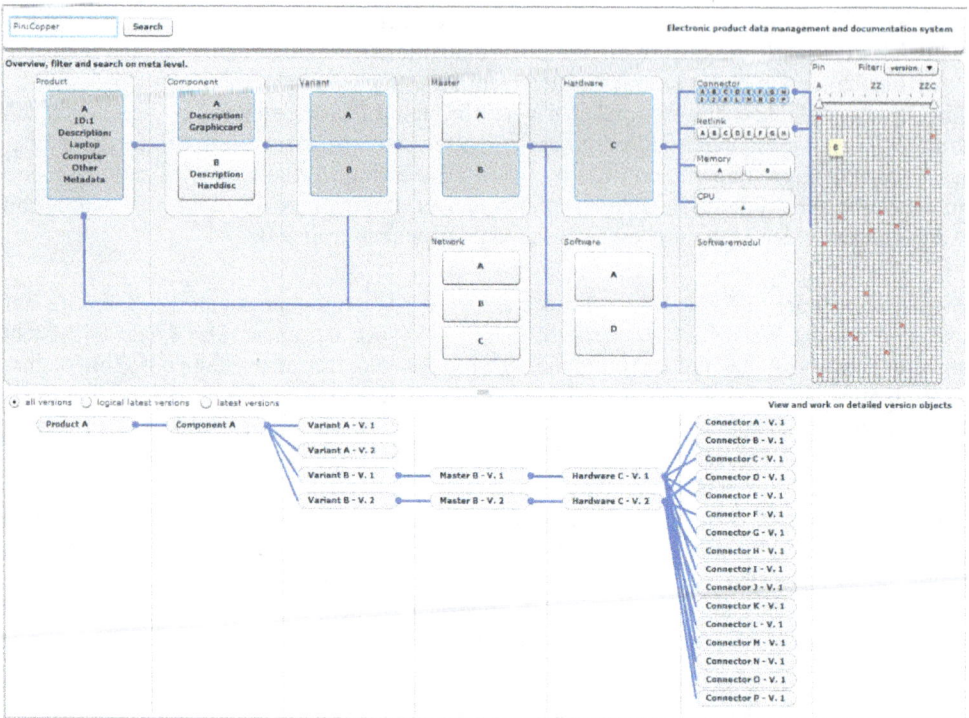

Abbildung 60: Verbund von Dynamic-Query und Mehrfach-Button Konzept

Die Selektion und Deselektion kontrolliert im System außerdem die Anzeige weiterer Toggle-Buttons, die hierarchisch untergeordnete Teile repräsentieren. Zum Beispiel führt eine Selektion des "A Description: Graphic card"-Buttons in der „Component"-Kachel zur Anzeige der abhängigen Toggle-Buttons in der „Variant"-Kachel (siehe Abbildung 59). Die Detailansicht wird durch Erweitern oder Einschränken der entsprechenden Versionenknoten geändert. Diese Funktionalität ist bekannt als uni-direktionales „Tight-Coupling" bzw. als Konzept der „Coordinated Views" (Shneiderman 1994b). Das „Tight-Coupling" des O+D UIs wird zusätzlich durch die grauen separierenden Linien herausgestellt, die den Screen vertikal nach der Anzahl verschiedener Teile und ihrer hierarchischen Relationen aufteilen (siehe Abbildung 59 und Abbildung 60).

Die beiden Split-Screen Ansichten bieten einfachen Zugriff auf den Informationsraum. Benutzer erhalten einerseits eine Übersicht über die Gesamtstruktur der Komponenten, andererseits können sie gleichzeitig die Objektversionen und ihre Abhängigkeiten in der unteren Ansicht einsehen.

Die Toggle-Buttons sind das Field-of-View (Plaisant et al. 1995b) der Übersicht; sie zeigen auf, welche Objektversionen in der Detailansicht sichtbar sind (siehe Abbildung 59 und Abbildung 60). Die Forschung zu O+D UIs zeigt, dass eine Übersicht von Benutzern bevorzugt wird und damit das Gefühl der Kontrolle während der Durchführung von Aufgaben einhergeht (Baudisch et al. 2004; Hornbæk & Frøkjær 2003; Hornbæk et al. 2002). Die Toggle-Buttons in der Übersicht verbessern das System auf zwei Arten. Im Grunde genommen sind sie eine Art Zwischenansicht (Plaisant et al. 1995b), die in der eher abstrakten Übersicht über die gesamte Teilehierarchie integriert ist. Außerdem erhalten Benutzer über die Toggle-Buttons weitere Informationen zu verfügbaren Gruppen der Objektversionen. Die Anforderungsanalyse zeigt, dass diese Gruppen essentiell sind, wenn Benutzer den Informationsraum einschränken, um diesen der Aufgabensituation anzupassen. So entstand die Idee die Gruppen-Toggle-Buttons als Filtermöglichkeit zu verwenden. Damit ist es möglich die Zwischensicht und zusätzlich die verbundenen Versionsknoten in der Detailansicht selbst zu filtern.

4.4.2.2 Browsen des Informationsraums

Die Selektion von Buttons in der Übersicht zeigt die verbundenen Master Toggle-Buttons (Übersicht) und die entsprechenden Objekte der Variantenversionen (Detailansicht). Dieser Browsing-Mechanismus kann weitergeführt werden und der Benutzer so den Informationsraum nach seinen Bedürfnissen einschränken (siehe Abbildung 59 und Abbildung 60). In der Detailansicht führen Benutzer ihre Aufgaben durch, indem sie die Objektversionen direkt bearbeiten. Z.B. können die Relationen einer oder mehrerer Versionen durch direktes Verschieben der Linienanfasser (per Drag'n'Drop) angepasst werden. Um eine neue Version zu erzeugen oder eine bestehende zu editieren, zoomen Benutzer semantisch in die Objekte hinein, um deren Details anzuzeigen.

Im Beispiel der Abbildung 59 und Abbildung 60 ist ein Zoom in eine Hardwareversion ausgeführt. Der Zoom ist durch eine Animation verdeutlicht, da Benutzer dann besser verstehen, wohin sie navigieren (Bederson & Boltman 1999). Das selektierte Hardware-Objekt vergrößert sich, während andere Objekte zur Seite geschoben und verkleinert werden, je nachdem wie viel Platz auf dem Bildschirm noch zur Verfügung steht. Dazu wird das O+D UI mit Zoomkomponenten in der Detailansicht kombiniert. Abbildung 61 zeigt die unterschiedlichen Repräsentationszustände, die ein Objekt haben kann. Alle Datenfelder können nun angepasst und eine neue Version kann, basierend auf der aktuellen Version, erstellt werden. Danach findet die Anpassung bestehender oder die Erstellung neuer Relationen statt.

4.4.2.3 Suche im Informationsraum

Da der Informationsraum sehr komplex ist, kann es jederzeit vorkommen, dass Benutzer eine sehr große Anzahl an Objekten anzeigen wollen. Deshalb müssen sie in der Lage sein den Informationsraum zu filtern und zu durchsuchen. In Abbildung 60 navigiert ein Benutzer den ganzen Pfad bis hinunter zu den Verbindern bzw. Connectors Toggle-Buttons. Dies führt dazu, dass alle verbundenen Stecker in der „Stecker-Kategorie"-Kachel und alle Verbinder-Objektversion angezeigt werden. Da die Anzahl an Steckern sehr groß sein kann (in diesem Fall noch gering mit ca. 1.500 Stück), stellt das System verschiedene Suchfunktionen für die Produktteile zur Verfügung. Die Suche nach Schlüssel- oder Schlagwörtern hebt alle passenden „Stecker"-Toggle-Buttons in der entsprechenden Kachel der Übersicht hervor. Benutzer sind nun in der Lage einfach die relevanten „Stecker"-Buttons zu selektieren und so die verbundenen Objektversionen in der Detailansicht einzublenden. Diese Objektversionen werden zusätzlich hervorgehoben, wenn ihre Daten relevante Begriffe (passend zur Suchanfrage) enthalten.

Zusätzlich bietet das System eine „Dynamic Query"-Lösung (Ahlberg et al. 1992) für die Detailansicht von Produktteilen. Benutzer können einen Filterfokus auf eine oder mehrere Objekt-Kacheln in der Übersicht setzen. Die Selektion einer hellgrauen Kachel führt zu deren Vergrößerung und damit zur Anzeige einer Auswahlbox mit weiteren Filterattributen. Ein Schieberegler kann dazu verwendet werden, die Anzahl verfügbarer „Stecker"-Toggle-Buttons einzuschränken. Je mehr Buttons ausgefiltert werden, desto mehr Platz steht für die Anzeige der verbliebenen Buttons zur Verfügung. Eine weitere Funktionalität ist der chronologische Filter in der Detailansicht. Durch Selektion eines der drei Radio-Buttons (im linken oberen Bereich der Detailansicht) können entweder alle, die logisch aktuellsten oder nur die chronologisch aktuellsten Versionen, basierend auf dem Branching, sichtbar gemacht werden.

4.4.2.4 Relationen zwischen Objekten und -versionen

Die Relationen zwischen Objekten können auf zwei Ebenen angezeigt werden. Die erste Ebene ist die „Meta-Objekt"-Ebene. Um diese Relationen anzuzeigen, wird die Übersicht verwendet. Die blauen Linien zeigen, welche Verbindungen der Objekte über die Hierarchieebenen hinweg durch die Grundstruktur des Informationsraums vorgegeben sind (siehe Abbildung 60). Verbindungen zwischen Meta-Objekten werden durch Hervorhebungen visualisiert. Wird der Zeiger über einem Meta-Objekt Toggle-Button platziert, dann werden die anderen verbundenen Meta-Objekte hervorgehoben.

Eine Platzierung des Zeigers über einem Knoten hebt alle seine verbundenen Knoten in der Detailansicht hervor. Im Prototyp ist aus Gründen der Einfachheit aktuell kein Vergleich zwischen zwei Knoten und deren Verbindungen realisiert. In einem EPDM-System zum praktischen Einsatz müsste diese wichtige Benutzeraufgabe aber realisiert werden. Es ist möglich mehr als einen Knoten zu selektieren und die hervorgehobenen Verbindungen in beiden Ansichten zu vergleichen. Verschiedene, einfach unterscheidbare Farben sollten hier für das Zeichnen der vielen Kanten verwendet werden. Eine erste Lösung, die in den Prototyp integriert wurde, ist, dass zeitabhängige Kanten in anderer Farbe gezeichnet werden als die hierarchischen Kanten.

4.4.2.5 „Details-on-Demand"-Technik

Die „Details-on-Demand"-Technik ist durch das Überfahren und das Hervorheben der Knoten und ihrer Relationen in der Übersicht und Detailansicht des Prototypen realisiert. Der semantische Zoom (siehe Abbildung 61 links) auf die Versionsknoten zeigt zusätzliche Knoteninformationen an und bietet so eine schnelle Art der Navigation zu relevanten Objekten. Benutzer können in die Knoten hinein zoomen und wieder hinaus. Weiterhin setzt eine Selektion der grauen Kategorien-Kachel einen Fokus auf diese und erweitert ihre Ansicht mit zusätzlichen Filterinformationen (siehe Abbildung 61 rechts).

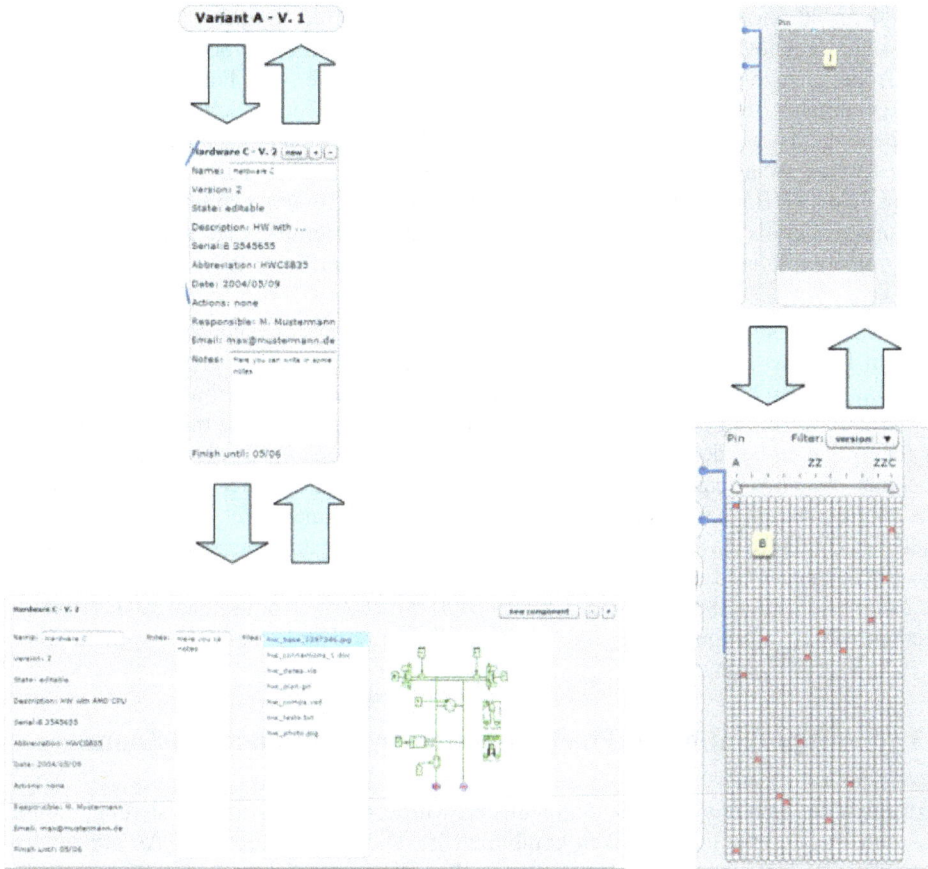

Abbildung 61: Semantischer Zoom für Detailansicht (links) und Filter-Übersicht (rechts)

4.4.2.6 Erkenntnisse und Diskussion

Obwohl keines der untersuchten Konzepte aus Forschung und Praxis die speziellen hier aufgeführten Probleme lösen kann, inspirierten Publikationen wie der interaktive TreePlus (Lee et al. 2006) zur Graphen-Navigation die entstandenen Konzepte. Weitere Inspiration brachte MoireGraphs (Jankun-Kelly & Ma 2003), wo ein radiales Layout mit Fokus- und Kontext-Techniken kombiniert wird, um Benutzern relevante Informationen anzuzeigen, ohne dass diese den Kontext verlieren. Ein Ergebnis der Fallstudie ist, dass sich der semantische Zoom kombiniert mit Verzerrungstechniken (Bartram et al. 1995) und Pixelvisualisierungen (Keim 2000; Keim et al. 2001) speziell eignet, um relevante Informationen im Kontext anzuzeigen. Ein Beispiel sind zusammengesetzte Fisheye-Ansichten und Treemaps (Abello et al. 2004). Während durch einen aggregierten Graphen navigiert werden kann, zeigt eine Treemap-Übersicht die entsprechenden hierarchischen Graphencluster an, die mit jedem Navigationsschritt hervorgehoben wird.

In Abbildung 60 ist zu sehen, dass die Höhe der Spalten in der Detailansicht zu klein sein könnte, um alle Knotenbeschriftungen (falls mehr als ca. 20 Knoten vorhanden sind) in lesbarer Größe anzuzeigen. Dieses Problem könnte mit Hilfe von Fokus- und Kontext-Techniken, ergänzt um Verzerrungstechniken wie ein Fisheye Zoom (Schaffer et al. 1996) in jeder Spalte, gelöst werden. So würden alle notwendigen Informationen angezeigt und trotzdem der Kontext erhalten bleiben. Das gleiche Problem kann in den Bereichen der Übersicht auftreten, in denen Buttons dargestellt werden müssen. In bestimmten Fällen kann die Anzahl an Buttons größer als 1.500 sein. Dann könnten Pixelvisualisierungen die große Anzahl Buttons aggregieren, falls nicht genügend Platz am Bildschirm verfügbar ist.

Ein wesentlicher Nachteil von O+D ist der hohe Interaktionsaufwand beim Wechsel zwischen den Screens. Das Aufteilen von Informationen in kleinere Teile (Fenster) kann die Performanz negativ beeinflussen, da die Sichten mental miteinander verbunden bzw. kombiniert werden müssen. In der Studie (Hornbæk et al. 2002) wurden ZUIs mit und ohne Übersicht für Aufgaben bei der Kartennavigation verglichen. Dabei wurde herausgefunden, dass Teilnehmer ohne die Übersicht signifikant schneller Karten mit mehreren Ebenen (semantischer Zoom) durchsuchen konnten. Die verminderte Performanz mit der Übersicht rührt wahrscheinlich daher, dass Benutzer Zeit verwenden müssen, um zwischen Sicht und Übersicht visuell, mental und manuell mit der Maus hin und her zu schalten. Die Studie (Büring et al. 2006) und weitere Studien (Beard & Walker 1990; Hornbæk & Frøkjær 2003; Hornbæk & Hertzum 2007; Hornbæk et al. 2002) stützen diese Erkenntnis und geben weitere Anregungen zu Problemlösungen.

4.4.3 Applikation II: Pixelvisualisierung mit Filter und Zoom

Die zweite Idee die hier als Applikation realisiert wurde, ist eine Pixelvisualisierung, die mit Filter- und ZUI-Interaktionstechniken kombiniert ist. Dies ist ein neuartiger Ansatz zur Exploration von komplexen EPDM Datenräumen. Um die wesentlichen Probleme (aufgeführt in Abschnitt 4.4.1) zu lösen, wird hier eine skalierbare Visualisierung des hierarchischen Datenraums mit Such- und Filtertechniken wie Dynamic Queries und direkte Manipulation kombiniert. Dieses Konzept könnte auch auf die Fallstudien zur Bildersuche und den sozialen Netzen angewendet werden. Das Konzept der ZUI-Pixelvisualisierung löst sich vom herkömmlichen UI-Design der EPDM-Systeme und demonstriert wie fortgeschrittene, interaktive UIs den Bildschirmplatz optimal nutzen und sich an die Bedürfnisse der Benutzeraufgaben und deren Kontext anpassen. Der umfangreiche Datenraum und dessen Komplexität machen dies besonders anspruchsvoll, da im Extremfall mehrere hunderttausend Objekte angezeigt werden müssen. Jedes der Objekte hat eigene Attribute und Relationen. Bei realen Einsatzbedingungen richtet sich die Anzahl der Daten nach der Anwendungsdomäne. Unternehmen, die einfache Produkte produzieren wie z.B. eine Schaufel, verwenden einen simplen Datenraum. Dagegen müssen bspw. Fahrzeuge oder Flugzeuge sehr komplexe und große Datenräume verwenden. Für die Applikation der Pixelvisualisierung wird ein Programm zur automatischen Generierung eines Datenraums auf Basis der in Kapitel 4.4.1.1 vorgestellten Struktur verwendet. Dabei werden bis zu 600.000 Objekte und ihre Relationen untereinander automatisch generiert.

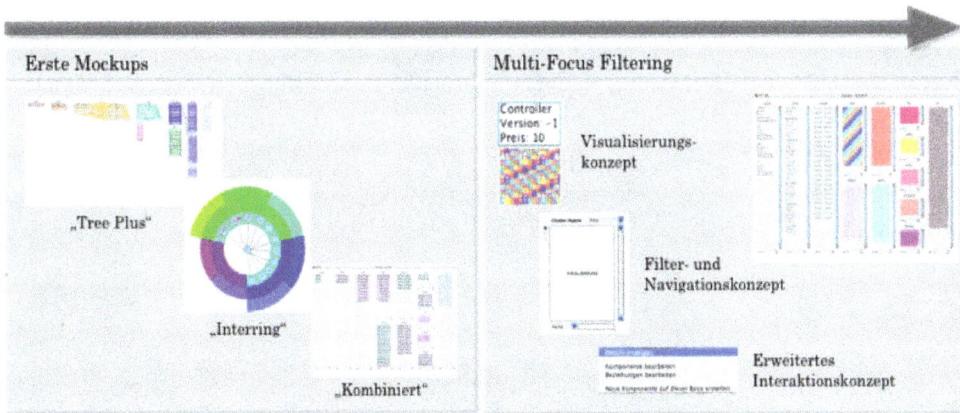

Abbildung 62: Iterative Entwicklung der Fallstudie zu EPDM (Konstanzer 2007)

4.4.3.1 Analyse der Benutzer und ihrer Aufgaben

In der Anforderungsanalyse in Kapitel 4.4.1 wurde festgestellt, dass die Benutzeraufgaben bei EPDM-Systemen sehr umfangreich sind und ein breites Feld abdecken. Deshalb fokussiert die vorgestellte prototypische Anwendung auf die drei Hauptaufgaben der Benutzer: „Erstellung eines Objekts", „Editieren eines Objekts" und „Suchen eines bestimmten Objekts". Weitere Aufgaben sind der Vergleich von Objekten und Relationen und deren Überprüfung und Anpassung, die zusätzlich betrachtet werden.

4.4.3.2 Realisierung der Visualisierung, Filter und Interaktion

Weitere Details und eine genaue Beschreibung des entwickelten Konzepts sind in (Konstanzer 2007) zu finden. Im Folgenden werden nur die wichtigsten Details auf Basis der Publikation (Gundelsweiler & Reiterer, 2008c) vorgestellt. Abbildung 63 zeigt das UI der iterativ entwickelten, interaktiven Anwendung. Die Realisierung erfolgte mit Java und dem „Prefuse Framework"[33] für interaktive Visualisierungen.

Die Anwendung würde im Gegensatz zum O+D Konzept (siehe Kapitel 4.4.2) bei der Realisierung zu einem „Rich Client" führen und dessen Vor- und Nachteile übernehmen. Für jede Objektkategorie des Datenraums beinhaltet die Anwendung einen semantischen Visualisierungsbereich und einen Objektfilter. Das UI verwendet ein semantisch organisiertes Zoom-Rendering, um die Anzahl an sichtbaren Informationen auf den verfügbaren Bildschirmplatz anzupassen. Dies ermöglicht, dass entweder nur einige wenige oder mehrere tausend Objekte in jedem Bereich mittels Pixelvisualisierung (Keim 1996) dargestellt werden können. Je mehr Bildschirmpixel für die Anzeige der Objekte verfügbar sind, desto mehr Informationen

---

[33] Prefuse (URL: http://prefuse.org, last visited 03.12.2007).

zu einem Objekt können dem Benutzer per semantischem Zoom angezeigt werden (zum Vergleich in Abbildung 63: wenige Objekte mit vielen Informationen im linken Produkt-Bereich und sehr viele Objekte mit wenigen Informationen im rechten Pin/Stecker Bereich).

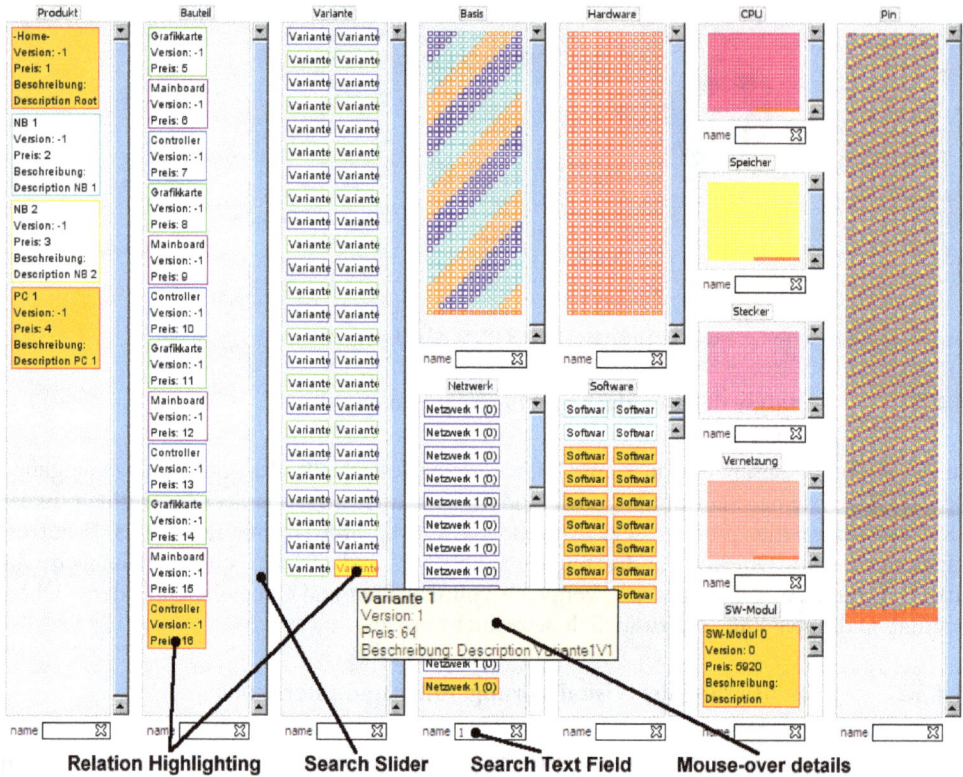

Abbildung 63: Prototypische Anwendung mit ca. 15.000 Objekten und deren Relationen

Im Gegensatz zu den meisten Graphenvisualisierungen ist die Komplexität des hier vorgestellten UIs unabhängig von der Anzahl dargestellter Objekte. Eine höhere Anzahl an Objekten führt lediglich dazu, dass diese in den jeweiligen Bereichen mit einer höheren Auflösung gezeichnet werden und nicht mehr so viele Informationen auf den ersten Blick verfügbar sind. Ansonsten bleibt die Komplexität des UIs gleich. Damit Benutzer Objekte, die zu einer Namensgruppe gehören, sofort erkennen können, wird die Rahmenfarbe auf die Variable „Name" gelegt. Falls Benutzer sich für andere Gruppen interessieren, müsste die Rahmenfarbe nach einem anderen Metaelement festgelegt werden.

Probleme bestehender EPDM-Systeme, die in der Anforderungsanalyse identifiziert wurden, sind das Auffinden eines bestimmten Objekts, eine Übersicht über die Objektrelationen und die Navigation durch den Informationsraum. Für alle drei Probleme wurden iterative Lösungen konzipiert und im Prototyp realisiert. Das UI-Konzept basiert auf dem Mantra zur Informationssuche „Overview First, Zoom And Filter, Then Details On Demand" (Shneiderman 1996). Vier Interaktionstechniken sind in der Anwendung realisiert, um den

Zugang zum Informationsraum zu verbessern und die beschriebenen Probleme zu lösen. Benutzer können zunächst einen Fokus auf relevante Objektbereiche setzen, um sich so einen Überblick über die Datenmenge zu verschaffen. Danach kann der Informationsraum per Navigation und Filtern eingeschränkt oder ausgeweitet werden. So werden je nach Bedarf mehr oder weniger Informationen zu den relevanten Objekten angezeigt. Dabei bleibt der Aufgabenkontext immer erhalten und die Abhängigkeiten und Relationen der Objekte können mittels Hervorhebungen und Detail-on-Demand Techniken angezeigt werden. Durch Öffnen eines Kontextmenüs (Klick auf die rechte Maustaste) über einem Objekt kann dieses bearbeitet werden.

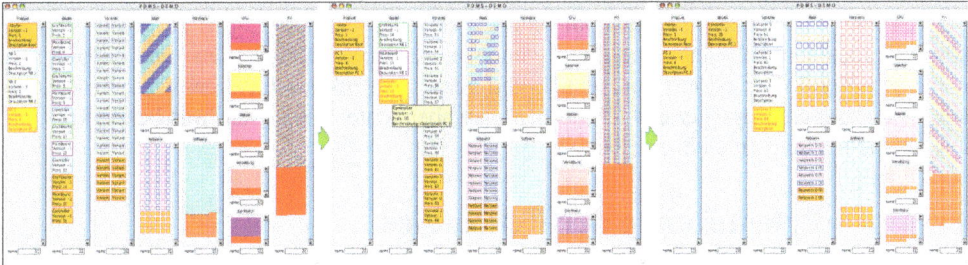

Abbildung 64: Navigation durch den Informationsraum, angepasst aus (Konstanzer 2007)

Der interaktive Filter und die Visualisierungsbereiche sind in den Filterprozess integriert. Damit ist automatisch die Ergebnisanzeige in die Graphen-visualisierung (im Visualisierungsbereich) integriert. Benutzer können direkt eine Suchanfrage absetzen, indem sie Text in das Textfeld zur Suche eingeben oder ein Filteraktion durch Betätigen der „Dynamic Query" (Ahlberg et al. 1992) Schieberegler initiieren. Das Ergebnis wird mit sofortiger Wirkung im entsprechenden Visualisierungsbereich angezeigt. Für den Schieberegler können dynamisch unterschiedliche Metadatenattribute per Auswahlbox festgelegt werden. Dieses einfache aber sehr mächtige Filterkonzept ermöglicht eine schnelle und zielführende Filterung des Datenraums für jeden Objektbereich. Die Benutzer können die Abhängigkeiten zwischen Objekten über Hervorhebungen analysieren und so den Einfluss einer Filteraktion oder eines Navigationsschrittes auf alle Objektbereiche vorhersehen. Dies erlaubt komplexe Anfragen auf dem Datenraum auszuführen ohne ein überladenes grafisches UI oder komplexe Anfragesprachen. Die Selektion eines Objektes führt zur Einschränkung des Datenraums auf die verbundenen Objekte in allen Objektanzeigebereichen (siehe Abbildung 64). Dabei werden vor allem die Objekte weiter rechts in der Hierarchie stark gefiltert. Das Navigationskonzept ist also in das Filterkonzept integriert, um es den Benutzern möglich zu machen den Datenraum durch die Selektion bestimmter Objekte einzuschränken. Ein Demovideo zur Erläuterung der interaktiven Filterkonzepte ist auf der Webseite[34] einsehbar.

---

[34] Webseite Designpatterns (URL: http://www.designpatterns.de/epdm)

4.4.3.3   Ergebnisse und Diskussion

Die Lösung der ermittelten Probleme, die bei allen aktuellen EPDM-Systemen auftreten, zeigt großes Potential für die Optimierung der Produktlebenszyklen, der Integration und dem Management aller produktrelevanten Daten. Die Verbesserung der Visualisierungs-, Filter- und Interaktionstechniken würde aktuelle EPDM-Systeme für die Verwaltung immer größerer Datenmengen tauglich machen. Wahrscheinlich sind die hier entwickelten UI-Konzepte auch in anderen Domänen mit ähnlichen Datenräumen (z.B. Unternehmens-hierarchien oder eine Taxonomie der Erde und ihrer Länder bis hin zu den Einwohnern) anwendbar, was hier offen bleibt. Insgesamt entstand eine Visualisierung, die den Bildschirmplatz effizient nutzt, eine Übersicht über den gesamten Datenraum bietet und direkten Zugriff auf Unterbereiche sowie auf bestimmte Objekte und ihre Relationen ermöglicht. Navigations- und Filtertechniken helfen den Informationsraum schnell und gezielt auf relevante Datensätze einzuschränken. Dies lässt die Benutzer das UI auf den Aufgabenkontext anpassen, was bei herkömmlichen EPDM-Systemen nicht der Fall ist.

4.5   Erkenntnisse der Fallstudien

Die Erkenntnisse der Fallstudien sind nur zum Teil verallgemeinerbar. Zwar sind die unterschiedlichen Konzepte und Prototypen jeweils auf eine der untersuchten Domänen zugeschnitten, aber es ist davon auszugehen, dass die Visualisierungs- und Interaktionskonzepte auch in anderen Domänen mit ähnlichen Benutzeraufgaben und Anwendungskontexten funktionieren. Deshalb sind die Konzepte der entwickelten Anwendungen in abstrakter Form verallgemeinerbar und damit geeignete Kandidaten für die Extraktion von Patterns.

Insgesamt haben sich mehrere Visualisierungskonzepte in der Vorauswahl der Konzeptions- und Designphasen und schließlich auch in den Benutzerstudien bewährt. Dazu gehören die folgenden Visualisierungskonzepte, die unterschiedliche Interaktionsarten unterstützen können und Gebrauch von bestimmten Raumaufteilungen und Sichten machen:

- Unendliche ZUI-Informationslandschaft (Fallstudie Bildersuche)

- ZUI-Kreisvisualisierung (Fallstudie soziale Netzwerke)

- ZUI-Pixelvisualisierung (Fallstudie EPDM)

- Hierarchische ZUI-Kategorie-Visualisierung (MusicPad)

- Sortierbare Tabelle mit Detailansicht (Fallstudie Bildersuche)

- Karussell-Visualisierung zur Bildexploration (Fallstudie Bildersuche)

- F+C und O+D Visualisierung mit integriertem „Toggle-Button"-Filter

Daneben haben sich bestimmte Interaktionstechniken als besonders beliebt und gebrauchstauglich erwiesen. Dies zeigten die Benutzertests zu den Fallstudien, ist aber außerdem immer mehr bei Interaktionskonzepten aktueller Anwendungen zu beobachten. Dabei haben sich folgende Interaktionstechniken besonders bewährt:

- Drag'n'Drop (MusicPad, Bildersuche, soziale Netzwerke)

- Geometrischer Zoom (MusicPad, Bildersuche, soziale Netzwerke)

- Semantischer Zoom (Bildersuche, soziale Netzwerke, EPDM)

- Kombinierte Zoom-/Pan-Interaktion (MusicPad, Bildersuche)

- Flyout und Pin (Bildersuche)

Nicht beantwortet werden konnte die Frage, in welcher Situation und in welchem Kontext welche Art der Interaktionstechniken optimaler Weise eingesetzt werden sollten. Trotz umfangreicher Untersuchungen bleibt diese Frage offen. Offenbar muss diese Entscheidung je nach Anwendungskontext und Domäne vom UI-Designer getroffen werden und ist zu kontextabhängig, um sie zu verallgemeinern. Es wurden jedoch auch verschiedene Konzepte nicht weiterverfolgt, da Benutzer negatives Feedback gaben oder die Idee sich nicht zur Realisierung der ermittelten Anforderungen eignete:

- Mischung aus hierarchischer organisierter statischer Raumstruktur und ZUI (MusicPad)

- „User Experience"-orientierte, interaktive 3D-Kachelvisualisierung mit physikalischen Eigenschaften der Objekte (Fallstudie Bildersuche)

Die weniger geeigneten Konzepte könnten Kandidaten für Antipatterns sein. Ziel dieser Arbeit ist jedoch die Extraktion von Patterns und nicht die Identifikation von Antipatterns. Aus diesen Erkenntnissen, aktuellen ZUI-Anwendungen und der Theorie zu ZUIs lassen sich nun Vorschläge für Interaktions- und Visualisierung-Patterns ableiten.

Tabelle 26: Vorschläge für Visualisierungspatterns

#	Vorschlag, Patternname	Kurzbeschreibung	Pattern in Kapitel 5.6
1	Unendlicher Informationsraum	Objekte werden in einer quasi-unendlichen, zoombaren Informationslandschaft verortet.	Ja
2	Automatische, hierarchische ZUI-Kategorisierung	Objekte werden automatisch in einer generierten Metadatenhierarchie visualisiert.	Nein, da negatives Feedback
3	Kreissegmentierte Graphenvisualisierung für zeitabhängige Daten	Objekte werden in einer zoombaren Graphenvisualisierung als Knoten mit Kreissegmenten visualisiert.	Ja
4	Kategorisierte semantisch zoombare Pixelvisualisierung	Objekte werden je nach verfügbarem Bildschirmplatz als Pixel oder als Bereiche mit Metainformationen dargestellt.	Ja
5	ZUI-Kachelvisualisierung mit drei semantischen Zoomstufen	Objekte werden auf mehreren Seiten als zoombare Kacheln mit drei semantischen Zoomstufen visualisiert.	Nein, da keine Benutzerstudie
6	Sortierbare Tabelle mit integrierter Detailansicht	Die Objekte werden auf herkömmliche Weise in einer sortierbaren Tabelle mit den wichtigsten Metadaten angezeigt.	Nein, da kein integriertes ZUI

| 7 | Dynamisch skalier-bare und erweiter-bare ZUI-Graphen-Visualisierung | Die Objekte werden in einem Graphen mit Kanten je nach inhaltlicher Ähnlichkeit verbunden und nach einem dynamisch konfigurierbaren Springgraph Algorithmus angeordnet. Dabei können neue Objekte aufgenommen werden. | Nein, da kein optimiertes ZUI-Konzept und keine Benutzerstudie |
| 8 | 3D Kachelvisuali-sier-ung mit physi-kalischen Eigen-schaften | Die Objekte werden als 3D-Kacheln mit Schwerkraft und weiteren physikalischen Eigenschaften visualisiert. Kacheln können verschoben, gruppiert usw. werden. | Nein, da keine optimierte Version und keine Benutzerstudie |

Anhand der Erkenntnisse und Design-Tradeoffs werden in Kapitel 5.6 einige Patterns extrahiert und in einem eigens entwickelten, interaktiven Format dokumentiert. Aus Mangel an Evidenz und Erfahrungen in der Praxis können aus den in aufgeführten Vorschlägen nur die Patterns #1, #2 und #3 realisiert werden. Zu den anderen Visualisierungskonzepten müssten weitere Anwendungen untersucht und Benutzerstudien durchgeführt werden. Neben den Vorschlägen zu Visualisierungspatterns sind in Tabelle 27 weitere Vorschläge für Patterns zur Interaktion aufgeführt.

Tabelle 27: Vorschläge für Interaktionspatterns

#	Vorschlag, Patternname	Kurzbeschreibung	Pattern in Kapitel 5.6
1	Geometrischer Zoom	Objekte werden in einer quasi-unendlichen, zoombaren Informationslandschaft verortet.	Ja
2	Semantischer Zoom	Objekte werden automatisch in einer generierten Metadatenhierarchie visualisiert.	Ja
3	Zielorientierter Zoom	Objekte werden in einer zoombaren Graphenvisualisierung als Knoten mit Kreissegmenten visualisiert.	Nein, nicht als eigene Technik realisiert, sondern in #4 integriert
4	Koordinierte Zoom-/Pan-Interaktion	Objekte werden je nach verfügbarem Bildschirmplatz als Pixel oder als Bereiche mit Metainformationen dargestellt.	Ja
5	Karussell-Funktionalität in Dock	Objekte haben Repräsentanten in einer Dock. Gibt es viele Repräsentanten, so werden diese interaktiv mit einem Karussell erkundbar.	Nein, da keine Benutzer-studie
6	Flyout und Pin	Objekte können anhand einer Pin-Nadel aus dem Karussell herausgeholt werden. Dabei werden sie zwischen Karussell und Zeiger in gleichen Abständen angeordnet und bewegen sich animiert mit jeder Veränderung der Zeigerposition.	Ja

7	Weitere Zoomtechniken wie Flip-Zoom usw.	Diese werden praktisch nur wenig eingesetzt und können deshalb nicht als „best-practice" gelten.	Nein, nur wenige Studien und kaum praktischer Einsatz
8	Hierarchiebasierte propagierende Suche	Die Gesamtmenge wird durch mehrere hierarchisch verbundene Filterkomponenten eingeschränkt. Dabei erhält jede Filterkomponente alle Bilder der übergeordneten Komponenten und filtert diese nach Metadaten.	Ja

Die eingesetzten Interaktionstechniken fokussieren vor allem auf den geometrischen, den semantischen und den zielorientierten Zoom. Ein kombinierter Patternvorschlag dazu ist die koordinierte Zoom-/Pan-Interaktion, die mehrere Zoomtechniken verbindet und das gebräuchlichste Interaktionskonzept für ZUIs in Forschung und Praxis darstellt.

In Kapitel 5 werden nun zunächst die Grundlagen zu Patterns erläutert. Anhand der aktuellen Möglichkeiten Patterns interaktiv und multimediale zu präsentieren, wird ein neues Pattern-Dokumentationsformat entwickelt. Schließlich werden die Pattern-Vorschläge dokumentiert, ausgearbeitet und so weit wie möglich fundiert.

5   Patterns und Pattern Languages

„Each pattern is a three-part rule, which expresses a relationship between a certain context, a problem, and a solution.[...]"
(Alexander et al. 1978)

In unserer Welt treten Probleme auf, für die wir Menschen nach geeigneten Lösungsmöglichkeiten suchen. Diese können wir dann heranziehen, um uns gestellte Probleme zu lösen. Über die Zeit hinweg treten ähnliche Probleme mehrfach auf, müssen aber in einem anderen Kontext und/oder von anderen Individuen gelöst werden. Damit nicht immer wieder nach neuen Lösungsmöglichkeiten gesucht werden muss, dokumentieren Menschen diese seit jeher. Solche Problemlösungen werden Patterns genannt und können in den unterschiedlichsten Domänen beobachtet und dokumentiert werden.

Dieses Kapitel zeigt auf, wie Patterns aufgebaut sind und gibt einen Überblick zur Thematik. Grundsätzlich geht die Idee der Patterns auf die Architektur zurück. (Alexander et al. 1978) beschreibt in seiner Pattern-Sammlung zur Architektur, wie Gebäude, Wege, Mauern und viele andere Konstruktionen im Spannungsfeld des sozialen Umfelds, der Benutzung und der Funktionalität gebaut werden sollten. Zur Beschreibung dieser umfassenden Sammlung an Bauweisen entwickelte (Alexander et al. 1978) eine Dokumentationsform. Diese gibt Hilfestellungen bei der Gestaltung von architektonischen Konstruktionen anhand von Patterns. Es wird ein Gestaltungsproblem im baulichen Kontext auf eine möglichst vorteilhafte Art und Weise gelöst. Für das Verständnis der folgenden Erläuterungen ist es notwendig zu wissen, was ein Pattern in der Mensch-Computer Interaktion sein kann. Im Folgenden werden die Grundlagen zu Patterns erläutert. Ein Beispiel für ein Pattern in der HCI zeigt Abbildung 76.

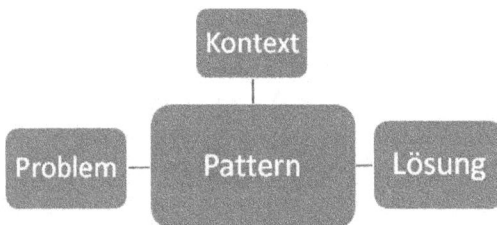

Abbildung 65: Das Pattern als Relation zwischen Problem, Kontext und Lösung

Ein Pattern wird als Relation zwischen den drei Bereichen Problem, Kontext und Lösung verstanden (siehe Abbildung 65). Das Problem ist die sprachliche Beschreibung eines Weltausschnittes, wobei ein System von Kräften gegeneinander wirkt. Diese Probleme müssen wiederkehrender Natur und außerdem wiedererkennbar sein, da die Dokumentation ihrer Problemlösung sonst keinen Sinn ergeben würde.

Beispielpattern-Kern „120 Paths and Goals" (Alexander et al. 1978):

- **Context:** The layout of paths will seem right and comfortable only when it is compatible with the process of walking. And the process of walking is far more subtle than one might imagine.

- **Resolution:** To lay out paths, first place goals at natural points of interest. Then connect the goals to one another to form the paths. The paths may be straight, or gently curving between goals; their paving should swell around the goal. The goals should never be more than a few hundred feet apart.

Now PATHS AND GOALS (120): Usually, this pattern deals with large paths in a neighborhood, and comes much earlier in a language. But I used it in a special way. It says that the paths which naturally get formed by people's walking, on the land, should be preserved and intensified. Since the path to our front door cut right across the corner of the place where I had planned to put the platform, I cut the corner of the platform off.

Series of goals.   *The actual path.*

Abbildung 66: Paths and Goals (Wege und Ziele) Pattern Auszug aus (Alexander et al. 1978)

Abbildung 66 zeigt das Pattern „Paths and Goals" aus dem Buch von Christopher Alexander. Das Pattern beschreibt zunächst das Problem der Wegfindung, dann den Problemkontext und schließlich eine logisch begründete Lösung für das Problem. Dabei besteht das Problem daraus sinnvolle Wege für Personen zu konstruieren. Im Kontext stellt sich heraus, dass die Wege dann sinnvoll sind, wenn sie mit dem Prozess des Gehens übereinstimmen. Dieser Prozess scheint zunächst einfach, ist bei genauerer Untersuchung aber doch komplexer als erwartet. Personen haben beim Prozess des Gehens bestimmte Ziele, die sie verfolgen und die in einer bestimmten Wegplanung resultieren. So muss also bei der Gestaltung sinnvoller Wege zunächst überlegt werden, welche Ziele unterschiedliche Personen verfolgen und welche Orte von Interesse sind. Dem Architekten in unserem Wegebeispiel wird also keine fertige Lösung präsentiert, sondern er muss selbst eine geeignete Lösung entwerfen. Allerdings bekommt er über das Pattern einen Lösungsweg aufgezeigt, der bei Beachtung der Rahmenbedingungen zu einer sinnvollen Gestaltung der Wege und Ziele führt.

Eine Problembeschreibung aufgrund der freien und willkürlichen Modellierung der realen Welt ist jedoch schwierig. Die Zahl potenzieller Problemstellungen ist quasi unendlich, es existieren aber auch unendlich viele Lösungen für diese Problemstellungen. Hinzu kommt, dass eine Problembeschreibung beliebig detaillierbar ist (Hierarchiebildung). Probleme können in immer kleinere Unterprobleme zerlegt werden, bis diese dann einfach gelöst werden können. Daraus ergibt sich eine Willkür bei der Problematisierung im Verhältnis zur Relevanz und Nützlichkeit des Patterns. Eine benutzergerechte Problembeschreibung ist daher kompliziert.

Der Kontext beschreibt die nähere Bestimmung der Problemstellung. Im Zusammenhang mit dem Kontext können bestimmte Probleme fixiert und immer wiederkehrende Probleme schnell erkannt werden. Dabei ergibt sich aber die Schwierigkeit, dass der Kontext eines Problems nicht immer vom Problem selbst unterscheidbar ist. Dies liegt in der Natur des Problems, da dieses meist eng mit bestimmten äußeren Rahmenbedingungen verwoben ist und damit in einem bestimmten Kontext entsteht. Die Problemlösung kann allerdings auch außerhalb der Rahmenbedingungen und damit in abstrakterer Form Sinn machen, da diese eventuell zur Lösung von Problemen in einem anderen Kontext herangezogen werden kann. Dies ist zumindest das Ziel der Patterns.

Der dritte Teil des Pattern-Triples ist die Lösung. Hierbei handelt es sich um eine Parameter-Konfiguration, die versucht alle gegeneinander wirkenden Kräfte in ein möglichst optimales, stabiles Gleichgewicht zu bringen. Die Lösung beschreibt die Behandlung eines Problems, das in einem gewissen Kontext auftritt. Dabei wird ein Lösungsweg in Form von Handlungs-anweisungen und bestimmten Regeln vorgeschlagen.

Ein Pattern ist also eine Relation zwischen den drei Bereichen Problem, Kontext und Lö-sung. Bei der Erstellung eines Patterns müssen die Entitäten in der Relation präzise beschrie-ben werden. Der Pattern-Ansatz hat unterschiedliche Abstraktionsgrade und kann in allen Domänen Anwendung finden, in denen Probleme entstehen und Lösungen erarbeitet werden. Besonders geeignet ist der Einsatz von Patterns in Bereichen, in denen eindeutige Lösungs-strukturen nicht etabliert sind oder nicht eingesetzt werden können. Anwendungsbeispiele sind hier die Architektur, Sozialwissenschaften, objektorientierte Programmierung, GUI-Design und die Mensch-Computer Interaktion.

Insgesamt können also folgende Punkte zusammengefasst werden, die für Patterns gelten sollten:

- Ein Pattern beschreibt den Lösungsweg für ein Problem.

- Ein Pattern zeigt den Kontext bei der Lösung eines Problems auf.

- Ein Pattern bringt ein System von Kräften ins Gleichgewicht.

- Das lösbare Problem muss wiederkehrend und wiedererkennbar sein.

- Ein Pattern weist einen gewissen Abstraktionsgrad auf.

- Ein Pattern zeigt mindestens Problem, Kontext und Lösungsweg auf.

- Ein Pattern hat normalerweise Titel, Beschreibung und Querverweise.

- Mehrere Patterns können Relationen untereinander haben und so eine Pattern-Sprache bilden.

Eine Zusammenfassung von mehreren erstellten Patterns zu einer Domäne wird durch eine Pattern-Sprache beschrieben. Dabei können eng miteinander verbundene Muster über Relati-onen untereinander verknüpft werden.

„A pattern language is formed when a collection of patterns is arranged into a network of interdependend patterns..."
(Mahemoff, Johnston)

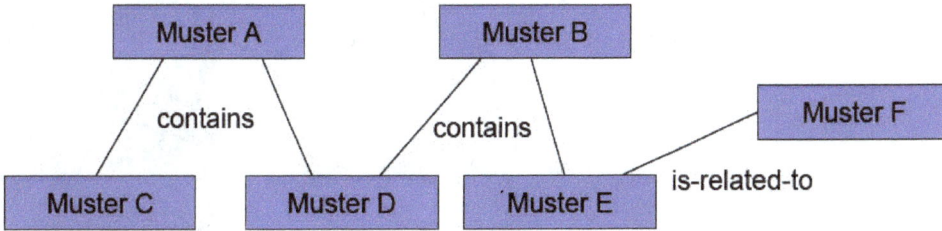

Abbildung 67: Zusammenfassung verschiedener Patterns zu einer Pattern-Sprache

Pattern-Sprachen bilden ein Netzwerk von eng miteinander zusammenhängenden Patterns und deren jeweiligen Relationen zwischen Problem, Kontext und Lösung. Die Struktur des Netzwerks ist meist hierarchisch und besteht aus den wichtigen Beziehungen „contains", „is-contained-by" und „is-related-to", die aus der Vererbung bekannt sind.

„In this network, the links between the patterns are almost as much a part of the language as the patterns themselves."
(Alexander, Christopher)

Die Relationen der Patterns untereinander sind ein wichtiger Bestandteil einer Pattern-Sprache. Kommt ein bestimmtes Pattern zur Problemlösung in Frage, so stehen über die Relationen schnell weitere (z.B. ähnliche) Patterns zur Verfügung. Die Beziehung „contains" beschreibt, dass Patterns andere Patterns beinhalten können, während „is-related-to" eine gewisse Verwandschaft der verbundenen Patterns ausdrückt.

5.1 Pattern-Beispiel „Paths and Goals"

Das folgende Beispiel dient dem besseren Verständnis der Sinnhaftigkeit von Patterns, die zur Lösung wiederkehrender Probleme in der realen Welt eingesetzt werden. Am Beispiel der Universität Konstanz zeigt das Pattern „Paths and Goals" (Wege und Ziele) aus (Alexander et al. 1978) auf, dass es sinnvoll ist den Nutzungskontext bei der Planung von Wegen zu erfassen. Der Nutzungskontext umfasst die Aufgaben, Vorkenntnisse, Erwartungen und Bedürfnisse der Benutzer. Aus diesen wird ein mentales Modell des Systems konstruiert, innerhalb dessen eine bestimmte Aufgabe gelöst werden soll. Hier wäre dies z.B. ein geeigneter, möglichst kurzer Weg (falls Zeitdruck bei der Lösung der Aufgabe besteht), der als Ziel das Erreichen eines bestimmten Ortes innerhalb der Universität hat.

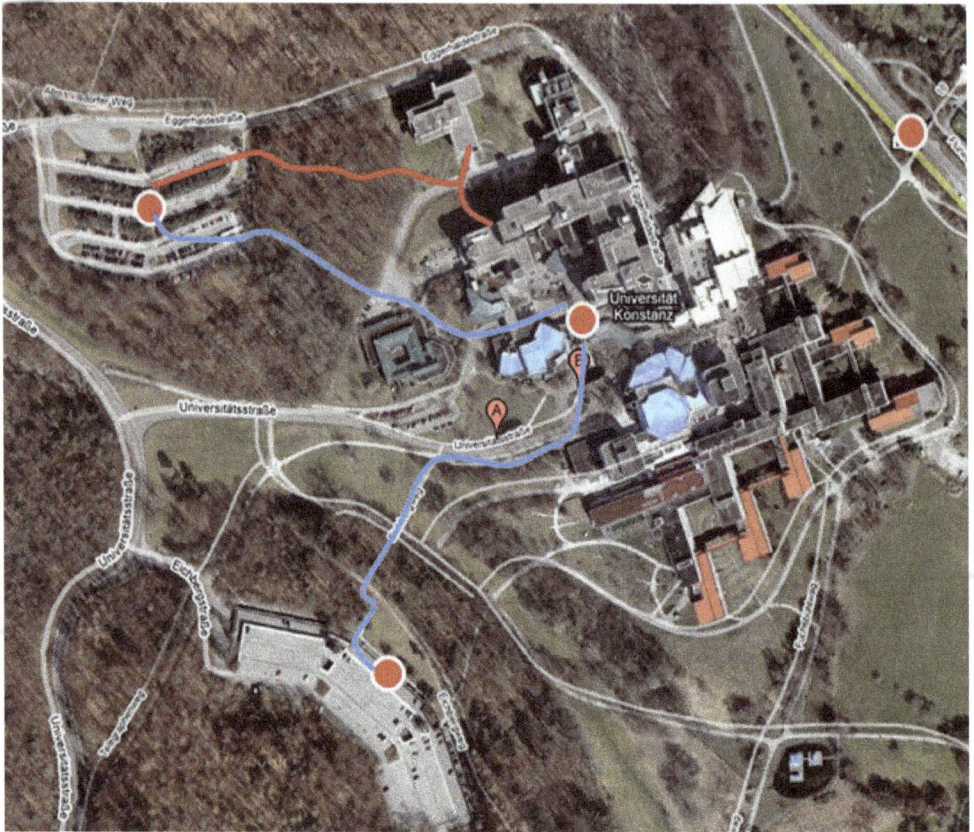

Abbildung 68: Gelände der Universität Konstanz mit eingezeichneten Wegen

Abbildung 68 zeigt die möglichen Anfahrtsziele als rote Punkte markiert. Die Besucher der Universität können diese zu Fuß, mit dem Fahrrad, mit dem Bus oder einem motorisierten Fahrzeug erreichen. Je nachdem müssen sie sich an die Umstände anpassen und können entweder direkt am Eingang die Universität betreten (zu Fuß, mit dem Bus oder dem Fahrrad) oder müssen die Parkmöglichkeiten nutzen. Die beiden roten Punkte links oben und unten im jeweiligen Bild markieren die beiden Hauptparkplätze.

Im rechten Bild der Abbildung 69 sind die Wege eingezeichnet, die von den Besuchern gegangen werden. Die geplanten Wege sind blau markiert eingezeichnet, während sich die rot markierten Wege durch häufiges Begehen durch die Besucher gebildet haben. Dies zeigt einerseits, dass bei der Planung nicht alle möglichen und sinnvollen Wege betrachtet wurden und andererseits, dass die Infrastruktur der Universität mit der Zeit gewachsen ist und sich dadurch neue sinnvolle Wege ergeben. Beispielsweise führt der rot markierte Weg oben in Abbildung 68 auf einem Trampelpfad durch den Wald, während der blau markierte Weg zur besseren Begehung mit Steinen gepflastert ist. Bei der Planung wurde wohl nur der Haupteingang als Ziel der Besucher in Betracht gezogen aber nicht die zahlreichen Nebeneingänge, die z.B. über den kürzeren Waldweg schneller zu erreichen sind. Hinzu kommt, dass auch das Gebäude ganz oben in der Mitte (Abbildung 68) nachträglich gebaut wurde und damit den Waldweg weiter in der Infrastruktur etabliert. Neben den nicht immer offensichtlichen Zielen der Benutzer sind also Zeit und Entfernung weitere wesentliche Faktoren bei der Wegplanung.

Der Abriss einer Brücke zwischen dem südlichen Parkplatz und dem Universitätsgebäude (siehe Abbildung 69) zeigt, dass die Veränderung der Umgebung zu anderen Gewohnheiten der Besucher führen kann. Im linken Bild der Abbildung 69 ist der ehemalige Verlauf der Brücke mit violetten Punkten eingezeichnet. Nach Abriss der Brücke (wegen Baufälligkeit) sollten die Besucher eigentlich den blau markierten, gepflasterten Weg nehmen, der zunächst ein kurzes Stück nach Westen und dann über die Punkte A und B zum Haupteingang führt.

Abbildung 69: Gelände der Universität Konstanz mit entstandenem Wegenetz

Dieser blau markierte Weg hat sich aber nur bei Besuchern etabliert, die ihr Fahrzeug auf den westlichen Parkdecks parken und deren Ziel der Haupteingang oder ein Gebäude nördlich davon ist. Alle anderen (vor allem die regelmäßigen) Besucher suchten sich Abkürzungen die, ähnlich dem bisherigen Brückenverlauf, einen möglichst direkten Weg zu den Gebäuden der Universität bilden. Dazu kommen neben den Zielen, der Entfernung und der Zeit zusätzlich äußere Faktoren wie das Wetter, Baustellen oder andere Hindernisse, die Einfluss auf den gewählten Weg haben können. Dies zeigt, dass bei der Wegplanung sehr viele Faktoren eine Rolle spielen und die geplanten Wege nur dann von den Benutzern angenommen werden, wenn der Nutzungskontext richtig erhoben und interpretiert wird. In einer Studie (Moussaïd et al. 2011) wurde das Verhalten von Fußgängern wissenschaftlich untersucht. Das Ergebnis zeigt, dass Fußgänger selbst im Gedränge dazu neigen, immer den kürzesten Weg zu wählen.

Abbildung 70: Nordparkplatz der Universität Konstanz mit entstandenem Trampelpfad

In Abbildung 70 ist ein weiteres Beispiel zu sehen wie sich die Gewohnheiten der Menschen und die Bevorzugung kürzerer Wege im Gelände durchsetzen, obwohl sehr viel bequemere Wege über eine etwas längere Strecke auch zum gewünschten Ziel führen würden. Um vom Nordparkplatz zur Universität und wieder zurück zu gelangen, wäre ein großer Umweg auf dem geteerten Weg im Osten notwendig. Die Studierenden und Mitarbeiter der Universität haben aber um sich diesen langen Weg zu sparen einen Trampelpfad durch den Wald etabliert, über den man den Parkplatz wesentlich schneller erreicht. Man erkennt, dass die Planung des Parkplatzes nicht nach dem Wege-Pattern erfolgt ist, da ansonsten wohl ein direkterer Weg zur Universität eingeplant worden wäre. Der Nutzungskontext und die wichtigen Variablen wie Zeit und Bequemlichkeit sind vernachlässigt worden, woraufhin sich die betroffenen Personen selbst mit einem eigenen Weg beholfen haben.

Patterns zeigen die wichtigen Punkte bei der Betrachtung des Nutzungskontexts auf und liefern Ansatzpunkte für mögliche, sinnvolle Interpretationen. Eine Komplettlösung für ein Problem in einem neuen Kontext können Patterns nicht bieten. Es wird immer eine intelligente Interpretation der Experten, Designer oder Planer und damit der Anwender der Patterns notwendig sein.

5.2 Pattern-Sprachen (Pattern Languages)

"A pattern language is nothing more than a precise way of describing someone's experience..."
(Alexander, Christopher)

Christopher Alexander hat mit seiner Pattern-Sprache zur Architektur sehr viele Patterns in Relation zueinander gesetzt. Dabei hatte er jeweils ausgehend von einem Pattern eine „besteht-aus"-Beziehung angenommen. Dadurch entsteht eine umfangreiche Hierarchie als Organisationsstruktur der Patterns, wobei die Patterns jeweils zusätzlich zur hierarchischen Komponente auf weitere verwandte Patterns verweisen können. Alexander verknüpft in seiner Pattern-Sprache Patterns unterschiedlicher Abstraktionsgrade von umfassenderen zu recht spezifischen Lösungsvorschlägen miteinander.

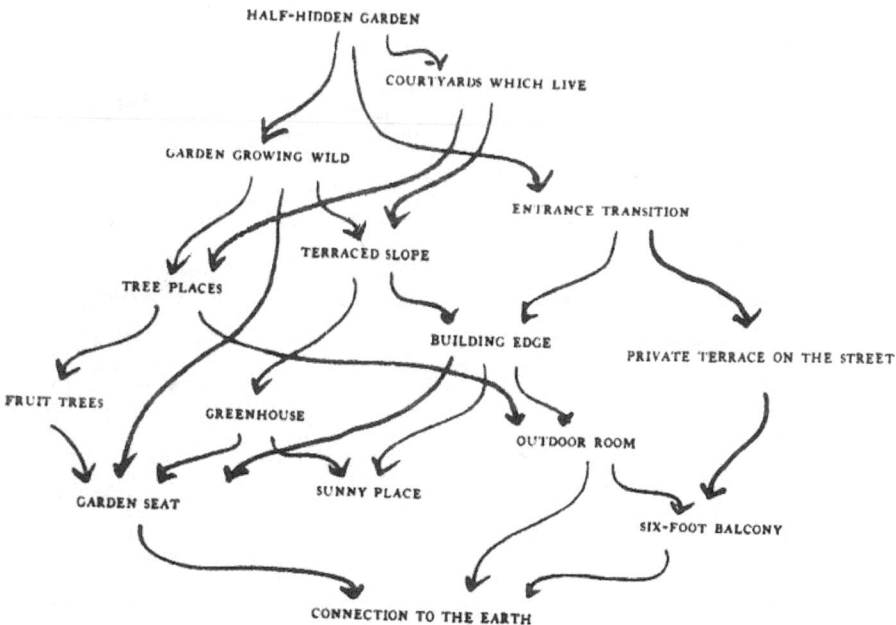

Abbildung 71: Auszug aus der „Pattern Language" (Alexander et al. 1978)

Die Patterns und ihre Beschreibungsformate bilden die Basis für den Aufbau von Pattern-Sprachen. Je nach Organisationsstruktur können unterschiedliche Ansichten einer Pattern-Sprache entstehen. In Abbildung 71 wurde z.B. eine Graphenstruktur zur Visualisierung der

Patterns und deren Verbindungen untereinander gewählt. Durch die hierarchische Struktur in Alexanders Patterns wird dieser Graph zu einem gerichteten Graphen. Innerhalb von Pattern-Sprachen sind die Patterns zunächst nach dem gleichen Muster dokumentiert und verweisen gegenseitig aufeinander. So können zu einem Pattern weitere sinnvolle Patterns für den praktischen Einsatz verlinkt werden und es entsteht ein Netzwerk, durch das über diese Verlinkungen navigiert werden kann. Prinzipiell sind die Patterns der unterschiedlichen Autoren in Kategorien eingeteilt, die sich teilweise auch überlappen können. Eine hierarchische Ordnung vor allem in Domänen wie der HCI ist deshalb schwierig. Zusätzliche Komplexität bringen die zeitliche Abhängigkeit und die verschiedenen Abstraktionsgrade der Patterns mit sich. So entsteht mit einer Pattern-Sprache ein sehr komplexes Konstrukt mit vielen Querverweisen und unterschiedlichen Abstraktionsgraden. Es ist somit sehr schwierig eine optimale Darstellungs- und Dokumentationsform zu finden.

Diese Beschreibungsformate und die darin aufgeführten Attribute der Patterns bilden die Grundlage für die unterschiedlichen Sichten auf eine Pattern-Sprache. Sowohl für das Beschreibungsformat als auch für die Strukturierung und Visualisierung der Patterns muss eine allgemein akzeptierte Form gefunden werden, damit zukünftig nicht unzählige Pattern-Sprachen entstehen, die jeweils nur einmal benutzt werden. Ein Ziel der wissenschaftlichen Gemeinschaft der HCI sollte ein allgemeingültiges Beschreibungsformat sein. Dazu müsste eine Beschreibungsform allen Pattern-Sprachen der HCI gerecht werden. Mit diesem Ziel werden im Folgenden unterschiedliche Pattern-Ansätze untersucht und ihre Vor- und Nachteile aufgezeigt.

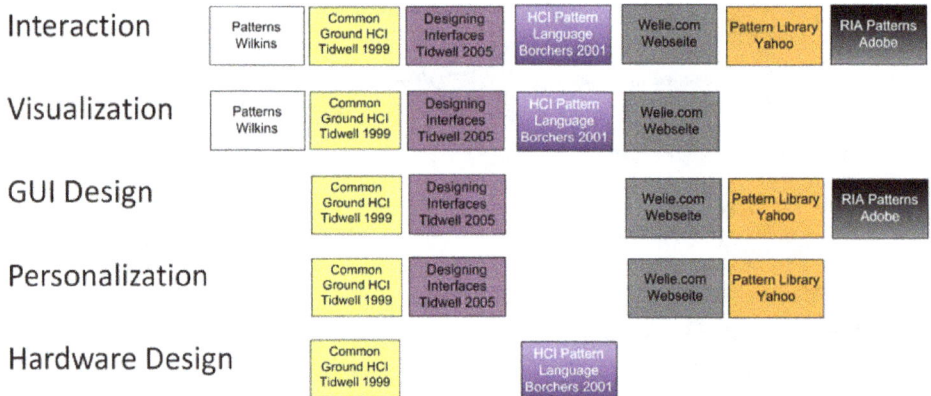

Abbildung 72: Übersicht über die wichtigsten Patternansätze

Die Verwendung von Pattern-Sprachen über die Domäne der Architektur hinaus hat sich in vielen Gebieten etabliert insbesondere dort, wo keine spezifischen Vorgehensweisen (z.B. mathematische Modelle) und Methoden zur Problemlösung herangezogen werden können (Borchers 2001). Aus diesem Grund eignen sich auch verschiedene Bereiche der Mensch-Computer Interaktion für den Einsatz von Patterns. Einsatzmöglichkeiten finden sich im grafischen und interaktiven Design der Benutzungsschnittstelle. Es existieren z.B. im Bereich Navigation einige etablierte Patterns wie z.B. Breadcrumbs, Karteireiter oder Linklisten. Jedoch fehlen bei vielen Designproblemen noch geeignete Patterns. Außerdem gibt es aufgrund des großen Designraums eine sehr große Anzahl an Lösungen. Wie bereits in Kapitel 1.2 beschrieben haben sich speziell in der Mensch-Computer Interaktion grundlegende Patterns zum Design von Benutzeroberflächen etabliert. Häufig zitierte und publizierte Patterns und Pattern-Ansätze finden sich in den Arbeiten von (Wilkins 2003), (Tidwell 2006), (Borchers 2001), (Ingwersen & Järvelin 2005), (Welie & Trætteberg 2000) und (Granlund et al. 2001).

Dieses Kapitel konzentriert sich vor allem auf drei Pattern-Ansätze, da diese häufig zitierte Quellen in der Fachliteratur sind. Die Pattern-Sammlung von (Tidwell 2006) zeigt sehr gut, wie Patterns im Bereich UI-Design erstellt und verwendet werden können. In (Borchers 2001) entwickelt der Autor neue Pattern-Sprachen nach einer methodischen Vorgehensweise. Dabei werden grundlegende Konzepte, Stärken, Schwächen, Chancen und Einschränkungen von Patterns in der Mensch-Computer Interaktion erläutert. Die Arbeit von (Wilkins 2003) führt grundlegende Ergebnisse der Interaktions- und Visualisierungsforschung mit Patterns zusammen.

Für die Beschreibung von Patterns haben sich einige Attribute als Standards herauskristallisiert (Bayle et al. 1998; Borchers 2001; Bottoni et al. 2011; Wilkins 2003). Die meisten Pattern-Sammlungen enthalten folgende Metadatenattribute zu ihrer Beschreibung:

- **Patternname**
  Beschreibt mit einem möglichst deutlichen, treffenden Begriff den Namen und die Inhalte des Patterns. Dabei muss ein Begriff gefunden werden, der den Kern des Patterns möglichst gut wiederspiegelt.

- **Problem**
  In der Problembeschreibung wird verdeutlicht, bei welcher Art von Problemen man das Pattern anwenden kann. Dabei geht es auch um eine abstrakte Beschreibung der unterschiedlichen Problemsituationen, in denen der Einsatz des Patterns Sinn macht.

- **Kräfte**
  Die Kräfte beschreiben, welche Auswirkungen eine Problemlösung durch das Pattern haben kann. Es geht also darum, welche Vorteile man erhält und welche Nachteile man in Kauf nehmen muss, wenn man das Pattern zur Lösung heranzieht.

- **Kategorie**
  In den unterschiedlichen Domänen Architektur, UI-Design und Soziologie wurden Patterns jeweils versucht zu kategorisieren. Die Kategorie, in die das jeweilige Pattern fällt, wird hier beschrieben. Zum Beispiel wurden für die HCI in (Wilkins 2003) die unterschiedlichen Kategorien „Structure Patterns", „Interaction Patterns" und „Composition Patterns" festgelegt. Diese beschreiben Patterns, die beim Design von UI und Interaktion zur Anwendung kommen. „Stucture Patterns" beschreiben Form und Inhalt, während „Interaction Patterns" die Interaktionsmechanismen, die bei der interaktiven Bedienung eingesetzt werden, aufzeigen. „Composition Patterns" erläutern, wie unterschiedliche Visualisierungen im Zusammenspiel mit dem GUI funktionieren.

- **Kontext**
  Der Kontext beschreibt, in welchem Umfeld das Pattern sinnvoll eingesetzt werden kann und welche Rahmenbedingungen beachtet werden müssen. In der Architektur

ist der Kontext die physische und soziale Umgebung, in der das entsprechende architektonische Element auf Basis eines bestimmten Patterns erstellt und eingebettet wird. Im UI-Design schließt der Kontext die Anforderungen an das UI, die Benutzer und die physische Umgebung, in der das Softwaresystem funktionieren muss, mit ein.

- **Lösungsidee** (in Form eines Architektur-, Entwurfs- oder Implementierungsvorschlages)
  Die Lösungsidee ist der Kern des Patterns und stellt eine etablierte, gefundene Lösung für das beschriebene Problem dar. Von zentraler Bedeutung ist die Ausbalancierung der Kräfte auf eine Weise, dass eine möglichst optimale Problemlösung erfolgt. Durch eine bestimmte Art von Lösung für ein Problem entstehen Vor- und Nachteile, die erreicht bzw. in Kauf genommen werden. Etablierte Patterns erreichen durch optimierte Gestaltung möglichst viele positive Effekte und minimieren Nachteile soweit wie möglich.

- **Beispiel**
  Die abstrakte Beschreibung der Patterns reicht oft nicht aus, um das Problemlösungspotenzial eines Patterns in einem neuen Kontext zu erkennen und zu verstehen. Deshalb ist es notwendig anhand von Beispielen aufzuzeigen, wie das Pattern in bereits existierenden Designs eingesetzt wurde und dabei zu einer optimierten Gestaltung geführt hat. Die Beispiele verdeutlichen zusätzlich den Problemkontext, in dem ein Pattern sinnvoll eingesetzt werden kann.

In allen Fällen sollten die Pattern-Beschreibungen kurz und prägnant auf das Wesentliche reduziert sein. Dabei besteht die Schwierigkeit darin die wichtigsten Eigenschaften des gefundenen Patterns zu erfassen und so zu kommunizieren, dass diese allgemein verständlich sind. Dies ist schwierig, da gerade in speziellen Domänen wie z.B. der objektorientierten Softwareentwicklung die notwendigen Fachbegriffe nur von Experten verstanden werden. (Borchers 2000) vertritt daher auch die These, dass die OO-Patterns die in (Gamma et al. 2000) vorgestellt werden, aus oben genanntem Grund keine Patterns seien.

5.2.1 Christopher Alexanders Pattern-Format

Das alexandrinische Pattern-Format ist in (Alexander et al. 1978) vorgestellt und wurde entwickelt, um Patterns für wiederkehrende Gestaltungsprobleme zu dokumentieren. Computer waren damals noch in der Entstehungsphase und interaktive Inhalte oder Visualisierungen am Bildschirm Zukunftsvisionen. Deshalb basiert das alexandrinische Pattern-Format rein auf Text, Bildern und erläuternden Grafiken, die beschreiben, wie das Pattern funktioniert und angewendet werden kann.

Alexanders Buch zeigt anhand von Regeln und Bildern auf, welche sozialen und physischen Gegebenheiten beim Bau neuer öffentlicher Räume, Plätze, Wege, Gebäude, Gärten usw. beachtet werden müssen, um möglichst optimale gestalterische Lösungen zu finden. Abbildung 73 zeigt das Pattern „Small Services Without Red Tape", das dazu dient den öffentlichen Dienst und ähnliche Einrichtungen sowie deren Services so zu gestalten, dass keine bzw. möglichst wenig Bürokratie entsteht. Dieses Pattern zeigt wie Alexanders Patterns typischerweise aufgebaut sind. Zunächst beschreibt ein aussagekräftiger Titel, worum es in dem Pattern geht, dann wird aufgezeigt, in welchem Kontext und welcher Umgebung das Pattern eingesetzt werden kann. Mit hervorgehobenem Text wird das Problem beschrieben, das mit dem Pattern gelöst werden soll. Daraufhin erfolgt die Argumentation für die Lösungsvorschläge. Dazu gehören z.B. Verweise auf Literatur oder wissenschaftliche Erkenntnisse. Nachdem dann im Kontext die soziale und die architektonische Umgebung des Patterns nochmals kurz aufgegriffen wurden, zeigen konkrete Vorschläge den Gestaltungsrahmen auf. An diesem Kern des Patterns orientieren sich die Architekten wesentlich. Zusätzlich sind die Patterns von Alexander oftmals noch mit Bildern und erklärenden Grafiken angereichert. Am Ende des Patterns wird beschrieben, welche anderen Patterns durch die Regeln beeinflusst werden.

81 SMALL SERVICES WITHOUT RED TAPE*

In any institution whose departments provide public service:

1. Make each service or department autonomous as far as possible.
2. Allow no one service more than 12 staff members total.
3. House each one in an identifiable piece of the building.
4. Give each one direct access to a public thoroughfare.

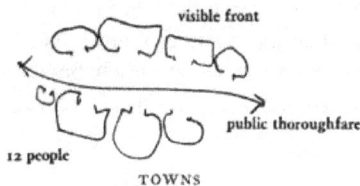

visible front

public thoroughfare

12 people

TOWNS

. . . all offices which provide service to the public—WORK COMMUNITY (41), UNIVERSITY AS A MARKETPLACE (43), LOCAL TOWN HALL (44), HEATH CENTER (47), TEENAGE SOCIETY (84) need subsidiary departments, where the members of the public go. And of course, piecemeal development of these small departments, one department at a time, can also help to generate these larger patterns gradually.

❖ ❖ ❖

Departments and public services don't work if they are too large. When they are large, their human qualities vanish; they become bureaucratic; red tape takes over.

There is a great deal of literature on the way red tape and bureaucracy work against human needs. See, for example, Gideon Sjoberg, Richard Brymer, and Buford Farris, "Bureaucracy and the Lower Class," Sociology and Social Research, 50, April, 1966, pp. 325–77; and Alvin W. Gouldner, "Red Tape as a Social Problem," in Robert Mertin, *Reader in Bureaucracy*, Free Press, 1952, pp. 410–18.

According to these authors, red tape can be overcome in two ways. First, it can be overcome by making each service program small and autonomous. A great deal of evidence shows that red tape occurs largely as a result of impersonal relationships in large institutions. When people can no longer communicate on a face-to-face basis, they need formal regulations, and in the lower echelons of the organization, these formal regulations are followed blindly and narrowly.

Second, red tape can be overcome by changing the passive nature of the clients' relation to service programs. There is considerable evidence to show that when clients have an active relationship with a social institution, the institution loses its power to intimidate them.

We have therefore concluded that no service should have more than 12 persons total (all staff, including clerks). We base this figure on the fact that 12 seems to be the largest number of

405

81   SMALL SERVICES WITHOUT RED TAPE

Abbildung 73: Pattern „Small Services Without Red Tape" (Alexander et al. 1978)

Insgesamt ist das Format zur Beschreibung der Patterns von Alexander auf das Wesentliche beschränkt. Es finden sich die wichtigsten Metadatenattribute zur Beschreibung der Patterns.

Dazu gehören Titel, Kontext, Problem, Lösung, Kräfte, Vor- und Nachteile sowie Beispiele. Das Format ist aber sehr textlastig und die erklärenden Grafiken und Bilder zeigen die Vorgehensweise bei der Anwendung des Patterns zur Problemlösung nur z.T. auf. Vor der Anwendung eines solchen Patterns müssen die Architekten sehr viel lesen, wobei die Verbindung zu anderen Patterns weitere Komplexität erzeugt.

5.2.2   Jenifer Tidwells Pattern-Format zu Interface Design-Patterns

Die Pattern-Sprache „Common Ground"[35] (Tidwell 1999) ist eine UI-Pattern Sprache und wurde von Jenifer Tidwell am „Massachusetts Institute of Technology" (MIT) entwickelt. Sie hat sich besonders stark an der Grundbeschreibungsform von Christopher Alexander orientiert und die Beschreibung aus der Domäne der Architektur auf die Domäne des UI-Designs übertragen. Sie beschreibt die Patterns über Beispiele, Kontext, Problem, Kräfte, Lösung und einen resultierenden Kontext, der die Verbindung zu anderen Patterns aufzeigt. Zusätzlich gibt es am Ende der Patterns noch die Möglichkeit Notizen zu machen und so z.B. weitere relevante Quellen zu erwähnen. Nur selten werden Bilder verwendet, um die Funktionsweise des Patterns zu illustrieren. Bemerkenswert ist bei dieser Pattern-Sprache, dass sie vollständig im WWW publiziert und damit überall zugänglich ist. Dies gibt den Benutzern die Möglichkeit die Patterns einzusehen und außerdem Feedback (z.B. per Email) zu geben. Verbesserungsvorschläge und Anpassungen der Patterns sind wichtig, um etablierte Patterns auf einem aktuellen Stand zu halten. Daneben verändern sich manche Patterns z.B. durch den Einsatz neuer Technologien und können so veralten und ausgemustert oder durch neue Patterns ersetzt werden. Das Format zur Beschreibung der Patterns von Tidwell ist sehr kurz und prägnant. Ein Problem ist sicher, dass die Beispiele ganz oben in der Beschreibung angegeben sind. Dies verleitet dazu das abstrakte Pattern nicht in seinem Kern zu erfassen, sondern die Pattern-Idee aufgrund eines der Beispiele auf das aktuelle Problem zu übertragen. So werden zwar neue Lösungen gefunden, mit dem Pattern selbst haben diese jedoch nicht unbedingt Gemeinsamkeiten. Eine weitere Pattern-Sammlung wurde von (Tidwell 2002) publiziert. Die Beschreibung der Patterns wurde hier weiter minimalisiert und besteht nur noch aus vier Abschnitten (Use When, Why, How and Examples). Damit bricht das Beschreibungsformat bewusst mit dem von Alexander. Trotzdem bleibt die Beschreibung der Patterns relativ umfangreich und basiert im Wesentlichen immer noch auf Text, obwohl nun mehr bebilderte Beispiele angegeben sind.

Durch den Bruch mit der alexandrinischen „Problem-Solution" Beschreibungsform soll die Patternbeschreibung besser auf die Anwendungsdomäne der HCI und des UI-Design angepasst werden. Dazu dienen die kürzeren Texte und die Angabe von mehreren Beispielen, die zeigen, wie das Pattern in unterschiedlichen Situationen angewendet wurde. Es bleibt allerdings offen, ob UI-Designer mit dieser Art von Dokumentation wirklich besser umgehen können als mit anderen Dokumentationsformen. Desweiteren werden in keiner von Tidwells

---

[35] Einsehbar unter http://www.mit.edu/~jtidwell/common_ground_onefile.html (zuletzt am 24.09.2010)

Pattern-Sammlungen animierte oder multimediale Erklärungen eingesetzt. Teils sind die Patterns sehr simpel oder allgemein bekannt, so dass es keiner weiteren Erläuterung bedarf. Trotzdem müssen sich UI-Designer in die Patterns einlesen, um sie anwenden zu können. Gerade für unerfahrene Gestalter wäre eine abstrakt gehaltene Animation für ein besseres Verständnis der Patterns sinnvoll und würde helfen einfache oder bekannte Patterns schneller zu erfassen.

5.2.3 Format nach Martijn van Welies Interaction Design-Patterns

Die Pattern-Sammlung „Patterns in Interaction Design" von Martijn van Welie (van Welie & van Der Veer 2003) fokussiert wie die Patterns von Tidwell auf die Gestaltung der Benutzungsschnittstelle. Die Patterns beschreiben wesentliche, neuartige Interaktionstechniken, die im Web und bei aktuellen Softwareprodukten ihren Einsatz finden. Die Beschreibung ist auch hier wieder stark an das „Problem-Solution"-Format von Alexander angelehnt. Wieder wird der Brückenschlag des Patternansatzes aus der Architektur in die Domäne des Interaktions- und Interfacedesigns versucht. Dabei ist die Dokumentationsform von Martijn van Welie eine Mischung aus der alexandrinischen Form mit dem neueren Beschreibungsformats von Jenifer Tidwell. Es entsteht ein Format aus den Abschnitten „Problem", „Solution", „Use When", „How", „Why" und vielen bebilderten Beispielen. Die Patterns sind auf einer Webseite[36] publiziert und erlauben so Einsicht, Verwendung und Feedback. Das Feedback kann auf der Webseite direkt als Kommentar zum jeweiligen Pattern abgegeben werden und andere Besucher können dies sofort einsehen. Es fällt außerdem die Unterteilung der Patterns in die drei Hauptbereiche „User needs", „Application needs" und „Context of Design" auf. Darunter fallen jeweils wieder Unterkategorien an, die erneut eine Unterteilung der Patterns zulassen. Diese stark hierarchische Gliederung erinnert an die Vorgehensweise von Alexander bei der logischen Verknüpfung seiner Patterns.

Durch die sehr kurze, lösungsorientierte Beschreibung, die jeweils mit einem aussagekräftigen Beispiel versehen ist, können Anwender der Patterns sehr schnell die Kernaussage erfassen. Dies beschleunigt die Verwendung der Patterns in der Praxis, wobei Detailfragen zur Verwendung durch Lesen der textuellen Beschreibung geklärt werden können. Trotz der Bebilderung und der vielen Beispiele bleiben auch hier Animationen und multimediale Inhalte zur Dokumentation und Erklärung außen vor, obwohl insbesondere Patterns zur Interaktion eine zeitliche Komponente besitzen, die durch ein einfaches Bild nur unzureichend erklärt werden kann.

---

[36] http://www.welie.com/patterns/index.php - Pattern-Sammlung Martijn van Welie

Icon Menu

Problem

Users need so make a selection out of a limited set of items

Solution

Allow users to select a menu item by selecting an image and display the label in a fixed location.

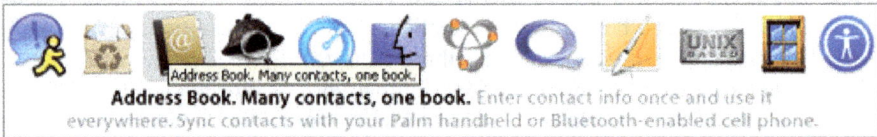

Address Book. Many contacts, one book. Enter contact info once and use it everywhere. Sync contacts with your Palm handheld or Bluetooth-enabled cell phone.

From www.apple.com 🔗

Use when

The space for the menu is limited or when icons can be used effectively.

How

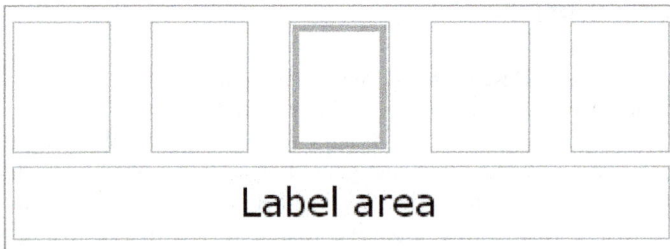

The icons are lined-up or placed into a convenient configuration (e.g. 3 by 3 or next to each other). Users can move the focus or mouse-pointer over these icons. The icon that is selected will be visually shown distinct from the others. while an icon is selected the label is shown in the 'label-area' which is usually above or below the icons.

Why

This type of menu emphasizes icons while it is at the same time very compact. Especially in special circumstances with limited screen-space, e.g. mobile phone menus, this can create very effective menus.

Abbildung 74: Pattern „Icon Menu" (van Welie 2008)

5.2.4   Pattern-Format von Barry Wilkins

(Wilkins 2003) beschreibt einen Pattern-Ansatz und eine Vorgehensweise zur Integration von Patterns in den Entwicklungsprozess und zur empirischen Evaluation von Patterns. Die entwickelten Patterns zu Interaktion und Visualisierung werden wieder in einem an Alexander angelehnten Format beschrieben.

Die Arbeit stellt heraus, dass die Entwicklung von Patterns einhergeht mit der empirischen Überprüfung dieser. Insbesondere auch in der Unterteilung in drei Bereiche kann man Parallelen zur Strukturierung nach Alexander sehen. In seiner Domäne Architektur werden die Patterns in die drei Bereiche „Towns", „Building" und „Construction" unterteilt, während Wilkins „Structure"-, „Interaction"- und „Composition"-Patterns unterscheidet. Aufgrund der Unterteilung und des sehr ähnlichen Formats bekommt man den Eindruck, dass Wilkins die Arbeit von Alexander herangezogen und dessen Ideen sehr direkt auf die Domäne der HCI übertragen hat. Abbildung 75 zeigt das Pattern „Click n Drag", das Wilkins in seiner Arbeit entwickelte und ähnlich wie Alexander mit den Abschnitten „Title", „Context", „Problem", „Forces", „Solution", „Examples" und „Related Patterns" dokumentiert hat. Bei der Untersuchung der Pattern-Sammlung von Wilkins fällt auf, dass viele Patterns überhaupt nicht mit Bildern und Beispielen angereichert sind. Damit scheint die Pattern-Sammlung unfertig bzw. unvollständig zu sein. Der Autor schreibt dann auch im Anhang seiner Arbeit:

„Obviously this pattern language is incomplete and there are undoubtedly more patterns at and between each level." S. 222 (Wilkins 2003)

Somit bietet sich die Möglichkeit die methodische Herangehensweise zur Untersuchung, Optimierung und empirischen Fundierung der Patterns bzgl. Usability von Wilkins zu übernehmen und weitere „Structure", „Interaction" und „Composition" Patterns zu entwickeln. Diese können dann in Wilkins Pattern-Sprache verortet werden und diese somit erweitern.

Die Patterns entstanden in den Jahren 2001 bis 2003. Zu dieser Zeit waren bereits Softwarewerkzeuge zur schnellen Entwicklung interaktiver Animationen vorhanden. Trotzdem verwendet Wilkins ein sehr einfaches und kurzes Beschreibungsformat, das keinerlei interaktive, erklärende Beschreibungselemente und auch keine Bewegtbilder enthält. Grafisch werden die Patterns nur teilweise anhand von erklärenden aber statischen Grafiken und Beispielen erläutert. Kern der Patterns sind wie schon 1978 bei Alexander die Beschreibung über Kontext, Problem, Kräfte und schließlich die Lösung für das wiederkehrende Design-Problem.

Title	**Click n Drag**
Context	The user is allowed to move through a 2D space using a standard desktop input device such as a mouse.
Problem	How to navigate in a 2D space.
Forces	• User can move through a 2D space. • The navigation model should be simple to use. • The user can click directly in the view. • The users current location is displayed as an icon in the view.
Solution	**Allow the user to click on the icon that represents their current location and drag it to another, possibly off screen, area of the view.** This is similar to **Navigation Box** but instead of moving an indicator in an overview, the user can move directly an indicator in the main view. Moving this indicator from one location to another updates the main view in the same way as **Navigation Box**. In contrast to **Navigation Box** the current location icon may actually be moved off screen as can be seen in the figure below. In this case without an overview the user cannot see what area they are moving into. 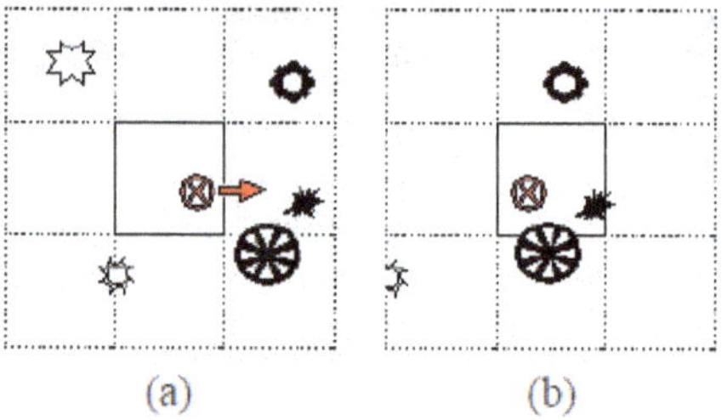 (a) (b) This technique is also similar to the indirect mechanism of using scrollbars to view different sections of the data e.g. scrolling through a document in an editor.
Examples	• Computer Games?
Related Patterns	

Abbildung 75: Pattern „Click n Drag" (Wilkins 2003)

5.2.5   Jan Borchers freies Pattern-Format

(Borchers 2001) beschreibt eine Pattern-Sammlung zu den drei verschiedenen Domänen interaktive Musikexponate, HCI-Patterns für Musikexponate und Software-Patterns.

H7 Flat And Narrow Tree *

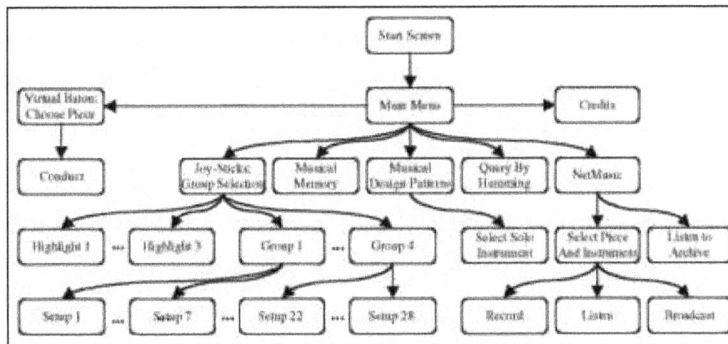

WorldBeat internal menu tree.

...you have decided about the overall structure of the interaction, and found a way to unfold the initially simple appearance of your system into its full complexity over the course of the interaction - <u>Incremental Revealing</u>. Now you should think about the total size of this unfolding structure.

* * *

Many interactive exhibits consist of a number of "pages" through which the visitor can navigate. However, large information hierarchies, especially unordered networks with arbitrary links, quickly lead to disorientation.

WorldBeat menu tree   *WorldBeat*, whose menu tree is shown in the opening picture, consists of a start page that explains briefly what the exhibit is about, and how to use the batons, and then leads to a main selection screen where the user can choose one of the six *WorldBeat* components, go back to the start page, or read the credits for the system. The component pages in turn offer one or more choices to continue further into the respective component, or return to the main selection screen.

Abbildung 76: Pattern „H7 Flat And Narrow Tree" (Borchers 2001)37

Alle drei Pattern-Sprachen beziehen sich auf die Realisierung der interaktiven Ausstellung zu Musikexponaten, die er in seinem Buch „A Pattern Approach to Interaction Design" publi-

---

37 Einsehbar unter http://www.hcipatterns.org/patterns/borchers/flat-and-narrow-tree/flat-and-narrow-tree.htm

ziert hat. Der Patternansatz wird von Borchers in den drei unterschiedlichen Domänen Musik, HCI und Software jeweils mit dem Ziel verwendet eine interaktive Ausstellung für Musikexponate zu realisieren. Obwohl die grundlegende Herangehensweise und auch das Beschreibungsformat in den drei Domänen sehr ähnlich sind, werden die Patterns jeweils anders verwendet. Dies zeigt die Flexibilität und die vielseitigen Einsatzmöglichkeiten des Pattern-Ansatzes auf. Von der Strukturierung der Pattern-Sprachen orientiert sich Borchers stark an der hierarchischen Gliederung von Alexander. Das Format und die Struktur der einzelnen Patterns sind jedoch sehr frei gewählt. Dies argumentiert Borchers damit, dass die Patterns so dem jeweiligen Zweck angepasst sind und entsprechend Domäne und Wiederverwendungszweck beschrieben werden müssen. Einerseits sollen die Patterns also genau auf ihren Zweck zugeschnitten sein, andererseits beklagen viele Autoren der wissenschaftlichen Gemeinschaft der HCI, dass sehr viele nicht-einheitliche Formate eine Übersicht und Standardisierung sowie eine einfache Wiederverwendung und einen Abgleich bereits existierender Patterns unmöglich machen (Bayle et al. 1998; Xia et al. 2010; van Welie & van Der Veer 2003). Diese Anforderungen beziehen sich sowohl auf das Beschreibungsformat von Patterns wie auch auf deren Organisationsform (meist hierarchisch als Graph oder als Netzwerk). Hinzu kommt eine weitere Komplexität, die aufgrund der Interaktivität von Softwareanwendungen entsteht. Das UI-Design ist stark abhängig von der Zeitkomponente. Benutzer können den Screen über Transitionen in jeweils andere Zustände überführen. Zumindest um das Organisationsproblem der Patterns zu lösen, schlagen die Autoren in (van Welie & van Der Veer 2003) vor unterschiedliche Sichten je nach Anwendungskontext auf die Pattern-Sammlung anzubieten.

Die Pattern-Ansätze der Autoren aus dem Forschungsbereich der HCI zeigen, dass sich alle Formate am Dokumentationsformat von Alexander orientieren. So entwirft Jan Borchers für seine Musikexponate-Ausstellung wiederum neue Beschreibungsformate und argumentiert, dass sein Format besser für die Dokumentation geeignet sei. Diese Argumentation findet sich nahezu überall in der Literatur. Daraus könnte man schließen, dass individuelle Formate notwendig sind. In Kapitel 5.5 und 5.5.1 stellt diese Arbeit dagegen Argumente vor, warum ein einheitliches Format notwendig und auch möglich ist.

In den Pattern-Beschreibungen von Borchers sind Problem, Kontext, Kräfte, Beispiel und Lösung nicht explizit als Abschnitte vorhanden, werden aber in dieser Reihenfolge aufgeführt. Die Beispiele verschmelzen oft mit den abstrakteren Beschreibungen, was dazu führen könnte, dass Anwender der Patterns diese zu eng mit den Beispielen verbinden. Dies zeigt außerdem, dass Borchers seine Patterns sehr stark im Kontext der Anwendung beschreibt. Teilweise könnten diese auf ein abstrakteres Niveau gehoben werden und damit auch für die Lösung anderer Probleme relevant sein. Hier zeigt sich sehr schön die Problematik des Pattern-Ansatzes: Sollen spezifische Lösungen zu einem Problem einer Domäne entwickelt werden oder eher allgemeinere Lösungen, die für viele Probleme Lösungspotential haben? Zusätzlich stellt sich die Frage nach dem Abstraktionsgrad der Beschreibung. Neben Bildern verwendet Borchers jeweils noch eine Art abstrakter Skizze zur Beschreibung. Diese erklärenden Skizzen unterstützen das Verständnis für die abstrakte Problemlösung sehr gut, sind für sich alleine gesehen (ohne den beschreibenden Text) aber meist unverständlich. In Abbildung 76 ist das Pattern H7 von Borchers abgebildet. Dies ist das Pattern mit dem wenigsten Text aus seiner Sammlung. Gegenüber den anderen Pattern-Sammlungen greift Borchers also wieder mehr auf beschreibenden Text zurück. Interaktive Inhalte zur Beschreibung der Problemlösung fehlen auch hier.

Es existieren viele weitere Pattern-Ansätze und -formate in den Bereichen HCI, Usability und UI-Design, die hier aus Gründen der Vollständigkeit aufgeführt sind, ohne dass diese obige Ansätze ergänzen würden. Auf der Webseite von Sally Fincher[38] ist eine Sammlung aller möglichen HCI-Pattern-Formate in einer Art Galerie aufgelistet. Zusätzlich hat sie pro Pattern-Format jeweils ein repräsentatives Beispiel angeführt. Über die Webseite erhält man einen sehr guten Überblick über die aktuellen Pattern-Formate und ihre Entwicklungsprozesse. Einen weiteren Beitrag im Bereich HCI leistet Michael Mahemoff's Übersicht auf seiner Webseite[39] zu Pattern-Sprachen. Sein Forschungsschwerpunkt liegt auf der Einschränkung und Abgrenzung von Pattern-Sprachen, um die Qualität, Strukturierung und den Zusammenhang einzelner Pattern-Sprachen zu verbessern. Nachfolgend sind noch weitere erwähnenswerte Patterns aufgeführt, die wiederum auf dem Format von Alexander aufbauen aber keine hierarchische Strukturierung erkennen lassen:

- Im Buch „The Design of Sites" (Van Duyne et al. 2006) wurde eine umfangreiche Pattern-Sprache für Webseiten entwickelt. Diese besteht aus 90 Patterns, die in 12 Gruppen zu Themen wie Navigation, Layout, Inhaltsplatzierung oder E-Commerce aufgeteilt sind.

- Yahoo Design-Patterns Library[40]: Eine von Yahoo und seinem Entwicklernetzwerk erstellte Bibliothek mit sehr vielen Patterns zur Gestaltung von Webinhalten und Webnavigation.

- Interaction Design-Patterns in Games (Eelke 2006): Eelke Folmer erfasste einige InteraktionsDesign-Patterns für Computerspiele. Der Fokus der Patterns liegt auf der Usability und damit auf der Lösung von Bedienproblemen die typisch für Spiele sind.

- Design-Patterns von Brian Christiansen[41]: Seine Sammlung zu Patterns im Bereich Web- und Interaktionsdesign hat der Autor über den Bilddienst flickr (http://www.flickr.com) verfügbar gemacht.

---

[38] Webseite von Sally Fincher mit Pattern-Formaten unter
http://www.cs.kent.ac.uk/people/staff/saf/patterns/gallery.html (zuletzt eingesehen 14.10.2010)

[39] Übersicht über Pattern-Sprachen im Bereich Usability unter
http://mahemoff.com/paper/patternLanguages.shtml

[40] Yahoo Pattern Library unter http://developer.yahoo.com/ypatterns/

[41] Design-Patterns von B. Christiansen unter
http://www.flickr.com/photos/factoryjoe/collections/72157600001823120/

- UI-Patterns – User Interface Design-Pattern Library[42]: Diese Webseite bietet eine umfangreiche Sammlung an Patterns für das UI-Design an. Die Patterns sind in den Kategorien „Getting Input", „Dealing With Data", „Navigation", „Social" und „Miscellaneous" organisiert.

- Pattern Tap – Fill up on good web[43]: Pattern Tap ist eine der größten Pattern-Sammlungen im Bereich Gestaltung des Webs und UI-Design. Die Themenblöcke zur Strukturierung der 45 Pattern-Sammlungen sind vielfältig und umfassen Bereiche wie „404 Pages", „Audio", „Ecommerce", „Layout", „Web Application" und viele mehr. Jeder Bereich besteht dann nochmals aus aktuell minimal neun bis maximal 696 verschiedenen Patterns.

5.3   Anwendbarkeit von Patterns

Grundsätzlich existieren einige unterschiedliche Pattern-Arten, die im Software-Entwicklungsprozess zur Unterstützung herangezogen werden können.

Dazu gehören „Business Domain Patterns", „Business Process Patterns" und „Task Patterns" in der Anforderungsanalyse. Die in dieser Arbeit entstandenen Patterns gehören zu den Visualisierungs- und Interaktionspatterns („Visualization Design-Patterns" und „GUI Design-Patterns"), die in der Designphase eingesetzt werden können. In der Phase der Realisierung und Implementierung gibt es außerdem die „Software Design-Patterns", die im Wesentlichen in (Gamma et al. 2000) aufgeführt sind und die Gestaltung der Softwarearchitektur unterstützen. Abbildung 77 zeigt den Softwareentwicklungsprozess mit den Stellen, an denen diese Patterns eingesetzt werden können.

Prinzipiell werden die in Abschnitten 5.6 aufgeführten Patterns nur in der Designphase eingesetzt. Es ist jedoch denkbar, dass zukünftig in Softwareentwicklungsprozessen ein System zur Applikationsentwicklung schon in der Analysephase unterstützend eingesetzt wird. Das System müsste anhand der Anforderungen aus einer großen Sammlung von Patterns diejenigen herausfiltern, die entsprechend auf die Daten, die Benutzer, ihre Aufgaben und Ziele sowie den Kontext der Anwendung passen. So könnte das System schon Vorschläge machen, welche Interaktions-, Visualisierungs- und Suchtechniken eingesetzt werden sollten und in welcher visuellen Form diese zusammenspielen. Sogar in der Implementierungsphase wäre dann eine Unterstützung durch Codefragmente und Implementierungsbeispiele denkbar. Im Ausblick ist die Idee eines solchen Systems zum prozessübergreifenden Patterneinsatz beschrieben. Vorerst ist das Ziel dieser Arbeit die vorgestellten Patterns in der Designphase einzusetzen. Tabelle 28 führt die Verwendungsmöglichkeiten von Patterns in der Designphase des Usability Engineering Lifecycles auf.

---

[42] UI-Patterns unter http://ui-patterns.com/patterns

[43] Pattern Tap Pattern-Sammlungen unter http://patterntap.com/collections/

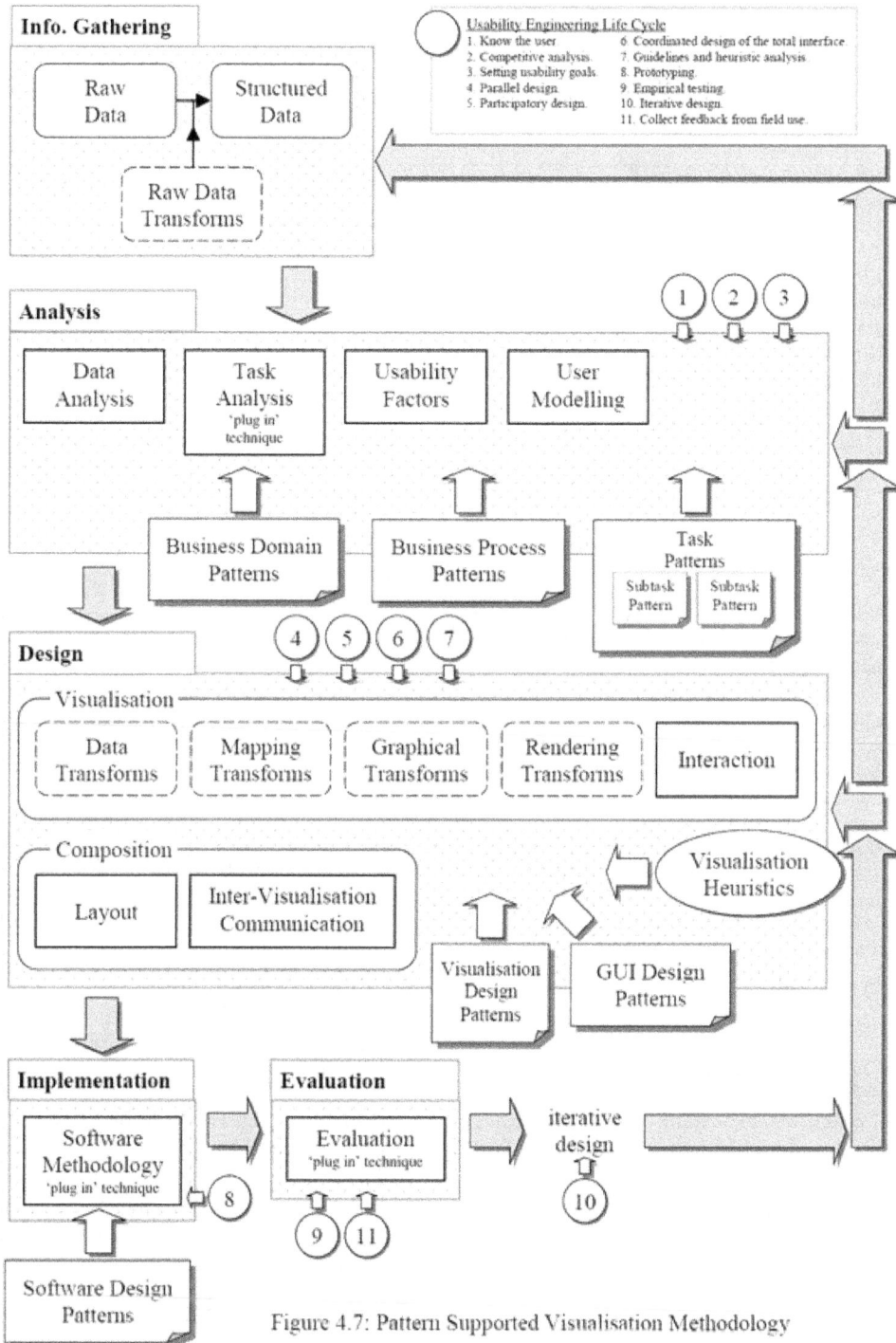

Figure 4.7: Pattern Supported Visualisation Methodology

Abbildung 77: Unterschiedliche Arten von Patterns im SE-Prozess aus (Wilkins 2003)

Tabelle 28: Patterns und Phasen des Usability Engineering Lifecycles in der Designphase (Wilkins 2003)

	Usability Engineering Life Cycle	Pattern Use
4	Parallel design (several initial designs by independent teams).	[*]Use general HCI design patterns (maybe from book) as common design guidelines for the teams. [**]General visualisation design patterns can be used in the same way.
5	Participatory design (actively involving users in the design process).	[*]Application domain expert (user) and HCI designer exchange their pattern languages for better mutual understanding. [**]Domain expert, HCI designer, and visualisation designer can all exchange pattern languages for better mutual understanding.
6	Coordinated design of the total interface (consistency within and across products).	[*]Lower-level HCI design patterns, including project-relevant, concrete examples, communicate the common look and feel efficiently. [**]Visualisation design patterns can be used in the same way.
7	Apply guidelines and heuristic analysis (style guides, standards, and guidelines).	[*]HCI patterns improve upon those formats because of their standard format, hierarchical networking, inclusion of examples, and discussion of problem context as well as solution. [**]Visualisation design patterns provide the same benefits as HCI patterns.

[*] Borchers' (2000a, 2000b) application of HCI patterns to usability engineering life cycle.
[**] Application of visualisation design patterns to usability engineering life cycle.

Trotz des vielversprechenden Einsatzes bleiben die bisherigen Kritikpunkte zu Patterns bestehen. Dazu gehört das Argument, dass Patterns die Kreativität der Designer schmälern können. Patterns schränken durch Vorgaben die Art und Weise der Problemlösung ein und können so neue Ideen hemmen. Ein weiterer Kritikpunkt ist die umständliche und vielfältige Art der Dokumentation der Patterns. Durch die vielen Pattern-Formate ist es kaum möglich aus der schieren Masse an Patterns die relevanten herauszufiltern und für eigene Zwecke einzusetzen. Zudem müssen UI-Designer, die Patterns einsetzen sollen, über einen guten Ausbildungsstand verfügen, da sie abstrakte Beschreibungen verstehen und die Realisierbarkeit mit den Programmierern diskutieren müssen. Statt Patterns können alternativ z.B. Styleguides und Guidelines im Entwicklungsprozess eingesetzt werden. Gegenüber Patterns ergeben sich aber Nachteile (Van Welie et al. 1994) die in Tabelle 29 in der linken Spalte aufgeführt sind (Dix et al. 2004; Mahemoff & Johnston 1998). Die rechte Spalte beschreibt, wie Patterns diese Nachteile durch ihren Aufbau und ihre Struktur auflösen. Nur das Problem der Validität in Unternehmen und einer entscheidenden Instanz zum Einsatz der Patterns bleibt bestehen.

Tabelle 29: Vergleich von Guidelines und Patterns

Guidelines	Patterns
Oft zu einfach bzw. konkret oder zu abstrakt	Beschreiben eine abstrakte Lösung zu einem Problem. Anhand von Beispielen ist die abstrakte Lösungsmöglichkeit einfach nachvollziehbar.
Schwierig auszuwählen	Die Beschreibung des Problems und Kontexts hilft bei der Auswahl geeigneter Patterns. Zudem können verwandte Patterns, die Lösungen zu ähnlichen Problemen bieten, einfach herangezogen werden.
Schwierig zu interpretieren	Da ein konkretes Problem gelöst wird, ist nur wenig Interpretation erforderlich. Die Beispiele verdeutlichen variable Einsatzmöglichkeiten.

Schwierig in den richtigen Kontext zu setzen	Der Kontext ist durch dessen Beschreibung und die Beispiele einfach begreifbar.
Können in Konflikt zu einander stehen	In einer konsistenten Pattern-Sprache sollten keine Konflikte vorkommen, da zu einem Problem im Kontext immer eine optimale Lösung existiert. Diskussionen oder bessere Lösungen führen zu einer Anpassung der Patterns.
Schwierig einzusetzen, da bzgl. ihrer Validität oft keine entscheidende Stelle (z.B. Mitarbeiter) existiert	Dieses Problem besteht auch beim Einsatz von Patterns im Entwicklungsprozess weiterhin.

Insgesamt überwiegen die Vorteile von Patterns, da diese gegenüber Guidelines eine einfache, schnell einsehbare und anwendbare Struktur bieten. Außerdem kann mit Patterns auf aktuelle „Best-Practices" zurückgegriffen werden, deren Inhalte sich idealerweise mit Forschung und Praxis weiterentwickeln. Die Kommunikation innerhalb und außerhalb des Entwicklerteams wird zusätzlich unterstützt, da Patterns in einem Format dokumentiert sein sollten, das die unterschiedlichen Anwendungsmöglichkeiten und -szenarien in Betracht zieht. Dazu gehören neben der Auswahl von Patterns zusätzlich Aufgaben der Kommunikation im Team und bei Kunden.

5.4 Standardisierung der Beschreibungsformate

Ein Konsens zum Beschreibungsformat der Patterns kann nur durch ein flexibles Format gefunden werden, das in der Lage ist alle Patterns ausreichend gut zu dokumentieren. Dazu wurde auf dem CHI 2003 Workshop zum Thema Patterns ein relativ freies, xml-basiertes Format[44] PLML (Pattern Language Markup Language) zur Dokumentation entwickelt. zur Beschreibung der Patterns kann das XML-Schema herangezogen werden, das die Grundstruktur definiert und so einige Attribute, die in den Patterns aufgeführt sein müssen vorgibt. Im folgenden Kasten ist das Schema zum aktuellen Stand (13.10.2010) abgebildet. Mittlerweile befindet sich das Schema in der Version 1.1.2 und wurde seit 2003 nicht mehr verändert. Dies lässt den Schluss zu, dass entweder alle Pattern-Autoren aus der Gemeinschaft diesen Standard akzeptieren oder dass dieser bereits überholt ist und nicht mehr verwendet wird.

Es stellt sich die Frage, ob es überhaupt Sinn macht eine so formale Vorgabe für Patterns zu definieren, da je nach Domäne und Kontext die Attribute und das Aussehen der Patterns stark variieren können. Durch die Formalisierung werden Standardbegriffe geschaffen, die aktuell in den meisten Patterns vorkommen wie Name (Kasten 1: name), Kontext (Kasten 1: context), Problem (Kasten 1: problem), Lösung (Kasten 1: solution) und viele andere. Dies vereinfacht die Kommunikation und die Strukturierung von Patterns. Ein weiterer Vorteil ist die bessere Vergleichbarkeit der Patterns sowie die Möglichkeit der automatischen Verarbei-

---

[44] XML Pattern-Format unter http://www.hcipatterns.org/patterns

tung dieser Patterns mit dem Computer (z.B. Recherche und Visualisierung). Als Ausgangspunkt ist also eine solche gemeinsame Basis sinnvoll, auch wenn nicht alle existierenden
Patterns nach diesem Schema beschrieben sind bzw. beschrieben werden können.

```xml
<?xml version="1.0" encoding="UTF-8"?>
<!-- Pattern Language Markup Language (PLML) -->
<!ELEMENT pattern (name?, confidence?, alias*, synopsis?, il-
lustration?, context?, problem?, forces?, evidence?, solu-
tion?, diagram?, implementation?, related-patterns?, pattern-
link*, literature?, management?)>
<!ATTLIST pattern
     patternID CDATA #REQUIRED
     collection CDATA #REQUIRED>
<!ELEMENT name (#PCDATA)>
<!ELEMENT confidence (#PCDATA)>
<!ELEMENT alias (#PCDATA)>
<!ELEMENT synopsis (#PCDATA)>
<!ELEMENT illustration ANY>
<!ELEMENT context EMPTY>
<!ATTLIST context mylabel CDATA #IMPLIED>
<!ELEMENT problem (#PCDATA)>
<!ELEMENT forces ANY>
<!ELEMENT evidence (example*, rationale?)>
<!ELEMENT example ANY>
<!ELEMENT rationale ANY>
<!ELEMENT solution ANY>
<!ELEMENT diagram ANY>
<!ELEMENT implementation ANY>
<!ELEMENT related-patterns ANY>
<!ELEMENT pattern-link EMPTY>
<!ATTLIST pattern-link type CDATA #REQUIRED patternID CDATA
#REQUIRED collection CDATA #REQUIRED label CDATA #REQUIRED>
<!ELEMENT management (author?, revision-number?, creation-
date?, last-modified?, change-log?, credits?)>
<!ELEMENT author (#PCDATA)>
<!ELEMENT creation-date (#PCDATA)>
<!ELEMENT credits (#PCDATA)>
<!ELEMENT revision-number (#PCDATA)>
<!ELEMENT last-modified (#PCDATA)>
<!ELEMENT literature ANY>
```

Kasten 1: XML-Schema für die standardisierte Pattern-Dokumentation

Eine etwas andere Vorgehensweise verfolgt (Gaffar et al. 2005). In Abb. 78 ist zu sehen, wie
die Autoren die Beschreibungsattribute für Patterns gesammelt und hierarchisch organisiert
haben. Sicherlich wurden nicht alle möglichen Pattern-Attribute erfasst, aber als Grundstruktur reicht diese Attributorganisation vorerst aus. Auf dieser Basis formalisieren die Autoren
die Patternbeschreibung und verwenden XML, um die Daten vom Computer automatisch
verarbeiten zu lassen. Weiterhin argumentieren die Autoren, dass für die Pflege und Weiter-

entwicklung die Dissemination und Assimilation der Patterns eine wichtige Rolle spielen. Dies kann am besten mit Werkzeugen (sog. „Integrated Pattern-assisted Design Environments") zur Verwaltung, Interaktion und Visualisierung der Patterns erreicht werden.

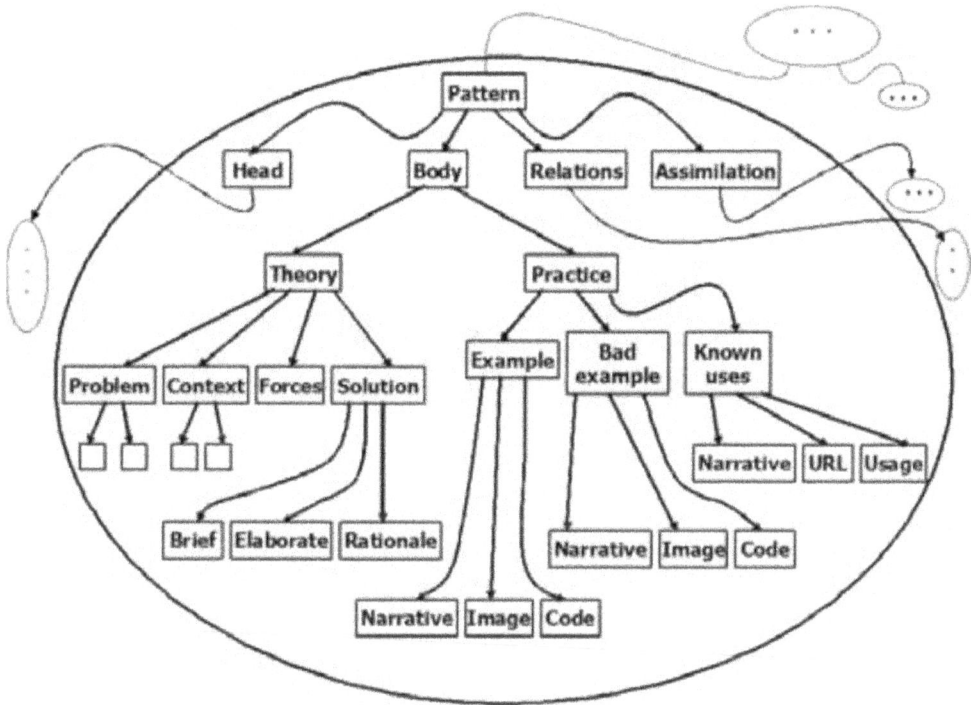

Abb. 78: Hierarchie Patternattribute (Gaffar et al. 2005)

MOUDIL ist nur eines von vielen Systemen zur Verwaltung von Pattern-Sammlungen. Andere Software-Werkzeuge legen einen größeren Fokus auf die Anwendung der Patterns und bieten erweiterte Möglichkeiten zur Suche und Visualisierung. Eines dieser neueren Werkzeuge ist die Silverlight Webanwendung „Quince"[45]. Die Patterns sind je nach Benutzer und Anwendungskontext auf unterschiedliche Art mit vielerlei Sortiermechanismen (alphabetisch, nach Problem, Kontext, Themengebiet usw.) und einer Volltextsuche recherchierbar. Die konsistente Beschreibung und Darstellung der Patterns erlaubt eine effektive und effiziente Navigation durch die Pattern-Sprache. Jedes Pattern wird mit einem möglichst repräsentativen Titel und Bild versehen, zusätzlich erläutert ein Kurztext den Kern der Problemlösung. Mit einem Klick auf eines der Patterns öffnet sich die Detailansicht und umfassende Informationen werden angezeigt. Sehr hilfreich sind die Verbindungen zu verwandten Patterns, um passende Lösungen für Designprobleme zu finden.

---

[45] Pattern-Verwaltungssystem Quince unter http://quince.infragistics.com/

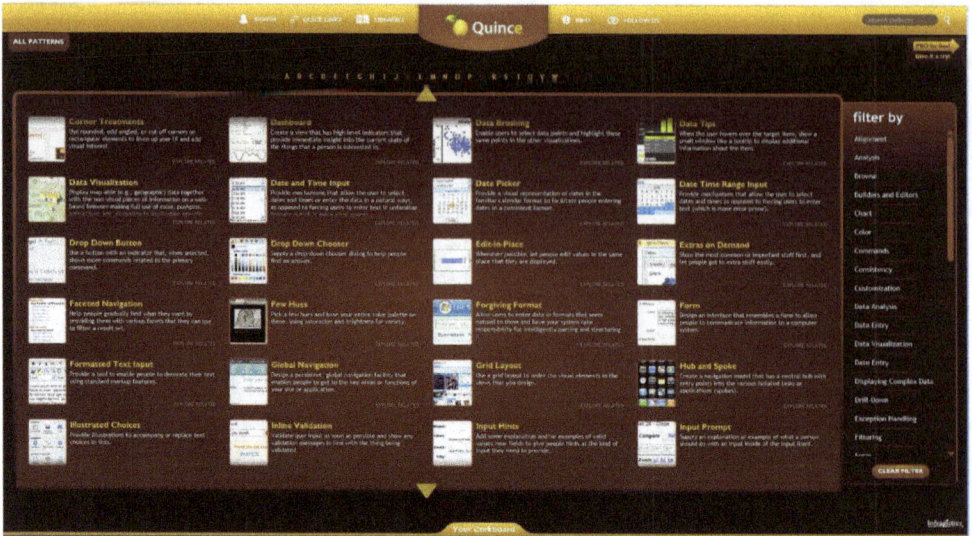

Abbildung 79: „Quince" Pattern-Verwaltung unter http://quince.infragistics.com/ (zuletzt besucht am 05.05.2011)

Die Relationen zwischen den Patterns lassen neben der Ansicht aller Patterns („All Patterns"), Ansicht nach Benutzeraufgabe („By User Task") und Ansicht nach Gitterrahmen („By Wireframe") außerdem eine Graphenansicht „By Tag Relation" zu.

5.5   Neuartiges Pattern-Beschreibungsformat

"... the concrete prototypes in pattern languages make direct contact with users' experiences. Anyone who has experience with the situation can begin to understand, discuss, and contest Alexandrian patterns."[46] (Erickson 2000)
-- Thomas Erickson

Die Untersuchung der unterschiedlichen Patternansätze, Werkzeuge und Webseiten zeigt, dass bisher nur statische Möglichkeiten zur bedarfsgerechten Präsentation der Patterns entwickelt wurden. Etwas mehr Interaktivität ist bei den Softwaresystemen zur Pattern-Verwaltung zu erkennen. Trotzdem werden auch hier keinerlei Videos oder gar interaktive Animationen zur Pattern-Beschreibung eingesetzt. Diese Darstellungsformen zur Beschreibung von Patterns sind in der Literatur zumindest in den Forschungsbereichen HCI und UI-Design nicht zu finden. Dabei ist insbesondere die Zeitkomponente, die bei Interaktions-Patterns vorhanden ist, mit statischen Mitteln nur sehr eingeschränkt erläuterbar. Hinzu kommt, dass die aktuelle Forschung und Praxis viele Möglichkeiten zur interaktiven Visuali-

---

[46] Lingua Francas for Design: Sacred Places and Pattern Languages unter
    http://www.pliant.org/personal/Tom_Erickson/LinguaFranca_DIS2000.html

sierung von Daten anbietet und so eine weit bessere Unterstützung bei der Verwendung von Patterns möglich wäre. Den Ansatz der Patterns nach Alexander auf die HCI und das UI-Design zu übertragen reicht also nicht aus, um eine benutzergerechte Verwendung der umfangreichen Pattern-Sammlungen anzubieten und ein standardisiertes Format über alle Pattern-Sprachen zu etablieren. Mit den aktuellen Mitteln können Patterns nicht mehr nur mittels Text und Bild beschrieben werden, sondern es besteht die Möglichkeit die Patterns für Benutzer interaktiv erklärbar und erlebbar zu machen. Dabei stellt sich die Frage, wie so etwas erreicht werden kann, ohne den notwendigen Abstraktionsgrad zu verlieren und den Benutzern gleich eine fertige Lösung zu präsentieren. Andererseits ist es für das Verständnis unabkömmlich Beispiele und existierende Lösungen aufzuzeigen.

In einem ersten Schritt muss überlegt werden, wie die Patterns in diesem neuen Kontext kommuniziert werden müssen, damit sie für alle verständlich sind. Dazu eignen sich unterschiedliche Visualisierungsarten für die Attribute und Daten der Patterns. Eine interessante, kurze und prägnante Darstellungsform wurde im Designbereich entwickelt. Die IDEO-Methode repräsentiert die zu kommunizierenden Inhalte auf Karten, die eine große Ähnlichkeit mit Quartett-Karten haben. Das Ziel dieser Methode ist auch ein Ziel der Usability. Designer sollen auf unterschiedliche Art und Weise die Menschen verstehen lernen, für die sie das Design erstellen. Die IDEO-Kartenmethode besitzt einige sehr ähnliche Eigenschaften wie der Pattern-Ansatz und die Pattern-Beschreibungsformate in der HCI. Die Karten (Beispielkarte siehe Abbildung 80) haben jeweils ein Icon zur bildlichen Darstellung eines Beispiels.

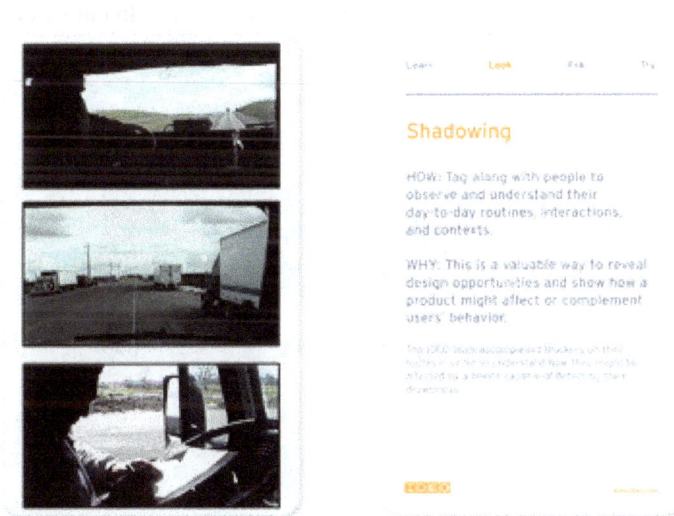

Abbildung 80: IDEO CARD von (Stout 2003)

Jede der IDEO-Designmethoden hat einen speziellen Namen. Außerdem gibt es die Abschnitte, „wie" und „warum" man diese Methode einsetzen sollte. Ein spezielles Beispiel zum Einsatz der Methode sowie Relationen zu anderen relevanten Methoden und Beispielen unterstützen die Verbindung des abstrakten Prinzips mit vielseitigen und konkreten Lösungsmöglichkeiten. Genau dies muss ein Pattern im Bereich HCI und UI-Design auch leisten.

Ein übergreifendes Pattern-Beschreibungsformat sollte idealerweise auf dem Schema (siehe Abb. 78) aufbauen und zusätzlich interaktive Elemente bereitstellen. Da Patterns aktuellen Erkenntnissen aus Forschung und Praxis unterliegen, muss das Beschreibungsformat sehr flexibel und anpassbar sein, aber trotzdem eine standardisierte Form einhalten. Dazu wird hier das in der HCI verbreitete Schema mit folgenden Elementen verwendet:

- Name (Titel kurz und prägnant)

- Problem (Kurzbeschreibung, kurz bis ausführlich in mehreren Stufen)

- Lösung (Kurzbeschreibung, kurz bis ausführlich in mehreren Stufen)

- Kontext und auszubalancierende Kräfte (Kurzbeschreibung, auf Anfrage ausführlich in mehreren Stufen)

- Beispiele (Kurzbeschreibung und Links zu Beispielen)

Neben diesen Basiselementen sind die wissenschaftliche und praktische Fundierung der Patterns von großer Bedeutung, da sich durch neue Erkenntnisse auch die Patterns entsprechend anpassen müssen. Kleine Änderungen können zur Erweiterung oder Anpassung von Teilen des Patterns führen, größere Änderungen dazu, dass das Pattern zum Anti-Pattern (also zum Beispiel einer schlechten Lösung) werden kann. Die Patterns unterliegen also im Pattern Lifecycle (Abbildung 81) einem ständigen Wandel und müssen deshalb ein flexibles und schlankes Format zur Dokumentation verwenden.

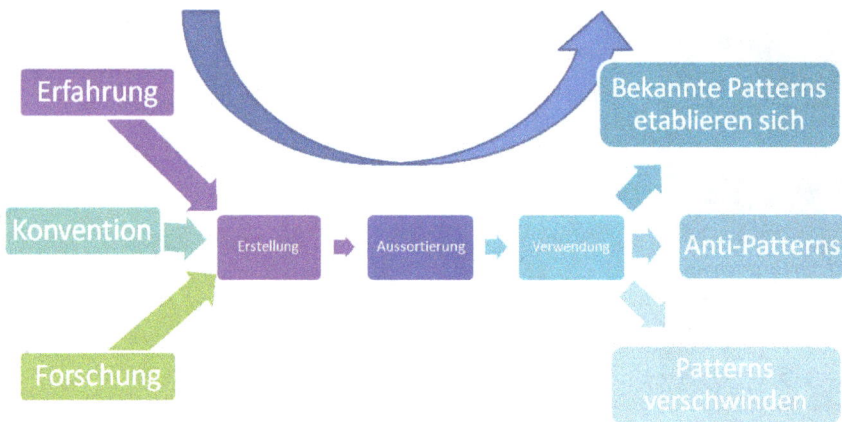

Abbildung 81: Pattern-Lebenszyklus

Die visuelle Darstellung und Erläuterung bietet eine weitere Möglichkeit das Pattern kognitiv besser zu erfassen und somit zu verstehen. Dazu kann schon mit dem Namen (respektive Titel) des Patterns ein passendes Icon oder Miniaturbild angezeigt werden, das den Kern des Patterns darstellt. Dies stellt eine herausfordernde Aufgabe dar und man sieht an aktuellen Pattern-Sammlungen (wie z.B. bei Pattern Tap unter http://patterntap.com/collections/), dass ein passendes Miniaturbild nur schwer oder manchmal gar nicht zu finden ist. Somit muss teils ein Bild gewählt werden, das nur mäßig repräsentativ ist. Der Kern der visuellen Patternbeschreibung besteht aus einer bildlichen, bei Bedarf animierten Erläuterung der Problemlösung. Zusätzlich könnte diese Animation noch interaktiv sein, um den Pattern-Anwendern die Problematik und Lösung anschaulich vorzuführen. Die bildliche Darstellung muss allerdings sehr simpel sein und darf nur die wesentlichen Aspekte zeigen. Hinzu kommt die abstrakte bildliche Darstellung (Bildfolge, Video oder Animation), da kein Beispiel gezeigt werden soll, sondern der Kern der Problemlösung auf abstrakte Weise erklärt werden muss.

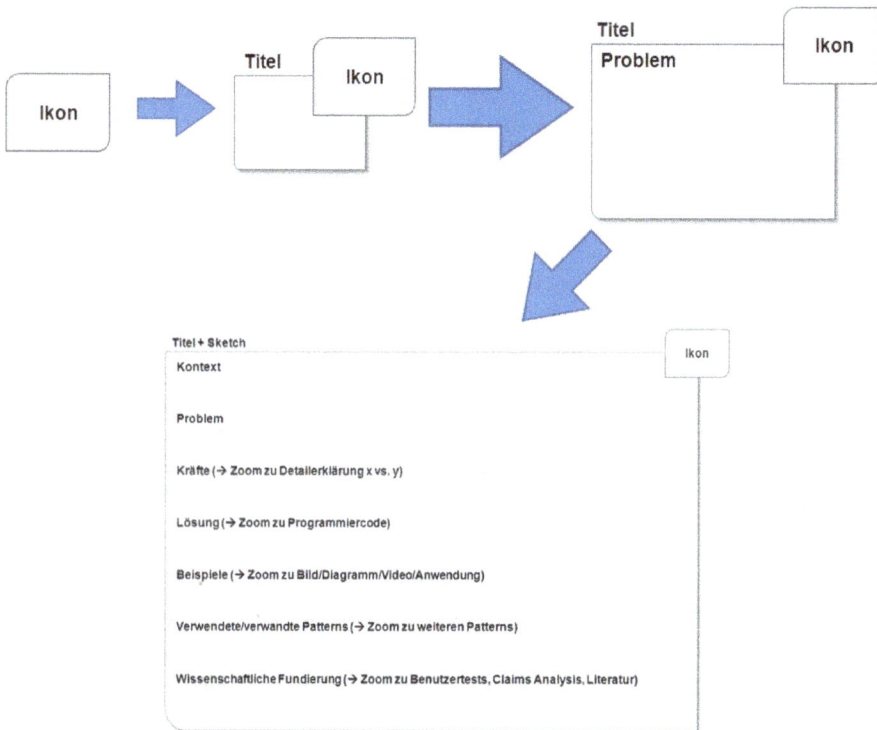

Abbildung 82: Beispiel für einen Informations-Drill-Down einer Pattern-Beschreibung

Ein letzter Teil der visuellen Darstellung ergibt sich aus den Beispielen. Dabei können multimediale Daten wie Bilder, Videos, Applikationen und interaktive Animationen zur Erläuterung der Anwendungsart der Patterns eingesetzt werden. Zusätzlich zum Einsatz multimedialer Beschreibungselemente verbessert auch die Sammlung mehrerer Beispiele das Verständnis für ein Pattern. In der unvollständigen Pattern-Sprache von (Wilkins 2003) sind z.B. nur ungenügend, teils sogar keinerlei Beispiele aufgeführt. Hilfreich für Programmierer aber auch UI-Designer bei der Anwendung der Patterns ist zudem Quellcode, der zeigt, wie die Patterns algorithmisch in den Beispielen realisiert werden.

Neben den oben erläuterten Eigenschaften der Beschreibung müssen noch verschiedene weitere Aspekte beachtet werden. Dazu gehören vor allem die Integration der Pattern-

Anwender und damit der soziale Kontext, die Möglichkeiten für Erweiterungen und Feed-back sowie eine kontextsensitive Darstellung der Patterns. Die Patterns müssen also so do-kumentiert werden, dass eine einfache Anpassung und Erweiterbarkeit gewährleistet ist und die Benutzer aktiv mit in den Pattern-Lebenszyklus eingreifen können.

Wendet man auf die Darstellung der Patterns ein interaktives Navigationskonzept an, so führen die notwendigen Eigenschaften und Einschränkungen der Patterns für ihre Visualisie-rung zu einem mehrstufigen Zoomkonzept. Je nach Interesse der explorierenden Pattern-Anwender bietet dieses eher eine Übersicht über viele Patterns oder jeweils immer mehr Details zu einem bestimmten Pattern. Abbildung 82 zeigt in abstrakter Form, wie eine solche Beschreibung in vier verschiedenen Stufen aussehen könnte. In Kapitel 5.5.1 wird dieses Beschreibungsformat nochmals verfeinert und zur Darstellung der entwickelten Patterns verwendet.

5.5.1   Optimierung des Pattern-Formats

Das Format zur Dokumentation und Verwendung der Interaktions- und Visualisierungspat-terns sollte sich, wie in den Kapiteln 5.3 und 5.5 beschrieben, an den Benutzeraufgaben und -zielen orientieren. Nur in wenigen Studien und wissenschaftlichen Publikationen zu Patterns sind die Anwender der Patterns selbst erwähnt oder gar zentraler Bestandteil der Untersu-chungen. Daraus ergeben sich die Fragen, wer die Patterns verwendet und wie die typischen Anwendungsszenarien dazu aussehen. Die Benutzergruppen sind vielfältig. Zu den Haupt-anwendern in größeren Unternehmen gehören sicherlich Angestellte aus den Domänen Gra-fik, Design, Usability, Konzeption aber auch Programmierung, Kommunikation und Marke-ting. Dies zeigt, dass Softwareprodukte mittlerweile strategisch wichtig für das gesamte Unternehmen sind und sich alles um Produkte und Dienstleistungen mit Software steuern lässt. Sei es nun bei der Forschung, Planung und Konzeption von Produkten und Dienstleis-tungen oder bei der Produktion, dem Marketing und Verkauf. Dies macht eine genaue Ein-grenzung der Zielgruppe der Patterns schwierig. Nach (Borchers 2001) müssen UI-Designer, Domänenexperten und Entwickler zusammenarbeiten, um gute UIs zu entwickeln. Die im Kreativ-, Konzeptions- und Designprozess betroffenen Personen wie Domänenexperten, Grafiker, Designer, Usability Experten und Programmierer setzen Patterns ein, um die Krea-tivität zu unterstützen, Designwissen zu dokumentieren und weiter zu entwickeln und schließlich benutzerfreundlichere Software zu erstellen, die eine gute User Experience ge-währleistet. Trotzdem sollte nicht außer Acht gelassen werden, dass sich evtl. auch Marke-ting-Experten oder Manager aus bestimmten Gründen (wie z.B. strategische Vorteile beim Verkauf von Produkten) für den Einsatz ausgesuchter Patterns entscheiden könnten.

Das Pattern-Format sollte sich also zunächst auf Benutzer wie Grafiker, Designer, Usability- und Domänen-Experten sowie Programmierer ausrichten. Dazu werden hier die Aufgaben dieser Benutzergruppen untersucht und die relevanten herausgestellt. Aus diesen können dann die Anforderungen an ein Dokumentationsformat abgeleitet werden. In Publikationen und Studien zu Patterns wurden diese Benutzergruppen bisher kaum beleuchtet, nur (Borchers 2001) kommt nach Untersuchung der Zielgruppen zu dem Schluss, dass eine for-male, domänenunabhängige Definition von Design-Patterns erfolgen sollte. Diese würde den Einsatz und die Unterstützung durch Computer erlauben ohne die Lesbarkeit der Design-Patterns einzuschränken. Damit wäre eine Integration an geeigneten Stellen in den Usability

Engineering Lifecycle möglich. Hier werden die eigenen Studien und Erfahrungen und die Erkenntnisse aus (Borchers 2001; Bottoni et al. 2011; Mahemoff & Johnston 1998; Wilkins 2003) herangezogen, um deren Aufgaben und Aktivitäten genauer zu definieren und so die Anforderungen für Pattern-Formate abzuleiten.

Die Aufgaben der Grafiker, Designer, Usability Experten und Programmierer sind schwierig zu definieren, da sich kreative Prozesse schlecht eindeutig abbilden und organisieren lassen. Die relevanten Aktivitäten beginnen schon direkt bei Projektstart, finden aber im Wesentlichen in der Konzeptions- und Designphase statt. Aber schon vor Konzeption und Design eines endgültigen UIs werden im Designprozess viele verschiedene Alternativen entwickelt. Dazu dienen Kreativtechniken, während Patterns in diesem Prozessschritt noch nicht angewendet werden sollten. Sie könnten evtl. kreative Problemlösungen verhindern, indem sie die Denkweise bereits in eine gewisse Richtung lenken. Andererseits können Patterns auch in dieser Phase schon herangezogen werden, falls sich keine guten Problemlösungen finden lassen.

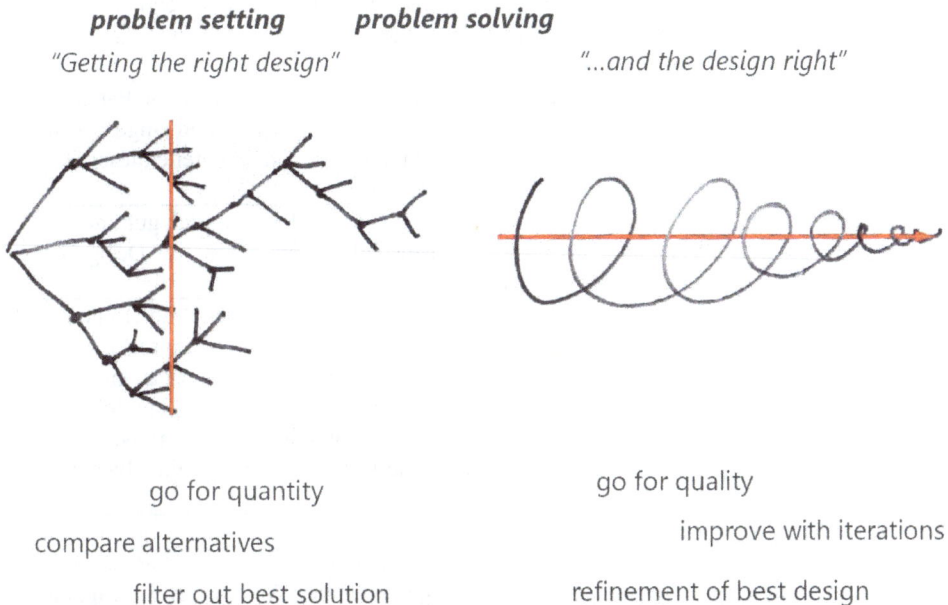

problem setting   **problem solving**

"Getting the right design"   "...and the design right"

go for quantity

compare alternatives

filter out best solution

go for quality

improve with iterations

refinement of best design

Abbildung 83: Designalternativen, Auswahl und Verfeinerung (Buxton 2007)

Buxton beschreibt den Designprozess so, dass zunächst für eine Problemstellung das „richtige" Design gefunden werden muss (siehe Abbildung 83 links „Getting the right design"). Dies geschieht durch die Generierung vieler Alternativvorschläge. Anschließend kann eine Auswahl aus den Alternativen erfolgen und eine oder mehrere Ideen weiterentwickelt werden. In einem iterativen Prozess wird diese Idee dann qualitativ verfeinert (siehe Abbildung 83 rechts „… and the design right"). In den Zwischenschritten kann mittels Prototypen gezeigt werden, welche Ideen sich besser eignen und wie Designprobleme angegangen werden können. So entstanden auch viele unterschiedliche UI-Prototypen im Rahmen der Fallstudien, bevor in einem iterativen Verfeinerungsprozess die vorläufigen Endversionen der UIs entwickelt wurden. Diskussionen und Workshops mit Benutzern führten so immer wieder zu Verbesserungen, die dann in einer Folgeversion eingearbeitet wurden. Welche Anforderungen ergeben sich hieraus für die Form der Dokumentation und Art der Verwendung der Patterns? Die Aufgaben der Zielgruppen für die Design-Patterns im „Usability Engineering Lifecycle" lassen sich in Kombination mit den Anforderungen für ein Pattern-Format wie in Tabelle 30 dokumentieren.

Tabelle 30: Anforderungen an die formale Patterndokumentation

#	Aktivität	Anforderung für die formale Beschreibung der Design-Patterns
1	Benutzer, Aufgaben und Kontext verstehen	Es muss gut erkennbar sein, in welchem Kontext der Einsatz des Patterns Sinn ergibt.
2	Inspiration finden	Die Patterns müssen übersichtlich durchgesehen werden können. Die wichtigsten Informationen zu einem Pattern sollten schnell erkennbar und einfach einsehbar sein. Einerseits eignen sich die Patterns zur Inspiration, andererseits sind konkrete Lösungsbeispiele hilfreich.
3	Anforderungen analysieren	Es muss erkennbar sein, welchen Anforderungen die Patterns genügen und wo sie auf welche Weise am besten eingesetzt werden sollten. Zudem müssen die Vor- und Nachteile dieser Designentscheidung deutlich werden.
4	Designalternativen entwickeln	Hieraus lässt sich schließen, dass die Patterns sich gut unterscheiden lassen sollten. Beispiele helfen alternative Designmöglichkeiten aufzuzeigen.
5	Designprobleme abwägen und lösen	Die Vor- und Nachteile der Patterns sowie das Problem und dessen Lösung sollten dokumentiert werden. Damit ist es für Designer einfacher sich für oder gegen ein Pattern zu entscheiden. Trifft der Designer auf Probleme, die noch nicht dokumentiert sind, sollten diese integrierbar sein. Das Pattern ist also keine statische Struktur mehr sondern vielmehr eine dynamische, multimediale Dokumentation.
6	Im UI-Design Interaktion, Suche und Visualisierung kombinieren	Da in aktuellen Anwendungen oft mit vielen Daten gearbeitet wird, ist eine benutzergerechte Kombination von Interaktion, Suche und Visualisierung notwendig. Daher ist es wichtig, dass bei den Patterns vermerkt wird, wie diese sinnvoll kombiniert und ergänzt werden können.
7	Designvorschläge auswählen	Anhand der Analyse der Vor- und Nachteile der Patterns im Bezug auf User Experience und Usability sowie anhand der Usability Kriterien aus (Wilkins 2003) und dem Einsatzkontext des Patterns kann die Auswahl von Designvorschlägen nicht nur vereinfacht, sondern auch argumentiert werden. Beispiele helfen zudem konkrete Vorstellungen zu entwickeln.

8	Designlösungen hinterfragen und diskutieren	Die visuelle Darstellung und Kommunikation der Patterns im Team ist ein kritischer Vorgang, der die Zusammenarbeit gewährleistet. Patterns und ihre Funktionalität müssen gut im Team kommuniziert und erläutert werden können. Dies kann anhand von erklärenden Animationen, Bildern, Videos und Programmbeispielen erfolgen. Ein Pattern-Format sollte also möglichst viele dieser Elemente enthalten, um je nach kommunikativer Situation eine Erklärung mit dem jeweils passenden Mittel zur Verfügung zu stellen.
9	UI-Design iterativ verbessern	Es könnten evtl. Zwischenversionen dokumentiert werden, die zur Entstehung des Patterns beigetragen haben und so den Designern aufzeigen, wie sich das Pattern oder eines der konkreten Beispiele entwickelt haben. Allerdings kann dies zu einer sehr umfangreichen oder langwierigen Beschreibung der Patterns führen.

In bisherigen Ansätzen und Versuchen zur Definition eines Pattern-Formats für die Mensch-Computer Interaktion wurden Vorlagen gefunden und erarbeitet, die allesamt sehr rudimentär sind und im Wesentlichen auf den alten Strukturen von Christopher Alexander (Alexander 1979) basieren. Z.B. wird in (Mahemoff & Johnston 1998) wie in vielen anderen Arbeiten (siehe Kapitel 5.2) wieder ein Format vorgeschlagen, das stark an das von Alexander erinnert. Zudem sind die Pattern-Formate wenig visuell, nicht animiert und auch nicht multimedial. Selbst in aktuellen Publikationen wie (Bottoni et al. 2011) zum Thema Interaction- und Design-Patterns wird kein neues, einheitliches Format vorgeschlagen und diskutiert, sondern nur versucht die hierarchischen Abhängigkeiten und Kombinationen von Patterns zu definieren. Dies scheitert letztendlich aber an der großen Diversität der Patterns. Die Disziplin Mensch-Computer Interaktion wird nicht umhin kommen ein übergreifendes Pattern-Format zu definieren. Ansonsten wird der HCI-übergreifende Einsatz von Patterns nur eingeschränkt möglich sein und viele Designansätze werden mehrfach und unabhängig voneinander entwickelt und verfolgt, was einen großen Verlust von Arbeitszeit und eine langsamere Entwicklung optimierter Designlösungen bedeutet. Man kann jedoch argumentieren, dass sich trotzdem einige Pattern-Sammlungen etablieren und evolutionär weiterentwickeln (z.B. die RIA-Patterns von Adobe, die Patternbibliothek von Welie unter welie.com oder die Pattern-Sammlung von Yahoo[47]) sowie Systeme zu Dokumentation und Exploration von Patterns (siehe Quince in Kapitel 5 oder die Patterns des Patternbrowsers[48]) entstehen. Diese Pattern-Sammlungen hätten das Potenzial sich zu umfangreichen Pattern-Sprachen der HCI zu entwickeln. Ein einheitliches Dokumentationsformat und das Zusammenschließen dieser Pattern-Sammlungen hätten aber noch weitaus größere Vorteile für die Entwicklung von benutzergerechten UIs.

---

[47] Yahoo Pattern-Sammlung, http://developer.yahoo.com/ypatterns/ (zuletzt besucht am 03.04.2011)

[48] Patternbrowser, http://www.patternbrowser.org (zuletzt besucht am 03.04.2011)

Wie sieht also ein Anwendungs- und Dokumentationsformat für Patterns aus, das den obigen Anforderungen gerecht wird, das neue Ideen aufnehmen kann und multimedial ist? Aufgrund der in Tabelle 30 aufgeführten Anforderungen und den bisherigen Erkenntnissen zu Patterns in der HCI (Borchers 2001; Tidwell 2002; Wilkins 2003; van Welie 2008; van Welie et al. 2002) kann als Grundlage das Format nach Alexander (Problem, Kräfte und Lösung) dienen. Zudem wurde in (Mahemoff & Johnston 1998) ein Dokumentationsformat für Patterns in der HCI ausgearbeitet, das auf dem Format von Alexander basiert. Diese Erkenntnisse werden für das hier entwickelte Format übernommen. Für die Pattern-Dokumentation werden also ein aussagekräftiger Titel, ein wiedererkennbares Icon, ein Pattern-Typ, der Kontext, das Problem, die Kräfte und die Lösung des beschriebenen Designproblems definiert. Tabelle 31 zeigt, welche Dokumentationselemente des Pattern-Formats zur Unterstützung der Zielgruppe/Benutzer und deren Aufgaben dienen.

Tabelle 31: Visuelle Elemente der Patterndokumentation

#	Anforderung	Unterstützende Elemente der Patterndokumentation
1	Kontext und Zweck des Patterns gut erkennbar	Problemlösung, Kontext, Animation
2	Auf einen Blick erkennbar, übersichtlich	Icon, Titel, Kurzbeschreibung
3	Vor- und Nachteile sowie Anforderungen zum Einsatz	Analyse und Kontextbeschreibung, Kombination mit Patterns
4	Gute, schnelle Unterscheidbarkeit	Titel, Icon, Kurzbeschreibung
5	Kommentierbarkeit, Möglichkeiten zur Weiterentwicklung	Moderation Diskussionsforum, Kommentarfunktion
6	Kombination von Patterns	Verwandte und kombinierbare Patterns
7	Ideenauswahl treffen, konkrete Vorstellungen entwickeln	Analyse der Vor- und Nachteile, Beispiele
8	Kommunikation im Team und nach außen	Kurzbeschreibung, Bilder, konkrete Beispiele, Animationen und Videos
9	Implementierungshilfe	Codebeispiele helfen bei der Realisierung

Trotzdem bedarf es auf Basis der Anforderungen einiger Änderungen bzw. Ergänzungen zum Pattern-Format. Mit der Entwicklung der Technik und den sozialen Medien spielen Multimedialität und Interaktivität eine immer größere Rolle. Dies gilt auch für die Vermittlung von Designwissen und die Kommunikation in Teams und mit der Design-Community. Somit wird das Pattern-Format um eine erklärende Animation, eine Beispielanwendung, weitere Beispiele, Gegenbeispiele, Bilder und Videos ergänzt. In einem Pattern-Browser sollte zudem die Möglichkeit zur Diskussion und Anpassung bzw. Ableitung der Patterns ermöglicht werden. Hier sind wie in anderen Softwareapplikationen wieder die Kombination von Interaktion, Suche und Visualisierung relevant. Weiterhin sollten Patterns eine Fundierung beinhalten, die mögliche Probleme, Vor- und Nachteile analysiert und abwägt. Eine Liste mit wissenschaftlicher Literatur zum Thema kann nicht nur Designern sondern auch

Projektmanagern helfen den Einsatz des Patterns zu argumentieren. Weitere optionale aber sinnvolle Ergänzungen sind Algorithmen und Codebeispiele für Programmierer und Informationen zu ähnlichen Patterns. Falls externe Hyperlinks verwendet werden, sollte es sich in jedem Fall um Permalinks (permanente Hyperlinks, die nie ins Leere führen) handeln, da ansonsten die Gefahr besteht, dass diese Links nach einiger Zeit nicht mehr aktuell sind. Die Praxis zeigt, dass dazu eine intensive Überprüfung und regelmäßige Pflege notwendig sind. Kommentare und Diskussionen müssen zudem moderiert werden und sind auf die aktive Teilnahme der Community angewiesen. Eine Redaktion oder zumindest ein Administrator oder Moderator muss diese Inhalte verwalten, anpassen und pflegen.

Das Icon und die Kurzbeschreibung für eine schnelle Erkennung, schnelles Verstehen und gute Unterscheidung der Patterns sind noch keine Besonderheiten. Sie werden auch in anderen Pattern-Formaten verwendet. Neuartig sind aber die ausführlichen Beispiele zu jedem Pattern mit Bildern und Videos, die erläutern, wie das Pattern konkret umgesetzt werden kann. Eine abstrakte Animation erklärt schrittweise, wie das Pattern funktioniert und welche Besonderheiten damit einhergehen. Schließlich steht zudem der Programmiercode mit Anhaltspunkten zur Verfügung, wie das Pattern implementiert werden kann. Tabelle 32 zeigt die neuartigen Elemente des multimedialen Pattern-Formats anhand des Interaction-Patterns „Flyout und Pin" (Pattern 7 im Pattern-Browser unter http://www.designpatterns.de oder auf der beigelegten DVD). Die Animation ist interaktiv und erläutert in mehreren Schritten, wie das Pattern funktioniert. Benutzer können die Animation anhalten, abspielen und neu starten. Für die Darstellung der Animation werden möglichst abstrakte und neutrale Elemente verwendet, so dass Benutzer nicht durch die Gestaltung voreingenommen sind.

Tabelle 32: Objekte des multimedialen, interaktiven Pattern-Formats

Icon	Video zu einem Beispiel	Abstrahierte Animation zur Problemlösung

Die Innovation der hier entwickelten Patterns begründet sich nur zum Teil in der neuen Art der Dokumentation. Einen hohen Innovationscharakter haben die Fallstudien, aus denen die Interaktions- und Visualisierungs-Patterns extrahiert wurden. Deren verallgemeinerbare Erkenntnisse fließen in die Patterns ein. Damit gehen die in der Konzeptions- und Designphase gewonnenen Erkenntnisse nicht verloren, sondern können bei zukünftigen Designproblemen erneut eingesetzt werden. Deshalb sind diese Erkenntnisse auf Basis von Recherche, Evaluation, Claims Analysis und Beispielen umfassend begründet.

Seite 1 Kurzfassung	Wiederekennbares Icon
	Aussagekräftiger Titel, Typ
	Kontext, Problem, Kräfte Lösung (kurz)
Seite 2 Textuelle Beschreibung (ausführlich)	Kontext, Problem, Kräfte Lösung (lang)
	Beispiele, verwandte Patterns
	Link zur Animation
Seite 3 Konkrete Beschreibung	Link zum Video der Beispielanwendung
	Bild(er) der Beispielanwendung(en)
	Analyse der Vor- und Nachteile
Seite 4 Literatur	Wissenschaftliche Literaturliste

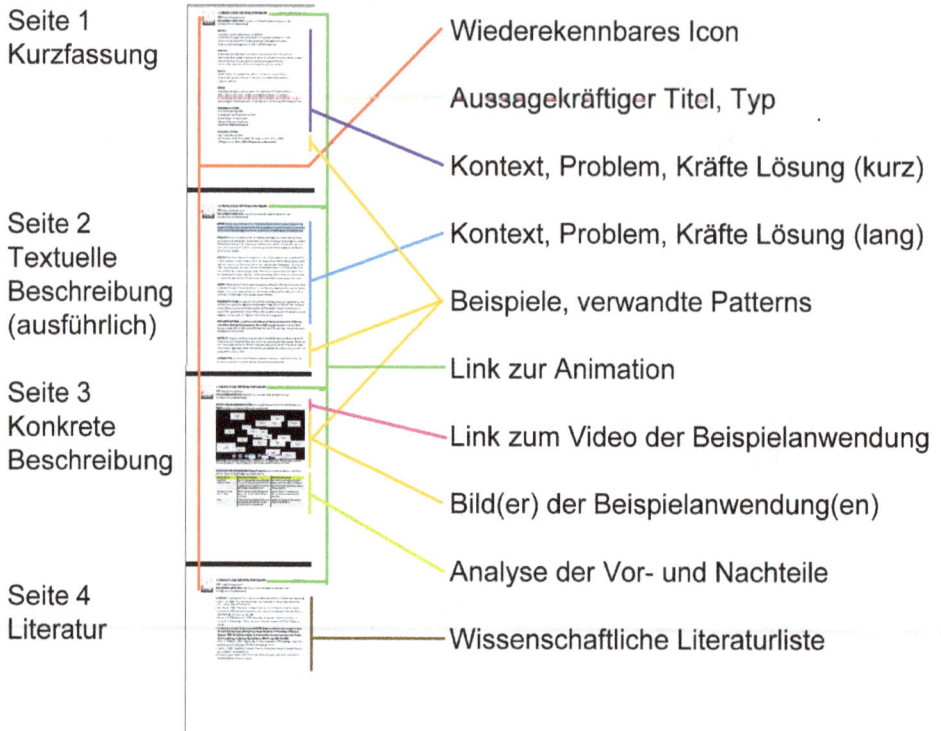

Abbildung 84: Ausführliches PDF-Dokument zur Dokumentation von Patterns

Eine abstrahierte, animierte Erklärung für die Funktionsweise der Problemlösung existiert so noch nicht. Videos, Animationen und Verlinkungen werden zwar vereinzelt in der Praxis zur Dokumentation von Design-Patterns verwendet aber es existiert kein integrierter Ansatz, der alle Beschreibungsformen aufnimmt und ein flexibles Dokumentationsformat bietet. Beispielsweise ist die Sammlung von Interaktionspatterns der Universität Basel[49] multimedial mit Videos und Beispielen angereichert. Demovideos werden von der Pattern-Sammlung Infodesignpatterns[50] verwendet, um die Funktion von Patterns zu illustrieren. Trotzdem sind einige sehr anschauliche Beispiele aufgeführt, die sehr gut erläutern, wie eine Animation aussehen kann. Designofsites[51] ist eine Pattern-Sammlung für die Gestaltung von Webseiten (siehe auch Kapitel 5). Neu sind hier die Verlinkungen zu bestehenden anderen Pattern-Sammlungen. Die Hyperlinks funktionieren nicht als Permalinks, da diese von den Zielseiten

---

[49] Patterns der Uni Basel http://www.interaction-patterns.org (zuletzt besucht am 10.04.2011)

[50] Infodesignpatterns unter http://www.infodesignpatterns.com (zuletzt besucht am 10.04.2011)

[51] Patterns für Webseiten unter http://www.designofsites.com (zuletzt besucht am 10.04.2011)

nicht unterstützt werden. Fakt ist aber, dass solche Verlinkungen in Pattern-Sammlungen sonst kaum zu finden sind. Diese stehen jeweils nur für sich selbst und werden auch in diesem Sinne entwickelt.

Die im Kapitel 5.6 aufgeführten Patterns wurden anhand der Fallstudien in dieser Arbeit abgeleitet und die Dokumentation folgt, soweit auf Papier möglich (siehe PDF Dokumentformat in Abbildung 84), dem oben beschriebenen Format. Für jedes Design-Pattern wird hier nur eine Seite aus dem PDF Dokument aufgeführt, die ausführliche Version ist auf der beigelegten DVD und online im Pattern-Browser zu finden. Die interaktiv und multimedial dokumentierten Patterns können auf der Webseite http://www.designpatterns.de (zuletzt besucht am 01.10.2011) eingesehen werden. Diese Webanwendung ist moderiert, neue Patterns kommen hinzu und die Suche, die visuelle Darstellung und das Interaktionskonzept werden stetig weiterentwickelt.

5.6   Patterns zu Visualisierung und Interaktion

"It took Alexander and many colleagues a decade to develop a pattern language for architecture; interaction design is a much broader domain, and the technologies that are its substrate are changing with great rapidity."
aus (Bayle et al. 1998)

In diesem Kapitel wird die Extraktion von Patterns aus den drei Fallstudien zu den Bereichen Bildersuche, soziale Netzwerke und EPDM beschrieben. Um das Forschungsthema Design-Patterns hat sich im Bereich der Mensch-Computer Interaktion eine Gemeinschaft gebildet, die in Workshops und auf Konferenzen (Avouris et al. 2005; Bottoni et al. 2011; Eelke 2006; Laakso 2009; Segerståhl & Jokela 2006) den Umgang mit Patterns untersucht und reflektiert. Ein erstes Ergebnis der Bemühungen um den gebrauchstauglichen Einsatz von Patterns entstand im Workshop von (Bayle et al. 1998) zur Erstellung einer umfassenden Pattern-Sprache zum Thema Interaktionsdesign. Dabei sind die praktische Verwendung, Dokumentation, Erarbeitung und Extraktion der Patterns sowie deren Einsatzgebiete zentrale Themen der Diskussionen. Ein Design-Pattern ist wie folgt definiert:

Design-Pattern: A pattern that describes a connection between a repeatedly encountered problem and a solution that has been proven in the field, across time and circumstance.
aus (Bayle et al. 1998)

Weiterhin wurde festgestellt, dass es sehr viele unterschiedliche Arten der Verwendung von Patterns gibt. In dieser Arbeit werden daher Design-Patterns und deren Anwendung beim UI-Design speziell im Zusammenhang mit ZUIs fokussiert. Einige Gewohnheiten oder Regeln, die bei der Patternextraktion beachtet werden sollten, sind in (Vlissides 1995) vorgestellt. Dabei handelt es sich allerdings um die Domäne der Software-Patterns. Betrachtet man nun die Erkenntnisse aus obigem Workshop und der Publikationen zu Patterns, so kommt man zu dem Schluss, dass diese Regeln nicht nur für Software-Patterns, sondern auch für Design-Patterns gelten müssen. In Tabelle 33 sind die Regeln nochmals zusammengefasst.

Tabelle 33: Regeln bei der Dokumentation von Patterns (Vlissides 1995)

#	Regel	Kurzbeschreibung
1	Reflektion	Bei der Generierung von Patterns ist immer wieder die Reflektion der geleisteten Arbeit notwendig.
2	Strukturiert-heit	Die Dokumentation der Patterns sollte einer konsistenten Struktur folgen. Es gibt viele unterschiedliche Strukturen. Je mehr Informationen die Patterns enthalten, desto wichtiger ist die Struktur. Es muss abgewogen werden, in wie weit die konsistente Struktur eine Vergleichbarkeit und Kurzfassung ermöglicht und wo Freiräume bleiben und textuelle Beschreibungen ausreichen.
3	Frühe Konkretisierung	Die Motivation für das Pattern sollte früh deutlich werden. Dazu kann beispielsweise schon zu Beginn das zu lösende Problem oder die Motivation beschrieben werden. Beispiele aus der Praxis sollten aufgeführt und Probleme und Schwierigkeiten aufgezeigt werden.
4	Eindeutigkeit und Ergänz-barkeit	Die Schwierigkeit bei der Entwicklung von Patterns ist, dass diese bei der Erstellung wachsen und somit der genaue Fokus unklar wird. Man sollte also immer wieder reflektieren und die Eindeutigkeit der unterschiedlichen Patterns sicherstellen. Trotzdem ist es auf der anderen Seite wichtig, dass sich die Patterns gegenseitig ergänzen bzw. in sinnvoller Weise kombiniert werden können.
5	Effektive Darstellung	An der Darstellungsform und -art kann ein Pattern scheitern, da diese aufzeigt, wie das Pattern funktioniert. Die Kommunikation der Funktionsweise wird von der textuellen und visuellen Form übernommen. Umso effektiver die Darstellung das Pattern kommunizieren kann, desto besser funktioniert die Anwendung und Weiterentwicklung.
6	Iteration	Patterns entstehen in den seltensten Fällen durch das Lösen eines Designproblems. Normalerweise treffen unterschiedliche Designer immer wieder auf ähnliche Probleme und es kristallisiert sich nach einiger Zeit eine Art der Problemlösung heraus, die sich zur Dokumentation als Pattern eignet. Aber selbst dann steht dieses Pattern nicht in seiner Endversion fest, sondern sollte stetig durch erneutes Anwenden verbessert werden. Design-Patterns entstehen in mehreren Iterationen durch reflektiertes Gestalten von Designproblem-Lösungen und Überprüfung dieser durch die Benutzer (Ziele, Aufgaben).
7	Feedback	Die Anwender der Patterns sollten Feedback auf die Patterns geben und so zu deren Weiterentwicklung und Verbesserung beitragen. Es kann auch vorkommen, dass Patterns im Laufe der gesellschaftlichen und technischen Entwicklungen zu Anti-Patterns werden, deren Dokumentation aber genauso sinnvoll sein kann.

Es wird in den folgenden beiden Abschnitten jeweils nur das Kurzformat eines Patterns vorgestellt, das auf eine DIN-A4 Seite reduziert ist. Dieses eignet sich für die Anwender der Patterns zur schnellen Durchsicht in Papierform. Bei weiterem Interesse zu einem der Patterns kann auf die ausführliche Version (auf der beigelegten DVD oder online im Pattern-Browser) zurückgegriffen werden.

Tabelle 34: Visualisierungs-Patterns in Forschung und Praxis

#	Pattern	Identifikation der Vorkommen in Forschung und Praxis
1	Unendlicher Informationsraum	• Fallstudie Bildersuche • Applikationen auf Basis des ZOIL Frameworks • ZUIs aus der ZUI-Sammlung in Abbildung 18
2	Hierarchischer, pixelbasierter Informationsraum	• Fallstudie EPDM • Visualisierung von Hierarchien in Raum und Zeit (Hadlak et al. 2010) • Neu ist hier der semantische Zoom der Pixel
3	Zeitbasierte Attributvisualisierung von Graphen	• Fallstudie soziale Netzwerke • MoireGraphs (Jankun-Kelly & Ma 2003) • CircleSegmentView (Klein & Reiterer 2005)

Im Folgenden sind die Patterns zu Visualisierung und Interaktion vorgestellt, die auf Basis der Fallstudien extrahiert wurden. Diese sind in schriftlicher Form im Anhang aufgeführt. Alle aktuellen Patterns sind in der interaktiven, multimedialen Dokumentationsform unter http://www.designpatterns.de verfügbar. Visualisierungs-Patterns zeigen, wie die visuelle Darstellung von Daten im Anwendungskontext optimal organisiert werden kann. Die Extraktion der Patterns erfolgte nach den zu Beginn des Kapitels aufgestellten Grundsätzen, den Erkenntnissen zu den verschiedenen Pattern-Sprachen (Kapitel 5.2) und aus eigenen Erfahrungen.

Tabelle 34 führt die Fallstudien und weitere Quellen auf, die Designproblemlösungen nach dem jeweiligen Pattern realisieren. Alle Visualisierungs-Patterns organisieren den Raum in einer bestimmten Art visuell und schaffen so besondere Voraussetzungen für die Darstellung von Datenobjekten und die Verwendung von ZUI-Interaktionstechniken. Die Design-Patterns zur Interaktion sind wie die zur Visualisierung aus den Fallstudien abgeleitet. Sie basieren auf Interaktionskonzepten, die in mehreren Iterationen entstanden und durch Workshops und Benutzertests immer wieder verbessert wurden.

Tabelle 35: Interaktions-Patterns in Forschung und Praxis

#	Pattern	Identifikation der Vorkommen in Forschung und Praxis
1	Geometrischer, animierter Zoom	• Fallstudie Bildersuche • Fallstudie soziale Netzwerke • Applikationen auf Basis des ZOIL Frameworks
2	Zielgerichteter, animierter Zoom	• Fallstudie Bildersuche • Fallstudie soziale Netzwerke • Pixelvisualisierungen unterschiedlicher Art
3	Koordinierte Zoom-/Pan-Interaktion	• Fallstudie Bildersuche • Fallstudie soziale Netzwerke
4	Kontrolliertes Herausfliegen	• Fallstudie Bildersuche
5	Hierarchisches, visuelles Filtern	• Fallstudie Bildersuche

Tabelle 35 zeigt die Interaktions-Patterns und die Fallstudien, in denen diese vorkommen. Zusätzlich sind weitere Anwendungen und Quellen aufgeführt, die Designprobleme mit diesen Patterns lösen. Nicht verfügbar sind hier Icons, Bilder, Videos und Animationen zu den Patterns, die nur auf der DVD oder online eingesehen werden können.

5.7   Evaluation von Patterns und Designalternativen

Eine Evaluation der Patterns ist schwierig, da zu einer korrekten Überprüfung die Zielgruppe (UI-Designer, Usability Experten und Programmierer) in realen Projekten beobachtet werden müsste. Dabei wäre die Designphase des Entwicklungsprozesses genau zu dokumentieren, um den Einsatz der Patterns zu überprüfen und die Ergebnisse festzuhalten. Die unterschiedlichen Variablen sowie der Zugang zu den Unternehmen sind für eine solche Evaluationsstudie im Rahmen dieser Arbeit zu komplex. Es bleibt also eine offene Forschungsfrage, in wie weit sich die Patterns gebrauchstauglich in den Usability Engineering Lifecycle integrieren lassen und ob deren Anwendung in der Praxis wie vermutet von Vorteil für die Gestaltung von Benutzungsschnittstellen ist. In der wissenschaftlichen Community wird zwar beschrieben, dass ein Einsatz von Patterns die Effektivität und Effizienz bei der UI-Gestaltung erhöht und damit Anwendungen mit besserer Gebrauchstauglichkeit und User Experience entstehen, aber bei der Untersuchung dieser Forschungsfrage existieren große Schwierigkeiten. Z.B. werden in Unternehmen unterschiedliche Entwicklungsprozesse eingesetzt. Dies kann Auswirkungen auf die Einsatzmöglichkeiten von Patterns haben. Eine solche Studie würde von vielen weiteren Variablen wie der Größe des Unternehmens und des Entwicklerteams, dem Zugang zu den Personen, der Ausbildung, dem Kommunikationsmittel, den Materialien u.v.m. abhängen.

(Borchers 2001; Wilkins 2003) untersuchten den Einsatz von Patterns im Entwicklungsprozess, wie in Kapitel 5.3 beschrieben. Wilkins stellt für die Abwägung zwischen unterschiedlichen Designalternativen Heuristiken zusammen, die allerdings nicht für die Bewertung der Patterns herangezogen werden sondern für die daraus entstehenden Softwareprodukte (UIs und Visualisierungen).

Die Heuristiken von Wilkins helfen also nur für ein konkretes Problem in einem bestimmten Kontext eine Designentscheidung zu fällen, aber nicht bei der Beurteilung der Patterns und deren gebrauchstauglichem Einsatz im Entwicklungsprozess. Grundlegend kann mit Wilkins Heuristiken der Grad der Gebrauchstauglichkeit des entstehenden UIs schon vorher eingeschätzt werden. Diese Vorgehensweise ist allerdings sehr vage, da kreative Lösungen, für die Wilkins Heuristiken eine schlechte Usability vorhersagen, eventuell die besten Lösungen für bestimmte Designprobleme sein könnten. Dies zeigt einmal mehr, dass der kreative Prozess bei der Gestaltung von UIs nicht mit Methoden ersetzt und vorausgesagt, sondern nur unterstützt werden kann.

Die von Wilkins erarbeiteten Heuristiken zur Evaluation von Visualisierungen können für die Bewertung der Fallstudien herangezogen werden. Wilkins hat die Auswirkungen jeder Heuristik auf den jeweiligen Usability-Faktor in einer Tabelle (siehe Tabelle 36) zusammengestellt. Die Zuordnungen wurden von Wilkins auf Basis vorhandener Literatur vorgenommen und in Diskussionen mit Psychologen, Visualisierungs- und HCI Experten weiterentwickelt (Wilkins 2003). Für jeden der Usability-Faktoren wurde ermittelt, wie sich dieser auf die Maße Erlernbarkeit (Learn), Performanz (Perf.), Fehler (Errors), Erinnerbarkeit (Retnt.) und subjektive Zufriedenheit (Sb.St) nach (Shneiderman & Plaisant 2004) auswirkt.

Tabelle 36: Heuristiken für Usability Faktoren (Wilkins 2003)

		Learn	Perf.	Errors	Retnt.	Sb.St
1	Use a real world physics model	+	+	+	+	?
2	Visually refer all graphical objects to a reference context	0	+	+	0	+
3	Use connotative mappings	+	+	+	+	+
4	Use an organisational device the user already knows	+	+	+	+	+
5	Use redundancy to aid discrimination and comprehension	0	+	+	+	?
6	Use different visual dimensions differently	-	+ & -	+ & -	0	?
7	Minimise Illusions	0	+	+	0	?
8	Use colour carefully	+	+ & -	+	0	+
9	Use smooth animation and motion especially for temporal data	0	0	+	0	+ & -
10	Visualisation is not always the best solution	+	+	+	+	?
11	Don't use 3D if the number of data points is low	+	+	+	+	?
12	Map the data to an appropriate visual object	+	+	+	+	?
13	Test your designs with users	0	+	+	+	+
14	Use datatips for identification, education and validation	+	+	+	0	?
15	Provide a simple 3D navigational model	+	+	+	+	+
16	Use small multiples to encode multiple data attributes	+ & -	+ & -	+ & -	?	?
17	Use legends, scale and annotation	+	-	+	+	?
18	Do not rely on interaction	N/A	N/A	N/A	N/A	N/A
19	Occlusion is undesirable	0	+	+	0	+
20	Use interaction to explore large data sets	+ & -	+	+	0	?
21	Let users control visual bindings	+ & -	+	+ & -	+	+
22	Emphasise the interesting	0	+	+	0	?
23	Task specific	+	+	+	+	+
24	Overview	-	+	+	0	?
25	Zoom	-	+	+	0	?
26	Filter	-	+	+ & -	0	?
27	Details on demand	0	0	+	0	+ & -
28	Relate	0	+	+	0	?
29	History	+	+	+	0	+
30	Extract	N/A	N/A	N/A	N/A	+
31	Multiple linked (co-ordinated) views	-	-	+ & -	0	?
32	Direct manipulation	+	+	+ & -	+	?

Key:

0	No effect.	The heuristic has no known effect on the factor.
+	Positive effect.	The heuristic has a positive effect on the factor e.g. increases performance, reduces the number of errors, etc.
-	Negative effect.	The heuristic has a negative effect on the factor e.g. decreases performance, increased the number of errors, etc.
?	Undefined effect.	The heuristic has an undefined effect on the factor. This is typically for subjective satisfaction where it is not possible to tell if a heuristic will have a positive or negative effect. However, occasionally it is difficult to determine the effect on other factors.
N/A	Not applicable.	The heuristic does not apply to the factor.

Zunächst muss die Situation vom UI-Designer bestimmt werden, um anschließend eine Bewertung vornehmen zu können. Der Anwendungskontext, die Benutzer und ihre Aufgaben müssen bekannt sein und führen zur Auswahl bestimmter relevanter Heuristiken. Eine Bewertung findet normalerweise dann statt, wenn sich der UI-Designer zwischen unterschiedlichen Designalternativen entscheiden muss, ohne diese bereits in einer funktionsfähigen Version vorliegen zu haben. Die Vorgehensweise ist dabei so, dass der UI-Designer zunächst relevante Heuristiken heraussucht. Daraufhin legt er eine Gewichtung der Usability-Faktoren nach seiner Einschätzung fest (Bsp. siehe Tabelle 37).

Tabelle 37: Gewichtung von Usability Faktoren (Wilkins 2003)

Usability Factor	Weight
Time to learn	1.0
Speed of performance	1.0
Rate of errors	0.5
Retention over time	0
Subjective satisfaction	0.5

Tabelle 38: Scoringtabelle (Wilkins 2003)

Score	Description
-1	the visualisation violates the heuristic
0	the heuristic has not been applied or is not applicable
1	poor implementation, problems remain, or the heuristic only applies to certain aspects of the visualisation e.g. certain data dimensions.
2	good implementation

Zusätzlich legt der Designer eine Scoringtabelle (Tabelle 38) fest, die je nach Realisierung der ausgesuchten Heuristiken in den zu untersuchenden Designalternativen Punkte vergibt. Die Gewichtungen der Faktoren in Tabelle 37 werden also nach der Einschätzung des Designteams festgelegt. Dazu wird nur überlegt, welche Faktoren in welchem Umfang relevant für die zu entwickelnde Applikation sind. Deshalb sind die Ergebnisse dieser Vorgehensweise mit größter Vorsicht und Sorgfalt zu interpretieren.

Für jede Designalternative werden nun nach der Formel aus Abbildung 85 die Bewertungen bzgl. der Heuristiken nach der Scoringtabelle vorgenommen.

$$V_{rate} = \sum_{\text{for each u.f.}} (UF_w * \sum_{\text{for each h.}} (H_s * H_{ufe}))$$

Key:
V_{rate}: visualisation rating.
UF_w: usability factor weight.
H_s: heuristic score.
H_{ufe}: heuristic usability factor effect.

Abbildung 85: Berechnung der Bewertung von Designalternativen (Wilkins 2003)

So kommt der Designer schließlich zu unterschiedlichen Punktewerten auf Basis der nach dem Anwendungskontext ausgesuchten Heuristiken. Wilkins betont allerdings, dass die unterschiedlichen Punktewertungen nicht bedeuten, dass eine Designalternative bzgl. einer Heuristik gebrauchstauglicher ist als eine andere, sondern lediglich, dass eine Wahrscheinlichkeit gegeben ist, dass dies zutrifft. Zudem kann aus den unterschiedlichen Punktewertungen nicht geschlossen werden, dass ein Design um einen bestimmten Faktor gebrauchstauglicher ist als ein anderes. Verwenden wir nun obige Tabelle 37 und berechnen mit den Scoring-Faktoren aus Tabelle 38 die Gesamtsumme nach der Formel in Abbildung 85 für die zwei Designalternativen hierarchisches ZUI (MusicPad) und frei navigierbares ZUI (Machbarkeitsstudie zur Bildexploration), so entsteht nach Auswahl geeigneter Faktoren aus Tabelle 36 folgende Berechnung.

Heuristic	MusicPad							Bildexploration						
	TtL	SoP	RoE	RoT	Sb.S	Score	Begründung MusicPad	TtL	SoP	RoE	RoT	Sb.S	Score	Begründung Bildexploration
12 Map data to appro	1,0	1,0	0,5	0,0	0,5	1,0	Hierarchie evtl. nicht optimal	2,0	2,0	1,0	0,0	1,0	2,0	freier Raum passt auf Daten
15 Provide simple 3D	1,0	1,0	0,5	0,0	0,5	1,0	Modell ist nicht simpel	2,0	2,0	1,0	0,0	1,0	2,0	einfaches Modell
17 Use legends, scale,	1,0	1,0	0,5	0,0	0,5	1,0	Nur Annotationen an Kacheln	1,0	1,0	0,5	0,0	0,5	1,0	Legende wird benutzt
19 Occlusion is undes	2,0	2,0	1,0	0,0	1,0	2,0	Keine Überschneidungen	-1,0	-1,0	-0,5	0,0	-0,5	-1,0	Es gibt Überschneidungen
24 Overview	1,0	1,0	0,5	0,0	0,5	1,0	Kategorien nicht tief einsehbar	1,0	1,0	0,5	0,0	0,5	1,0	Keine Ordnung der Objekte
25 Zoom	2,0	2,0	1,0	0,0	1,0	2,0	Zielorientierter Zoom	2,0	2,0	1,0	0,0	1,0	2,0	Geometrischer, zielor. Zoom
26 Filter	1,0	1,0	0,5	0,0	0,5	1,0	Suche und Kategorisierung	2,0	2,0	1,0	0,0	1,0	2,0	Suche und Dynamic Queries
27 Details on Demand	2,0	2,0	1,0	0,0	1,0	1,0	semantischer Zoom zu Details	2,0	2,0	1,0	0,0	1,0	2,0	semantischer Zoom zu Details
32 Direct Manipulatio	1,0	1,0	0,5	0,0	0,5	1,0	feste visuelle Hierarchie	2,0	2,0	1,0	0,0	1,0	2,0	frei, Drag'n'Drop
	12,0	12,0	6,0	0,0	6,0			13,0	13,0	6,5	0,0	6,5		
						36,0	gesamt							**39,0**	gesamt

Abbildung 86: Heuristikenberechnung nach Wilkins

Insgesamt schneidet nach der methodischen Berechnung von Wilkins das ZUI-Konzept zur freien Navigation besser ab als das mit der vom System vorgegebenen Hierarchieordnung. Die mit der Scoringtabelle gewichtete Berechnung über alle gewählten Usability-Faktoren anhand der Punktevergabe durch einen Usability-Experten führt zu dem Ergebnis, dass MusicPad mit 36 Punkten und die freie Bildexploration mit 39 Punkten bewertet werden. Tatsächlich deckt sich diese Berechnung und Einschätzung mit den Ergebnissen der qualitativen Benutzerstudie aus Kapitel 3. Trotzdem ist das Ergebnis nur ein Wert, der auf Einschätzungen beruht und sollte daher mit Vorsicht argumentiert, behandelt und interpretiert werden.

Für eine Einschätzung bzgl. der Gebrauchstauglichkeit und eine erste Abwägung zwischen Designmöglichkeiten mag sich diese Vorgehensweise eignen. Allerdings wird die User Experience der Anwendung außer Acht gelassen. Es bleibt trotz der Evaluationsmethodik schwierig den kreativen Prozess zu unterstützen und die Gebrauchstauglichkeit schon vor einer Durchführung von Benutzerstudien abzuschätzen. Eine empirische Überprüfung erfolgt zwar für einige Visualisierungen (Wilkins 2003), kann aber nicht auf alle Studien zu Visualisierungen und interaktiven Anwendungen verallgemeinert werden. Es bleibt offen, ob Designer und Usability Experten wirklich den Aufwand einer solchen Bewertungsmethodik in Kauf nehmen sollen oder ob dieser Aufwand besser in eine umfangreichere Anforderungsanalyse oder Benutzerstudie investiert werden sollte. Offen bleibt auch die Frage, ob die Bewertungskriterien sich nicht nur für die entstandenen Anwendungen und Visualisierungen, sondern außerdem für die Einschätzung der Usability der Patterns selbst eignen. Daraus könnte sich die Möglichkeit ergeben, die Patterns je nach Einsatz von Interaktionstechniken und Visualisierungen im jeweiligen Anwendungskontext zu evaluieren.

5.8 Qualitative Evaluation der Design-Patterns

Für eine erste Bewertung der in dieser Arbeit entwickelten Design-Patterns wurde eine qualitative Benutzerstudie durchgeführt. Ziel war es die Design-Patterns hinsichtlich Verständlichkeit und Gebrauchstauglichkeit zu evaluieren. Neben diversen Diskussionen im Team und ersten Verbesserungen wurden die Patterns schließlich mit einer kleinen Gruppe von UI-Designern (sieben Personen) getestet. Ziel dieser Evaluation war das Verständnis für die Patterns, deren Verwendung und Einsatz in einer einfachen Papier-Prototyping Session (also bzgl. ihrer Anwendung in der Konzeptionsphase) zu untersuchen.

Der Aufbau der geplanten qualitativen Benutzerstudie zu einer ersten Überprüfung der Patterns ist schwierig, da bisher keine speziellen Methoden existieren, um die Gebrauchstauglichkeit von Design-Patterns zu überprüfen. Eventuell könnte eine Kombination aus der

Methodik von Wilkins, herkömmlichen Benutzerstudien und der Erprobung der Pattern-Sammlung anhand praktischer Aufgabenstellungen eingesetzt werden. Für eine erste qualitative Evaluation wird die Studie basierend auf einem Benutzertest aufgebaut. Zunächst wird ein Pre-Test Fragebogen vorgelegt, um Daten zu den Testpersonen und ihren Erfahrungen in der Softwareentwicklung und mit Patterns zu erhalten. Anschließend wird ein Aufgabenblatt ausgeteilt, das unterschiedliche Szenarien mit Designproblemen beschreibt. Im Rahmen einer praktischen Aufgabenstellung sollen die Testpersonen eine kurze Konzeptionsphase durchlaufen und mittels Rapid-Sketching (schnelles Skizzieren) die Designprobleme mit Hilfe der Pattern-Sammlung lösen. Dazu wurde vorher festgelegt und dokumentiert, auf welches Pattern die gestellten Designprobleme passen. Nach dem praktischen Teil wird ein Post-Test Fragebogen ausgeteilt, der die Einschätzungen der Testpersonen zu den Patterns abfragt. Dabei zeigt sich anhand der Skizzen, ob die Selbsteinschätzung der Testpersonen im Post-Test Fragebogen korrekt ist. Abbildung 87 zeigt zwei Skizzen, die bei der Verwendung der Patterns entstanden sind.

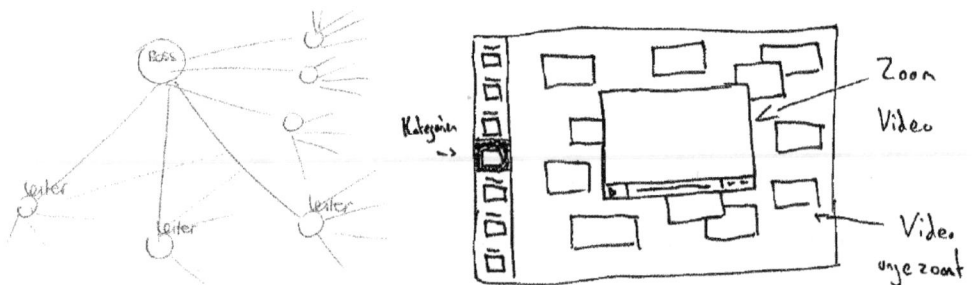

Abbildung 87: Skizzen aus der Benutzerstudie zur Pattern-Evaluation

An der zweistündigen Benutzerstudie nahmen sieben Testpersonen teil, um die Patterns zu evaluieren. Die Aufgabenstellung beschreibt zunächst die Situation, in die sich die Testperson hineinversetzen muss. Sie soll sich vorstellen, dass sie die Gestaltung der Interaktion und Benutzungsschnittstelle in einem realen Projekt übernehmen muss. Dazu werden drei Szenarien beschrieben, die sich auf unterschiedliche Projekte und Anforderungen beziehen und damit auf den Einsatz verschiedener Patterns und Pattern-Kombinationen abzielen. In den drei Projekten wurden jeweils unterschiedliche Anforderungen ermittelt, die als Grundlage zur Entscheidung für die Art der Interaktion und Visualisierung herangezogen werden können. Den Testpersonen wurde zudem zusätzlich die Pattern-Sammlung mit den acht in dieser Arbeit entwickelten Patterns zur Durchsicht und Verwendung vorgelegt.

Szenario 1: Sie sind für die Gestaltung der Interaktion und der Oberfläche eines neuen Videoportals zuständig. Die Anforderungsermittlung ergab, dass sehr viele Videos auf einmal angezeigt werden sollen und sich auf Basis der Zielgruppe eine Zoominteraktion sehr gut eignen könnte. Prüfen Sie die gesamte vorliegende Pattern-Sammlung, ob sich eines, mehrere oder keines der Patterns für die Lösung der Gestaltungsprobleme eignet.

Ziel – Szenario 1: Auswahl des Patterns „Unendlicher Informationsraum" in Kombination mit einem oder mehreren der Interaktionspatterns

Szenario 2: Sie sind für die Gestaltung der Interaktion und der Oberfläche einer neuen Software zur Visualisierung von Personalhierarchien in einem Unternehmen verantwortlich. Die Anforderungsermittlung ergab, dass das Unternehmen sehr groß ist und einige tausend Mitarbeiter hat, die alle angezeigt werden sollen. Dabei müssen zudem die Beziehungen zwischen den Mitarbeitern und die komplexen Unternehmenshierarchien dargestellt werden. Prüfen Sie die gesamte vorliegende Pattern-Sammlung, ob sich eines, mehrere oder keines der Patterns für die Lösung der Gestaltungsprobleme eignet.

Ziel – Szenario 2: Auswahl des Patterns „Pixelbasierter, hierarchischer Informationsraum" in Kombination mit Interaktionspatterns

Szenario 3: Sie sind für die Gestaltung der Interaktion und des UI zur Eingabe von persönlichen Daten zuständig. Die Anforderungsermittlung ergab, dass nur grundlegende persönliche Daten (Vorname, Name, Adresse, Telefonnummer, PLZ, Geburtsdatum) mit geringer Komplexität eingegeben werden müssen. Prüfen Sie die gesamte vorliegende Pattern-Sammlung, ob sich eines, mehrere oder keines der Patterns für die Lösung der Gestaltungsprobleme eignet.

Ziel – Szenario 3: Bemerken, dass sich keines der vorliegenden Patterns für die Gestaltung des UIs eignet

Die Testpersonen wurden gebeten die Informationen zu jedem der drei Szenarien in Ruhe durchzulesen und im Anschluss die Fragen zu beantworten. Nach Vorlegen der Szenarien hatten die Testpersonen Zeit sich die Pattern-Sammlung durchzusehen, die Videos abzuspielen und die erläuternden Animationen zu verwenden.

5.8.1   Diskussion der Ergebnisse

Insgesamt kann festgehalten werden, dass die Anwender in der Lage waren die Patterns einzusetzen. Durch die Beobachtung während der Studie konnte festgestellt werden, dass es mit den vorgelegten PDF-Dokumenten teils zu Problemen bei der Übersichtlichkeit kam. Die Patterns wurden auf den Tischen ausgebreitet und vor allem visuell auf Basis des Beispielbildes verglichen. Deshalb sollte das große Beispielbild im Pattern-Format nicht aus einem Beispiel entnommen werden, sondern besser abstrakt die Funktion des Patterns darstellen. Eventuell eignet sich das Icon in einer erweiterten, vergrößerten Version für diese Darstellung. Einigen Benutzern waren die Titel der Patterns nicht eindeutig genug, weshalb hier sicherlich noch Verbesserungspotential besteht. In einer Anschlussstudie könnte mittels „Card Sorting" und Begriffen untersucht werden, welche Titel sich für die Patterns eignen. Fünf der sieben Benutzer waren in der Lage die Patterns auszuwählen, auf die die jeweiligen Szenarien abgezielt haben. Die anderen beiden verwendeten nicht die passenden Patterns zur Gestaltung der Interaktion und des UIs. Bis auf eine Person erkannten alle, dass sich die vorliegenden Design-Patterns nicht für die UI-Gestaltung in Szenario 3 eignen. Auf die jeweiligen Fragen für Szenario 1 und 2, ob sich das ausgewählte Pattern für die Realisierung der Interaktion und des UIs eignet, antworteten alle Testpersonen mit „eignet sich gut" oder „eignet sich sehr gut". In Szenario 3 wurde bei dieser Frage wie erwartet durchweg „eignet sich überhaupt nicht" angegeben. Die Skizzen aus den Papier-Prototyping-Sessions zu den jeweiligen Szenarien zeigen, dass die Patterns verstanden wurden.

1   2   3   4   5   6   7

Wie gut haben Sie die Patterns Ihrer Meinung nach verstanden?
Sehr schlecht ☐ ☐ ☐ ☐ ☐ ☐ ☐ Sehr gut

Unterstützen Sie die Animationen und Videos beim Verständnis der Patterns?
Nein, überhaupt nicht ☐ ☐ ☐ ☐ ☐ ☐ ☐ Ja, sehr

Erfahrene User (gelb, blau, hellblau)

Ist das Patternformat insgesamt übersichtlich und verständlich?
Nein, überhaupt nicht ☐ ☐ ☐ ☐ ☐ ☐ ☐ Ja, sehr

Schränken Patterns Ihrer Meinung nach den Designraum ein und verhindern so kreative Lösungen?
Nein, überhaupt nicht ☐ ☐ ☐ ☐ ☐ ☐ ☐ Ja, sehr

Lassen die Titel vermuten, welche Inhalte im Pattern zu finden sind?
Nein, überhaupt nicht ☐ ☐ ☐ ☐ ☐ ☐ ☐ Ja, sehr

Unerfahrener User

Bringen Patterns insgesamt einen Vorteil bei der Gestaltung der Interaktion?
Nein, überhaupt nicht ☐ ☐ ☐ ☐ ☐ ☐ ☐ Ja, sehr

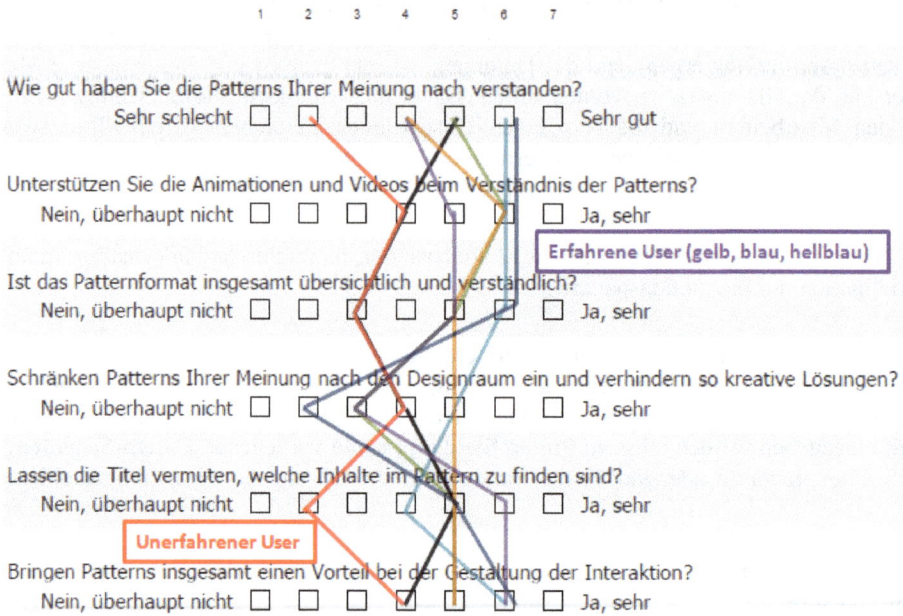

Abbildung 88: Ergebnisse der Pattern-Evaluation mit sieben Benutzern

Bei der Beobachtung stellte sich außerdem heraus, dass die UI-Gestalter sehr schnell in der Lage waren, ein grundlegendes Konzept auf Basis der Patterns zu erarbeiten, dieses zu skizzieren und zu erläutern. Dies stützt die Annahme, dass sich Patterns dazu eignen die Effektivität und Effizienz in der Konzept- und Designphase im Softwareentwicklungsprozess zu verbessern. Dabei bleibt jedoch offen, ob so tatsächlich die beste Designalternative gefunden und die Kreativität der Designer nicht zu stark eingeschränkt wird. Abbildung 88 zeigt die Ergebnisse des Bewertungsbogens für die Patterns, der nach der Durchführung der Benutzerstudie ausgeteilt wurde. Hier ist festzustellen, dass designerfahrene Testpersonen eher zu einer guten Bewertung der Patterns neigen, während unerfahrene eher zu einer schlechteren Bewertung tendieren. Da die Studie aber nur mit sieben Personen durchgeführt wurde, ist sie nicht statistisch signifikant und kann nur einen ersten Anhaltspunkt für die Bewertung der Patterns geben. Trotzdem ist festzustellen, dass ein sehr unerfahrener Benutzer (in Abbildung 88 rot markiert) die Patterns relativ schlecht bewertet. Erstaunlich ist das Ergebnis, dass die Teilnehmer der Studie die Design-Patterns eher als kreative Unterstützung, denn als Einschränkung ihrer eigenen Kreativität bewerteten. Dies lässt vermuten, dass selbstreflektierte Designer durchaus in der Lage sind, den Nutzen der Patterns einzuschätzen. Passen die Patterns nicht auf das Designproblem, können sie trotzdem zur Inspiration dienen, um neue, kreative Lösungsansätze zu finden. Ein wichtiges Ergebnis für die Verbesserung des multimedialen und interaktiven Pattern-Formats ist, dass die Testpersonen den Einsatz von Videos und Animationen entweder neutral (2 Personen) oder aber als förderlich für das Verständnis (5 Personen) bewerteten. Insgesamt lässt diese erste Evaluation der Patterns darauf schließen, dass sich das neue multimediale Format zur Dokumentation eignet. Interessant wäre nun noch ein Vergleich mit den Pattern-Formaten anderer Pattern-Sammlungen. Um einen solchen Vergleich vorzunehmen, müssten aber komplette Pattern-Sammlungen in den jeweiligen Formaten vorliegen. Zudem müsste eine solche Studie auf mehr Testpersonen ausgeweitet und direkt in einen Entwicklungsprozess integriert werden. Dies ist insbesondere schwierig, da geeignete Testpersonen nur schwer im Rahmen ihrer operativen Arbeit für eine solche Studie zu erreichen sind. Die Originalmaterialien zur Evaluationsstudie der Patterns sind in Anhang B und auf der DVD zu dieser Arbeit zu finden.

Ein weiterer interessanter Aspekt ist noch die Weiterbildung der Zielgruppen bzgl. Usability und der Gestaltung von UIs durch die Integration der Patterns in den Entwicklungsprozess. Diese Arbeit befasst sich aber nicht mit der Wissensvermittlung durch Patterns und den Forschungsbereichen des kollaborativen Lernens und des E-Learnings. Zu den grundlegenden Ansätzen der Wissensvermittlung um Design-Patterns schreiben (Griffiths & Pemberton 1998):

„For interface designers to produce really usable software they require both knowledge of tools and methodologies and appropriate attitudinal, aesthetic and creative characteristics. Usability Design-Patterns, based on the ideas of Christopher Alexander, offer an approach to this educational need. We discuss three approaches to incorporating Design-Patterns into teaching: teaching about pattern language, teaching through pattern language and discovering patterns. We suggest that developing an ability to see successful usability design solutions as patterns is more important than knowing a canonical set of particular patterns, but that this is an extremely difficult skill to acquire."
– aus (Griffiths & Pemberton 1998)

6 Zusammenfassung und Ausblick

Zusammenfassend zeigt diese Arbeit auf, wie aus der Theorie und Praxis zu ZUIs Anwendungen im Kontext von Fallstudien realisiert werden. Dazu beleuchten die Kapitel die Theorie und Forschung zu ZUIs, Interaktionstechniken, Visualisierungen, Suche und Filtertechniken. Anhand der Fallstudien in drei Domänen wird die praktische Realisierung von ZUIs vor allem im Gebiet Webanwendungen genauer untersucht. Aus der Kombination von Interaktion, Visualisierung und Filter entstanden Pattern-Vorschläge, die auf Basis von drei Fallstudien extrahiert und nach Kriterien für die Realisierung als Patterns ausgewählt wurden. So konnten schließlich Design-Patterns für die Unterstützung von Designern, Usability Experten und Programmierern bei der Gestaltung der Interaktion und des UIs extrahiert werden. Bei der Untersuchung und Literaturrecherche zu Patterns (Kapitel 5) wurde festgestellt, dass existierende Pattern-Formate hinter den aktuellen Möglichkeiten zur Dokumentation und Erklärung zurückliegen. Dies betrifft vor allem die Analyse der Vor- und Nachteile sowie multimediale, interaktive und soziale Kommunikationsmöglichkeiten. Aus diesen Erkenntnissen wird ein Pattern-Format vorgeschlagen, das Bezug auf die Anforderungen der Zielgruppe (Anwender der Patterns) nimmt und die ermittelten Schwachpunkte durch die Integration von Analysen, wissenschaftlicher Fundierung, Beispielen, Videos und interaktiven Animationen angeht. Die Benutzerstudien zu den Fallstudien zeigen, dass die Konzepte der ZUIs von den Testpersonen im Kontext der jeweiligen Anwendungen angenommen wurden. Die Patterns wurden dann aus den Anwendungen der Fallstudien extrahiert und im neu entwickelten Format dokumentiert. Dazu mussten für jedes Pattern Animationen erstellt, Beispiele aufbereitet, Texte geschrieben, Icons erstellt, Analysen erarbeitet und passende Titel gesucht werden. Das neuartige, multimediale und interaktive Dokumentationsformat wurde in Kapitel 5.5.1 nochmals genau definiert.

Als Ergebnis sind hier acht neuartige Design-Patterns entstanden, die jederzeit um weitere Design-Patterns ergänzt werden können. Drei Visualisierungs-Patterns und fünf Interaktions-Patterns wurden dokumentiert und dann zusammen mit Benutzern evaluiert. Die Evaluationsstudie ergab, dass das neuartige Format zwar verstanden und als gut beurteilt wird, aber einige Optimierungsmöglichkeiten bzgl. der Gestaltung, Titel, Beispiele, Beschreibungen, Videos und Animationen vorhanden sind. Weitere Iterationen zur Gestaltung der Patterns werden im Laufe der Zeit zu Verbesserungen führen. Neben den acht extrahierten Patterns zu Visualisierung und Interaktion sind in Tabelle 39 Vorschläge für die Extraktion und Formulierung weiterer Patterns aus den Anwendungen der Fallstudien aufgeführt.

Existierende Systeme zur Anwendung von Patterns beachten nur teilweise den Anwendungskontext, die Aufgaben und die Anforderungen der oben definierten Benutzergruppen (Designer, Usability Experten und Programmierer). Im nächsten Abschnitt wird als Ausblick eine Applikation zur Anwendung, Exploration und Weiterentwicklung der Patterns präsentiert. Dabei sollen vor allem die interaktiven Möglichkeiten, die sozialen Medien und die Kombination von Interaktion, Visualisierung und Filter (nach den Patterns dieser Arbeit) als Grundkonzept für die Anwendung eingesetzt werden.

Tabelle 39: Vorschläge für weitere Patterns aus den Fallstudien

#	Pattern	Zugehörige Fallstudie und Beschreibung
1	Benutzerfreundliches Suchfeld	• Fallstudie Bildersuche • Google Suchmaske[52]
2	Feedback Filterformular	• Fallstudie Bildersuche • Dynamic Queries, AttributeExplorer (Shneiderman 1994b; Tweedie 1994)
3	Zeitbasierte Animation der Visualisierung von Attributwerten	• Fallstudie soziale Netzwerke • Erklärende Animationen, Filmschneideprogramme, Adobe Flash
4	Zoombare Gittervisualisierung	• Fallstudie Bildersuche • Firefox Plugin und iPhone Applikation Cooliris[53]
5	Realitätsbasierte Kachelvisualisierung	• Fallstudie Bildersuche • Bumptop (Agarawala & Balakrishnan 2006)
6	Tabellenvisualisierung mit Vorschau	• Fallstudie Bildersuche
7	Übersicht im Detail	• Fallstudie soziale Netzwerke
8	Suche und Filterkategorisierung mit direktem Feedback	• Fallstudie EPDM • Dynamic Queries, AttributeExplorer (Shneiderman 1994b; Tweedie 1994)

6.1 Der Pattern-Browser

Das Konzept und die Systemidee für die Anwendung zur Exploration, Dokumentation und Verwendung der Patterns basiert auf den Patterns „Unendlicher Informationsraum" und „Koordinierte Zoom-/Pan Navigation". Der aktuelle Stand der Anwendung liefert umfangreiche Möglichkeiten die Patterns zu explorieren. Zur Interaktion stehen Suche, Filter und ZUI-Interaktionen zur Verfügung. Die Visualisierung erfolgt über das semantische Kachelkonzept, das sich in den vorgestellten ZUI-Fallstudien bewährt hat. Die Patterns beinhalten interaktive Explorationsmöglichkeiten. Dazu dienen Medienelemente wie Texte, Bilder, Videos, Animationen, Diskussionen, Integration von sozialen Medien und der Download von Dokumenten. Die vielen Daten der Patterns sind nach dem in Kapitel Neuartiges Pattern-Beschreibungsformat5.5 beschriebenen, standardisierten XML-Format abgespeichert. Dies ermöglicht eine einfache, stetige Ergänzung der Pattern-Sammlung und es entsteht ein dynamisches, weiter entwickelbares System. Abbildung 89 zeigt die aktuelle Anwendung zur Pattern-Exploration, die unter http://www.designpatterns.de aufgerufen werden kann.

---

[52] Google Suchmaske unter http://www.google.com (zuletzt besucht am 10.04.2011)

[53] Cooliris Suche und Visualisierung von Multimediaobjekten unter http://www.cooliris.com/ (zuletzt besucht am 10.04.2011)

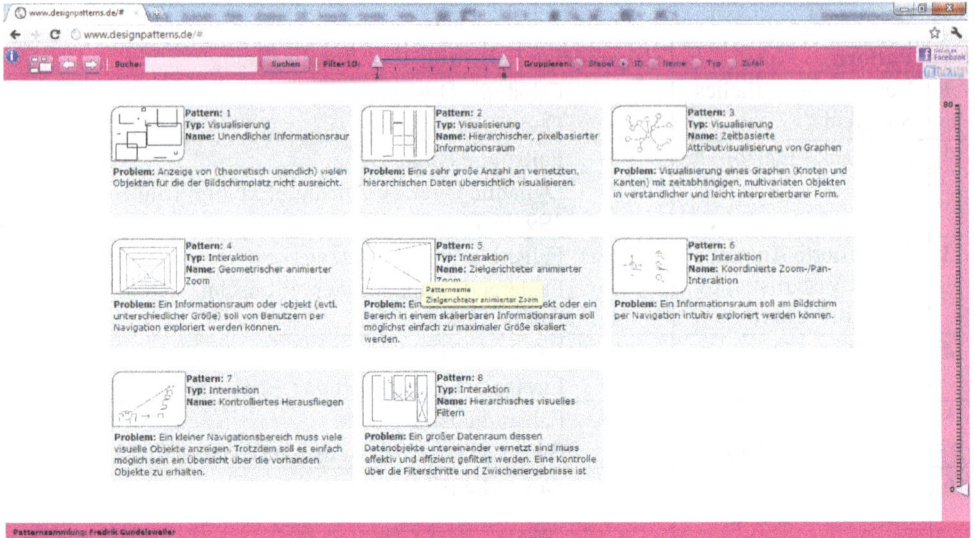

Abbildung 89: Interaktiver Pattern-Browser unter http://www.designpatterns.de (zuletzt besucht am 01.10.2011)

Als Ausblick ist hier anzumerken, dass bei wachsender Anzahl der Patterns neben den ermittelten Anforderungen (siehe zu Beginn Kapitel 5.6) auch die Darstellung der Pattern-Relationen relevant wird. Für die Anwender kann es wichtig sein, welche Patterns verwandt sind, miteinander verwendet und kombiniert werden können und wie deren Gebrauchstauglichkeit für die Entwicklung von UIs und Visualisierungen insgesamt eingeschätzt wird. Interessante Ergebnisse bzgl. Patterns und deren Anwendung in der HCI könnten durch den praktischen Einsatz des Patternbrowsers aus Abbildung 89 im Designprozess und Projektkontext gewonnen werden. Dazu müssen aber zunächst viele weitere Patterns in das System integriert werden. Diese können aus existierenden Pattern-Sammlungen von Borchers, Tidwell, Wilkins, den Adobe RIA Patterns, den Yahoo Patterns und weiteren Quellen gewonnen und in das hier verwendete, neuartige Pattern-Format überführt werden. Wie eine solche Überführung funktioniert ist im nächsten Abschnitt erläutert.

6.2   Reformatierung von existierenden Patterns

Das neue Pattern-Format deckt je nach Benutzeraufgabe die Anforderungen flexibel ab, indem unterschiedliche Ansichts-, Beschreibungs- und Erläuterungsarten verfügbar sind. Dies beinhaltet allerdings wiederum einen größeren Dokumentationsaufwand als bei herkömmlichen Patterns nach den Formaten von Alexander, Wilkins, Borchers oder Tidwell. Ein Vorteil ist aber, dass das hier gewählte Format flexibel ist und nach und nach angereichert werden kann. So kann zunächst ein erster Patternvorschlag entwickelt werden und später nach Etablierung in der Praxis, bzw. positivem Feedback bei Benutzertests erweitert und schließlich komplett dokumentiert werden.

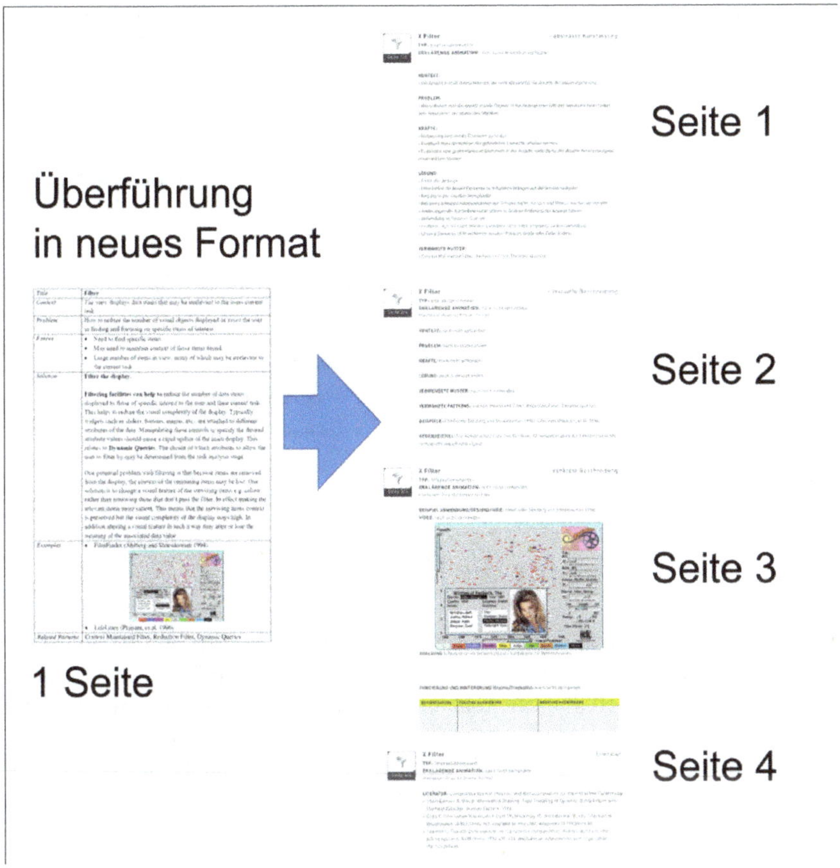

Abbildung 90: Überführung des Patterns „Filter" (Wilkins 2003) in das neue Format

Am Beispiel des Patterns „Filter" (Wilkins 2003) wird in Abbildung 90 demonstriert, wie die Übertragung in das neue Format funktioniert. Im Pattern-Browser unter http://www.designpatterns.de oder auf der beigelegten DVD sind die Patterns zusätzlich mit Beispielcode, Videos und einer erläuternden Animation angereichert. Es wurde jeweils die Analyse der Vor- und Nachteile beim Einsatz des Patterns eingearbeitet. Diese neuen Patterns sind so bereits im XML-Format abgelegt und in den Browser zur Pattern-Exploration integriert. Neben der Fundierung wäre es sinnvoll für die Weiterentwicklung und den praktischen Einsatz der Patterns die Verknüpfung mit Kriterien der Usability vorzunehmen wie dies (Folmer & Bosch 2003) propagieren (Abbildung 91).

Sinnvoll wäre hier eine zusätzliche Verknüpfung mit aktuellen User Experience Attributen und den entsprechenden Visualisierungs- und Interaktionstechniken. Es wäre sehr interessant, wie die entwickelten Patterns mit Usability und User Experience Attributen verbunden werden können. Dadurch entstünde ein Netzwerk, das visuell mittels Verbindungen im Pattern-Browser angezeigt werden könnte. Diese offene Forschungsfrage gilt es bei der Weiterentwicklung des Pattern-Formats und Pattern-Browsers zukünftig zu verfolgen.

Attributes	Usability Properties	Usability Patterns	Attributes	Usability Properties	Usability Patterns
Satisfaction	Provide feedback	Progress indication	Adaptability		User profile
		Alerts	Satisfaction	• matching user preferences	User modes
	Error management	Status indication	Learnability	• matching user expertise	Shortcuts
Learnability	• error correction	History logging			Context sensitive help
	• error prevention	Undo		Guidance	Wizard
		Form or Field validation	Efficiency	Explicit user control	Selection indication
Efficiency	Consistency	Model/View/Controller separation		Natural mapping	Cancel
	• user interface	Emulation	Accessibility		Multi-tasking
	• functional	Workflow model	Reliability	• Disabilities	
Reliability	• evolutionary	Actions for multiple objects		• Multi channel	
				• internationalisation	

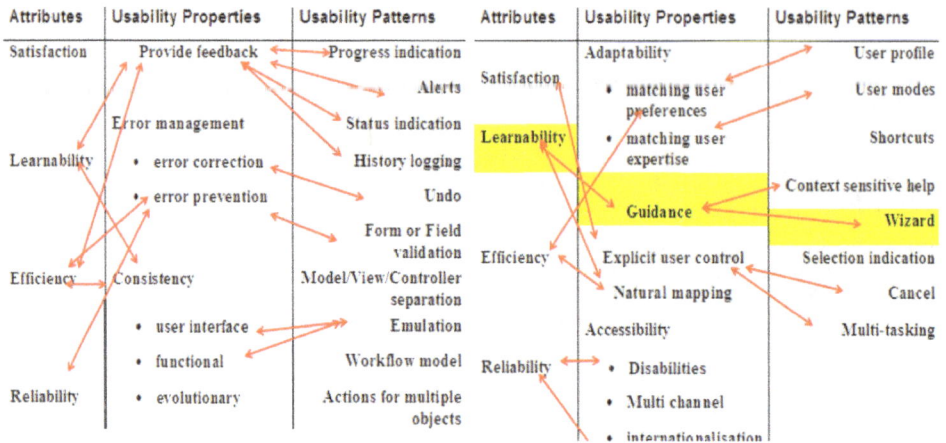

Abbildung 91: Usability Attribute und Patterns (Folmer & Bosch 2003)

6.3   Pattern-Sprache für die HCI

Die multimedialen, interaktiven Möglichkeiten zur Patterndokumentation, die flexible Darstellung der Patterns sowie die Integration von sozialen Interaktionsmöglichkeiten lassen darauf hoffen, dass sich in der HCI zwar kein einheitlich visuelles Format für Design-Patterns durchsetzt, wohl aber ein Datenformat mit dem unterschiedliche Pattern-Browser, die Informationen darstellen können. So ermöglichen diese die Anwendung im Designprozess, die Diskussion und die Weiterentwicklung der Patterns. Eventuell werden in einigen Jahren die existierenden Pattern-Sammlungen durch die Dokumentation im gleichen XML-Format zusammenwachsen und die Möglichkeit einer Pattern-Sprache für die Domäne der UI-Gestaltung und der HCI eröffnen. Es existieren eine große Anzahl an Pattern-Sammlungen zu unterschiedlichen Themen wie Interaktion, Visualisierung, UIs, Webseiten u.a.; die umfangreichsten dieser Sammlungen sind hier aufgelistet (http://www.cs.kent.ac.uk/people/staff/saf/patterns/gallery.html - zuletzt besucht am 10.04.2011):

- Dissertation Wilkins – Anzahl Patterns: 36

- Musikausstellung Borchers – Anzahl Patterns: 17

- UI-Patterns Tidwell – Anzahl Patterns: über 90

- ui-patterns.com – Anzahl Patterns: 56

- Adobe RIA Patterns – Anzahl Patterns: 46

- Yahoo Pattern Library – Anzahl Patterns: 59

- welie.com Matijn van Welie – Anzahl Patterns: 131

- patternbrowser.org – Anzahl Patterns: 220

- Quince, quince.infragistics.com – Anzahl Patterns: 101

Mindestens diese müssten in das XML-Format überführt werden. Ein hoher Aufwand muss außerdem in die Erzeugung der multimedialen Artefakte (insbesondere Videos und Animationen) investiert werden. Mit der Verteilung dieser Arbeit auf die wissenschaftliche Gemeinschaft der HCI wäre dies aber schnell und fundiert möglich. Insgesamt enthalten die aufgeführten Pattern-Sammlungen über 756 Patterns, die zu großen Teilen aber redundant sind. Würden alle Patterns in einem gemeinsamen Datenformat vorliegen, könnte diese Redundanz eingespart und die Patterns trotzdem mittels unterschiedlicher Software verwendet werden. Dies eröffnet weitere Forschungsfragen im Bezug auf die Suche, Kombination und Bearbeitung der Patterns (z.B. über die Bildung von semantischen Pattern-Netzwerken). Eine gemeinsame Pattern-Sprache für die HCI bleibt aber eine Vision. Durch aktuelle Entwicklungen wie Natural User Interfaces (NUIs) entstehen wiederum neue, unabhängige Pattern-Sammlungen, die für eine zusätzliche Diversifizierung sorgen.

6.4   Ausblick Natural UI-Patterns

In einer Studie zur Übertragbarkeit der Patterns in die Welt der Natural User Interfaces entstand ein Video[54], das diese neuen Interaktionstechniken mit der Anwendung aus der Fallstudie zur Bildersuche demonstriert. Das Video simuliert, wie die Steuerung der Bildersuche ohne die Maus als Eingabegerät funktionieren könnte. Als Interaktionstechniken wurden Sprache, Gestiken und Multitouch eingesetzt.

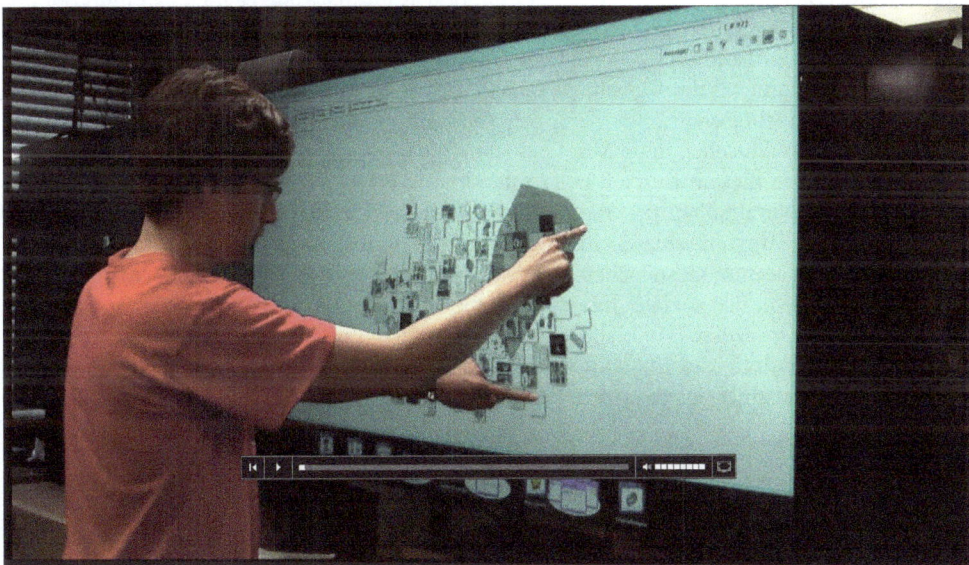

Abbildung 92: Simulation der Bedienung der Bildersuche (Gestik, Sprache, Multitouch)

---

[54] Das Video mit der Simulation zur Steuerung der Bildersuche mittels Gestik, Sprache und Berührung ist einsehbar unter http://www.designpatterns.de/NUI_Example.html (zuletzt besucht am 05.05.2011)

Das Video entstand als Wizard-of-Oz Sketch, indem eine Person die Funktionen der Anwendung zur Bildersuche mit der Maus bediente und eine weitere Person die multimodalen Eingabetechniken am Großbildschirm simulierte. Die Kamera wurde dabei so aufgestellt, dass nur die Person am Großbildschirm und deren Interaktionen mit dem System zu sehen und zu hören sind. Durch die geringe Größe des Mauszeigers bekommen Betrachter des Videos nichts davon mit, dass eine zweite Person die Anwendung steuert. Es entsteht der Eindruck, dass die Anwendung wirklich mit den multimodalen Interaktionstechniken bedient würde.

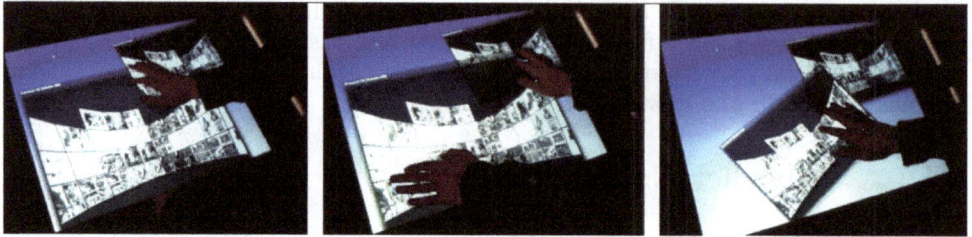

Abbildung 93: Studie zur Multitouch Bedienung der Bildersuche

In einer zweiten Studie wurde mit einzelnen Komponenten der Bildersuche, insbesondere den Visualisierungen „zoombares Gitternetz", „sortierbare Tabelle" und „Bildkarussell", das für den Flashbuilder verfügbare Multitouch-Framework Touchlib (Programmiersprache ActionScript 3) getestet. Dazu wurden die Funktionen für die Eingabegeräte so umprogrammiert, dass Multitouch möglich ist. In Abbildung 93 ist zu sehen, wie diese Interaktionstechnik auf einem „Microsoft Surface"-Testgerät im MediaRoom der HCI Arbeitsgruppe[55] an der Universität Konstanz mit der Karussellvisualisierung funktioniert.

Mit Hilfe dieser technischen Entwicklungen und mobilen Geräten sowie der sozialen Medienkommunikation entstehen neue Möglichkeiten zur Interaktion mit UIs. Somit kann erwartet werden, dass in diesem Bereich neue Interaktions-Patterns entstehen werden. Wie diese neuen UIs und Interaktionen gestaltet werden, ist bereits in der Literatur (Saffer 2009) beschrieben. Aktuell revolutionieren mobile Endgeräte mit Gestensteuerung, Multitouch und Spracherkennung unsere Gesellschaft. Dies hat weitreichende Konsequenzen auf das Medienkonsumverhalten, die soziale Interaktion, die digitalen Wertschöpfungsketten und die etablierten Arbeitsprozesse (Gundelsweiler et al. 2008a). Eine übergreifende Pattern-Sprache für die HCI mit Patterns zur Interaktion und Visualisierung würde zu benutzerfreundlicheren Anwendungen und einer positiveren Erfahrung mit Softwareanwendungen insgesamt führen.

---

[55] Webseite der HCI Arbeitsgruppe unter http://hci.uni-konstanz.de

Anhang A: ZUI-Übersicht

Die beiden folgenden Tabellen zeigen eine Übersicht über ZUI-Systeme, die in der Forschung und Praxis recherchiert und untersucht wurden. Dabei wurden die Interaktionsmechanismen (Zooming und Panning), die Kompexität der Struktur (Sichten), der Datenraum, die Visualisierung und die Suche- und Filtermöglichkeiten recherchiert. So ergibt sich ein umfassender Überblick über die Vielzahl an ZUI-Applikationen.

ZUI-Anwendung	Typ I	Typ II	Typ III	Zoom	Pan	Anzahl	Komplexität	rein	homogen	hierarchisch	Netzwerk	zeitbezogen	raumbezogen	andere	Art	Interaktion	Filtertechnik	direkte Suche	Browsen	Quelle
AHEAD	x			geometric, goal-oriented	drag'n'drop, key control	1	gering	ja	x						2d Fläche	Zoom, Pan	Zoom	-	Zoom, Pan	http://ahead.com/#xis w/library.space/main/work
Archy (Proof of concept der ...)		x		geometric, semantic	drag'n'drop, key control	2	gering	ja	x						3d Raum	Zoom, Pan	Zoom, Suche	Volltext	Zoom, Pan	offline, beschrieben in Raskin 2000
Bumptop	x			geometric, semantic, goal-oriented	-	x	hoch	nein	x	x			x	x	3d Raum	Zoom, Move, Edit	-	-	-	http://www.bumptop.com/
DateLens		x		semantic, goal-oriented	-	3	mittel	ja	x			x			2d Fläche	Zoom, Edit	Zoom, Suche	Volltext	Zoom	http://www.windsorinte rfaces.com/datelens.sht ml
Denim	x			geometric	drag'n'drop, key control, path drag	3	gering	ja	x					x	2d Fläche	Zoom, Pan, Edit	Zoom	-	Zoom, Pan	http://dub.washington. edu/2007/projects/deni ml
Google Earth		x		geometric, semantic, goal-oriented	drag'n'drop, key control	1	mittel	ja	x				x	x	3d Raum	Zoom, Pan	Zoom, Suche	Volltext	Zoom, Pan, weitere	http://www.google.de/i ntl/de/earth/index.html
Google Maps		x		geometric, semantic, goal-oriented	drag'n'drop, key control	1	mittel	nein	x				x	x	2d Fläche	Zoom, Pan	Zoom, Suche	Volltext	Zoom, Pan, weitere	http://maps.google.co m/
Grokker		x		geometric, semantic, goal-oriented	-	2	gering	nein	x		x			x	2d Fläche	Zoom	Zoom, Suche	Volltext	Zoom, Webbrowser	offline
Idelix		x		geometric, semantic, goal-oriented	-	3	gering	nein	x	x				x	2d Fläche	Zoom, Pan, Move	Zoom	-	Zoom, Pan	offline
InfoZoom		x		semantic	-	1	gering	nein	x						2d Fläche	Zoom	Zoom, Buttons	Dynamic Queries	Pan	http://infozoom.com
Inspector		x		geometric, semantic, goal-oriented	drag'n'drop	x	hoch	nein	x	x	x	x			2d Fläche	Zoom, Pan, Edit	Zoom, Suche	Volltext	Zoom, Pan	http://hci.uni-konstanz.de/inspector
Liveplasma	x			geometric	automatic	1	gering	ja			x				2d Fläche	Zoom, Autopan	Zoom, Suche	Volltext	Zoom, Pan	http://www.liveplasma. com/
MedioVis	x			geometric, semantic	drag'n'drop	x	hoch	nein	x	x	x	x	x	x	2d Fläche	Zoom, Pan	Zoom, Suche	Volltext, Dynamic Queries, weitere	Zoom, Pan, Webbrowser	http://hci.uni-konstanz.de/mediovis
Musicovery			x	geometric	automatic	2	gering	ja	x		x				2d Fläche	Zoom, Autopan	Zoom, Suche	Volltext, Dynamic Queries	Zoom, Pan	http://musicovery.com/

ZUI-Anwendung	Typ I	Typ II	Typ III	Zoom	Pan	Anzahl	Komplexität	rein	homogen	hierarchisch	Netzwerk	zeitbezogen	raumbezogen	andere	Art	Interaktion	Filtertechnik	direkte Suche	Browsen	Quelle
Pad++ Webnavigation	x			geometric, semantic	automatic	x	gering	nein	x					x	2d Fläche	Zoom	Zoom	-	Zoom	http://www.cs.umd.edu/hcil/pad++/
Photomesa		x		geometric, semantic	automatic	2	mittel	ja	x						2d Fläche	Zoom	Zoom, Suche	Volltext, Dynamic Queries	Zoom	http://www.windsor.interfaces.com/photomesa.shtml
Photosynth		x		geometric, semantic, goal-oriented	drag'n'drop, key control	2	hoch	ja	x				x		3d Raum	Zoom, Pan, Rotate	Zoom	-	Zoom, Pan	http://www.photosynth.net/
Prezi		x		geometric, goal-oriented	drag'n'drop, key control	1	mittel	ja	x						2d Fläche	Zoom, Pan	Zoom	-	Zoom, Pan	http://prezi.com/
PutThatThere		x		geometric	drag'n'drop, key control	2	gering	ja	x				x	x	3d Raum	Zoom, Pan	Zoom, Suche	Volltext, Sprache	Zoom, Pan	offline, beschrieben in Bolt 1984
Rhein Zeitung	x			semantic	-	2	gering	nein	x						2d Fläche	Zoom	Zoom	-	Zoom	http://epaper.rhein-zeitung.de/webi/rzi/2011/01/22/
SoFake	x			geometric	-	1	gering	nein	x						3d Raum	Zoom	Zoom	-	Zoom	http://www.sofake.com/
Tactile3D			x	geometric, semantic, goal-oriented	key control	1	hoch	ja	x	x					3d Raum	Zoom, Pan, Rotate	Zoom	-	Zoom, Pan	http://www.tactile-3d.com
The 'Zoomer'			x	geometric	drag'n'drop, key control	1	gering	ja	x					x	3d Raum	Zoom, Pan	Zoom	-	Zoom, Pan	http://www.2geto.com
Vizster		x		geometric, semantic, goal-oriented	drag'n'drop, key control	x	mittel	nein	x	x	x			x	2d Fläche	Zoom, Pan	Zoom, Suche, Visualisier	Volltext, Dynamic Queries	Zoom, Pan, Layout	http://hci.stanford.edu/jheer/projects/vizster/
zDesktop		x		geometric	drag'n'drop, key control	x	mittel	nein	x	x				x	2d Fläche	Zoom, Pan	Zoom	-	Zoom, Pan	http://sites.google.com/site/andrealvitali2/
Zoomdeck		x		geometric	drag'n'drop, key control	x	mittel	nein	x	x				x	2d Fläche	Zoom, Pan, Edit	Zoom	-	Zoom, Pan	http://www.duncanjaun.scy.com/pb/internet/zoomdeck/index.html
Zoomooz	x			geometric	automatic	x	gering	ja	x	x				x	2d Fläche	Zoom, Pan	Zoom	-	Zoom, Pan	http://janne.aukia.com/zoomooz/
Zoomorama		x		geometric, goal-oriented	drag'n'drop, key control	1	gering	ja	x						2d Fläche	Zoom, Pan	Zoom	-	Zoom, Pan	http://www.zoomorama.com/
Zoom-Tube	x			geometric, semantic	drag'n'drop, key control	2	gering	ja	x						2d Fläche	Zoom, Pan	Zoom	-	Zoom, Pan	http://www.zoom-tube.com/

Anhang B: Evaluation Bildersuche

Übersicht und Materialien zu durchgeführten Benutzerstudien, Workshops und Fokusgruppen.

Rahmenbedingungen für Benutzertest

- Vierteljährliches Meeting zur Bildrecherche
- Halbe Stunde Workshop (Einführung und Präsentation Prototyp)
- Teilnehmer: 15 Personen, 10 Benutzer, 3 Domänenexperten, 2 Techniker
- Probleme:
  - sehr heterogene Benutzergruppe
  - teils bekannte, teils neue Benutzer dabei
  - Zeitpunkt der Projektumsetzung nicht bekannt
  - Aktueller Prototyp erfüllt nicht alle Erwartungen der Benutzer
  - wenig Zeit (unklar wie viel, ca. ½ Stunde pro Benutzer?)
  - kaum Platz, kein Raum zur Verfügung
  - Internetverbindung problematisch

Testaufbau

- 9:00 – 9:30: Einführung und Vorstellung des Prototypen
- Ab 9:30: Beginn der Benutzertests in einem gesonderten Raum
- 2 Rechner stehen zur Verfügung
  - 1 mit lokaler Version des Prototypen und Morae
  - 1 mit dem herkömmlichen Recherchesystem und Internet
- Benutzer verlassen das Kernteam Meeting nacheinander für den Test

Ablauf (insgesamt 8 Benutzer – danach 'Herumspielen'):

- Kurze Begrüßung
- Einverständniserklärung und kurze Erklärung was ein Usability Test ist
- Austeilen der Aufgaben und Durchführung des Tests mit lautem Denken und stellen von Fragen aus dem angefertigten Fragenkatalog
- Austeilen und Ausfüllen des Vergleichsfragebogen
- Gespräch / Interview zum Prototypen und momentanen Bildrecherchesystem

Ziele, Fragestellungen:

- Verstehen die Benutzer die **Navigation** und Verwaltung ihrer Suchen und Warenkörbe über die Karussell-Dock (Zooming, Panning, Drag'n'Drop)?

- Welche **Visualisierungen** werden von Benutzern bevorzugt?

- Werden Benutzer durch das neue **Filterkonzept** besser unterstützt als beim bisherigen Bildrecherchesystem?

- Welche **Anordnungen der Kacheln** bevorzugen Benutzer (ungeordnet, geordnet, zeitbasiert)?

- Vermissen die Benutzer wesentliche Funktionen, die für ihre Aufgaben notwendig wären?

Foki der Untersuchung

- **F1**: Effektivere und effizientere Recherche durch besseres Feedback und mehr Visualisierungen als beim momentanen Bildrecherchesystem.

- **F2**: Verwaltung der Suchen und Warenkörbe einfacher und verständlicher als beim momentanen System.

- **F3**: Prototyp wird insgesamt wegen Aufbau des Interface als übersichtlicher bewertet.

Aufgaben Teil 1

Aufgabe 1:

Erstellen/Starten Sie eine Suche. Suchen Sie das Bild mit der Bildnummer *174838* und nennen Sie das *Erstellungsdatum* des Bildes.

Aufgabe 2:

Filtern Sie die Bildmenge nach Funktionsgruppe *AA: Motor*, die gleichzeitig eine Bildwertigkeit von *W1: sehr leicht* oder *W2: leicht* haben aber nicht in der Darstellungsform *Funktionsschema, Prüfschema, Ablaufschema* vorliegen.

    a) Nennen sie die Anzahl der Bilder und die Gesamtzahl an Bildern

    b) Wie viele Bilder davon liegen in der Verwendungsart *Einführungsschrift* vor und wie viele *technische Grafiken* befinden sich darunter?

    c) Wie viele Bilder wurden im Zeitraum vom *10.09.2002* bis zum *21.11.2003* erstellt?

d) Filtern Sie mit den vorhandenen Möglichkeiten der Metadatenfilter eine *für Sie interessante* Bildmenge heraus.

e) Lassen Sie sich die Bilder anzeigen.

Aufgaben Teil 2

Aufgabe 3:

Starten Sie weitere Suchen und wechseln Sie zwischen den Suchkacheln hin und her. Schalten Sie die Bildanzeige der Suchkacheln in verschiedene Visualisierungen um.

Aufgabe 4:

Erstellen Sie einen Warenkorb und füllen Sie diesen mit mindestens 3 Bildern.

Starten Sie eine Ähnlichkeitssuche zu einem beliebigen Bild.

Aufgabe 5 (optional, wenn noch Zeit):

Freies Ausprobieren des Prototypen. Insbesondere Ähnlichkeitssuche, Warenkörbe, sowie Filter- und Dockfunktionalitäten.

Post-Test Fragebogen

Bitte ausfüllen...

1   2   3   4   5   6   7

Im Vergleich zum momentanen System ist die **Recherche** mit dem Prototypen eher
schneller ☐ ☐ ☐ ☐ ☐ ☐ ☐ langsamer   H_1

Im Vergleich zum momentanen System sind die **Systemmeldungen** des Prototypen
besser ☐ ☐ ☐ ☐ ☐ ☐ ☐ schlechter   H_1

Im Vergleich zum momentanen System bietet der Prototyp verschiedene **visuelle Ergebnisanzeigen**,
die mich bei meinen Aufgaben (Suchen und Durchblättern)
unterstützen ☐ ☐ ☐ ☐ ☐ ☐ ☐ verwirren   H_123

Im Vergleich zum momentanen System ist die **Navigation** (Zoomen und Verschieben der Kacheln) zur
Verwaltung der Suchen und Warenkörbe mit dem Prototypen eher
einfacher ☐ ☐ ☐ ☐ ☐ ☐ ☐ komplizierter   H_2

Im Vergleich zum momentanen System ist der Prototyp
übersichtlicher ☐ ☐ ☐ ☐ ☐ ☐ ☐ unübersichtlicher   H_3

„Es ist wie überall –
wenn man sich daran
gewöhnt hat, kann man
damit leben..."

Haben Sie noch Anmerkungen, Kritik oder ähnliches, die sie loswerden möchten?

Anhang C: Entwickelte Patterns

Hier sind die in dieser Arbeit entwickelten Patterns im schriftlichen Format, das auf dem Format von Christopher Alexander basiert, zu finden. Die hier vorgestellten Patterns sind Visualisierungs- bzw. Struktur-Patterns und Interaktions-Patterns. Sie basieren auf den Strukturen, Visualisierungen und Interaktionsmechanismen, die in den Fallstudien der Arbeit konzipiert, entwickelt und evaluiert wurden.

Seite 1/2

1 UNENDLICHER INFORMATIONSRAUM   - Problem, Kontext, Lösung

TYP: Visualisierungsmuster
ERKLÄRENDE ANIMATION: http://www.designpatterns.de/patterns/p1/animation.html
(Flashplayer-Plugin für Browser benötigt)

DESIGNPROBLEM:

» Anzeige von (theoretisch unendlich) vielen Objekten für die der Bildschirmplatz nicht ausreicht

KONTEXT DER VERWENDUNG:

» Objekte können wegen ihrer großen Anzahl nicht gleichzeitig dargestellt werden
» Objekte können (z.B. anhand ihrer Attribute) räumlich angeordnet werden
» Verwendung eines Zoom-Interaktionskonzept (geometrisch und semantisch)

LÖSUNGSMUSTER:

» Visualisiere die Objekte in einem theoretisch unendlichen 2,5D Informationsraum
» Benutzergesteuerte Layout-und Positionierungsmöglichkeiten für die Objekte
» Skalierung des Informationsraums und der Objekte mittels Zooming und Panning Techniken

PRINZIPIEN:

» Ausnutzung mehrerer Levels of Detail zur Einschränkung der Komplexität (Einfachheit)
» Anlehnung an die räumliche Orientierung und Navigation (Erinnerbarkeit, Erlernbarkeit)
» Ausnutzung des menschlichen Wahrnehmungssystems (Intuitivere Verwendung)

KRÄFTE UND ABWÄGUNGEN:

» Anzahl Objekte - Verfügbarer Platz in Pixeln - Überschneidung der Objekte
» Menschliches Wahrnehmungssystem - Zoom im virtuellen 2,5D Raum
» Übersicht - Detailansicht

VERWENDETE MUSTER:

» Visualization (Wilkins 2003)
» Appropriate Visual Objects (Wilkins 2003)
» Unterschiedliche Interaktionsmuster möglich

VERWANDTE MUSTER:

» NAFS Model (Wilkins 2003)
» 2D Navigation Model (Wilkins 2003), 3D Navigation Model (Wilkins 2003)
» 2D Representation (Wilkins 2003), 3D Representation (Wilkins 2003)

BEISPIEL: Multimedia Browser für die interaktive Bildersuche
» Objekte (Startseite, Suchen, Warenkörbe und Einstellungen) werden als Kacheln visualisiert
» Diese können anhand ihres Erstellungsdatums im Raum organisiert werden
» Ein Zoom-Navigationskonzept lässt den direkten Zugriff auf die Kachelinhalte zu
» Weitere Beispiele sind Mediovis2.0, Tactile3D und die ZoomWorld (Raskin 2000)

1 UNENDLICHER INFORMATIONSRAUM – Beispiele, Fundierung

TYP: Visualisierungsmuster

ERKLÄRENDE ANIMATION: http://www.designpatterns.de/patterns/p1/animation.html

[Flashplayer-Plugin für Browser benötigt]

BEISPIEL ANWENDUNG/DESIGNSTUDIE: Multimedia Browser für die interaktive Bildersuche

VIDEO: http://www.designpatterns.de/patterns/p1/video.html

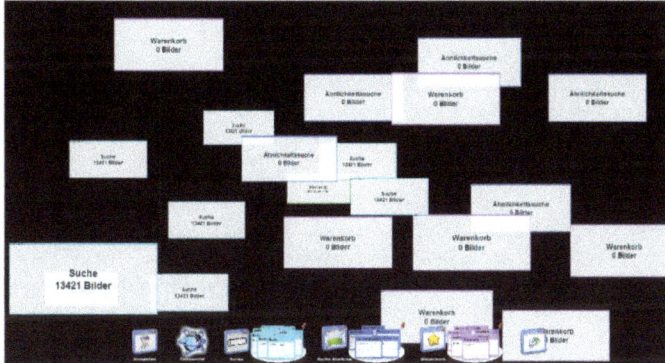

ABBILDUNG 1: Multimedia Browser zur Bildersuche mit zeitlich angeordneten Kachelobjekten. Große Kacheln wurden kürzlich, kleine vor längerer Zeit erstellt und liegen damit auch weiter hinten.

FUNDIERUNG UND HINTERGRUND (Claims/Tradeoffs): Analyse bestehender Vor- und Nachteile der Designentscheidungen bei diesem Muster.

DESIGNFEATURE	POSITIVE AUSWIRKUNG	NEGATIVE AUSWIRKUNG
Unendlicher Informationsraum	Layout mit wenig Überschneidungen möglich. Nicht alle Objekte müssen gleichzeitig angezeigt werden, sondern nur ein Teil eines riesigen Informationsraums.	Evtl. Verlust von Kontext bei ausgeblendeten Objekten. Übersicht evtl. schwierig. Nicht geeignet bei nur sehr wenigen Objekten.
Objektpositionierung nach Attributen	Benutzer können anhand des gewählten Layouts die Position relevanter Objekte erschließen.	Layouts führen zu unterschiedlichen Sichten und können dadurch Benutzer verwirren.
Portale	Ermöglichen eine Schachtelung des Informationsraums und erweiterte Navigations-und Visualisierungskonzepte.	Erhöhen die Komplexität der Visualisierung und der Navigation.

LITERATUR: Literaturquellen mit Theorien und Benutzerstudien zur theoretischen Fundierung

» Raskin, Jeff (2000). The Humane Interface: New Directions for Designing Interactive Systems. Addison-Wesley Professional.

» Bolt, Richard (1984). The Human Interface. Belmont, CA: Lifetime Learning Publications.

» Donelson, W. (1978). Spatial Management of Information. In Proceedings of Computer Graphics (SIGGRAPH 78), ACM press, pp. 203-209.

» Furnas, G. W. & Bederson, B. B. (1995). Space-Scale Diagrams: Understanding Multiscale Interfaces. In Proceedings of Human Factors in Computing Systems (CHI 95), ACM Press, pp. 234-241.

» Gundelsweiler, Fredrik; Reiterer, Harald (2008). Zoom-based interaction concepts for Searching and Exploring large, heterogeneous Image Databases. In Proceedings of Mensch & Computer 2008: Viel mehr Interaktion, 8. Konferenz für interaktive und kooperative Medien, Oldenbourg Verlag, in: Herczeg, Kindsmüller, p. 390-400, Sep 2008, Sep 2008.

» Perlin, K., & Meyer, J. (1999). Nested User Interface Components. In Proceedings of User Interface Software and Technology (UIST 99), ACM Press, pp. 11-18.

2 HIERARCHISCHER, PIXELBASIERTER INFORMATIONSRAUM

TYP: Visualisierungsmuster   - Problem, Kontext, Lösung
ERKLÄRENDE ANIMATION: http://www.designpatterns.de/patterns/p2/animation.html
(Flashplayer-Plugin für Browser benötigt)

Seite 1/2

DESIGNPROBLEM:
» Eine sehr große Anzahl an vernetzten, hierarchischen Daten übersichtlich visualisieren

KONTEXT DER VERWENDUNG:
» Anzeige der hierarchischen Struktur und auf Anfrage vernetzte Objekte
» Optimale Platzausnutzung, um Übersicht über alle Objekte und ihre Verbindungen anzuzeigen
» Je nach Hierarchieebene kann die Anzahl an darzustellenden Objekten stark varlieren
» Kombination mit Filter- und Suchmustern zur Einschränkung auf relevante Objekte

LÖSUNGSMUSTER:
» Verwendung eines pixelbasierten, hierarchischen Informationsraums.
» Objekte in unterschiedlicher Größen je nach verfügbarem Platz anzeigen (Pixel bis Vollansicht)
» Objekte in hierarchischen, logisch angeordneten Bereichen visualisieren
» On-Demand Techniken für die Visualisierung der Objektrelationen
» Filtertechniken zur Einschränkung auf relevante Objekte (nach Kategorie oder global)
» Vorteile von hierarchischen mit denen von pixelbasierten Techniken vereinen (Keim 2000)

PRINZIPIEN:
» Logische Einfärbung der Objektgruppen (Prä-attentive Wahrnehmung)
» Beibehaltung der visuellen Komplexität Übersicht trotz steigender Datenmenge (Effizienz)
» Grundstruktur bleibt immer gleich (Erlernbarkeit und Erinnerbarkeit)

KRÄFTE UND ABWÄGUNGEN:
» Sehr große Anzahl an Objekten - Bildschirmgröße in Pixeln
» Anzahl hierarchischer Bereiche - Komplexität der hierarchischen Struktur
» Übersicht über Objekte und deren Relationen - Überschneidungen und Komplexität

VERWENDETE MUSTER:
» Visualization (Wilkins 2003)
» Appropriate Visual Objects (Wilkins 2003), Small Multiples (Wilkins 2003), Pixel Encoding
» Semantic Zooming (Piccolo Framework und Webseite), Details on Demand (Wilkins 2003)

VERWANDTE MUSTER:
» GUI Design Patterns (Tidwell 1999, Tidwell 2006, Wilkins 2003)
» Hierarchical Set (Tidwell 1999, Tidwell 2006)

BEISPIEL: Anwendung zum elektronisches Produktdatenmanagement
» hierarchische Daten, die zusätzlich vernetzt sind (Netzwerkstruktur)
» hierarchische Visualisierung der Grundstruktur
» Anzeige der vernetzten Objekten on Demand
» Kombination mit Filter- und Suchtechniken

2 HIERARCHISCHER, PIXELBASIERTER INFORMATIONSRAUM

TYP: Visualisierungsmuster   - Beispiele, Fundierung

ERKLÄRENDE ANIMATION: http://www.designpatterns.de/patterns/p2/animation.html

(Flashplayer-Plugin für Browser benötigt)

BEISPIEL ANWENDUNG/DESIGNSTUDIE: Pixeldarstellung für das Produktdatenmanagement

VIDEO: http://www.designpatterns.de/patterns/p2/video.html

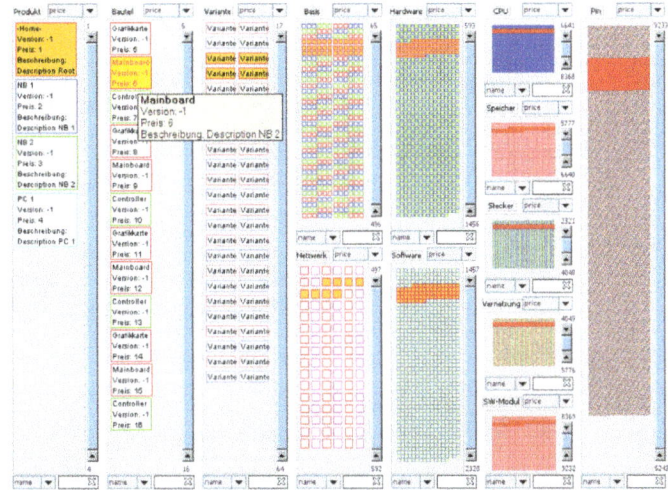

ABBILDUNG 1: Pixelvisualisierung großer Datenräume beim elektronischen Produktdatenmanagement.

FUNDIERUNG UND HINTERGRUND (Claims/Tradeoffs): Analyse bestehender Vor- und Nachteile der Designentscheidungen bei diesem Muster.

DESIGNFEATURE	POSITIVE AUSWIRKUNG	NEGATIVE AUSWIRKUNG
Darstellung der Objekte als Pixel bis zur Vollansicht je nach verfügbarem Platz	Es werden immer möglichst viele Informationen der Objekte angezeigt. Verfügbare Pixel werden optimal genutzt.	Eignet sich nur für hierarchische Datenräume mit sehr vielen Objekten und Relationen, sowie für entsprechend komplexe Objektstrukturen und -abhängigkeiten.
Pixelvisualisierung	Es können sehr viele Objekte dargestellt werden. Überschneidungen werden vermieden. Übersicht über Gruppen ist sehr gut. Visuelle Komplexität steigt mit Anzahl an Objekten kaum.	
Hierarchische Gruppenaufteilung	Bildet die hierarchische Logik ab, erlaubt den Benutzern aber trotzdem Relationen über alle Ebenen im Kontext zu erfassen.	
Objekteinfärbung nach Attributen	Bietet je nach Attribut einen schnellen visuellen Hinweis, welche Objekte bestimmten Attributwerten zugeordnet sind.	

LITERATUR: Literaturquellen mit Theorien und Benutzerstudien zur theoretischen Fundierung

» Carriere, J. & Kazman, R. (1995), ,Research report: Interacting with huge hierarchies: beyond cone trees', infovis 00, 74.

» Eades, P. & Feng, Q. (1997),Multilevel Visualization of Clustered Graphs, in ,GD .96: Proceedings of the Symposium on Graph Drawing', Springer-Verlag, London, UK, pp. 101--112.

» Gundelsweiler, Fredrik; Konstanzer, Robert; Reiterer, Harald: An Innovative User Interface Concept for Large Hierarchical Data Spaces by Example of the EPDM. IUI 08: Proceedings of the 13th internat. conf. on IUIs, ACM Press, Canary Islands, Spain, p. 421 -- 422, Jan 2008.

» Keim, D. A.: Designing Pixel-Oriented Visualization Techniques: Theory and Applications. In IEEE Transactions on Visualization and Computer Graphics, Vol.6, No.1, Jan-Mar 2000.

3 ZEITBASIERTE ATTRIBUTVISUALISIERUNG VON GRAPHEN

TYP: Visualisierungsmuster — Problem, Kontext, Lösung

ERKLÄRENDE ANIMATION: http://www.designpatterns.de/patterns/p3/animation.html
(Flashplayer-Plugin für Browser benötigt)

DESIGNPROBLEM:

» Visualisierung eines Graphen (Knoten und Kanten) mit zeitabhängigen, multivariaten Objekten in verständlicher und leicht interpretierbarer Form.

KONTEXT DER VERWENDUNG:

» Netzwerkartige Daten, die einen gerichteten oder ungerichteten Graphen bilden.

» Übersicht über den Graphen/Relationen und Detailansicht von Objektgruppen und Objekten.

» Analyse von Netzwerkdaten und Anzeige der Änderungen über einen Zeitraum.

» Objekte haben Attribute die sich über die Zeit verändern.

» Kombinierbar mit Zoom- und Filtertechniken zur Graphenexploration.

LÖSUNGSMUSTER:

» Verwende eine Graphenvisualisierung mit zeitbasierter Knotenansicht.

» Berechnung des optimalen Graphenlayouts über die Zeit durch einen Algorithmus

» Zeitbasierte Animation mit Positionsänderungen vermeiden (für Benutzer zu komplex)

» Aufteilung der Knoten in zeitliche Bereiche zur Darstellung der Attribute

» Miniansicht des Graphen in jedem Knoten (Übersicht und Details immer sichtbar)

PRINZIPIEN:

» Netzwerklayout bleibt immer erhalten (Erinnerbarkeit)

KRÄFTE UND ABWÄGUNGEN:

» Graph und Knotenattribute sollen gleichzeitig sichtbar sein - Anzahl verfügbarer Pixel

» Anzeige einer Übersicht - Anzeige der Knotenrelationen - Überschneidungen

» optimiertes Graphenlayout über die Zeit - Positionsänderung der Knoten

VERWENDETE MUSTER:

» Visualization (Wilkins 2003)

» Appropriate Visual Objects (Wilkins 2003)

» Semantic Zooming (Piccolo Framework und Webseite)

» Chart or Graph (Tidwell 2006)

VERWANDTE MUSTER:

» Details on Demand (Wilkins 2003)

» GUI Design Patterns (Tidwell 1999)

BEISPIEL: Visualisierung zeitabhängiger, multivariater Daten in sozialen Netzwerken

» Verwendung einer optimalen Layoutberechnung über die Zeit

» Integration von Zoom- und Filtertechniken

» Beispiel mit Daten zu sozialen Netzwerken

» weiteres Beispiel für zeitabhängige Daten sind Kaleidomaps (Bale et al. 2007).

3 ZEITBASIERTE ATTRIBUTVISUALISIERUNG VON GRAPHEN

TYP: Visualisierungsmuster — Beispiele, Fundierung

ERKLÄRENDE ANIMATION: http://www.designpatterns.de/patterns/p3/animation.html

(Flashplayer-Plugin für Browser benötigt)

BEISPIEL ANWENDUNG/DESIGNSTUDIE: Visualisierung zeitabhängiger, multivariater Daten

VIDEO: http://www.designpatterns.de/patterns/p3/video.html

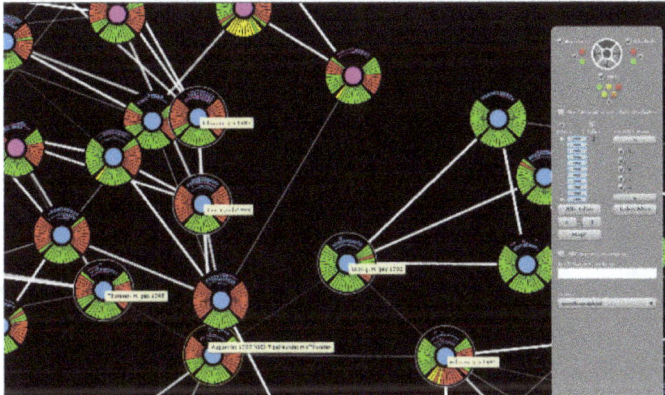

ABBILDUNG 1: Visualisierung von zeitabhängigen, multivariaten Daten in einem sozialen Netzwerk.

FUNDIERUNG UND HINTERGRUND (Claims/Tradeoffs): Analyse bestehender Vor- und Nachteile der Designentscheidungen bei diesem Muster.

DESIGNFEATURE	POSITIVE AUSWIRKUNG	NEGATIVE AUSWIRKUNG
Graphenlayout und Attributvisualisierung innerhalb der Knoten	Graph bleibt sichtbar und damit der Kontext erhalten. Attributdetails können sofort auch ohne Zoom oder Details-on-Demand Techniken eingesehen werden. Gruppen können farblich markiert werden. Vergleiche sind auf einen Blick möglich.	Bei vielen Attributenwerten wird die Darstellung unübersichtlich. Ist kein Platz mehr für alle Werte muss interpoliert werden, was zu einem falschen Eindruck der Knotendetails führen kann und eine Detailansicht notwendig macht.
Relationenvisualisierung über Kanten	Dicke und Farbe der Kanten zeigen dem Benutzer Details zu Knotenrelationen über die Zeit an.	Ohne Animation sieht man nur die aggregierten Werte, nicht wie sich die Kantenwerte und damit die Attribute über die Zeit verändern.
Optimierte Knotenpositionierung über die Zeit auf Basis der Relationen	Kantenüberschneidungen werden minimiert. Knoten bleiben auch bei einer Animation über die Zeit an ihren Positionen. Benutzer behalten so einen besseren Überblick.	Zu unterschiedlichen Zeitpunkten gibt es bessere Graphenlayouts, die eine Kantenüberschneidung besser minimieren. Knoten werden nicht anhand ähnlicher Attribute positioniert.

LITERATUR: Literaturquellen mit Theorien und Benutzerstudien zur theoretischen Fundierung

» Aigner, W.; Miksch, S.; Müller, W.; Schumann, H. & Tominski, C. (2007): Visualizing Time-Oriented Data - A Systematic View, Computers & Graphics, Vol. 31, No. 3. S. 401-409.

» Bale, K., Chapman, P., Barraclough, N., Purdy, J., Aydin, N., and Dark, P. 2007. Kaleidomaps: a new technique for the visualization of multivariate time-series data. Information Visualization 6, 2 (Jun. 2007), 155-167.

» Brandes, U.; Erlebach, T. 2005. Network Analysis: Methodological Foundations. Lecture Notes in Computer Science Tutorial, vol. 3418. Springer-Verlag.

» Heer, J., & Boyd, D. (2005). Vizster: Visualizing online social networks. Proceedings of the 2005 IEEE Symposium on Information Visualization, 33-40.

» Öttl, Sonja; Gundelsweiler, Fredrik; Reiterer, Harald; Brandes, U.: Visualisierungs- und Interaktionsdesign für multivariate, zeitbezogene Daten in sozialen Netzen. Isi 2009 – Universität Konstanz.

Seite 1/2

4 GEOMETRISCHER ANIMIERTER ZOOM   - Problem, Kontext, Lösung

TYP: Interaktionsmuster

ERKLÄRENDE ANIMATION: http://www.designpatterns.de/patterns/p4/animation.html

(Flashplayer-Plugin für Browser benötigt)

DESIGNPROBLEM:

» Ein Informationsraum oder -objekt (evtl. unterschiedlicher Größe) soll von Benutzern per Navigation exploriert werden können.

KONTEXT DER VERWENDUNG:

» Im Anwendungskontext macht es Sinn einen Teil des Informationsraums/-objekts zu skalieren

» Benutzern soll der Informationsraum begreifbar gemacht werden (Kennenlernen bei Navigation)

» Ein einfacher Wechsel zwischen Detailansicht und Übersicht soll unterstützt werden

» Ein Vergleich vieler Objekte im Rahmen der Navigation ist nicht unbedingt notwendig

LÖSUNGSMUSTER:

» Verwende einen geometrischen animierten Zoom

» Der Zooming-Referenzpunkt und damit die Skalierung bezieht sich auf die Position des Zeigers

» Eine Animation verdeutlicht wie sich die Ansicht verändert (Start - Navigationsweg - Ziel)

» Die Animationsgeschwindigkeit muss angemessen sein (Wartezeit, Orientierung)

PRINZIPIEN:

» Durch einen geometrischen Zoom ist es einfach möglich in nachvollziehbarer Weise zwischen Übersicht und Detailansicht zu navigieren. Ohne eine Animation ist die Änderung der Ansicht zwar schneller, dafür aber nicht so gut nachvollziehbar.

KRÄFTE UND ABWÄGUNGEN:

» Skalierung des Bildschirmbereichs - Kontextverlust/-gewinn

» Position des Zeigers - Position relevanter Bildschirmausschnitte

» Geschwindigkeit der Animation - Wartezeit des Benutzers und Orientierung

VERWENDETE MUSTER:

» Spatial Navigation (Wilkins 2003)

» Smooth Transitions (Wilkins 2003)

» 2D Navigational Model (Wilkins 2003), 3D Navigational Model (Wilkins 2003)

VERWANDTE MUSTER:

» Details on Demand (Wilkins 2003), Semantic Zoom (Piccolo Framework und Webseite)

» Zielgerichteter, animierter Zoom

» Koordinierte Zoom/Pan Navigation

BEISPIEL: Multimedia Browser für die interaktive Bildersuche, Visualisierung zeitabhängiger, multivariater Daten in sozialen Netzwerken:

» Informationsobjekte können per Skalierung vergrößert werden

» Freiskalierbare Ansicht von der Übersicht zur Detailansicht per Navigation

» Navigation durch einen Informationsraum in dem Objekte verortet sind

4 GEOMETRISCHER ANIMIERTER ZOOM — Beispiele, Fundierung

Seite 2/2

TYP: Interaktionsmuster

ERKLÄRENDE ANIMATION: http://www.designpatterns.de/patterns/p4/animation.html
(Flashplayer-Plugin für Browser benötigt)

BEISPIEL ANWENDUNG/DESIGNSTUDIE: Multimedia Browser am Beispiel Bildersuche.
VIDEO: http://www.designpatterns.de/patterns/p4/video.html

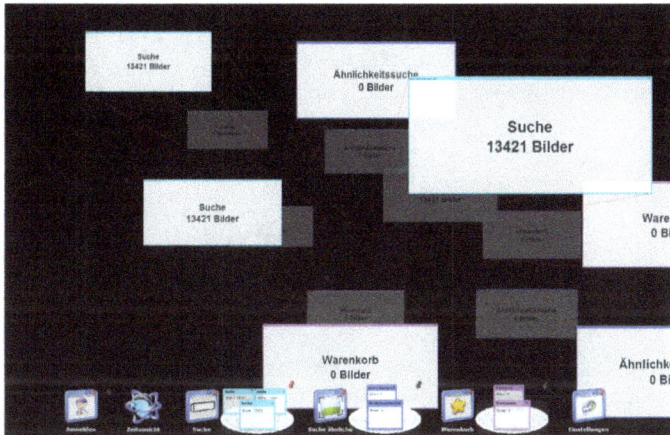

ABBILDUNG 1: Beispiel für die Interaktion mit dem geometrischen, animierten Zoom. Die Fenster vergrößern und verkleinern sich in Abhängigkeit vom Zoomreferenzpunkt (hier die Mitte bestimmt durch die Maus).

FUNDIERUNG UND HINTERGRUND (Claims/Tradeoffs): Analyse bestehender Vor- und Nachteile der Designentscheidungen bei diesem Muster.

DESIGNFEATURE	POSITIVE AUSWIRKUNG	NEGATIVE AUSWIRKUNG
Vergrößerung/Verkleinerung	Relevanter Bereich am Bildschirm wird vergrößert, irrelevante Bereiche verschwinden aus dem Fokus.	Kontext kann verloren gehen, da evtl. Bereiche verschwinden, die trotzdem noch relevant sind.
Animation	Durch die Animation wird deutlich von wo nach wo die Navigation erfolgt.	Die Animation benötigt Zeit und kostet so Performanz bei der Erfüllung der Aufgabe.
Bereichsselektion für die Vergrößerung	Genau der vom Benutzer selektierte Bereich wird vergrößert.	Es kann problematisch sein ein bestimmtes Objekt sehr genau auf die volle Größe zu bringen.

LITERATUR: Literaturquellen mit Theorien und Benutzerstudien zur theoretischen Fundierung

» Bederson, B. B. and Boltman, A. (1999). Does animation help users build mental maps of spatial information? In INFOVIS .99: Proceedings of the 1999 IEEE Symposium on Information Visualization, Washington, DC, USA. IEEE Computer Society.
» Bolt, Richard A. The Human Interface: Where People and Computers Meet. Belmont, California: Lifetime Learning Publications, 1984. Paperback, ISBN 0534033873.
» Cockburn, A., Karlson, A. M., & Bederson, B. B. (2008). A Review of Overview + Detail, Zooming, and Focus + Context Interfaces. ACM Computing Surveys, 41(1), 1-31. Springer.
» Gundelsweiler, Fredrik; Memmel, Thomas; Reiterer, Harald (2007). ZUI concepts for navigating and searching complex information spaces. In: Prof. Dr.-Ing. Juergen Ziegler , Oldenbourg Wissenschaftsverlag , i-com, p. 38-48, May 2007.
» Shanmugasundaram, M. and Irani, P. 2008. The effect of animated transitions in zooming interfaces. In Proceedings of the Working Conference on Advanced Visual interfaces (Napoli, Italy, May 28 - 30, 2008). AVI .08. ACM, New York, NY, 396-399.
» Tversky, Barbara; Morrison, Julie; Betrancourt, Mireille Animation: Can It Facilitate? International Journal of Human Computer Studies 57:4, pp. 247-262, 2002.

5 ZIELGERICHTETER ANIMIERTER ZOOM - Problem, Kontext, Lösung

TYP: Interaktionsmuster

ERKLÄRENDE ANIMATION: http://www.designpatterns.de/patterns/p5/animation.html

[Flashplayer-Plugin für Browser benötigt]

Seite 1/2

DESIGNPROBLEM:

» Ein verkleinertes visuelles Objekt oder ein Bereich in einem skalierbaren Informationsraum soll möglichst einfach zu maximaler Größe skaliert werden.

KONTEXT DER VERWENDUNG:

» Es wird ein ZUI Konzept eingesetzt (skalierbarer Informationsraum zur Objektvisualisierung)

» Es ist sinnvoll gezielt ein Objekt oder einen Bereich zu maximaler Vergößerung zu skalieren

» Visuelle Objekte können (relativ) zielgenau selektiert werden

LÖSUNGSMUSTER:

» Verwende einen zielgerichteten animierten Zoom zur Skalierung

» Objekte werden mittels Selektion auf die maximale Größe herangezoomt

» Der Zooming-Referenzpunkt bezieht sich auf die Mitte des selektierten Objekts

» Eine Animation verdeutlicht wie sich die Ansicht verändert

» Die Animationsgeschwindigkeit darf keine langen Wartezeiten verursachen

» Die Animationsgeschwindigkeit muss nachvollziehbar sein und eine Orientierung zulassen

» Zusätzlich können mit semantischem Zoom zusätzliche Informationen angezeigt werden

PRINZIPIEN:

» Nachvollziehbarkeit der Navigation, Prinzipien nach (Nievergelt)

» Effizienz (Bereich oder Objekt werden in einem Navigationsschritt vergrößert und nicht mit mehreren)

» Einfacher Wechsel zwischen Übersicht und Detailansicht möglich (Zoom rückgängig machen)

KRÄFTE UND ABWÄGUNGEN:

» Skalierung eines Objekts oder Bereichs - Verlust des Kontexts

» Geschwindigkeit der Animation - Wartezeit des Benutzerss

» Größe der Objekte - direkte Selektion

VERWENDETE MUSTER:

» Spatial Navigation (Wilkins 2003)

» Smooth Transitions (Wilkins 2003)

» 2D Navigational Model (Wilkins 2003), 3D Navigational Model (Wilkins 2003)

VERWANDTE MUSTER:

» Details on Demand (Wilkins 2003), Semantic Zoom (Piccolo Framework und Webseite)

» Geometrischer, animierter Zoom

» Koordinierte Zoom/Pan Navigation

BEISPIELE: Multimedia Browser für die interaktive Bildersuche, Pixelvisualisierung großer Datenräume beim elektronischen Produktdatenmanagement

» Objekte können per Selektion in einem Navigationsschritt auf volle Größe skaliert werden

» Die vorherige Übersicht kann in einem Schritt durch Rückgängigmachen des Zooms erreicht werden

5 ZIELGERICHTETER ANIMIERTER ZOOM   - Beispiele, Fundierung

TYP: Interaktionsmuster

ERKLÄRENDE ANIMATION: http://www.designpatterns.de/patterns/p5/animation.html

(Flashplayer-Plugin für Browser benötigt)

BEISPIEL ANWENDUNG/DESIGNSTUDIE: Multimedia Browser am Beispiel Bildersuche.

VIDEO: http://www.designpatterns.de/patterns/p5/video.html

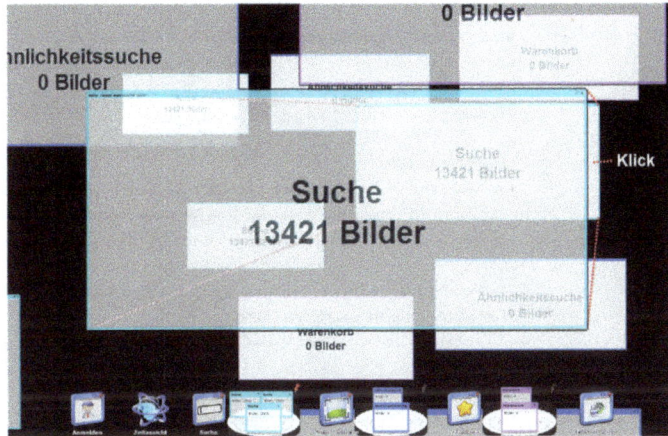

ABBILDUNG 1: Beispiel für die Interaktion mit dem zielgerichteten, animierten Zoom. Ein relevantes Fenster wird durch Selektion auf die volle Größe animiert. Der Zoomreferenzpunkt ist also die Fenstermitte.

FUNDIERUNG UND HINTERGRUND (Claims/Tradeoffs): Analyse bestehender Vor- und Nachteile der Designentscheidungen bei diesem Muster.

DESIGNFEATURE	POSITIVE AUSWIRKUNG	NEGATIVE AUSWIRKUNG
Vergrößerung/Verkleinerung	Relevanter Bereich am Bildschirm wird vergrößert, irrelevante Bereiche verschwinden aus dem Fokus. Es befindet sich schliesslich genau das gewünschte Objekt im Fokus.	Kontext kann verloren gehen, da evtl. Bereiche verschwinden, die trotzdem noch relevant sind.
Animation	Durch die Animation wird deutlich von wo nach wo die Navigation erfolgt.	Die Animation benötigt Zeit und kostet so Performanz bei der Erfüllung der Aufgabe.
Zoom auf ein bestimmtes Objekt per Selektion	Es wird genau das selektierte Objekt in voller Größe animiert auf den Bildschirm gebracht.	Sehr kleine Objekte sind schwer zu treffen und können so zusätzliche Navigationsschritte notwendig machen oder bei Vergrößerung andere überdecken.

LITERATUR: Literaturquellen mit Theorien und Benutzerstudien zur theoretischen Fundierung

» Bederson, B. B. and Boltman, A. (1999). Does animation help users build mental maps of spatial information? In INFOVIS '99: Proceedings of the 1999 IEEE Symposium on Information Visualization, Washington, DC, USA. IEEE Computer Society.

» Gundelsweiler, Fredrik; Memmel, Thomas; Reiterer, Harald (2007). ZUI concepts for navigating and searching complex information spaces. In: Prof. Dr.-Ing. Juergen Ziegler, Oldenbourg Wissenschaftsverlag, i-com, p. 38-48, May 2007.

» Heer, J., & Robertson, G. G. (2007). Animated Transitions in Statistical Data Graphics. In IEEE Transactions on Visualization & Computer Graphics (Vol. 13, pp. 1240-1247). Springer.

» Hornbæk, K., Bederson, B. B., and Plaisant, C. 2002. Navigation patterns and usability of zoomable user interfaces with and without an overview. ACM Trans. Comput.-Hum. Interact. 9, 4 (Dec. 2002), 362-389. DOI= http://doi.acm.org/10.1145/586081.586086

» Perlin, K., & Fox, D.: Pad. In Proceedings of the 20th annual conference on Computer graphics and interactive techniques - SIGGRAPH '93 (pp. 57-64). New York: ACM Press, 1993.

6 KOORDINIERTE ZOOM/PAN NAVIGATION - Problem, Kontext, Lösung

TYP: Interaktionsmuster

ERKLÄRENDE ANIMATION: http://www.designpatterns.de/patterns/p6/animation.html
(Flashplayer-Plugin für Browser benötigt)

DESIGNPROBLEM:

» Ein Informationsraum soll am Bildschirm per Navigation intuitiv exploriert werden können.

KONTEXT DER VERWENDUNG:

» Der Informationsraum kann optimalerweise auf einen 2,5D oder 3D Raum abgebildet werden

» Eine planare skalierbare Fläche oder skalierbare Objekte stehen zur Verfügung

» Benutzer soll die Möglichkeit gegeben werden intuitiv durch den virtuellen Raum zu navigieren

LÖSUNGSMUSTER:

» Verwende eine Navigation die mittels Kombination von Zoom und Pan funktioniert

» Dabei kann der zielgerichtete, geometrische Zoom mit dem semantischen kombiniert werden

» Je nach Fokus des Benutzers wird ein geometrischer Zoom des Informationsraums oder ein zielgerichteter Zoom auf einen Bereich oder ein Objekt ausgeführt

» Ein Panning einzelner Objekte, mehrerer Objekte oder des gesamten Informationsraums ist möglich

» Der Zooming-Referenzpunkt bezieht sich auf die Mitte Objekts im Fokus

» Animationen verdeutlichen die Transition der Ansicht

PRINZIPIEN:

» Interaktionsprinzip, das auf der Bewegung des Menschen im Raum basiert (Erlernbarkeit)

» Eine logische Kombination von Zooming und Panning wird eingesetzt (Erwartungskonformität)

» Benutzer haben das Gefühl den Informationsraum zu überblicken (gute Benutzbarkeit)

KRÄFTE UND ABWÄGUNGEN:

» Skalierung eines Objekts - Skalierung des gesamten Informationsraums

» Skalierung und Verschiebung von Bereichen oder Objekten - Verlust des Kontexts

» Einfachheit der Navigation - Komplexität der Objekte bzw. des Informationsraums

» Geschwindigkeit der Animation - Wartezeit des Benutzers

VERWENDETE MUSTER:

» Spatial Navigation (Wilkins 2003)

» Smooth Transitions (Wilkins 2003)

» Geometrischer, animierter Zoom

» Zielgerichteter, animierter Zoom

VERWANDTE MUSTER:

» NAFS Model (Wilkins 2003)

» 2D Navigation Model (Wilkins 2003)

» 3D Navigation Model (Wilkins 2003)

BEISPIEL: Multimedia Browser für die interaktive Bildersuche, Visualisierung zeitabhängiger, multivariater Daten in sozialen Netzwerken.

6 KOORDINIERTE ZOOM/PAN NAVIGATION   - Beispiele, Fundierung

TYP: Interaktionsmuster

ERKLÄRENDE ANIMATION: http://www.designpatterns.de/patterns/p6/animation.html
(Flashplayer-Plugin für Browser benötigt)

BEISPIEL ANWENDUNG/DESIGNSTUDIE: Multimedia Browser am Beispiel Bildersuche.

VIDEO: http://www.designpatterns.de/patterns/p6/video.html

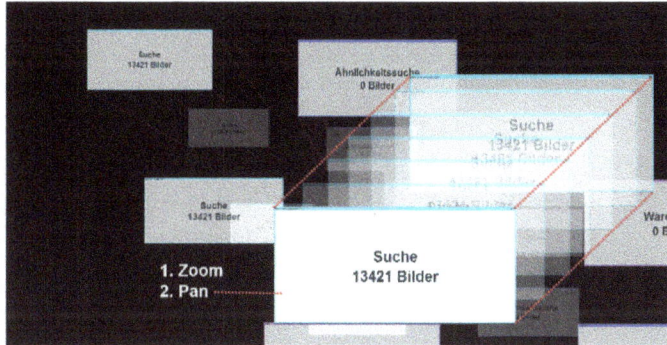

ABBILDUNG 1: Koordinierte Zoom-/Pan-Interaktion. Abwechselndes Zooming und Panning zur Bestimmung der Skalierung und des sichtbaren Bildschirmausschnitts von Objekten oder Bereichen.

FUNDIERUNG UND HINTERGRUND (Claims/Tradeoffs): Analyse bestehender Vor- und Nachteile der Designentscheidungen bei diesem Muster.

DESIGNFEATURE	POSITIVE AUSWIRKUNG	NEGATIVE AUSWIRKUNG
Vergrößerung/Verkleinerung	Relevanter Bereich am Bildschirm wird vergrößert, irrelevante Bereiche verschwinden aus dem Fokus. Es befindet sich schliesslich genau das gewünschte Objekt im Fokus.	Kontext kann verloren gehen, da evtl. Bereiche verschwinden, die trotzdem noch relevant sind.
Animation	Durch die Animation wird deutlich von wo nach wo die Navigation erfolgt.	Die Animation benötigt Zeit und kostet so Performanz bei der Erfüllung der Aufgabe.
Zoom auf ein bestimmtes Objekt per Selektion	Es wird genau das selektierte Objekt in voller Größe animiert auf den Bildschirm gebracht.	Sehr kleine Objekte sind schwer zu treffen und können so zusätzliche Navigationsschritte notwendig machen.
Bereichsselektion für die Vergößerung, freier Zoom	Genau der vom Benutzer selektierte Bereich wird vergrößert.	Es kann problematisch sein ein bestimmtes Objekt sehr genau auf die volle Größe zu bringen.
Fokus des Zeigers	Je nach Fokus des Zeigers wird eine entsprechend sinnvolle Zoom-Interaktion ausgelöst. Fokus Objekt → zielgerichteter Zoom. Fokus Informationsraum → freier Zoom.	Viele unterschiedliche Zoom-Interaktionsmechanismen können zur Verwirrung der Benutzer beitragen und so zu einer komplizierten Navigation beitragen.

LITERATUR: Literaturquellen mit Theorien und Benutzerstudien zur theoretischen Fundierung

» Bolt, Richard A. The Human Interface: Where People and Computers Meet. Belmont, California: Lifetime Learning Publications, 1984. Paperback, ISBN 0534033873.

» Furnas, G. W.: Space-scale diagrams: understanding multiscale interfaces. In Human Factors. Darlinghurst, Australia: Australian Computer Society, Inc., 1995.

» Gundelsweiler, Fredrik; Memmel, Thomas; Reiterer, Harald (2007). ZUI concepts for navigating and searching complex information spaces. In: Prof. Dr.-Ing. Juergen Ziegler , Oldenbourg, i-com, Zeitschrift für interaktive und kooperative Medien, p. 38-48, May 2007.

» Hornbæk, K., Bederson, B. B., and Plaisant, C. 2002. Navigation patterns and usability of zoomable user interfaces with and without an overview. ACM Trans. Comput.-Hum. Interact. 9, 4 (Dec. 2002), 362-389. DOI= http://doi.acm.org/10.1145/586081.586086

» Raskin, J.: The Humane Interface: New Directions for Designing Interactive Systems. Addison-Wesley Professional, 2000.

Seite 1/2

7 KONTROLLIERTES HERAUSFLIEGEN   – Problem, Kontext, Lösung

TYP: Interaktionsmuster

ERKLÄRENDE ANIMATION: http://www.designpatterns.de/patterns/p7/animation.html
(Flashplayer-Plugin für Browser benötigt)

DESIGNPROBLEM:

» Ein kleiner Navigationsbereich muss viele visuelle Objekte anzeigen. Trotzdem soll es einfach möglich sein ein Übersicht über die vorhanden Objekte zu erhalten.

KONTEXT DER VERWENDUNG:

» Die Anwendung enthält z.B. eine Verwaltungskomponente mit Objekten (z.B. Dock / Karussell)
» Die Objekte repräsentieren Instanzen (z.B. Fenster) der Anwendung als Icons
» Benutzer können die einzelnen Objekte ansteuern
» Die Verwaltungskomponente dient zur Übersicht und Navigation

LÖSUNGSMUSTER:

» Verwende einen Dock-/Karussellbereich mit kontrolliertem Herausfliegen der Objekte
» Eine flexible Anzahl an Objekten kann durch dynamische Größenänderung erreicht werden
» Objekte können system- oder benutzergesteuert über den Bildschirm verteilt werden
» Gesamter Bildschirmplatz ist kurzfristig für die Anzeige der Objekte verwendbar

PRINZIPIEN:

» Konsistentes, gleiches Funktionsmuster des „Herausfahrens" (Erlernbarkeit)
» Direktes Ansteuern der Dockelemente durch Selektion (Effizienz bei der Navigation)

KRÄFTE UND ABWÄGUNGEN:

» Selektion einzelner Objekte - steigende Anzahl und Überschneidungen
» Anzahl der zu verwaltenden Objekte - verfügbarer Platz für die Verwaltungskomponente
» Übersicht über Anzahl Objekte - Detaillierungsgrad der angezeigten Objekte
» Benutzergesteuerte Verwaltung der Objekte - systemgesteuerter Verwaltung der Objekte

VERWENDETE MUSTER:

» Drag'n'Drop Adobe RIA Patterns (Bill 2008)
» Smooth Transitions (Wilkins 2003)
» Filter by Selection (Wilkins 2003) bei der Auswahl/Selektion eines Objekts

VERWANDTE MUSTER:

» keine

BEISPIEL: Der Multimedia Browser für die interaktive Bildersuche zeigt die Anwendung des Flyout Musters. Eine ähnliche Funktionalität hat auch das Dock Menü von Apple's Betriebssystem Leopard.

7 KONTROLLIERTES HERAUSFLIEGEN   – Beispiele, Fundierung

TYP: Interaktionsmuster

ERKLÄRENDE ANIMATION: http://www.designpatterns.de/patterns/p7/animation.html

(Flashplayer-Plugin für Browser benötigt)

Seite 2/2

BEISPIEL ANWENDUNG/DESIGNSTUDIE: Multimedia Browser Bildersuche mit Kontroll-Dock.

VIDEO: http://www.designpatterns.de/patterns/p7/video.html

ABBILDUNG 1: Verwendung des Flyout Musters in der Multimedia Browser Bildersuche. Die Minifenster repräsentieren Instanzen der zoombaren Fenster im „unendlichen" 2,5D Informationsraum.

FUNDIERUNG UND HINTERGRUND (Claims/Tradeoffs): Analyse bestehender Vor- und Nachteile der Designentscheidungen bei diesem Muster.

DESIGNFEATURE	POSITIVE AUSWIRKUNG	NEGATIVE AUSWIRKUNG
Karussellfunktion	Ermöglicht das Durchstöbern/Browsen der Objekte in der Verwaltungskomponente. Das mittlere Objekt liegt vor den anderen und ist damit immer selektierbar. Es können mehr Elemente angezeigt werden als wenn die Objekte nebeneinander oder übereinander angeordnet wären.	Zusätzliche Karussellnavigation kann verwirren. Durch die ringförmige Anordnung kommt es zu Überschneidungen.
Transparente Objekte / Icons	Die Transparenz ermöglicht eine bessere Sicht auf Objekte die hinter anderen liegen und es wird deutlicher wieviele Objekte im Karussell enthalten sind.	Die Sicht auf zu viele Objekte schränkt die Übersichtlichkeit ein. Die Transparenz macht eine genaue Selektion im Karussell schwieriger.
Herausfahren und Festpinnen der Objekte	Es steht beim Herausfahren der Objekte der gesamte Bildschirmplatz zur Verfügung, da Objekte alles andere überlagern. Nach Festpinnen sind Objekte leicht zu selektieren.	Aus- und Einfahrmechanismus muss erst von Benutzern erkundet und verstanden werden.
Animation beim Aus- und Einfahren	Die Animation verdeutlicht was geschieht und wo die Objekte verortet werden sobald diese festgepinnt werden. Eine benutzerkontrollierte Animation erhöht das Gefühl der Kontrolle und den Spassfaktor bei der Benutzung.	Eine benutzerkontrollierte Animation verleitet zum „Herumspielen" – eine systemgesteuerte ist dagegen immer gleich und vorhersehbar, kann einfach ausgelöst werden und ist damit evtl. besser benutzbar.

LITERATUR: Literaturquellen mit Theorien und Benutzerstudien zur theoretischen Fundierung

» Scott, Bill (2008). Adobe Rich Internet Application (RIA) Patterns. Folienpräsentation unter http://www.slideshare.net/interactionpatterns.org/ria-patterns-best-practices-for-common-patterns-of-rich-interaction-presentation, 2008.

» Tidwell, J. (2006). Designing Interfaces: Patterns for Effective Interaction Design. Sebastapol, CA 95472: O'Reilly Media, Inc.

» Tversky, Barbara; Morrison, Julie; Betrancourt, Mireille Animation: Can It Facilitate? International Journal of Human Computer Studies 57:4, pp. 247-262, 2002.

8 HIERARCHISCHES VISUELLES FILTERN - Problem, Kontext, Lösung

TYP: Interaktionsmuster

ERKLÄRENDE ANIMATION: http://www.designpatterns.de/patterns/p8/animation.html

(Flashplayer-Plugin für Browser benötigt)

DESIGNPROBLEM:

» Ein großer Datenraum dessen Datenobjekte untereinander vernetzt sind muss effektiv und effizient gefiltert werden. Eine Kontrolle über die Filterschritte und Zwischenergebnisse ist notwendig.

KONTEXT DER VERWENDUNG:

» Datenraum und Attribute sind sehr groß und evtl. komplex

» Abhängigkeiten zwischen den Filterattributen sind relevant

» Es sollen mehrere relevante Ergebnismengen auf einmal zur Verfügung stehen

» Filtern eines großen, hierarchischen Informationsraums (evtl. Hierarchie vom System erzeugen)

» Nachvollziehbarkeit der Filterschritte und Ergebnisse

LÖSUNGSMUSTER:

» Verwende das hierarchische, visuelle Filtern für große Informationsräume

» Über die Anzeige der Filtermöglichkeiten und -abhängigkeiten können Benutzer visuell eine Filterhierarchie erstellen, die relevante Ergebnisse direkt anzeigt

» Zusammenstellen einer eigenen Filterstruktur nach ausgewählten Attributen

» Erzeugung mehrerer Ergebnismengen in der Filterhierarchie

» Filterinteraktion haben direkte Auswirkungen auf tieferliegende Ergebnisfilter

PRINZIPIEN:

» Gewünschte Ergebnismenge kann ohne Umwege gefiltert und angezeigt werden (Effizienz)

» Immer gleiches Funktionsprinzip beim Aufbau der Filter (Erinnerbarkeit, Erlernbarkeit)

KRÄFTE UND ABWÄGUNGEN:

» Anzahl an Datenobjekten - Anzahl an Filtermöglichkeiten der Attribute

» Mögliche Filterattribute - hierarchische Abhängigkeiten

» Informationsbedarf des Benutzers - mögliche visuelle Darstellung der Ergebnisse

» Übersichtlichkeit - Abhängigkeiten zwischen den Filtern und Darstellung der Ergebnismengen

VERWENDETE MUSTER:

» Filter (Wilkins 2003), Context Maintained Filter (Wilkins 2003), Reduction Filter (Wilkins 2003)

» Details on Demand (Wilkins 2003)

» Hierarchical Set (Tidwell 1999, Tidwell 2006)

VERWANDTE MUSTER:

» Filter by Selection (Wilkins 2003)

» Dynamic Queries (Ahlberg & Shneiderman 1994)

BEISPIELE: Multimedia Browser für die interaktive Bildersuche, Filter bei der Pixelvisualisierung großer Datenräume beim elektronischen Produktdatenmanagement.

8 HIERARCHISCHES VISUELLES FILTERN   - Beispiele, Fundierung

TYP: Interaktionsmuster

ERKLÄRENDE ANIMATION: http://www.designpatterns.de/patterns/p8/animation.html

(Flashplayer-Plugin für Browser benötigt)

BEISPIEL ANWENDUNG/DESIGNSTUDIE: Multimedia Browser Bildersuche mit Hierarchiefilter.

VIDEO: http://www.designpatterns.de/patterns/p8/video.html

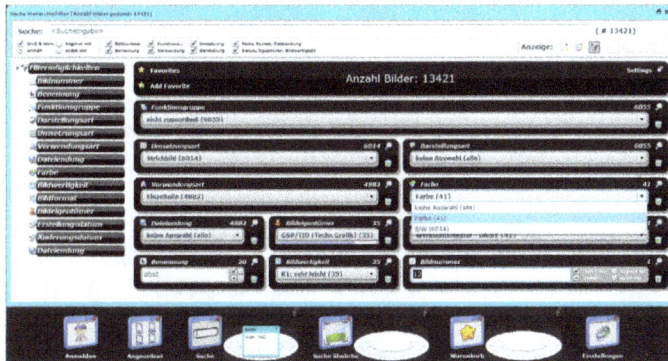

ABBILDUNG 1: Der hierarchische Filter teilt die Anzahl Bilder von oben nach unten durch unterschiedliche Filter in Einzelergebnisse auf und führt so zu mehreren Ergebnismengen. Im Beispiel werden Filter per Drag'n'Drop hinzugefügt, wodurch die Anzahl Ergebnisse von oben nach unten je nach Filteroption abnimmt.

FUNDIERUNG UND HINTERGRUND (Claims/Tradeoffs): Analyse bestehender Vor- und Nachteile der Designentscheidungen bei diesem Muster.

DESIGNFEATURE	POSITIVE AUSWIRKUNG	NEGATIVE AUSWIRKUNG
Zwei Bereiche: verfügbare Filter und angewandte Filter	Freie Auswahl und Kombination der Filter. Übersicht über alle Filter und gleichzeitige Übersicht über die angewandten, hierarchisch kombinierten Filter.	Verstärkt die Komplexität der Benutzeroberfläche.
Zusammenbau der Filter per Drag n Drop	Einfache, individualisierte Art der Zusammenstellung eigener Filterkombinationen.	Manche Kombinationen machen keinen Sinn. Vielzahl an Kombinationsmöglichkeiten der Filter kann Benutzer verwirren. Erlernen des Hierarchiekonzepts notwendig.
Direkte Propagation der Filterergebnisse bei Änderungen an den Filtern	Änderungen werden sofort in allen angelegten und verbundenen Filtern sichtbar. Es können viele Ergebnismengen leicht eingeschränkt werden.	Leermengen für Filter können leicht entstehen und bestimmte Filter überflüssig machen.
Variable Anzeige der angewendeten Filter	Das Filterobjekt passt sich und seine Attributdarstellungen dem Kontext und dem verfügbaren Platz an.	Gleiche Filter können auf unterschiedlichen Ebenen je nach verfügbarem Platz anders aussehen und werden deshalb nicht unbedingt als gleiche Filter wahrgenommen.

LITERATUR: Literaturquellen mit Theorien und Benutzerstudien zur theoretischen Fundierung

» Ahlberg C., Williamson C., Shneiderman B.. Dynamic queries for information exploration. Proceedings of the SIGCHI conference on Human factors in computing systems - CHI .92.:619-626. Available at: http://portal.acm.org/citation.cfm?doid=142750.143054.

» Tidwell, J. (2006). Designing Interfaces: Patterns for Effective Interaction Design. Sebastapol, CA 95472: O'Reilly Media, Inc.

» Tversky, Barbara; Morrison, Julie; Betrancourt, Mireille: Animation: Can It Facilitate? International Journal of Human Computer Studies 57:4, pp. 247-262, 2002.

Literaturverzeichnis

Aarnink, R. (1998). Edge detection in prostatic ultrasound images using integrated edge maps. *Ultrasonics, 36*(1-5), 635-642.

Abello, J.; Kobourov, S. G. & Yusufov, R. (2004). Visualizing Large Graphs with Compound-Fisheye Views and Treemaps. *Graph Drawing* (Vol. 3383, pp. 431-441). Springer.

Agarawala, A. & Balakrishnan, R. (2006). Keepin' it real: pushing the desktop metaphor with physics, piles and the pen. In R. E. Grinter, T. Rodden, P. M. Aoki, E. Cutrell, R. Jeffries, & G. M. Olson (Eds.), *CHI 06 Proceedings of the SIGCHI conference on Human Factors in computing systems* (pp. 1283-1292). ACM.

Ahlberg, C.; Williamson, C. & Shneiderman, B. (1992). Dynamic queries for information exploration. *Proceedings of the SIGCHI conference on Human factors in computing systems - CHI '92*, 619-626. New York, New York, USA: ACM Press.

Aigner, W. (2006). *Visualization of Time and Time-Oriented Information: Challenges and Conceptual Design.* Vienna University of Technology.

Aigner, W.; Miksch, S.; Müller, W.; Schumann, H. & Tominski, C. (2007). Visualizing Time-Oriented Data - A Systemetic View. *Computers & Graphics, 31*(3), 401-409.

Aigner, W.; Miksch, S.; Müller, W.; Schumann, H. & Tominski, C. (2008). Visual Methods for Analyzing Time-Oriented Data. *Transactions on Visualization and Computer Graphics, 14*(1), 47-60.

Alexander, C. (1979). *The Timeless Way of Building.* New York: Oxford University Press.

Alexander, C.; Ishikawa, S.; Silverstein, M.; Jacobson, M.; Fiksdahl-King, I. & Angel, S. (1978). *A Pattern Language. Towns, Buildings, Construction.* New York: Oxford University Press.

Avouris, N.; Tselios, N. & Kahrimanis, G. (2005). From Patterns of Use to Design Patterns: A Method for producing new design patterns from user activities. *Design.*

Baars, B. J. (1988). *A cognitive theory of consciousness.* (P. Thagard, Ed.)*Method* (p. xxiii, 424 pp). Cambridge University Press.

Bale, K.; Chapman, P.; Barraclough, N.; Purdy, J.; Aydin, N. & Dark, P. (2007). Kaleidomaps: a new technique for the visualization of multivariate time-series data. *Information Visualization*, (April), 155-167.

Bar-Tal, D. & Saxe, L. (1976). Perceptions of similarly and dissimilarly attractive couples and individuals. *Journal of Personality and Social Psychology*, *33*(6), 772-781.

Bartram, L.; Ho, A.; Dill, J. & Henigman, F. (1995). The continuous zoom: A constrained fisheye technique for viewing and navigating large information spaces. *Proceedings of the 8th annual ACM symposium on User interface and software technology UIST 95*, 207-215. ACM Press.

Bates, M. J. (1989). The design of browsing and berrypicking techniques for the online search interface. *Online Review*, *13*(5), 407-424. Learned Information Europe.

Baudisch, P.; Lee, B. & Hanna, L. (2004). Fishnet, a fisheye web browser with search term popouts: a comparative evaluation with overview and linear view. *Human-Computer Interaction*, 133-140. ACM Press.

Bayle, E.; Moore, B.; Potts, C.; Skousen, G.; Thomas, J.; Bellamy, R.; Casaday, G. et al. (1998). Putting it all together. *ACM SIGCHI Bulletin*, *30*(1), 17-23.

Beard, D. B. & Walker, J. Q. (1990). Navigational techniques to improve the display of large two-dimensional spaces. *Behaviour Information Technology*, *9*(6), 451-466.

Bederson, B. B. (2001). PhotoMesa: a zoomable image browser using quantum treemaps and bubblemaps. *UIST 01 Proceedings of the 14th annual ACM symposium on User interface software and technology* (Vol. 3, pp. 71-80). ACM Press.

Bederson, B. B. & Boltman, A. (1999). Does animation help users build mental maps of spatial information? *Proceedings 1999 IEEE Symposium on Information Visualization InfoVis99*, *11*(98), 28-35. IEEE Comput. Soc.

Bederson, B. B.; Clamage, A.; Czerwinski, M. P. & Robertson, G. G. (2004). DateLens. *ACM Transactions on Computer-Human Interaction*, *11*(1), 90-119.

Bederson, B. B. & Hollan, J. D. (1994). Pad++. *Proceedings of the 7th annual ACM symposium on User interface software and technology - UIST '94*, 17-26. New York, New York, USA: ACM Press.

Bederson, B. B.; Meyer, J. & Good, L. (2000). Jazz. *Proceedings of the 13th annual ACM symposium on User interface software and technology - UIST '00* (Vol. 2, pp. 171-180). New York: ACM Press.

Blanch, R. & Lecolinet, E. (2007). Browsing zoomable treemaps: structure-aware multi-scale navigation techniques. *IEEE Transactions on Visualization and Computer Graphics*, *13*(6), 1248-1253.

Bolt, R. A. (1984). *The human interface : where people and computers meet* (p. 113). Lifetime Learning Publications.

Borchers, J. (2000). Interaction Design Patterns : Twelve Theses. *Style (DeKalb, IL)*.

Borchers, J. (2001). *A Pattern Approach to Interaction Design* (p. 268). New York, NY, USA: John Wiley & Sons, Inc.

Bottoni, P.; Guerra, E. & De Lara, J. (2011). Formalising Interaction Patterns. In H. Hussmann, G. Meixner, & D. Zuehlke (Eds.), *ModelDriven Development of Advanced User Interfaces* (Vol. 340, pp. 257-276-276). Springer Berlin Heidelberg.

Bourgeois, F.; Guiard, Y. & Lafon, M. B. (2001). Pan-Zoom coordination in multi-Scale pointing. *CHI '01 extended abstracts on Human factors in computing systems - CHI '01* (Vol. 1, p. 157). New York: ACM Press.

Brandes, U. & Erlebach, T. (2005). *Network Analysis: Methodological Foundations.* (p. 472).

Buering, T.; Gerken, J. & Reiterer, H. (2006a). User Interaction with Scatterplots on Small Screens - A Comparative Evaluation of Geometric-Semantic Zoom and Fisheye Distortion. *IEEE Transactions on Visualization and Computer Graphics, 12*(5), 829-836. IEEE Computer Society.

Buering, T.; Gerken, J. & Reiterer, H. (2006b). User Interaction with Scatterplots on Small Screens - A Comparative Evaluation of Geometric-Semantic Zoom and Fisheye Distortion. *IEEE Transactions on Visualization and Computer Graphics, 12*(5), 829-836. IEEE Computer Society.

Business Week. (1975). The Office of the Future. *Business Week*, 48-70.

Buturovic, A. (2005). MPEG 7 Color Structure Descriptor for visual information retrieval project VizIR 1. *Interface*, 7-8.

Buxton, B. (2007). *Sketching user experiences: getting the design right and the right design. Interactive Technologies* (p. 445). Morgan Kaufmann.

Bérard, F.; Ip, J.; Benovoy, M.; El-Shimy, D.; Blum, J. R. & Cooperstock, J. R. (2009). Human-Computer Interaction – INTERACT 2009. *Lecture Notes in Computer Science* (Vol. 5727, p. 400--414). Berlin, Heidelberg: Springer Berlin Heidelberg.

Büring, T.; Gerken, J. & Reiterer, H. (2006). Usability of overview-Supported zooming on small screens with regard to individual differences in spatial ability. *Proceedings of the working conference on Advanced visual interfaces - AVI '06* (p. 233). New York: ACM Press.

Card, S. K.; Mackinlay, J. D. & Shneiderman, B. (1999). *Readings in Information Visualization: Using Vision to Think.* (S. K. Card, J. D. Mackinlay, & B. Shneiderman, Eds.)*Information Display* (p. 712). Morgan Kaufmann.

Card, S. K. & Nation, D. (2002). Degree-of-Interest Trees: A Component of an Attention-Reactive User Interface. *Proceedings of the Working Conference on Advanced Visual Interfaces* (pp. 231-245). ACM.

Carroll, J. M. (1995). *Scenario-Based Design: Envisioning Work and Technology in System Development*. (J. M. Carroll, Ed.)*Perception* (Vol. 27, p. 408). Wiley.

Carroll, J. M. & Rosson, M. B. (1992). Getting around the task-artifact cycle: how to make claims and design by scenario. *ACM Transactions on Information Systems*, *10*(2), 181-212. ACM.

Chen, C. (2000). Information Visualization. (S. K. Card, J. D. Mackinlay, & B. Shneiderman, Eds.)*Information Visualization*, *1*(1), n/a-n/a. Morgan Kaufmann.

Cleverdon, C. W. (1974). Evaluation of interactive information retrieval systems. *Journal of Documentation*, *30*(2), 276. Akademi University Press.

Cockburn, A.; Karlson, A. M. Y. & Bederson, B. B. (2007). A Review of Overview+Detail, Zooming, and Focus+Context Interfaces. *ACM Computing Surveys*, *41*(1), 1-31. Darlinghurst, Australia: Springer.

Collaud, G.; Dill, J.; Jones, C. V. & Tan, P. (1996). The Continuously Zoomed Web - A Graphical Navigation Aid for WWW. *IEEE Visualization '96 Late Breaking Hot Topics*, 2-4.

Combs, T. T. A. & Bederson, B. B. (1999). Does Zooming Improve Image Browsing? *Proceedings of the fourth ACM conference on Digital libraries* (pp. 130-137). Berkeley, California, United States: ACM New York, NY ;USa.

Daasii, C. (2003). *Techniques d'interaction avec une espace de données temporelles*. Université Joseph Fourier.

Dion, K.; Berscheid, E. & Walster, E. (1972). What is beautiful is good. *Journal of Personality and Social Psychology*, *24*(3), 285-290. US: American Psychological Association.

Dix, A.; Finlay, J. E.; Abowd, G. D. & Beale, R. (2004). *Human-Computer Interaction* (3rd ed., p. 834). Harlow, England: Prentice Hall.

Dourish, P. (2001). *Where the Action Is: The Foundations of Embodied Interaction. castapbuffaloedu* (Vol. 1, p. 233). MIT Press.

Eades, P. & Feng, Q. (1997). Multilevel Visualization of Clustered Graphs. *Lecture Notes in Computer Science*.

Eelke, F. (2006). Interaction Design Patterns.

Eidenberger, H. (2003). How good are the visual MPEG-7 features? *Proceedings of SPIE*, 476-488. Spie.

Erickson, T. (2000). Lingua Francas for design: sacred places and pattern languages. In D. Boyarski & W. A. Kellogg (Eds.), *Proceedings of the 3rd conference on Designing interactive systems processes practices methods and techniques* (pp. 357-368). ACM Press.

Europäisches Komitee für Normung. (2006). Norm, ISO 9241-110: Grundsätze der Dialoggestaltung. Berlin: Deutsches Institut für Normung.

Folmer, E. & Bosch, J. (2003). Usability Patterns in Software Architecture. *Technology*, 93-97. CRC.

Frank, A. U. & Timpf, S. (1994). Multiple representations for cartographic objects in a multi-scale tree - An Intelligent Graphical Zoom. *Computer and Graphics*, *18*(6).

Fuchs, J. (2006). *Multidimensionaler Fahrzeugkonfigurator auf Basis eines Zoomable User Interface*. University of Konstanz.

Furnas, G. (1986). Generalized fisheye views. *ACM SIGCHI Bulletin*, 16-23.

Furnas, G. W. & Bederson, B. B. (1995). Space-scale diagrams: understanding multiscale interfaces. *Human Factors*. Darlinghurst, Australia: Australian Computer Society, Inc.

Furnas, G. W. & Zhang, X. (2000). Illusions of infinity. *Proceedings of the 13th annual ACM symposium on User interface software and technology - UIST '00* (Vol. 2, pp. 237-238). New York: ACM Press.

Gaffar, A.; Seffah, A. & Van Der Poll, J. A. (2005). HCI pattern semantics in XML: a pragmatic approach. *Proceedings of the 2005 workshop on Human and social factors of software engineering*, 7. ACM.

Gamma, E.; Helm, R. & Johnson, R. E. (2000). *Software Patterns: elements of reusable object-oriented software* (1st ed., p. 416). Amsterdam: Addison-Wesley Longman.

Granlund, A.; Lafreniere, D. & Carr, D. A. (2001). A pattern-supported approach to the user interface design process. *Proceedings of HCI International*, *9*, 1-5. Citeseer.

Griffin, A. M. & Langlois, J. H. (2006). Stereotype Directionality and Attractiveness Stereotyping: Is Beauty Good or is Ugly Bad? *Social Cognition*, *24*(2), 187-206.

Griffiths, R. N. & Pemberton, L. (1998). Teaching usability design through pattern language.

Gundelsweiler, F. (2005). *Suche und Exploration in komplexen Informationsräumen am Beispiel des digitalen Vertriebskanals von DaimlerChrysler*. University of Konstanz.

Gundelsweiler, F.; Filk, C. & Studer, B. (2008a). Crossmedia Web Platform of the Future.

Gundelsweiler, F.; Konstanzer, R. & Reiterer, H. (2008b). An innovative user interface con-cept for large hierarchical data spaces by example of the epdm domain. *Proceedings of the 13th international conference on Intelligent user interfaces - IUI '08* (p. 421). New York: ACM Press.

Gundelsweiler, F.; Memmel, T. & Reiterer, H. (2004). Agile Usability Engineering. *Mensch Computer 2004 Allgegenwärtige Interaktion* (pp. 33-42). Oldenbourg Verlag.

Gundelsweiler, F.; Memmel, T. & Reiterer, H. (2007a). ZUI Konzepte für Navigation und Suche in komplexen Informationsräumen. *i-com, Vol. 6*(No. 1), pp. 38-47.

Gundelsweiler, F.; Memmel, T. & Reiterer, H. (2007b). ZEUS – Zoomable Explorative User Interface for Searching and Object Presentation. *Human Interface and the Management of Information Methods Techniques and Tools in Information Design* (Vol. 4557, pp. 288 - 297). Springer Berlin Heidelberg.

Gundelsweiler, F. & Reiterer, H. (2008a). Zoombasiertes Interaktionskonzept für die Suche in großen, heterogenen Bilddatenbanken. In M. H. A. M. C. Kindsmüller (Ed.), *Mensch & Computer 2008* (pp. 127-136). New York: Oldenbourg Verlag.

Gundelsweiler, F. & Reiterer, H. (2008b). Advanced user interfaces for product management systems. In A. Cockburn (Ed.), *Proceeding (611) Human Computer Interaction - 2008 IASTED Innsbruck*. Innsbruck: ACTA Press.

Gundelsweiler, F. & Reiterer, H. (2008c). Improve the Access to Image Data by Combining Content- Based Semantic with Common Metadata Image Retrieval in a Zoomable User Interface. *SAMT Koblenz 2008, Demo Presentations* (Vol. 51, pp. 1-2). Koblenz: Springer.

Gundelsweiler, F. & Öttl, S. (2008). Eris - ein thesaurusbasiertes Bildretrieval-System mit-tels Zoomable User Interface. In H. Pipp, Eveline;Weigel (Ed.), *Informationskonzepte für die Zukunft ODOK '07* (pp. 47-60). Graz-Feldkirch: Pipp, Eveline;Weigel, Harald.

Gutwin, C. & Skopik, A. (2003). Fisheyes are good for large steering tasks. *Proceedings of the conference on Human factors in computing systems - CHI '03*, 201. New York, New York, USA: ACM Press.

Hadlak, S.; Tominski, C.; Schulz, H. & Schumann, H. (2010). Visualization of Hierarchies in Space and Time.

Hallstein, F. (2006). *Einsatz einer zoombaren Benutzeroberfläche zur Unterstützung der Fahrzeugsuche und -exploration im Web*. University of Konstanz.

Ham, F. V. & Wijk, J. J. V. (2003). Beamtrees: compact visualization of large hierarchies. *Information Visualization*, *2*(1), 31.

Harrower, M. & Sheesley, B. (2005). Designing better map interfaces: A framework for panning and zooming. *Transactions in GIS*, *9*(2), 77-89.

Hassenzahl, M. (2001). The effect of perceived hedonic quality on product appealingness. *International Journal of Human-Computer Interaction*, *13*(4), 481-499. Taylor & Francis.

Hassenzahl, M.; Schöbel, M. & Trautmann, T. (2008). How motivational orientation influences the evaluation and choice of hedonic and pragmatic interactive products: The role of regulatory focus. *Interacting with Computers*, *20*(4-5), 473-479. Elsevier.

Hassenzahl, M.; Seifert, K. & Pastoor, S. (2002). The Effect of "Usage Modes" on Product Appeal. *CHI2002 Conference on Human Factors in Computing Systems*.

Hearst, M. A. (1999). User interfaces and visualization. In R. Baeza-Yates & B. De Aranjo Neto Ribeiro (Eds.), *Modern information retrieval* (pp. 257-323). ACM Press.

Heer, J. & Robertson, G. G. (2007). Animated Transitions in Statistical Data Graphics. *13* (Vol. 13, pp. 1240-1247). New York: ACM Press.

Herman, I.; Melanc, G. & Marshall, M. S. (2000). Graph Visualization and Navigation in Information Visualization: A Survey. *IEEE Transactions on Visualization and Computer Graphics*, *6*(1), 24-43.

Hertzum, M. & Jacobsen, N. E. (2001). The Evaluator Effect: A Chilling Fact About Usability Evaluation Methods. *International Journal of Human-Computer Interaction*, *13*(4), 421-443. Taylor \& Francis.

Holmquist, L. E. (1997). Focus+Context Visualization with Flip Zooming and the Zoom Browser. *Extended Abstracts on Human Factors in Computing Systems Looking to the Future CHI 97* (pp. 263-264). ACM Press.

Hornbæk, K.; Bederson, B. B. & Plaisant, C. (2002). Navigation patterns and usability of zoomable user interfaces with and without an overview. *ACM Transactions on Computer-Human Interaction*, *9*(4), 362-389.

Hornbæk, K. & Frøkjær, E. (2003). Reading patterns and usability in visualizations of electronic documents. *ACM Transactions on Computer-Human Interaction*, *10*(2), 119-149.

Hornbæk, K. & Hertzum, M. (2007). Untangling the usability of fisheye menus. *ACM Transactions on Computer-Human Interaction*, *14*(2), 6-es. ACM.

Hornsby, K. & Egenhofer, M. J. (1999). Shifts in Detail through Temporal Zooming. *In Proceedings of the 10th international Workshop on Database & Expert Systems Applications* (p. 487). Washington D.C.: DEXA. IEEE Computer Society.

Ingwersen, P. & Järvelin, K. (2005). *The Turn: Integration of Information Seeking and Retrieval in Context (The Information Retrieval Series)*. New York: Springer-Verlag New York, Inc.

Jacobs, J.; Kahana, M. J.; Ekstrom, A. D.; Mollison, M. V. & Fried, I. (2010). A sense of direction in human entorhinal cortex. *Proceedings of the National Academy of Sciences of the United States of America, 107*(14), 6487-6492. National Academy of Sciences.

Jankun-Kelly, T. J. & Ma, K.-L. (2003). MoireGraphs: radial focus+context visualization and interaction for graphs with visual nodes. *IEEE Symposium on Information Visualization 2003 IEEE Cat No03TH8714, pp*, 59-66. Ieee.

Jansen, D. (2006). *Einführung in die Netzwerkanalyse.* (3. überarb., p. 312). Wiesbaden: VS Verlag für Sozialwissenschaften.

Jetter, H.-C. (2007). Informationsarchitektur und Informationsvisualisierung für die Post-WIMP Ära. *University of Konstanz.* M. Herczeg, W. Prinz, H. Oberquelle.

Jetter, H.-C.; Engl, A.; Schubert, S. & Reiterer, H. (2008). Zooming not Zapping : Demonstrating the ZOIL User Interface Paradigm for ITV Applications. *Interface.* Springer.

Jetter, H.-C.; König, W. A. & Reiterer, H. (2009). Understanding and Designing Surface Computing with ZOIL and Squidy. *CHI 2009 Workshop Multitouch and Surface Computing* (pp. 1-5). Citeseer.

Johnson, B. & Shneiderman, B. (1991). Treemaps: A space-filling approach to the visualization of hierarchical. *Proceedings of IEEE Visualization 91*, 284--291.

Jones, C. M. & Healy, S. D. (2006). Differences in cue use and spatial memory in men and women. *Proceedings of the Royal Society B Biological Sciences, 273*(1598), 2241-2247. The Royal Society.

Kantor, P. B. (1976). AVAILABILITY ANALYSIS. *Journal of the American Society for Information Science, 27*(5-6), 311-319 ST - AVAILABILITY ANALYSIS.

Keim, D. A. (1996). Pixel-oriented database visualizations. *ACM SIGMOD Record, 25*(4), 35-39.

Keim, D. A. (2000). Designing Pixel-Oriented Visualization Techniques: Theory and Applications. *IEEE Transactions on Visualization and Computer Graphics, 6*(1), 1-20.

Keim, D.; Hao, M. C.; Ladisch, J.; Hsu, M.; Dayal, U. & Laboratory, S. T. (2001). Pixel Bar Charts: A New Technique for Visualizing Large Multi-Attribute Data Sets without Aggregation. *Idea*.

Klein, P. & Reiterer, H. (2005). The CircleSegmentView - A Visualization for Query Preview and Visual Filtering. *Proceedings of SPIE Vol 5669* (pp. 327-338). IS and T / SPIE.

Klinkhammer, D. (2006). *Interaktionskonzepte und Visualisierungen zum Fahrzeugvergleich*. University of Konstanz.

Konstanzer, R. (2006). *Portierung komplexer Informationsräume auf den PDA am Beispiel des digitalen Vetriebskanals von DaimlerChrylser*. University of Konstanz.

Konstanzer, R. (2007). *Interaktions- und Filterkonzepte zur Visualisierung von Graphen*. University of Konstanz.

Krause, J. (1996). Visualisierung und graphische Benutzungsoberfl\"achen. *Arbeitsbericht Informationszentrum Sozialwissenschaften IZ Bonn und Universität KoblenzLandau Institut für Informatik Koblenz*, (3).

Kuhlthau, C. C. (2004). *Seeking Meaning: A Process Approach to Library and Information Services. Seeking Meaning A Process Approach to Library and Information Services* (Vol. 2nd, p. 247). Libraries Unlimited.

Kuhlthau, C. C. (2009). Information Search Process.

König, W. A. (2006). *Referenzmodell und Machbarkeitsstudie für ein neues Zoomable User Interface Paradigma*. University of Konstanz.

Laakso, S. A. (2009). User Interface Design Patterns: Expand in Context.

Lamberts, K. & Shanks, D. (1997). *Knowledge, Concepts and Categories (Studies in Cognition)*. (MIT Press.). Cambridge, Massachusetts: Psychology Press.

Lamping, J.; Rao, R. & Pirolli, P. (1995). A Focus+Context Technique Based on Hyperbolic Geometry for Visualizing Large Hierarchies. *CHI 95 Proceedings of the SIGCHI conference on Human factors in computing systems* (pp. 401-408). ACM Press.

Lee, B.; Parr, C. S.; Plaisant, C.; Bederson, B. B.; Veksler, V. D.; Gray, W. D. & Kotfila, C. (2006). TreePlus: interactive exploration of networks with enhanced tree layouts. *IEEE Transactions on Visualization and Computer Graphics*, *12*(6), 1414-1426. IEEE Transactions on Visualization and Computer Graphics.

Li, W. & Takatsuka, M. (2004). Adding Filtering to Geometric Distortion to Visualize a Clustered Graph on Small Screens. *Vis.au*.

Lin, J.; Newman, M. W.; Hong, J. I. & Landay, J. A. (2001). DENIM: An Informal Tool for Early Stage Web Site Design. *Proceedings of CHI 2001 ACM Conference on Human Factors in Computing Systems* (pp. 205-206). ACM Press.

Liu, D. T. & Xu, X. W. (2001). A review of web-based product data management systems. *Computers in Industry, 44*(January).

Lowe, D. G. (2004). Method and apparatus for identifying scale-invariant features in an image and use of same for locating an object in an image.

Ludwig, K. A. (2005). *VizBox - eine webbasierte Bibliothek für das Design von Visualisierungen*. University of Konstanz.

Lynch, K. (1960). *The Image of the City*. (M. Press, Ed.)*Book* (Vol. 21, p. 194). The MIT Press.

Mahemoff, M. J. & Johnston, L. J. (1998). Principles for a Usability-Oriented Pattern Language. (P. Calder & B. Thomas, Eds.)*OZCHI, 98*, 132-139. IEEE Press.

Mann, T. (2001). *Visualization of Search Results from the World Wide Web*. University of Konstanz.

Marchionini, G. (1997). Foundations for personal information infrastructures: Information-seeking knowledge, skills, and attitudes. *Information Seeking in Electronic Environments*. Cambridge University Press.

Mayhew, D. (1999). *The Usability Engineering Lifecycle: A Practitioner's Handbook for User Interface Design* (1st editio., p. 560). San Francisco: Morgan Kaufmann.

Memmel, T. (2005). *Ein innovatives Navigationskonzept für komplexe Informationsräume am Beispiel des digitalen Vertriebskanals von DaimlerChrysler*. University of Konstanz.

Memmel, T.; Gundelsweiler, F. & Reiterer, H. (2007). Agile human-centered software engineering. *British Computer Society Conference on HumanComputer Interaction* (Vol. 1, pp. 167-175). British Computer Society Swinton, UK, UK.

Miller, G. (1993). Psychology and information. *ACM SIGDOC Asterisk Journal of Computer*, (July), 3-6.

Miller, G. A. (1968). Psychology and information. *American Documentation, 19*(3), 286-289. ACM New York, NY, USA.

Molich, R.; Snyder, C.; Farell, S. & Nielsen, J. (2000). E-Commerce User Experience.

Moreno, J. L. (1953). *Who Shall Survive: Foundations of Sociometry, Group Psychotherapy, and Sociodrama*. Beacon House.

Moussaïd, M.; Helbing, D. & Theraulaz, G. (2011). How simple rules determine pedestrian behavior and crowd disasters. *Proceedings of the National Academy of Sciences of the United States of America*.

Müller, W. (2001). Design and implementation of a flexible Content--Based Image Retrieval Framework - The GNU Image Finding Tool.

Nekrasovski, D.; Bodnar, A.; McGrenere, J.; Guimbretiere, F. & Munzner, T. (2006). An evaluation of pan & zoom and rubber sheet navigation with and without an overview. *Proceedings of the SIGCHI conference on Human Factors in computing systems - CHI '06* (p. 11). New York: ACM Press.

Nievergelt, J. & Weydert, J. (1980). Sites, modes, and trials: telling the user of an interactive system where he is, what he can do, and how to get to places. In R. A. Guedj, P. J. W. Ten Hagen, F. R. A. Hopgood, H. A. Tucker, & D. A. Duce (Eds.), *Methodology of interaction IFIP Workshop on Methodology of Interaction Seillac France May 1979* (pp. 327-338). North-Holland Publ.

Norman, D. (1988). *The Psychology of everyday things* (p. 272). New York: Basic Books.

Ojala, T.; Aittola, M. & Matinmikko, E. (2002). Empirical evaluation of MPEG-7 XM color descriptors in content-based retrieval of semantic image categories. *Object recognition supported by user interaction for service robots, 64*(Xm), 1021-1024. IEEE Comput. Soc.

Perlin, K. & Fox, D. (1993a). Pad. *Proceedings of the 20th annual conference on Computer graphics and interactive techniques - SIGGRAPH '93* (pp. 57-64). New York: ACM Press.

Perlin, K. & Fox, D. (1993b). Pad: an alternative approach to the computer interface. *SIGGRAPH 93 Proceedings of the 20th annual conference on Computer graphics and interactive techniques* (Vol. 27, pp. 57-64). ACM.

Perlin, K. & Meyer, J. (1999). Nested user interface components. *Proceedings of the 12th annual ACM symposium on User interface software and technology - UIST '99* (pp. 11-18). New York: ACM Press.

Plaisant, C.; Carr, D. & Shneiderman, B. (1995a). Image Browsers: Taxonomy, Guidelines, and Informal Specifications. *IEEE Software, 12*(2), 21 - 32. Darlinghurst, Australia: Australian Computer Society, Inc.

Plaisant, C.; Carr, D. & Shneiderman, B. (1995b). Image-browser taxonomy and guidelines for designers. *IEEE Software, 12*(2), 21-32. IEEE.

Pook, S. (2001). *Interaction and Context in Zoomable User Interfaces*. École Nationale Supérieure des Télécommunications.

Pook, S.; Lecolinet, E.; Vaysseix, G. & Barillot, E. (2000). Context and interaction in zoomable user interfaces. *Proceedings of the working conference on Advanced visual interfaces - AVI '00*, 227-231. New York, New York, USA: ACM Press.

Raskin, J. (2000). *The Humane Interface: New Directions for Designing Interactive Systems*. Addison-Wesley Professiona.

Robertson, G. G.; Mackinlay, J. D. & Card, S. K. (1991). Cone Trees: animated 3D visualizations of hierarchical information. *CHI 91 Proceedings of the SIGCHI conference on Human factors in computing systems* (pp. 189-194). ACM Press.

Robertson, S. E. (1977). Progress in documentation. Theories and models in information retrieval. *Journal of Documentation, 33*(2), 126-148.

Rose, D. E. (2005). Reconciling Information-Seeking Behavior with Search User Interfaces for the Web. *Journal of the American Society of Information Science and Technology*, 1-3.

Rummukainen, M.; Laaksonen, J. & Koskela, M. (2003). An e ciency comparison of two content-based image retrieval systems, GIFT and PicSOM. *Technology*.

Rüger, M.; Preim, B. & Ritter, A. (1996). Zoom navigation exploring large information and application spaces. *Proceedings of the workshop on Advanced visual interfaces AVI 96* (Vol. 1, p. 40). New York: ACM Press.

Saffer, D. (2009). *Designing for Interaction: Creating Innovative Applications and Devices (2nd Edition) (Voices That Matter)* (p. 240). New Riders Press.

Schaffer, D.; Zuo, Z.; Bartram, L.; Dill, J.; Dubs, S.; Greenberg, S. & Roseman, M. (1993). Comparing Fisheye and Full-Zoom Techniques for Navigation of Hierarchically Clustered Networks. *Proceedings of Graphics Interface GI 93* (pp. 87-96). New York: IEEE Computer Society.

Schaffer, D.; Zuo, Z.; Greenberg, S.; Bartram, L.; Dill, J.; Dubs, S.; Roseman, M. et al. (1996). Navigating hierarchically clustered networks through fisheye and full-zoom methods. *ACM Transactions on Computer-Human Interaction, 3*(2), 162-188. New York: ACM Press.

Schaffer, E. & Straub, K. (2005). The answer you're searching for is…browse. *UI Design Update*.

Segerståhl, K. & Jokela, T. (2006). Usability of interaction patterns. *CHI 06 extended abstracts on Human factors in computing systems CHI 06*, 1301. ACM Press.

Shneiderman, B. (1994a). Dynamic queries for visual information seeking. *IEEE Software*, *11*(6), 70-77. IEEE Computer Society.

Shneiderman, B. (1994b). Visual Information Seeking: Tight Coupling of Dynamic Query Filters with Starfield Displays. *Human Factors*.

Shneiderman, B. (1996). The eyes have it: a task by data type taxonomy for information visualizations. *Proceedings 1996 IEEE Symposium on Visual Languages*, *0*(July), 336-343. IEEE Comput. Soc. Press.

Shneiderman, B. (2002). *Leonardo's Laptop: Human Needs and the New Computing Technologies* (p. 256). MIT Press.

Shneiderman, B. & Plaisant, C. (2004). *Designing the User Interface: Strategies for Effective Human-Computer Interaction (4th Edition)* (p. 672). Addison Wesley.

Spence, R. (2007). *Information Visualization: Design for Interaction*. Prentice-Hall, Inc.

Spink, A.; Cole, C. & Waller, M. (2008). Multitasking behavior. *Annual Review of Information Science and Technology*, *42*(1), 93-118.

Squire, D. M.; Müller, W.; Müller, H. & Pun, T. (1998). *Content-based query of image databases, inspirations from text retrieval: inverted files, frequency-based weights and relevance feedback.*

Steglich, C.; Snijders, T. A. B. & West, P. (2006). Applying SIENA. *Methodology*, *2*(1), 48-56.

Stiefel, P. & Müller, J. (2006). A peer to peer based approach to collaborative product engineering. *Informations- und Wissensdrehscheibe Produktdatenmanagement*. Gesellschaft für Informatik (GI).

Stout, W. (2003). *IDEO. IDEO Method Cards: 51 Ways to Inspire Design.* (p. 51 pla). Palo Alto: IDEO.

Sung, C. S. & Park, S. J. (2006). A component-based product data management system. London: Springer-Verlag.

Sutherland, I. E. (1963). Sketchpad: A man-machine graphical communication system. *Proceedings of the 1963 Spring Joint Computer Conference*, *23*(574), 45–53. ACM Press.

Söter, A. (2007). *Benutzerorientierte Fahrzeugkonfiguration mittels zellbasiertem Zoom-Konzept*. University of Konstanz.

Tanin, E.; Lotem, A.; Haddadin, I.; Shneiderman, B.; Plaisant, C. & Slaughter, L. (2000). Facilitating data exploration with query previews: a study of user performance and preference. *Behaviour information technology*, *19*(6), 393-403. Taylor & Francis.

Teevan, J.; Alvarado, C.; Ackerman, M. S. & Karger, D. R. (2004). The perfect search engine is not enough: a study of orienteering behavior in directed search. *Proceedings of the ACM Conference on Human Factors in Computing Systems* (Vol. 6, pp. 415-422). ACM New York, NY, USA.

Thomas, J. J. & Cook, K. A. (2005). *Illuminating the Path The Research and Development Agenda for Visual Analytics* (p. 184). National Visualization and Analytics Ctr.

Tidwell, J. (1999). Common Ground.

Tidwell, J. (2002). UI Patterns and Techniques.

Tidwell, J. (2006). *Designing Interfaces: Patterns for Effective Interaction Design*. Sebastapol, CA 95472: O'Reilly Media, Inc.

Tolman, E. (1948). Cognitive maps in rats and men. *Psychological Review, 55*, 189-208.

Tweedie, L. (1994). The attribute explorer. *Conference companion on Human factors in computing systems* (pp. 435-436). ACM Press.

Van De Bunt, G. G.; Van Duijn, M. A. J. & Snijders, T. A. B. (1999). Friendship Networks Through Time: An Actor-Oriented Dynamic Statistical Network Model. *Computational Mathematical Organization Theory, 5*(2), 167-192. Springer.

Van Duyne, D. K.; Landay, J. A. & Hong, J. I. (2006). *The Design of Sites: Patterns for Creating Winning Web Sites*. Prentice Hall.

Van Welie, M.; Veer, G. C. V. D. & Eliëns, A. (1994). Patterns as Tools for User Interface Design. *International Workshop on Tools for Working with Guidelines 78 October 2000 Biarritz France*, 1-12.

Van Wijk, J. j. J. & Nuij, W. a. a. A. A. (1995). Smooth and efficient zooming and panning. *IEEE Symposium on Information Visualization 2003 IEEE Cat No03TH8714*, 15-23. Ieee.

Veltkamp, R. C. & Tanase, M. (2002). Content-Based Image Retrieval Systems: A Survey. *October*.

Vermeeren, A. P. O. S.; Den Bouwmeester, K.; Aasman, J. & De Ridder, H. (2002). DEVAN: a tool for detailed video analysis of user test data. *Behaviour Information Technology, 21*(6), 403-423. Taylor {&} Francis.

Vlissides, J. (1995). Reverse Architecture, Position Paper for Software Architectures Seminar. Hillside Group.

Wangming, X.; Jin, W.; Xinhai, L.; Lei, Z. & Gang, S. (2008). Application of Image SIFT Features to the Context of CBIR. *2008 International Conference on Computer Science and Software Engineering*, 552-555. Ieee.

Ware, C. (2004). *Information Visualization: Perception for Design*. San Francisco: Morgan Kaufmann Publishers Inc.

Wasserman, S. & Faust, K. (1994). *Social Network Analysis: Methods and Applications*. Camebridge: Cambridge University Press.

Welie, M. V. & Trætteberg, H. (2000). Interaction patterns in user interfaces. *Seventh Pattern Languages of Programs*.

Wilkins, B. (2003). *MELD: A PATTERN SUPPORTED METHODOLOGY FOR VISUALISATION DESIGN by BARRY WILKINS. Analysis*. The University of Birmingham.

Wittenburg, K.; Lanning, T.; Heinrichs, M. & Stanton, M. (2001). Parallel Bargrams for Consumer-based Information Exploration and Choice, *3*(2).

Wolter, J.; Reineking, T.; Zetzsche, C. & Schill, K. (2009). From visual perception to place. *Cognitive Processing, 10 Suppl 2*, S351-S354.

Woodruff, A.; Landay, J. & Stonebraker, M. (1998a). Constant information density in zoomable interfaces. *Proceedings of the working conference on Advanced visual interfaces - AVI '98* (p. 57). New York: ACM Press.

Woodruff, A.; Landay, J. & Stonebraker, M. (1998b). Goal-directed zoom. *CHI 98 conference summary on Human factors in computing systems CHI 98* (pp. 305-306). New York: ACM Press.

Xia, H.; Xuan, Z.; Yoshida, T. & Wang, Z. (2010). Toward Patterns for Collaborative Knowledge. *Lecture Notes in Computer Science, 4798/2010*, 581-586.

Yang, J. (2002). InterRing: an interactive tool for visually navigating and manipulating hierarchical structures. *Proceedings of the IEEE Symposium on Information Visualization INFOVIS02* (pp. 77-84).

Yee, K.-P.; Swearingen, K.; Division, C. S.; Li, K. & Hearst, M. (2003). Faceted Metadata for Image Search and Browsing. *New Horizons*, (5), 401-408.

Zetzsche, C.; Wolter, J. & Schill, K. (2008). Sensorimotor representation and knowledge-based reasoning for spatial exploration and localisation. *Cognitive Processing*, *9*(4), 283-297.

Zhang, X.; Convertino, G.; Ganoe, C. h.; Schafer, W. a. & Yost, B. (2005). Space-Scale animation: enhancing cross-Scale understanding of multiscale structures in multiple views. *Coordinated and Multiple Views in Exploratory Visualization (CMV'05)* (pp. 109-120). IEEE.

Ziegler, J. & Specker, M. (2004). Navigationsmuster: Pattern-Systeme auf Basis von Strukturabbildungen. *Mensch Computer 2004 Allgegenwärtige Interaktion* (pp. 105-114). Oldenbourg Verlag.

van Welie, M. (2008). Patterns in Interaction Design.

van Welie, M.; Mullet, K. & McInerney, P. (2002). Patterns in practice. *CHI '02 extended abstracts on Human factors in computing systems - CHI '02*, 908. New York, New York, USA: ACM Press.

van Welie, M. & van Der Veer, G. C. (2003). Pattern Languages in Interaction Design: Structure and Organization, *Interact*.

Öttl, S. (2008). *Visualisierungs- und Interaktionsdesign für multivariate, zeitabhängige Daten in sozialen Netzwerken*. University of Konstanz.

Öttl, S.; Gundelsweiler, F.; Reiterer, H. & Brandes, U. (2009). Visualisierungs- und Interaktionsdesign für multivariate, zeitbezogene Daten in sozialen Netzwerken. In R. Kuhlen (Ed.), *Information: Droge, Ware oder Commons? Wertschöpfungs- und Transformationsprozesse auf den Informationsmärkten. Proceedings des 11. Internationalen Symposiums für Informationswissenschaft (ISI 2009)*. Konstanz, Germany.